Les quatre liures

du Courtiſan/du Conte Baltazar
de Caſtillon. Reduyct de
langue Italicque en
Francoys.

NE   HAVLT

MEDIOCRE   MENT

NE   BAS

1537

Auec Priuilege.

Rancois

par la grace de Dieu Roy
de France /aux Preuost de
Paris /Bailly de Rouen /fe
nefchaulx de Lyon & de
Tholoufe/ & a tous les Iu
fticiers de noftre Royaul:
me ou a leurs Lieutenās/ falut. Receue auōs lhum:
ble fupplication de noftre biē ayme Iehan longis/
marchant & bourgeoys de Paris / contenante que
par cy deuant vng Liure nōme le Courtifan /a efte
traduiƈ de langue Italicque en Francois/ & a la re:
quefte de plufieurs gens notables baille audiƈ
fuppliāt/ pour icelluy mettre & faire mettre en Im
preffion pour dōner cōfolation & paffetemps aux
gens nobles dhōneur & de bien de noftre Royaul
me. Pour lequel liure mettre en Impreffion a cōue
nu & cōuient expofer audiƈ fuppliant grandes
fommes de deniers. Et doubte lediƈ fuppliant/
que fi toft quil mettra a lumiere lediƈ Liure Im:
primé/ que plufieurs auttes Imprimeurs de noftre
Royaulme fefforcent fur les coppies dudiƈ Liure
faire Imprimer icelluy Liure. En quoy faifant fe:
roit grāde perte & intereftz audiƈ Suppliant/ Le:
quel(comme dit eft)a pour cefte caufe expofe grā:
de partie de fon bien/ Parquoy il nous a humble:
ment faiƈ fupplier & requerir que luy vueillons
oƈroyer temps & delay / pendant lequel il & non
autre puiffe vēdre & diftribuer lediƈ Liure apres
quil laura faiƈ Imprimer / & fur ce luy oƈroyer

noʒ lettres conuenables.Pource eſt il que nous au
dict Suppliant de noſtre Grace eſpecial par ces
preſentes auons permis & permectons faire Im=
primer ledict liure/ nomme & appelle le Courti=
ſan traduict de Italien en Francois/ & lexpoſer en
vente dedans le terme & delay de trois ans pro=
chains venans/a cōpter du iour & date de ces pre=
ſentes/Sãs quil ſoit loiſible a quelques Libraires/
Imprimeurs ne autres q̃lz quilz ſoyét ou puiſſent
eſtre dedãs ſedict terme & delay de trois ans pro=
chains venans/ Imprimer ou faire Imprimer ledict
Liure/ne icelluy expoſer en vẽte en aucune manie
re/pendant & durãt le delay & terme deſſuſdit/ſur
peine de cōfiscation deſdictz Liures & damẽde ar=
bitraire a nous a applicquer.Si vous mandons & a
vng chaſcun de vous ſur ce requis/ & ſicomme il
appartiẽdra cōmectons par ces preſentes que des
preſentes permiſſion / conceſſion & octroy & de
leffect & cōtenu en icelles vous faictes/permectez
& ſouffrez ledict ſuʒ pliãt iouyr & vſer plainement
& paiſiblement ſans luy mettre ou dōner ne ſouf=
frir eſtre faict/mis ou dōne aucun empeſchemẽt au
cōtraire. Lequel ſi fait/mis ou dōne luy eſtoit/luy
ſoit mis incōtinẽt & ſans delay a plaine deliurãce/
car ainſi nous plaiſt il eſtre faict/& audict ſuppliãr
lauons octroye & octroyons de grace eſpecial par
ces preſentes/nonobſtant quelzcōques lettres a ce
cōtraires. Donne a Paris le vnzieſme iour Dauril/
Lan de grace Mil cinq cẽs. xxxvii. apres Paſques/
de noſtre Regne le vingt & troiſieſme.

PAR LE CONSEIL.

FILLEVL.

Duconfentemēt

dudict Iehan Longis/a este & est Permis ~~a Denys de Harfy Imprimeur~~ de
Lyon de Imprimer & mectre en vente le
dict Liure appelle le Courtisan/Soubz
semblable Priuilege ottroye audict Lon
gis cy dessus Insere /& auec les Inhibi:
tions que dessus.

Le premier liure

du Courtifan/du Conte Baltazar
de Castillon. Reduyct de
langue Ytalicque en
Francoys.

NE   HAVLT

MEDIOCRE   MENT

NE   BAS

IL LIBRO DEL CORTEGIANO
DEL CONTE BALDESAR
CASTIGLIONE.

A REVEREND ET ILLVSTRE SEIGNEVR MICHEL DE SILVA EVESQVE DE VISEE.

A Pres que le seigneur Guydebault de mõt Feltre / Duc Durbin fut passe de ceste vie (Ie) auecques aulcuns aultres gentilz hõmes qui lauoient seruy / demouray au seruice du duc Frãcoys Marie de la Rouere son heritier & successeur es estatz quil tenoit. Et comme en mon entendement fust encore fresche lodeur des vertuz du duc Guydebault / & la satisfaction que iauoye perdue de iamiable compaignie de tant dexcellantes personnes / qui lors se trouuoiét en la court Durbin. Ie fust incite par souuenance descripre les liures du Courtisan / ce que ie feiz en peu de iours / en intention de corriger (auec le temps) Les erreurs qui du desir de tost payer ceste depte estoient descenduz. Mais la fortune / plusieurs ans ma tousiours tenu oppresse en si continuel trauail que ie nay iamais peu prendre espace de les reduire a termes / que le mien debile iugemét en restast contãt. Me trouuant donc en Espaigne / & estant aduerty du coste Dytalie q̃ ma dame Victoire de la Coullonne / Marquise de Pescaire a la q̃lle iauoye desia baille coppie du liure / contre sa promesse en auoit

faict doubler ne grande partie / Ie ne peuz faire
que ie né fentille vgne grát fafcherie. Me doubtát
de plufieurs inconueniens / qui en cas femblable
peuuent aduenir. Et neaytmoins me côfioye que
lefperit & fageffe de ladicte dame (Les vertuz de
laquelle ie ay toufiours tenues en reueréce / côme
chofe diuine)eltoient fouffifantes a remedier que
preiudice ne maduiendroit dauoir obey a fes com
mandemens. En fin ie fceuz que celle partie du li
ure fe trouuoit a napples en la main de plufieurs.
Et ainfi que les hommes font toufiours couuoi-
teux de nouuelleté fembloit q̃ ceulx qui lauoient
effayaffent de le faire imprimer. Donc efpouuante
de ce dangier / deliberay reuoir foubdainemét au
liure / ce peu que le loifir du temps me donnoit en
intention de le publier. Reputant que moins mal
feroit le veoir peu corrige de ma main / que fort cô
trefaict & inutile par la main daultruy. Ainfi pour
execute cefte deliberation. Ie commancay a relire
& foubdainnemét au premier rancontre. Admoe
nefte du tiltre ientray en vne trifteffe non petite.
Laquelle encores au paffer oultre / moult faugmé-
ta. Me remettát en memoire. Que la plufgrát part
de ceulx qui font introduictz es propos cy contenuz ont defia paye le tribut a nature. Et oultre les
mentionnez au proefme du dernier / eft mort le
mefmes meffire Alphonce Ariofte / a qui le liure
eft adreffe / ieune homme. Affable / difcret / bien cô
ditione & propre a toutes chofes conuenables a
vng homme de court. Pareillement le duc Iulien
de Medicis: la bonte duquel & noble courtoifie /
meritoit que le môde en euft plus lôgue iouiffance. Auffi monfeigneur Bernard / Cardinal de Sain

a ij.

cte Marie in porticu / qui par vne haulne & plaifan
te promptitude defperit feuft trefagreable a tout hô
me qui le congneut . Et routeffoys il eft mort . Et
mort le feigneur Octouian Fregofe, homme en
noftre temps trefrare / Magnanime / deuot / plain
de bonte defperit de fageffe / de courtoifie / & veri
~~tablement amy l'honneur & de vertu / & fi grande~~
ment digne de louange / que fes mefmes ennemys
furent toufiours contrainctz a le louer. Et les def
aduentures quil a trefconftanment portees / font
bien fouffifantes a faire foy que fortune comme
elle a toufiours efte / eft encores auiourduy côtraire
a vertu . Il y en a plufieurs aultres nômez au liure
qui font mortz. Combiē quil femblaft que nature
leur promift treflongue vie . Mais ce que fans lar
mes ne fe deburoit racompter. Et que Ma dame la
Ducheffe mefmes eft auffi morte. Et fi mon enten
dement fe trouble pour la perte de tant de mes
amys & feigneurs qui mont layffe en cefte vie cô
me en vng defert plain de tribulation . Raifon
veult / que beaucoup plus aigremēt ie fente la dou
leur de la mort de ladicte dame q̃ de tous les aul
tres . Pource quelle valloit beaucoup plus que
tous iceulx & q̃ beaucoup plus a elle feulle ieftoye
tenu. Pour dôcques nô differer de payer ce / dôc ie
me fens redeuable a la memoire dune fi excellante
dame & des aultres (qui ne font pl9 en vie) Et auec
ques ce meu du dangier du liure ie lay faict impri
mer & tel publier / que par la briefuete du tēps ma
efte permys. Et pource que vous (monfeigneur de
Vifee) ne de ma dame la ducheffe / ne des aultres
qui font mors / Fors du duc Iulian & du Cardinal
faincte Marie in porticu / auez eu côgnoiffance eū

leur vie. Affin que entant quil meft poffible vous
aiez apres leur mort/ie vous enuoye ce liure cõme vng pourtraict de paincture de la court Durbin faict nõ de la main de Raphael ou de Michel
ange/Mais dun painctre non renomme. Et qui
feullement fcait tirer les lignes principailes/fans
enrichir la verite de delectables coulleurs/Ou par
art de perfpectiue faire fembler ce qui neft point.
Et encores que ie me foye parforce de reprefenter
es propos de deuis / les proprietez & conditions
de ceulx qui y font nõmez. Ie cõfeffe nõ feullemẽt
nauoir actainct/mais encores non figniffie les ver
tuz de ma dame la ducheffe. Car non feullement
mon ftille neft fouffifant a les exprimer/Mais auffi
mon entendement a les ymaginer. Et fi en ceft en-
droict/ou aultre chofe digne de reprehenfion(Cõ
me ie fuis feur q̃ lon en trouuera affez en ce liure)
ie fuis reptins ie ne contrediray point a la verite.
Mais pource q̃ le plus fouuãt/les hõmes prennẽt
fi grand garde & plaifir a reprãdre q̃ aulcuneffoys
ilz reprennent encores ce qui ne merite point de
reprehẽfion. A aulcuns qui me blafment pource q̃
ie nay enfuiuy Boccace/ny me fuis oblige a la couftume du parler Thofcan du iourduy/ie ne lair-
ray de dire que encores que Boccace/fuft de gẽtil
efperit(felon le teps dalors)& que en aulcune par
tie il ait efcript auec induftrie & difcretion / Touteffois il efcripuit beaucoup mieulx / quant il fe
laiffa guyder feullement par fon efprit & naturel
inftinct/fans aultre eftude ou foing de lymer fes
efcriptz/que quant il fefforcea par diligence & trauail deftre plus poly & affine. Et pourtant ceulx
mefmes qui le fauorifent affermet/qui deceut grã

dement foy mefmes /au iugement de fes propres
chofes /tenant peu de cópte de ceiles qui luy font
honneur /& beaucoup eftimãt celles que ne vallẽt
riens . Si doncques iceulfe enfuiuy celle maniere
defcripre /qui eft en luy reprinfe /par ceulx qui le
louẽt /au demeurãt ie ne pourroye aumoins fouyr
les accufatiõs mefmes qui a Boccace font donnes
en ceft endroict /& il les meriteroys dautant plus
grãdes que fon erreur fut lors faict / en penfant de
faire bien /& le mien feroit maintenãt en cógnoif=
fance de faire mal . Oultre plus fi iceulfe enfuiuy
icelluy moyẽ que plufieurs ont tenu pour bon /&
par luy a efte moins prife: meuft femble auecques
telles imitatiõs porter tefmoignage deftre dirfcor
dant en iugement dauec celluy que ie enfuiuoye.
Ce que (a mon aduis) euft efte mal conuenable. Et
quãt encores ce refpect ne meut flechy /ie ne pour
roye lenfuiure ... ce fubiect /non ayant luy iamais
efcript aulcune chofes de matiere femblable a ces
liures du Courtifan . Et me femble que ne le deb=
uoys enfuiure au lãgaige. Car la force & vraye rei=
gle de bien parler /confifte plus en lufaige que en
aultre chofes /& toufiours eft vice de vfer de parol
les qui ne font point en accouftumãce: & pourtãt
neftoit conuenable /que ie vfaffe de plufieurs de
celles de Boccace / defqlles on vfoit en fon temps.
Et a prefent par les mefmes Thofcans /font defa=
couftumees /ie nay auffi voulu mobliger a la cou=
ftume du parler Thofcan du iourduy. Pource que
la frequẽtatiõ (entre diuerfes natiõs) à toufiours eu
force de trãfporter de lugne a laultre. Ainfi quaſi
cõme les marchãdifes /nouueaulx vocables / lefqlz
par apres durẽt ou faillẽt felõ quilz font par la cou

ſtūmāce receupz ou reprouuez . Ce q̃ oultre le teſ=
moingnaige des anciēs /lō voit clairemēt en Boc
cace:Ou il y a tāt de parolle/Frācoyſes /Eſpaignol
les & Prouēcalles & aulcunes(peult eſtre)nō bien
entēdues par les Thoſcans modernes /que qui les
oſteroit feroit le liure beaucoup moindre.Et pour
ce que(a mon iugemēt)la couſtume de parler des
aultres nobles citez Dytalie ou accouſtent hōmes
ſaiges /ingenieux /& eloq̃ns:& qui traictēt des cho
ſes grādes /de gouuernemēt deſtatz /de lettres /dar
mes /& d'aultres diuers negoces ne doibt eſtre du
tout deboutee /pour les vocables dont on vſe en
parlāt eſdictz lieux /ie penſe auoir peu raiſonnable
mēt vſer en eſcripuāt de ceulx qui ont en ſoy gra=
ce & elegāce en la pronūciation /& qui ſont cōmu=
nement tenuz pour bons & entendibles.Cōbien
quilz ne ſoiēt Thoſcās /& quilz ayent leur origine
dehors Dytalie . Dauantage lon vſe en Thoſcane
de pluſieurs vocables clairement corrumpuz du
latin /leſquelz en la Lombardie & aultres pars Dy
talie /ſont demourez entiers ſans aulcune mutatiō /
& en vſe chaſcun ſi vniuerſellement quilz ſont re=
ceupz des nobles pour bons /& du populaire en=
tenduz ſans difficulte . Et pour autant ie ne penſe
point auoir cōmis derreur /ſi en eſcripuant iay vſe
daulcun deulx . Et ſi iay pluſtoſt prins le nect &
entier du pays dou ie ſuis /que le gaſte & corrūpu
des eſtrangiers . Ne me ſemble bonne celle reigle
q̃ pluſieurs diſent /q̃ la lāgue vulgaire /eſt tāt plus
belle /quāt elle eſt moins ſemblable a la latine.Ny
ie nentendz point pourquoy lon doibue dōner a
vgne /couſtume de parler Thoſcan /pluſgrāde au=
ctorite que a laultre.Car ſi la langue Thoſcanę eſt

a . iiij

souffisante pour anoblir les vocables latins corrū
puz & imparfaictz /& leur donner tāt de grace que
chafcun puiffe vfer deux ainfi mutillez comme filz
eftoint bons(ce que lon ne nye point)la Lōbardie
(ou quelque aultre que ce foit)ne doybue pouoir
fouftenir les mefmes latins/purs / entiers:& propres /& nō muez en alucune partie/teliemēt quilz
foient tollerables.Et veritablemēt ii comme vouloir former vocables nouueaulx /ou maintenir les
antiques / en defpit de la couftume/fe peult dire
arrogance temeraire /& prefumption. Pareillemēt
vouloir contre la force de la mefmes couftume de-
ftruire & quafi enterrer vifz ceulx qui ont dure &
durēt ia plufieurs fiecles:& qui auecques le patois
de lufaige fe font deffenduz de lenuye du temps /
& ont conferue leur dignite & preeminence/quāt
par les guerres & ruynes Dytalie ont efte faictes
mutations de la langue/des ediffices/des habitz/
& des couftumes oultre quil feroit difficille /fem-
bleroit quafi vne chofe impiteable . Et portant fi
ie nay voulu(en efcripuant) vfer des paroiles de
Boccace dont lon ne vfe plus en Thofcane ne me
foubzmectre a la loy de ceulx qui eftiment quil
neft licite vfer de celles dōt ne vfe point les Thofcans du iourduy /ie penfe meriter excufation . Et
cuide /tant en la matiere du liure/que en la langue:
entāt que vne langue / peult ayder a laultre / auoir
enfuiuy des aucteurs auffi dignes de louāges que
Boccace. Ny ne croy point que lō me doybue imputer a erreur auoir mieulx ayme me faire pluftoft
congnoiftre Lombard en parlant Lōbard /que me
faire congnoiftre pour non Thofcan /en parlant
trop Thofcan. Affin de ne me faire comme Theo-

phraste lequel pour parler trop Athenien/fut par
vne simple viellote congneu pour nõ Athenien.
Mais pource q̃ de ce ꝓpos est parle a souffisance
au premier liure ie nen diray aultre chose. Sinon
que pour oster toute contention ie confesse a mes
repreneurs non scauoir ceste leur langue Thoscane si tresdifficille & cachee. Et ditz auoir escript en
la mienne/& comme ie parle/& a ceulx qui parlẽt
comme moy. Et par ainsi ie pense nauoir faict iniure a personne. Car a mon iugement il nest prohibe a qui q̃ ce soit descripre & parler en sa propre
lãgue/ne encores moins est aulcũ cõtrainct de lire
ou escouter chose qui ne luy est agreable. Et pourtant silz ne veullẽt lire mon Courtisan/ie ne men-
tiendray pour ce par eulx iniurie. Aultres disent
que estant si fort difficille & quasi impossible de
trouuer vng homme si parfaict/comme ie veulx
q̃ soit le Courtisan / ce a este supfluite de lescripre:
car cest chose vaine & perdue/denseigner ce que
ne se peult apprendre. A ceulx cy ie respontz que
ie me cõtanteray auoir failly auecq̃s Platon/zeno-
phon/& Marc Tulles/laissant ladispute du mõde
intelligible/& des idees (cest a dire) formes imagi-
natiues. Entre lesquelles si comme celle oppinion
est lidee de la parfaicte republique & du parfaict
Roy & du parfaict orateur. Aussi est celle du parfaict Courtisan. A limaige de laquelle ie nay peu
mapprocher auec le stille / tant moins auront de
peine les Courtisans de sapprocher auec les œuures au terme & limite / que par mes escriptz ie
leur ay propose. Et si auecques tout cela/ Ilz ne
peuuent actaindre a la parfection telle que ie me
suis efforce leur monstrer deuant les yeulx/ celz

luy qui plus sen approchera / sera le plus parfaict.
Comme de plusieurs archiers qui tirêt a vng blâc
quant il ny en a nul qui donne a la broche/celluy
qui plus en approche(sans point de doubte)est
meilleur que les aultres.Aulcuns aussi disent que
iay cuide former moymesmes / me persuadât que
les conditions que ie attribue au Courtisan / soiêt
toutes en moy.A ceulx cy ie ne vouldroye point
nyer/que ie naye essaye tout ce que ie vouldroye
que le Courtisan sceust. Et pense que qui neust eu
quelque congnoissance des choses/qui au liures
sont traictees (pour scauant quil eust este)ne les
eust peu bonnement escripre.Mais ie ne suis tant
priue de iugemêt a congnoistre moymesmes/que
ie presume scauoir tout ce que ie scay desirer.Par²
quoy ie remectz pour ceste heure la deffence de
ces accusatiôs / & parauanture de plusieurs aultres
a laduis de la commune oppinion . Par ce que le
plus souuant la multitude encore quelle ne con²
gnoisse parfaictement / neautmoins elle sent vne
certaine odeur du bien & du mal/sans en scauoir
rêdre aultre raison.Gouste lung & layme/Reffuse
laultre/& le hayt.Par ainsi si ce liure plaist vniuer²
sellement/ie le tiendray pour bon/& pêseray quil
doibue viure.Si aussi il ne plaist/ie le tiédray pour
mauluais /& que tost sen doibue pdre la memoire.
Et si(touteffois)mes accusateurs ne restent satis²
faictz /de ce cômur iugemêt:Aumoins quilz se cô
tentent de celluy du têps /lequel ala fin descouure
les occultes faultes de toutes choses/& qui pour
estre pere de la verite & iuge sans passion/est tous²
iours accoustume de donner iuste sentence de la
vie ou de la mort des escriptures.

Le premier liure du Courtifan du Côte Balthafar de Caftillon a meſſire Alphonce Ariofte

Ay doubte lôguemēt en moy mefmes meſſire Alphôce treſ cher amy / ꝗlle chofe de deulx me fuſt plus difficille / ou vous reffufer ce que pluſieurs foys mauez requis en ſi grande inſtance ou le faire . Pour autant que dung coſte me femble tref dur reffufer aulcune chofe (mefmement louable)a vng hôme que iayme fouuerainnemēt / & duquel ie me fens eſtre fouuerainnemēt ayme. Et de laulz tre auſſi faire entreprinfe dôt ie ne côgnoiſſe pouz uoir venir a bout:me fembloit defconuenable a perfonne / eſtimāt les iuſtes reprehenſions autant quelles fe doibuent eſtimer . Finablement apres pluſieurs penfemens / iay delibere experimenter (en ce cy) quelle ayde peult bailler a ma diligence celle affection & ardant defir de complaire / qui es aultres chofes eſt accouſtume de tāt accroiſtre linz duſtrie des hommes . Or vous me requerez / que iefcripue quelle eſt la forme de Courtifanye plus conuenable a vng gentilhomme / viuant es courtz des Princes / par laquelle il puiſſe & faiche parfaiz ctement les feruir en toutes chofes raifonnables / tellemēt quil en acquiere leur bonne grace & louā ge de tous les aultres . Et pour abreger de quelle forte doibt eſtre celluy / qui merite deſtre appelle parfaict Courtisan en facon quil ne luy faille riés. Donc avant consydere telle requeste/ie ditz que si a moymesmes ne sembloit plusgrand blasme de stre de vous repute peu amyable/que de tous les aultres peu saige/ie eusse fouy ceste peine/pour doubte den estre tenu temeraire de tous ceulx qui congnoissent combien il est difficille entre tant de diuersitez/dót lon vse es cours de Chrestiéte/eslire la plus parfaicte forme/& quasi la fleur de ceste Courtisanye/car lusance nous faict souuent plaire & desplaire les mesmes choses. Et de la(aulcunes fois)procede que les coustumes/les habillemens/ les cerymonies/& les facons qui en vng temps furent en vogue/viennent par apres en despris. Et au cótraire/les desprisez monte en vogue. Et parce lon veoit clairement/que lusaige a plus de force que la raison a introduire entre nous choses nouuelles. Et a descryer les antiques/desquelles celluy qui cherche a en iuger/la perfection souuent se y deceoit. Cognoissant donc ceste & plusieus aultres difficultez en la matiere qui mest proposee a escrire/ie suis contrainct de faire vung peu descuse & rendre tesmoignaige que cest erreur(si lon le peult dire erreur)mest commun auec vous. Affin que si blasme men doibt aduenir vous en ayez aussi vostre part. Car lon doibt estimer que non moindre faulte est la vostre de mauoir impose charge a mes forces inesgalles/que a moy de lauoir acceptee. Or venons a donner commancement a ce que nous auons presuppose desduire. Et sil est possible formons vng Courtisan tel/que le prince qui sera digne destre seruy de luy.(Encores que sont estat fut petit)se puisse neautmoins appeller tresgrand sei

gneur (Nous en ces liure) ne fuiuons point vng
certain ordre ou reigle des preceptes diftinctz &
feparez/dont le plus fouuët on a accouftume vfer
quant on veult enfeigner quelque chofe que ce
foit. Mais a la façõ de plufieurs antiques renouuel
lans vne gracieufe memoire/reciterons aulcuns
deuis/lefquelz iadis furent amenez fur ce propos
entre certains hommes treffinguliers. Et combien
que ie ny affiftoyez prefentialemët pour auoir efte
en Angleterre/lors quilz furët dictz les ayant en=
tenduz/peu de temps apres mon retour de perfon
ne qui les me racõpta loyaulment/ie mefforceray
entant que la memoire me pourra ayder de les re=
diger par efcript. Affin que vous faichez ce q̃ per=
fonnaiges dignes de fouueraine louange/ont iu=
ge & decide de cefte matiere. Au iugement def=
quelz en toutes chofes lon pourroit adioufter foy
nõ doubteufe. Et ne fera hors de propos pour ve=
nir par ordre a la fin/ou tend noftre parler/racom=
pter/la caufe dont telz deuys procedent.

Vr le pendãt de Lappenin/quafi
au millieu de Lytalie vers la mer
Adriaticque eft fcituee(cõme cha
cun fcait)la petite cite Durbin/la=
quelle combien quelle foit entre
mõtaignes/nõ fi fort delectables
comme par aduenture aulcunes
aultres que nous voyons en plufieurs lieux. Tou=
teffoys elle a eu le ciel fi fauorable/que le pays da=
lentour eft treffertil & plain de fruictz/de forte
que oultre la bonte de lair quelle y a/elle fe treuue
trefabundante de toutes chofes qui font meftier
pour la vie de lhomme. Mais entre les plufgrãdes

felicitez que lõ luy peult attribuer/ie croy que ceste cy est la principale/que puys long temps en ca
elle a tousiours este dominee par tresbons sei-
gneurs.Encores que durant les calamitez vniuerselles des guerres Dytalie/elle en soit demouree
priuce pour quelque temps . Mais sans chercher
plusloing/Nous pourriõs de ce faire bõ tesmoingnage par la glorieuse memoire du duc Federic/
qui en ses iours fut la lumiere Dytalie . Et ne des-
faillét/vrays & hõnorables tesmoings qui ẽcores
viuét / de lhumanite/de la prudence/de la iustice/
de la liberalite/du couraige inuaincu/& de la discipline militaire qui estoit en luy . De laqͦlle/prin
cipallemẽt font foy plusieurs ses victoires/prinses
de lieulx impregnables/son increable intelligẽce
es executiõs auoir plusieurs foys /auec biẽ peu de
gés deschasse de grosses & puyssantes armees / ne
iamais auoir este perdant en aulcune bataille . En
maniere q̃ nous pouuons raisonnablemẽt lequipa
rer a plusieurs anticq̃s renõmez . Cestuy entre ses
aultres louables choses en laspre scituation Durbin ediffia vng Palais le plus beau selon loppiniõ
de plusieurs qui soit en toute Lytalie.Et si bien le
fournit de toutes choses opportunez/quil sembloit nõ vng palais/mais vne Cite forte en forme
de palais . Et non seullement de ce dont lon vse
comme vaisselle dargẽt/paremens de chambres/
de riches draps/dor/de soye. Et daultres semblables accoustrementz.Mais pour aornement y ad-
iousta vne infinite de statues anticq̃s de Marbre
& de Brõze/Painctures tres singulieres/istrumẽs
de musicq̃ de toutes sortes. Et si ne voulut quil y
eust chose / qui ne fust tres exquise & excellente.

Jn apres assembla(auec vne tresgrosse despence)
vng grãt nombre de tresexcellentz & tresrares li=
ures Grecz / latins / & Hebrieulx / lesquelz il fist
tous estoffer dor /& dargent . Estimant que cella
fust la suppreme excellance de son grant palays.

Vyuant doncques le cours de na=
ture. Et estant venu au soixante &
cinquiesme an de son eage il mou
rut aussi glorieusement quil auoit
vescu laissant(de soy)vng seul en=
fant masle sans mere . En leage de
dix ans nomme Guydebault / qui
demoura seigneur apres luy. Cestuy tout ainsi quil
fut heritier de lestat / aussi sembla il estre de toutes
les vertuz de son pere . Et incontinant par vne
merueilleuse apparance commança a donner telle
attente de soy / quil sembloit nestre licite de tant
esperer dung homme mortel: de sorte que les gés
estimoiët que nul des excellentz faictz du duc Fe=
deric fut plus grand / que auoir engendre vng tel
enfant . Mais fortune enuyeuse dugne si grande
vertu auecques toute sa force / se mist au deuant
dung tant glorieulx commancement . Tellement
que nõ estant encores le duc Guy arriue au ving=
tiesme an de son eage / il deuint mallade de la
Goutte / laqlle en tresgriefue douleur multipliant
en peu de tõps luy occupa tous les mébres de sor=
te quil ne se pouoit tenir en piedz / ne se remuer /
ou ayder de sa psonne . Ainsi resta difforme & gas
ste en la verdeur de son eage / vng des plusbeaulx
& dispostz corps du mõde. Et nõ cõtente encores
de ce fortune en tous ses desdaings luy fut si cons
traire / que peu souuent il venoit a bout de chose

quil euft defiree.Et cõbien quil fut de trefbon cõ
feil & couraige inuaincu . Touteffoys il fembloit
que ce quil entreprenoit tant en armes que en aul
tres chofes/fut petite ou grãde/toufiours luy vint
a rebours.Et de ce porte tefmoingnage plufieurs
& diuerfes calamitez . Lefquelles toufiours il
fupporta fi vigoreufement / que iamais vertu ne
fut en luy furmõtee par fortune.Mais dung cueur
noble defprifant les tourmẽtz dicelle/en fes mal=
ladies comme fain/& en fes aduerfitez cõme bien
eureux / viuoit en trefgrande eftime & reputation
de chafcun ; De forte que combien quil fut ainfi
de fes membres hypotecque . Il feruit en guerre a
trefhonnorables partiz.Les fereniffimes Roys de
naples Alphons & Fernand le ieune . Et depuis
Pape Alexandre fixiefme . Les feigneurs Veni=
tiens & Florentins . Et apres eftant monte Iulles
fecond a la dignite Põtificalle/il fut faict capitaine
de leglife.Au quel temps fuyuant fon ftille accou
ftume/fur toutes aultres chofes . Il tacha de rẽplir
fa maifon de trefnobles & vertueulx gentilz hom
mes.Auec lefquelz il viuoit trefamilierement/fe
reiouiffoit en leur conuerfation & compaignie.
En quoy neftoit moindre le plaifir quil donnoit
aux aultres/que celluy quil en recepuoit.Car il
eftoit tres fcauant en lune & en laultre langue. Et
auec doulceur & bonne grace/auoit conioinct en=
femble vne congnoiffance de chofes infinies/&
dauantaige la grãdeur de fon couraige le poulfoit
en cella fi treffort que encores quil ne peuft fexcer
citer perfonnellement es œuures & exploicts de
cheuallerie cõme il auoit faict aultreffois.Neant=
moins il prenoit trefgrand plaifir den veoir les
experiences

experiences en aultruy & de parolle tantost corrigeant / tantost louant chascun selon les merites /
demonstroit clairement le grant iugement quil
auoit en telles matieres . Dont aduenoit que es
ioustes & tournois / A picquer cheuaulx / A ma-
nyer toutes fortes darmes / & mesmement es festes
ieux & musicqs. Et pour abreger en toutes excercices conuenables a vng noble cheuallier chascun
sesforcoit de se monstrer tel qui meritast estre iuge
digne de se trouuer en si exquise compaignie. Par
ainsi toutes les heures du iour estoiét parties en
honnorables & plaisans excercices / tant du corps
que dentendement. Mais pource que le Seigneur
(duc) continuellement (A cause de sa malladie) se
alloit coucher de bonne heure . Apres soupper
chascun se reduisoit ordinairement a celle heure /
la ou estoit ma dame la duchesse Elizabeth Gou-
zagne . Et aussi se y trouuoit tousiours ma dame
Emille Pie / qui pour estre douee dung si vif esprit
& iugement (comme vous Scauez) sembloit la
maistresse de tous / & que chascun print delle sens
& valleur.

H A doncques oyoit on les doulx
propos & honnestes comptes. Et
au visaige de chascun se veoyoit
paincte vne deliberee resiouissan-
ce / tellement que celle maison pouoit certainnemét estre dicte le p-
pre seiour de lyesse / ny ne pense
que iamais allieurs fust goustee la grand doulceur
qui sourd dune chere & amyable compaignie / cōme lon feist vng temps en celluy lieu. Car mettát
a part le grant honneur que cestoit a chascun de

nous deftre au feruice dung tel Seigneur / comme
eftoit celluy que iay icy deffus mentionne. A tous
naiffoit a la penfee vng fouuerain contentement.
Toutes les foys que nous nous reduifions deuāt
ma dame la Ducheffe et fembloit quelle fuft vne
chafne qui tous nous tint en amour vniz / tellemēt
q̃ iamais nę fut vniō de volūte ou amour cordiales
les entre freres plus grāde q̃ celle qui la entre tous
perfeueroit. Le femblable eftoit entres les dames
auecques lefquelles on auoit treffrāche & treshon-
nefte frequentation. Si que a chafcun eftoit licite
& parmys de parler / faffoir / diuifer & rire auec celle qui bon luy fembloit. Mais fi grande eftoit la
reuerence que lon pourtoit au vouloir de ma dame la Ducheffe / q̃ la mefme liberte feruoit dugne
trefforte bride / & ny auoit aulcun qui neftimaſt
pour le plufgrand plaifir / quil euft peu auoir au
monde complaire aladicte dame / & le plufgrand
ennuy quil fceuft recepuoir luy defplaire. Et pour
cefte raifon la eftoient honneftes conditions conioinctes auecques vne grāde liberte / & les ieux &
ris deuāt elle / affaifonnez de treffubtilz rencōtres /
& meflees dugne graue & gracieufe maiefte / qui
eftoit caufe que celle moderation & grandeur / laquelle tous les actes / parolles / & geftes de ladicte
dame acompaignoient / tant en riant que en deui-
fant la fift congnoiftre pour vne trefgrand dame
voyre de ceulx qui iamais plus ne lauoient veue.
Et tellement fe imprimoient les facons delle en
ceulx qui hantoient a létour quil fembloit quelle
les formaft tous a fon moufle & patrō / car chafcun
feffortoit denfuyure fon ftille en pregnant (quafi)
vng exēple de beau maintien de la prefente dugne

ſi grande & ſi verteuſe dame. Les treſbonnes qua=
lites de laquelle ie nentendz pour ceſte heure ra=
compter. Pour autant que ce neſt le ſubiect de
mon entreprinſe & quelles ſont aſſez congneus/
par le môde. Et beaucoup plus que ie ne ſcauroye
aux oeues la lãgue ne la plume exprimer/& celles
qui paraduenture euſſent eſte aulcunement caches
fortune (comme ſeſmerueillant des vertus ſi peu
aillieurs trouuees) Les a voullu deſcouurir par plu
ſieurs aduerſitez & trauerſes de meſaduentures/
pour dôner teſmoingnaige q̃ en la tédre poictrine
dune dame peuent demeurer prudence & fortitu=
de de couraige/en la compaignie dune ſinguliere
beaulte chaſtete/& encores toutes les vertuz qui
ſont treſrares es hômes tenues pour ſeures. Mais
laiſſant ce propos & reuenant au principal ie diſt/
que la couſtume de tous les gentilz hommes de la
maiſon eſtoit de ce retirer incontinét apres ſoup=
per deuers ma dame la Ducheſſe ou (entre aul=
tres honneſtes paſſe temps de muſicques & dan=
ſes/dont lon y vſoit continuellement) Aulcuneſ=
foys lon y propoſoit de belle queſtions. Aulcu=
neſſoys y dreſſoit on quelques ieux ingenieulx.
A la fantaſie tãtoſt dung/tãtoſt daultre/Deſquelz
ſoubz diuerſes couuertures ſouuenteſſoys les aſſi
ſtans deſcouuroient allegoricquemẽnt leurs pen=
ſees/& ce qui plus leur plaiſoit. Quelqueſſoys
naiſſoient aultres diſputations de diuerſes ma=
tieres/ou lon poignoit par ſubtilz motz. Souuent
lon faiſoit des diuiſes comme nous les appellons
au iourduy. Et en tous ces eſbatemens & propos
lon prenoit merueilleux plaiſir/pour eſtre côme
iay dict/La maiſon plaine de treſnobles entende=

mens.Entre lefquelz(Comme vous fcauez)eftoiét
les plus renômez / le feigneur Octouian Fregofe/
Meffire federic fon frere. Le magnificque Iuliã de
Medicis / Meffire pierre bembe / Meffire cefar gou
zagne / le Conte Ludouic de canoffe / Le feigneur
gafpard paluoifin / Le feigneur ludouic pic / Le
feigneur Merel de tortone / Pierre de napples/
Meffire Robert de bar/& infinitz aultres cheual-
liers.Oultre quil y en auoit plufieurs lefquelz côbien quilz ne fe y tinffent ordinairement. Touteffoys ilz y frequentoient la plufpart du temps. Côme Meffire bernard de bibienne / le vnicque Aret
tin Iehan chriftoffle / Romain / Pierre monther-
pandre / Meffire nicolas frife / de maniere que la
toufiours accoutoient Poetes / muficiés. Et toutes
fortes de gens Recreatifz & les plus excelliens en
toutes facultez qui fe trouuaffent en ytalie.

O R ayant pape Iulles fecond auec
ques fa prefence / en layde des
Francoys reduict Boulonghe a
lobeiffance du fiege apoftolicque
en lannee mil cinq cens fix . Retournant vers Rome.Il paffa par
Vrbin / ou fut receu le plus hon
norablement quil fut poffible. Et auecques plus
magnificque & triumphant appareil que lon euft
peu faire en quelque aultre noble cite Dytalie que
ce foit. En facon que oultre le Pape / tous les feigneurs / Cardinaulx & aultres Courtifans en refte
rent fouuerainnement fatiffaictz. Et y en euft aulcuns / Lefquelz actes de la doulceur de cefte com
paignie apres que le Pape & la court fen furent
allez démourerét plufieurs iours a Vrbin. Auquel

temps / non feullement lon continuoit au ftille
accouftume des paffetemps & efbatemens ordi=
naires.Mais chafcun fefforcoit dy acroiftre quel=
que chofe mefmemét endroict les ieux / Aulquelz
lon vacquoit / quafi tous les foirs . Dont lordre
eftoit tel / que incótinét eftre arriue en la prefence
de ma dame la Ducheffe / chafcú fe mectoit a feoir
a for plaifir / ou ainfi que la forme donnoit en
rond . Et en feant enttelaffez vng homme & vne
femme / tant quil y auoit de femmes / Mais quafi
toufiours le nombre des hómes eftoit beaucoup
plufgrand.Et apres fe conduifoient ainfi quil plai
foit a ma dame la Ducheffe / Qui le plus fouuét en
laiffoit la charge a ma dame Emille. Ainfi le iour
apres le partemét du Pape eftát la cópaignie redui
cte alheure & lieu accouftume . Apres plufieurs
delectables propos / Madame la Ducheffe voulut
que ma dame Emille commécaft le ieu (La quelle
apres auoir quelque peu reffufe lemprinfe)dict en
cefte maniere. Ma dame puis quilvous plaift / que
ie foye celle qui donne commencement au ieu de
ce foir / non pouuant raifónnablement faillir de
vous obeyr . Iay deliberé vng ieu / du quel ie péfe
auoir peu de blafme & moins de peine / Ceft que
chafcun propofe felon fon aduis vng ieu qui naye
plus efte faict. Et apres on eflira celluy qui femble
eftre plus digne deftre ioue en cefte compaignie.
Et fi difant fe tourna vers monfeigneur Gafpard
pahoyfin / luy ordonant quil dift le fien / lequel
refpondit foubdainnemét / ceft a vous (ma dame)
a dire premierement le voftre. Et ma dame Emille
refpond veez le cy ie vous ay dict / Mais vous ma
dame (dict elle a ma dame la Ducheffe) commen=

dez luy quil soit obeyssant . A lheure ma dame la
Duchesse dist en soubzriant . Affin que chascun
vous ayt a obeyr/ie vous faictz ma lieutenande/&
vous donne mon auctorite . Cest grand cas/Res=
pond le seigneur Gaspard/que tousiours aux da=
mes soit licite auoir ceste exemption de peine . Et
certainnement raison vouldroit que lon cerchast/
en toutes les facons de entendre loccasion . Mais
affin que ie ne soye celluy qui donne commance=
ment a desobeyr/ Ie laisseray ce debat pour vng
aultre temps & en diray ma raitelee . Et comman=
cea/il me semble que noz entendemens sont diffe=
rends de iugement/tant a aymer côme au demeu=
rant / & de la souuant entreuient/que ce qui est a
lung agreable a laultre soit hayneux . Mais ce nô=
obstant tousiours il se accordent pour tant a tenir
la chose treschere aymee./ treschere. Tellemēt que
bien souuent la trop grande affection des amans
trompe le iugement/de sorte quilz estime celle
personne quilz ayment estre seulle / au monde
aornee de toutes excellantes vertus & sans tache
aulcune . Mais pource que nature humaine ne re=
ceoit point cestes si accomplies perfections/ny ne
treuue lon personne a qui quelque chose ne des=
faille/lon peult dire que telz amans se decoipuēt/
& que celluy qui ayme ne deuiengne aueugle en=
droict la chose aymee . Par quoy ie vouldroye que
ce soir nostre ieu fust/ que chascun dist de quelles
vertuz (principallement) il vouldroyt que fust
aornee celle personne quil ayme/& puys quil est
force que nous ayons tous quelque tache / quel
vice il vouldroit que fust en elle /pour veoir qui
scaura trouuer des vertuz plus louables & ytiles/

& des vices plus excufables & moyns nuyfibles.

Pres quele feigneur Gafpard euft ainfi dict. Ma dame Emille fift figne. A madame conftance Fregofe / pource quelle eftoit prochaine en reng / quelle fuyuift. Et defia elle fappreftoit a dire. Mais ma dame la Duchefse print incontinant la parolle en difant. Puis que ma dame Emille ne fe veult pener a trouuer aulcun ieu / Ce feroit raifon que les aultres dames participaffent de cefte conduicte / & quelles fuffent auffi exemptes de ce trauail pour ce foir / mefmement puis quil y a tant dhommes quil ne fault point auoir de paour que ieux nous faillent. Ainfi ferons nous refpond ma dame Emille. Et en impofant filence A ma da ma conftance fe tourna A meffire Cefar gonzague (qui feoit au pres) & luy commanda qui parlaft / & il commecea en cefte maniere. Qui veult fongneu fement confiderer toutes noz actions / en elles toufiours trouue diuerfes faultes / & cela procede de ce que nature diuerfe tat en cecy que es aultres chofes. A lung a donne lumiere de raifon en vne chofe & a laultre en vne aultre. Et pourtant il aduient que fcaichant lung ce que laultre ne fcayt point / & eftant ignorant de ce que laultre entend / chafcun congnoift facilement lerreur de fon compaignon & non pas le fien. Et cuydons eftre tous fort faiges / & paraduenture en cela ou nous fommes plus folz / dont nous auons veu (en cefte maifon) aduenir que plufieurs qui au commancement ont efte reputez treffaiges / par traict de temps ont efte congneuz pour bien grans folz. Ce qui neft

daillieurs procede que de noſtre ſolicitude & diligence . Car comme lon dict que en prille entour
ceulx qui ſont morduz de tarantes lon employe
pluſieurs inſtrumens de muſicque & auecques diuers ſons on va cherchant iuſques a ce que celle
humeur qui faict la maladie pour vne certaine con-
cordance quelle a auecques aulcuns deſditz ſons
en lentendant ſoubdainnement elle ſe meurt / &
tant pourmaine le paſcient / que par ce pourmain-
nement il ſe reduit a conualeſcence . Auſſi nous
quãt nous auons ſentu en aulcun quelque cachee
vertu de folie / ſi ſubtillement & auecques tant de
perſuaſions & manieres lauons eſmeue / que finablement nous auons compris ou elle tendoit . Et
apres auoir congneu lhumeur nous lauõs ſi trefbien remue que touſiours elle a eſte reduicte a perfection de publicque follye / dont lung eſt deuenu
fol en Riſmes & vers / Laultre en muſicque / laultre
en amours / Aulcuns a dancer / aultres a faire des
moriſques / vngs a picquer cheuaulx / les aultres a
iouer a leſpee / chaſcun ſelon la miſne de ſon me-
ſtal . Dont apres comme vous ſcaues lon a eu de
grans paſſetemps . Au moyen de quoy ie tiés pour
certain que en chaſcun de nous y aye quelque ſemence de follye / laquelle reſueillee peult monter
en multiplication quaſi infinie . Et par autant ie
vouldroye que ce ſoir noſtre ieu fuſt diſputer / de
ceſte matiere / & que chaſcun diſt . Puis que iay a
deuenir fol publicquement de quelle ſorte de follye / lon cuyde que ie demeure fol / & ſur laquelle
choſe en iugeant ceſte yſſue par les eſtincelles de
follye que chaſcun iour lon veoir ſortir de moy / &
que lon die ſemblablement des aultres en gardás

lordre de noz ieux. Et chascun saiche deffendre
son oppinion sur quelque vray signe & argumét.
Et par ce moyen de ce noftre ieu recueillerós for=
me/chascun de nous de congnoistre noz faultes/
dót mieulx pourrós nous en garder. Et si la veine
de folie que nous descouurirons/se treuue si habó
dáte quelle nous semble sans remedde nous lay=
derons. Et selon la doctrine de frere Marian/nous
aurons gaigne vne ame qui ne sera peu de gaing/
lon rit de ce ieu/& ny auoit aulcun qui se peust te=
nir de parler/lung disoit/ie deuienderoye fol a
penser/laultre a regarder. Aultres disoient/ie suis
ia deuenu fol a aymer/& semblables choses. Lors
frere Seraphin (en riant selon sa coustume)ce ieu
dict il/seroit trop long. Mais si vous en voulez
vng aultre beau/faictes que chascū die son aduis/
dont procede que les femmes quasi toutes ont
en hayne les ratz/& aymét les serpés/& vous ver=
rez que nul frappera au but sinon moy/qui en ay
eu le secret par vne estrange voye. Et desia commá
coit a dire de ses comptez. Mais ma dame Emille
luy imposa silence. Et en oultre passant la dame
qui seoit au pres/fist signe. A lunicque Aretin.
Auquel selon lordre ie escheoit. Et il sans attédre
aultre commandement dict. Ie vouldroye estre
iuge auecques auctorite de pouoir/par toutes ma=
niere de tourmés enquerir & scauoir la verite des
malfaicteurs. Et ce pour descouurir les tróperies
dugne ingratte/laquelle auecques yeulx dange &
cueur de serpent/iamais naccorde la langue auec=
ques la pensee. Mais auecques vne faincte pitie
tromparesse a nulle aultre chose entéd/que a faire
Anathomie des cueurs/ny en la libie sablonneuse

se treuue serpent si venimeulx qui tant soit friant
de sang humain comme est ceste faulse qui non
seullemēt en doulceur de voix & parolles emmiel
les.Mais en regard en riz / en semblās / & en tou=
tes aultres manieres est vne tresdāgereuse. Par
quoy puis quil ne mest licite comme ie vouldrois
vser de fers / de corde / ou de feu pour scauoir vne
verite / ie desire la scauoir auecques vng ieu qui est
tel / que chascū die ce quil cuyde que signifie ceste
lettre / S / que ma dame la Duchesse porte sur le
front.Car combien que certainnement ce soit vne
artificielle couuerture / pour pouoir trōper / on luy
donnera paraduenture quelque signification que
peu estre ou elle naura point pēse / & trouuera lon
q̃ fortune pitoyable regarderesse des tourmēs des
hommes la induicte a descouurir contre sa volūte
en ce petit signe lintrinsecque desir quelle a de
meurtrir & enterrer vif en calamitez celluy qui la
regarde / ou qui la sert.Du propos se print a soubz=
rire ma dame la Duchesse / & voyant le vnicque
quelle vouloit sexcuser de ceste interpretation nō
(dist il dame)ne parlez point / Car ce nest pas a ces
ste heure vostre tour . Lors ma dame Emille se
tourna vers luy & dict.Seigneur vnicque / il ny a
icy aulcun de nous qui ne vous donne lieu en tou
tes choses . Mais beaucoup plus a congnoistre le
courage de ma dame la Duchesse / & aussi que par
vostre diuin entendement vous le congnoissez
plus que les aultres . Aussi laymez vous plus que
ne font ceulx qui resemblent au oiseaulx / ayans la
veue debille . Lesquelz non pouuans gecter ferme
regard en la sphere du soleil / ne peuuēt aussi suffi=
samment congnoistre / combien il est parfaict . Et

pourtãt toute la peine feroit perdue que lon pré=
droit pour efclarcir cefte difficulte / fors que par
voftre iugement a vous feul doncques demeure
cefte emprinfe / cõme a celluy qui feul peult en ve=
nir about. Le vnicque avãt vne efpace tenu filéce.
Et luy eftant neautmoins replicque quil parlaft en
fin dict vng fonnet fur la matiere deuant dicte/en
declarant que figniffioit cefte lettre /S/ & y en euft
plufieurs qui eftimerent quil leuft faict a limpour=
ueu / mais pour auoir efte trouue defperit & lime
plus que ne fembloit que la briefuete du temps
cõportaft / lon pẽfoit quil leuft premedite/ & ainfi
aptes que lon euft donne vne ioyeufe faueur a la
louãge du fonnet / & parle quelque efpace/Le fei=
gneur octouian Fregofe a fon tour foubzriant cõ=
mencea en cefte maniere . Seigneus fi ie vouloys
affermer nauoir iamais fentu paffion damours / ie
fuis certain que ma dame la Ducheffe & ma dame
Emille encores quelles nen creuffent riens voul=
droient faire femblant de le croire/ & diroient que
cela pcede de meftre deffie de iamais pouuoir in=
duire dame quelconcque a me aymer / de quoy ve=
ritablement iufques icy ie nay faict effay en fi grã=
de inftance / que raifonnablement ie doibue eftre
defefpere de y pouuoir attaindre vgne foys / ny ne
fuis demeure de le faire pour caufe que ie prife grã
dement moymefmes / ou fi peu les dames que ie
neftime que plufieurs delles foient dignes deftre
aymees & feruies de moy . Mais pluftoft pour
auoir efte efpouuente des continuelles plain=
ctes danlcuns amoureulx / lefquelz palles /triftes
& penfifz / femble quilz ayent toufiours le propre
mal contentement painct au vifaige . Et filz parlẽt

ilz accompaignēt leur parolle de certains foufpirs
redoublez / ne daulcune aultre chofe tiennent pro
pos que de larmes / de tourmens / de defefpoir / &
d'envye de mourir. En facon que fi par foys quel=
q estincelle amoureufe eft allumee en mon cueur /
ie me fuis efforce foubdainnement auecques mon
industrie de leftaindre, non pour hayne q ie porte
aulx dames / ainfi que estiment celles qui font icy.
Mais pour mon falut & fante / ien ay apres cōgneu
d'aultres totallement cōtraires / & affes plainctifz.
Lefquelz non feullement fe contantent des gra=
cieufes œillades / amiables parolles & doulx fem=
blans de leur maiftreffes / mais affaifonnēt de doul
ceur tous maulx de forte / que les guerres / les def=
daings / & les courroulx delles / ilz les appellent
doulceurs. Dont, trop plus que bien eureulx / ilz
me femble eftre. Car fi es defdaings amoureulx /
Lefquelz des precedens font reputez plus amers
que la Mort / Ceulx cy trouuent vne fi grande
doulceur / ie penfe que es amoureufes demonftra
tions / ilz doibuēt fentir cefte beatitude extrefme /
que nous en vain cherchons en ce mōde. Parquoy
ie vouldroye que ce foit noftre ieu / fuft que cha=
cun di&z ayant a eftre defpitee cōtre luy celle per=
fonne quil ayme / quelle caufe il vouldroit que
fuft celle qui linduifift a tel defpit : Car, fil y en a
icy daulcuns qui ayent effaye ces doulx courroux.
Ie fuis certain que par courtoyfie / il defireront
quelq vne de celles caufes qui les font ainfi doulx
& ie (paraduenture) maffureray de paffer plus auāt
en amours. En efperance de y trouuer cefte doul=
ceur ou aulcuns trouuent amertume. Et en telle
maniere ne pourroient plus fes dames me dōnet

blafme que ie nayme point ce ieu pleuft moult.Et
defia chafcun fe preparoit de parlerfur cefte ma=
tiere / mais non difant mot aultrement ma dame
Emille.Meffire Pierre Bembe / qui eftoit,prochain
au reng dift ainfi.Seigneurs non peu de doubte a
reueille en mon entendement le ieu propofe / par
le feigneur Octouian / ayant tenu propos des def=
daings damours . Lefquelz combien quilz foient
diuers / Touteffoys ilz mont toufiours efte trefai=
gres / ny ne cuyde que lon peuft de moy apprédre
affayfonnement fouffifant pour les adoulcit.Mais
aiaduéture quilz font plus ou moins amerz felon
la caufe dont ilz naiffent / car il me fouuient auoir
aultreffoys veu celle dame que ie femoye troublee
encontre moy / ou par vaine fufpition que delle
mefmes elle auoit prinfe de ma leaulte / ou par
quelque aultre faulfe oppinion en elle nee des pa
rolles daultruy.A mon defaduantaige.Tellement
que ie cuydoie quil ny euft peine au monde quife
peuft comparer a la myenne . Et me fembloit que
la plufgráde doulceur que ie fentiffe fuft de fouf=
frir fans lauoir merite & endurer cefte afflictió / nó
par ma faulte / mais pour le peu damour qui eftoit
en elle . Aultreffoys ie la veiz defdaignee pour
quelque erreur que iauoye commis / & congneuz
que fon courroux procedoit de ma faulte / & en
céft eftat / ie reputoye que le mal paffe euft efte tref
legier a comparaifon de celluy que ie fentoye a
lheure / & me fembloit que auoir defpleu par ma
faulte a celle perfonne q ie defiroye & cherchoye
auecques fi grand foing de complaire fuft le plus
grand tourmát fur tous les aultres quon pourroit
auoir.Par ainfi ie vouldroye que noftre ieu fuft

que chafcun dift eftant defdaignee côtre luy celle
perfonne quil ayme / dôt il vouldroit que nafquift
la caufe du defdaing ou delle ou de luy pour fcauoir quelle eft plufgrande douleur / ou faire defplaifir a la perfonne quelõ ayme / ou le recepuoir
de celle mefmes perfonne / chafcun attendoit la
refponfe de ma dame Emille. La quelle ne difant
mot aultrement audict Bembe fe tourna / & fift
figne. A meffire Federic Fregofe / quil dift fon ieu
ce quil fift en cefte maniere. Ma dame ie vouldroye quil me fuft licite(côme lon a quelque foys
accouftume)me remectre a loppiniõ dung aultre.
Car quant a moy volûtiers ie approuueroye quelque vng des ieux propofez / par les feigneurs qui
font icy. Et veritablemét il me femble quil feroiét
tos plaifans / mais pour ne gafter / lordre / ie dictz /
que qui vouldroit louer noftre court laiffant encores les merites de ma dame la Ducheffe / chofe
qui par diuine vertu fuffiroit a efleuer de terre au
ciel les plus bas entendemens qui foient au mon
de / pourroit bien dire fans foupnecon de flaterie
que a peine en toute Italie / paraduenture trouueroit lon autant de cheualliers & gentilzhommes
fi excellãs & finguliers / & oultre la principale pro
feffion de cheuallerie fi fcauans en diuerfes chofes
comme il y en a en cefte compaignie. Et pourtant
fi en aulcun lieu fe treuuent hommes qui meritêt
deftre appellez bons courtifans / & qui faichent
iuger de ce qui a la perfection de la courtifanye /
appartient raifonnablemét / lon doibt croire quilz
font icy / pour doncques reprimer beaucoup de
fotz / Lefquelz pour eftre prefumptueulx & co-
quars / cuydent acquerir le nom de bon courtifan /

Ie vouldroye que le ieu de ce soir fust tel/que lon
esleust vng de la compaignie a qui on donnast
charge de former par parolles vng courtisan par-
faict.En declarant toutes les conditions & qualitez particulieres qui font requifes a celluy qui me
rite deftre ainfi appellei & es chofes qui ne femble
ront eftre raifonnables foit licite a chafcun contre
dire comme lon faict es efcolles des philozophes/
A celluy qui tient conclufions. Plus oultre encores pourfuyuoit fon ppoft meffire Federic/quant
ma dame Emille rompit la parolle. Ceftuy dict elle
fil plaift a ma dame la Duchefle fera noftre ieu
pour cefte heure.Et ma dame la Duchefle refpondit quelle en eftoit contente.A lors quafi tous les
affiftans tant / A ma dame la Duchefle que entre
eulx commancerent a dire que ceftoit le plus beau
ieu que lon fceuft iouer fans attendre refponfe
lung de laultre . Et faifoient inftance.A ma dame
Emille quelle ordonnaft celluy qui debuoit commancer . Laquelle fe tournant deuers ma dame la
Duchefle dift . Commandez ma dame /A celluy
quil vous plaift que aye cefte emprinfe . Car ie ne
vouldroye en faifant election de lung plus que de
laultre monftrer de iuger / lequel ieftime(en cecy)
plus fouffifant que les aultres/& par ce moyen faire iniure a qui que ce foit . Refpond(ma dame la
Duchefle)faictes vous mefmes cefte election / &
vous gardez que en defobeyfant vous ne donnez
exemple aulx aultres de defobeyr . Adocques ma
dame Emille en foubzriant dift au cote Ludouic
de Canofle(pour ne perdre plus de temps)vous
Cote ferez celluy qui aurez cefte emprinfe en la facon que par meffire Federic a efte dict.Nó ia pont

ce quil nous semble que vous soyez si bon Courti
san que vous saiches ce quil conuiët.Mais pource
que en disant toutes choses au contraire(Comme
nous esperons que ferez) le ieu en sera plusbeau
daultant que chascun aura de quoy vous respon
dre.Ou si vng aultre(qui en sceust plus que vous)
auoit cest echarge./on ne luy pourroit contredire
aulcune chose / pource quil diroit la verite/ & par
ce moyen leïieu seroit mesgre.Le conte respondit
incötinät.Ma dame il ne fauldroit point auoir de
peur quil y eust faulte de contradictiö a celluy qui
diroit la verite/estant vous icy presante . Et apres
que lon eust vng peu ris /de ceste response il tira
oultre.Mais a dire la verite ie euiteroye volütiers
ceste peine qui me seroit trop difficille/congnois
sant en moy ce que vous auez dic̄ par mocquerie
estre veritable . Cestassauoir/que ie ne scay pas ce
que conuient a vng bon Courtisan /& ne cherche
point de le prouuer par aultres tesmoings . Car
puys que ie ne faic̄z les œuures /lon peult estimer
q̄ ie ne le scay point/& si pense en encourir moyns
de blasme/car sans point de doubte/pis est ne vou
loir faire bien que ne le scauoir faire . Mais puis
quil est ainsi que ien ay ceste charge / ie ne puis ne
ne veulx en faire reffuz / pour ne cötreuenir a lor
dre & a vostre iugemët que iestime beaucoup plus
que le myen.Lors messire Cesar gonzague/pource
dist il que vne böne partie de la nuyc̄t est ia passee
& quil y a icy plusieurs aultres sortes de passetëps
appareillez/paraduenture quil seroit bon differer
ce propos a demain.Car en ce faisant/lon donne
roit temps au Conte de penser ce quil a a dire . Et
veritablemët parler dũg tel subgec̄t a limportäce
est chose

est chose difficille / respond le Conte / ie ne veulx
point faire comme celluy/lequel apres quil se fust
despouille saillit beaucoup mois quil nauoit faict
en saye. Et pourtät/il me semble auoir gräd aduä-
tige quil soit tard/ Car par la briefuete du têps /ie
seray côtrainct de parler peu/& le nö y auoir péser
mexcusera / tellement quil me sera licite dire sans
blasme toutes les choses qui pmieres me viédront
a la bouche. Or pour nö tenir plus lôguemêt ceste
charge dobligation sur les espaules / ie dist que en
chascune chose / il est tät difficille de côgnoistre la
vraye pfectiö quil semble quasi impossible / & cela
procede de la diuersite des iugemés. Et pourtant/
lon en treuue plusieurs a qui vng hôme qui parle
beaucoup sera recreable / & lappelleront recreatif.
Aultres se delecteront plus de la moderatiö /Aul-
cuns aultres dung hôme actif se remuant. Aultres
dung qui en toutes choses môstre froydeur/& cö-
sideratiö. Et par la chascü se mesle de louer/& blasmer selon son oppiniö tousiours couurant le vice
soubz le nom de la vertu prochainne / ou la vertu
soubz le nom du prochain vice / côme en appellät
vng presumptueulx hardy / vng modere craintif/
vng ignorant bon /vng mauluais garson fin. Et en
pareil au demeurät. Toutesfoys iestime q̃ en chascune chose y ayt sa perfectiö /Côbiē quelle soit cachee. Et q̃ lon en peult asseoir iugement auecques
discours raisonnables par ceulx qui en ont congnoissance. Et pource q̃ ainsi côme iay dict souuen-
tesfoys la verite demoure occulte / & que ie ne me
vante den auoir si parfaicte informatiö/ie ne puis
louer sinon celle sorte de Courtisans / que plus ie
prise ne approuuer / sinon ce que men semble au

vray felõ mõ petit iugemẽt / que vous enfuyurez fi
vous le trouues bon / ou vous tiẽdrez au voftre fil
eft difcordãt dauecques le mien . Et fi ne debatray
point que le mien foit meilleur que le voftre . Car
non feullemẽt / il peult fembler a vous vne chofe /
& a moy dugne aultre / Mais auffi a moy meimes
peult fembler tãtoft vne chofe / & tãtoft vne aultre.

E veulx doncques que ce noftre
Courtifan foit ne gentil hõme / &
de noble maifon. Pour autãt quil
eft moins reprochable a vng rotu
rier faillir de faire opperatiõs ver
tueufes q̃ a vng noble / lequel fil
fe defuoye au chemyn de fes p̃de
cefleurs / fouille le non de fa race. Et non feullemẽt
nacquiert riens. Mais perd ce qui eftoit ia acquis.
Car nobleffe eft ainfi que vne claire lãpe qui mani
fefte & faict veoir les bónes & maului̇aife œuures /
& allume & incite a vertu . Dont les roturiers non
defcourrãs cefte clarte de nobleffe tãt par craincte
dinfamye / q̃ par efperãce de louange en leurs œu
ures / le plufouuẽt deffaillẽt de lefguillõ & crain
cte de telle infamye / ne leur femble eftre tenuz de
paffer plus auãt q̃ nont faict leurs p̃deceffeurs. Ou
aux nobles femble reproche / nattaindre (pour le
mois) aux bornes q̃ leurs enceftres leur ont affifes.
Dela quafi entreuiẽt q̃ es armes & aultres vertueu
fes actiõs les hõmes plus fingulliers font gẽtilzhõ
mes / pource q̃ nature en toutes chofes a mys celle
occulte femence qui baille vgne certaine force &
p̃prieté de fon cõmãcemẽt a tout ce quien defcẽd /
& le faict femblable a elle . Cõme nous voyons nõ
feullemẽt es hazards des Cheuaulx / & aultres ani

maulx . Mais auſſi des arbres/ deſquelz les ſions/
greffes & rameaulx quaſi touſiours reſſemblēt a la
tige.Et ſi q̄lque foys ilz en degenerēt ceſt la faulte
du mauluais iardinier/ainſi entreuiēt il des hom-
mes/ deſquelz ſil ſont eſleuez en bōne nourriture
quaſi ſont touſiours ſemblables a ceulx/ dont ilz
ſont deſcēduz & amandēt ſouuēteſſoys . Mais ſilz
ont faulte de pſonne qui en preigne ſoing/ ilz deuiennēt cōme ſauluaiges/ ne iamais ne viennent a
maturite/vray eſt q̄ ceſt par la faueur des plānettes
ou de nature/ aulcūs naiſſent accōpaignez de tant
de grace quil ſemble quilz ne ſoiēt pas nez / Mais
q̄ quelque dieu auecq̄s ſes ppres mains les ayt for
mes.Et dauātaige de tous les biēs de lētendemēt/
& du corps ainſi comme encores on en voyt pluſieurs tāt impertinētz & mal adroictz q̄ lō ne peult
croyre ſinon q̄ nature par deſpit/ou par deſriſion/
les aye produictz au mōde/ceulx cy ainſi cōme par
bōne diligēce & cōtinuelle nourriture/peuuēt faire peu de fruict le plus ſouuēt.Pareillemēt les aultres a biē peu de peyne viennēt au cōble de ſoue-
rainne excellāce.Et pour vous donner vng exēple
vous voyez monſeigneur la Cardinal de Ferrare/
Domp hypolite de eſte/ Lequel du vētre de ſa mes
re a tāt apporte de felicite q̄ ſa perſonne/ſon viſai-
ge/ſes parolles/& toutes facons tellement ſont de
ceſte grace cōpoſees & accomodees / que entre les
plus anciēs p̄latz(encores quil ſoit ieune)il repre-
ſente vgne ſi grāde auctorite quil ſemble pluſtoſt
y doinne a enſeigner q̄ ayant beſoing daprēdre/pa
reillemēt a frequēter auecques hōmes & femmes
de toutes qualitez/a iouer/a rire/a gaudir / il tient
vgne certainne doulceur & cōditions ſi gracieuſes

quil est force q̃ chascũ qui la voyt ou auecques luy
parle luy demeure ppetuellemēt affectione . Mais
tournāt a nostre ppost /ie dist que entre ceste grace
excellāte & celle sottie insensee lon treuue encores
vng moyē . Et peuuēt ceulx qui ne sont de nature
si parfaictemēt douez par soing & labeur / limer &
rabiller les imperfectiōs naturelles en grād partie.
Parquoy ie veulx que oultre la noblesse /ie Courti
san soit en ceste partie fortune/ & ayt par nature nó
seullemēt lentēdemēt /Mais belle psence de pson=
ne/ & de visaige /& aussi vne certainne grace.Et có=
me lon dict vgne ppriete qui de prime face le rēde
agreable & amyable a toute personne quil le voyt.
Et que cecy soit vng accoustremēt qui adoubbe &
accópaigne toutes les opperatiós. Et promecte au
visaige q̃ cestuy tel est digne de la cóuersatió/& gra
ce dung chascun grant seigneur . Sur ce point sans
plus attādre / dict le seigneur Gaspard pahuoysin.
Affin q̃ nostre ieu aye la forme qui a este ordónee/
& quil ne semble q̃ no⁹ estimós peu lauctorite qui
nous a este parmise de cótredire /ie dist q̃ au Cour=
tisan ne me semble si necessaire la noblesse. Et si ie
pensoye dire chose qui fust nouuelle a aulcuns de
nous /ie allegueroye plusieurs / lesquelz estans ex=
traictz de noble sang/ont este trouuez & cógneuz
plains de vices. Et au cótraire plusieurs nó nobles/
qui pour leur vertu ont ennobly leur posterite.Et
si ce que vous auez dict nagueres est vray/cestasca=
uoir q̃ en chascune chose soit celle force cachee de
la pmiere semēce / nous seriós tous dugne mesme
códitió pour auoir eu vng mesme cómācemēt / ne
plus noble seroit lung q̃ laultre: Mais ie croy que
ceste differēce pcede de noz diuersitez & degres dē

haulteffe ou de baffeur/& de plufieurs aultres cau=
fes . Entre lefquelles / ie eftime q̃ la fortune foit la
principalle/car en toutes chofes mõdainnes nous
la voyons dominer/& quafi prẽdre fon paffeteõps
de fouuant haulfer iufques au ciel celluy qui luy
femble fans aulcun merite/& enfepuelir en abifme
les plus dignes de eftre exaulfes.Ie cõfirme biẽ ce
q̃vous dictes de lheur de ceulx qui naiffent douez
des biẽs de lentẽdemẽt & du corps.Mais on voyt
autãt en aduenir es roturiers/cõme es nobles.Car
nature na poinct de fi agues diftinctions.Aincoys
(cõme iay dict) lõ voyt fouuãt les pfonnes baffes/
auoir de trefhaulx biens.de natures . Et pourtant
puis que cefte nobleff: ne fe acquiert point par
fens/ne par force/ne par art / Et quelle eft pluftoft
louange de nos pdeceffeurs q̃ noftre propre/il me
fembleroit trop eftrãge de vouloir dire q̃ fi les pa=
rens de noftre Courtifan ont efte roturiers/toutes
les fiennes bõnes qualitez foiẽt gaftees / & que les
aultre cõditiõs q̃ vous auez nõmees ne fouffifent
affez pour le reduyre a cõble de la pfectiõ. Ceftafca
uoir/Bõte defperit/beaulte de vifaige/difpofition
de pfonne/& celle grace qui au pmier rencontre le
face a chafcung agreable . A lors le Cõte Ludouic/
ie ne nye point(refpõd il)q̃ es hõmes bãs ne puif
fent auffi regner celles mefmes vertus qui font ou
doibue eftre es nobles.Mais pour ne replicquer ce
q̃ defia nous auõs dict auecques plufieurs aultres
raifons que lon pourroit alleguer a la louãge de la
nobleffe/laquelle toufiours & empres chafcun eft
hõnoree/pourtãt q̃ ceft chofe raifonnable que des
bõs naiffent les bõs/ puis que nous auõs a former
vng Courtifan ou il ny ayt q̃ redire/& qui foit acõ=

ply de toute louãge/il me semble necessaire le faire
noble/tant pour plusieurs aultres raisons comme
pour satisfaire a loppiniõ vniuerselle/laqlle soub-
daïnnemêt acõpaigne la noblesse . Car sil y a deux
noines de la court qui nayent au parauant donne
impressiõ deulx mesmes par leurs œuures (bõnes
ou mauluaises)incõtinãt q̃ lon entêdra q̃lque vng
ne gêtilhõme/& laultre nõ/le roturier empres chas
cun sera besoing q̃ auecqs le têps & plusieurs tra-
uaulx/il imprime bõne oppinion que laultre aura
acquise en vng momêt/& seullemêt pour estre gê-
tilhõme.Et chascũ peult facillemêt cõprêdre de cõ
biê grãde importãce font semblables impressiõs.
Car pour parler de nous / Nous auons veu arriuer
en ceste maison des hõmes/lesquelz combien quil
feussent sotz/& grossiers ont(neautmoins)par tou
te Italye eu renõmee de tres grãs Courtisans/& en
cores q̃ finablemêt/ilz ayent este descouuers & cõ-
gneuz.Toutessoys par plusieurs foys ilz nous ont
trõpez & maintenuz en nostre fantaisie celle oppinion de eulx /q̃ p̃mierement ilz ont trouue impri-
mee.Cõbiê q̃ le cours de leurs opperatiõs ayt este
selõ leur petite valleur.Nous en auõs veu daultres
sur le cõmãcemêt de trespetite estimatiõ / qui despuis sont venuez a tresnoble & louable yssue . En
tel erreurs y a diuerses causes/entre les aultres/lob
stination des seigneurs qui pour vouloir faire miracle aulcunessoys se mettent a dõner faueur a tel
quil merite(cõme il leur semble)le cõtraire.Oultre
q̃ le plus souuêt ilz se mescontêt.Mais pource quil
ont tousiours des ensuyueurs infinitz de leur fa-
ueur/pcede la grãde renõmee/q̃ par la pluspart du
têps les iugemês võt ensuyuãt . Et sil treuuêt quel

que ch se qui soit côtraire a la cômune oppinion
ilz doubtét destre eulx mefmes les deceuz/& tous
iours attendét qlque chose de cache/leur eftât ad
uis q les vniuerfelles oppiniôs doibuét eftre fon=
dees fur la verite & prendre leur origine fur caufes
raifonnables.Et pource q noz couraiges font tref=
prôptz a lamour & a la hayne ainfi que lon voyt es
expeétacles des côbatz & ieux de pris/& de toutes
aultre fortes de tournoys/ou les regardâs fe paffiô
nent bié fouuét fans occafiô apparâte a lugne des
partie/auecqs defir extrefme qlle demeure vain=
querefle & q laultre perde.Pareillemét quât a lop=
piniô des qualitez des hômes la bône ou mauluai
fe renômee(détree)meut noftre inclinatiô a lugne
des paffions deffufdicte/& pourtât il entreuient q
le pluffouuât/nos iugeôs auecqs amour/ou auec=
ques hayne.Ainfi vous voyez de qlle confequéce
eft cefte pmiere impreffiô/& cômét fe doibt effor=
cer de lacquerir bône fur le cômâcemét celluy qui
penfe auoir degre/& tiltre deftre bon Courtifan.
Mais pour venir a qlque particularité eftime q la
principalle/& vray pfeffion de Courtifan doibue
eftre celle/des armes/laquelle ie veulx quil face fur
tous viuemét/& quil foit côgneu entre les aultres
pour hardy & efprouue/& loyal a celluy quil fert/
& le bruit de fes bônes côditiôs fe acquerra en fai=
fant les œuures en tous téps & lieulx.Car il neft li
cite de faillir en cela fans extrefme blafme. Et ainfi
q es dames lhonneftete eft vgne foys maculee/ia=
mais plus ne retourne a fon pmier eftat/pareille=
mét la renômee dung gentilhôme(portât armes)
Si vgne foys en vng bié petit point fe denigre par
cohardie/ou aultre reproche toufiours elle demeu

re vituperee & plaine dignominye empres le mõ=
de.Par ce moyẽ daultãt q̃ ce noſtre Courtiſan ſera
plus excellãt en ceſt art /plus ſera il digne de louã=
ge.Cõbien q̃ ie neſtime point en lui eſtre neceſſai=
re celle parſaicte congnoiſſance des choſes / & tout
plain daultres qualitez qui ſont requiſes / en vng
Cappitainne.Car pour eſtre cela vgne trop grand
mer /nous nous cõtẽtõs cõme nous auõs dict quil
ſoit entieremẽt loyal /& de couraige inuaincu.Et q̃
touſiours lõ le treuue tel / Car ſouuẽteſſoys /lõ cõ=
gnoiſt plus es petites choſes q̃ es grãdes les cou=
raigeulx.Et bien ſouuãt es perilz dimportance /&
la ou il y a beaucoup de teſmoings /lon treuue des
hõmes /leſquelz cõbiẽ quilz ayẽt le cueur mort de=
dãs le corps /Touteſſoys meuz de la hõte ou de la
pſence de la cõpaignie ſe fourrent en la meſlee /cõ=
me a yeulx cloſt /& y font leur debuoir.Et dieu
ſcait es choſes qui ne les preſſenc gueres / & ou il
ſemble /quilz puiſſent ſans eſtre notez ſe deporter /
ſans eulx mettre en dãgier /cõmãt ilz ſe luiſſent vo
lũtiers reger au plus ſeur.Mais ceulx qui mõſtrent
hardyeſſe encores quilz penſent ne debuoir eſtre
veuz ne cõgneuz de pſonne ne laiſſent paſſer cho=
ſe (pour petite quelle ſoit)dont ilz puiſſent eſtre
chargez.Ceulx cy ont telle vertu de couraige que
nous reqrons en ce noſtre Courtiſan /lequel nous
ne voulõs / pourtãt ſe mõſtrer ſi fier q̃ touſiours il
ſe arreſte a brauer en parolles /& qui dye auoir priſ
la cuyraſſe pour femme / & menaſſer auecq̃s celles
fieres regardures /que nous auõs ſouuãt veu faire a
Berthaud.Car a telz ſeigneurs lõ peult dire(a bon
droict)ce q̃ vgne hõneſte dame a vgne cõpaignie
notable dict plaiſamment a vng q̃ ie ne veulx pres

fentemēt nōmer ı lequel eſtāt delle par hōneur ſe-
mons a dācer.Apres quil en euſt refuſee & pareillemēt douyr chāter ı & en ſemblable de pluſieurs
entretenemēs quō luy offroit/touſiours diſoit que
relles ſarrouilleries neſtoiēt point ſon meſtier/cāt
ꝗ la dame ne ſe peut en fin tenir de luy demāder.
Quel eſt dōcꝗs voſtre meſtier.Et il reſpōdit ı auec-
cques vng viſaige rebarbatif.Mō meſtier eſt de cō-
batre/ie pēſeroye(dilt incōtināt la dame) ꝗ main-
tennāt ꝗ vous neſtes point a la guerre/ny a termes
de cōbatre.Que ce fuſt bōne choſe que vous vous
feiſſiez treſbiē greſſer / & enſemble auecques voſtre
harnoys vous eſtuyer en vgne auimoyre iuſques a
ce ꝗ lon en euſt affaire/pour ne deuenir point plus
rouille ꝗ vous eſtes.Et ainſi auecꝗs vne grant riſee
des aſſiſtās ı lō le laiſſa tout eſcorne auecꝗs ſa folle
pſumptiō.Soit dōcꝗs celluy ꝗ nous cherchōs fier
& aſpre quant lon voyt les ennemys / & touſiours
entre ies pmiers/Mais en chaſcū aultre lieu ſoit hu
main modere & retenu en fuyāt du tout vēterye &
le deſhōte louer de ſoymeſmes ı par ou lhōme ſe cō
cite touſiours hayne/& faſcherie de qui lētend . Et
ie ay cōgneu(Reſpōd le ſeigneur Gaſpard)peu de
gens excellés en quelque choſe ꝗ ce ſoit qui ne ſe
louent eulx meſmes ı & me ſemble que lon le leur
peult treſbiē comporte/pource ꝗ celluy qui ſe ſent
valoir quāt il voyt/que par ſes œuures/il neſt congneu des ignorās ıil a deſpit ꝗ ſa valleur ſoit enſe-
puelye & cachee / & eſt force quil la deſcouure en
ꝗlque facon pour neſtre chiffre de lhōneur qui luy
appartiēt.Qui eſt le vray guerdō des vertueulx ex-
ploictz.Et pourtāt entre les anticꝗs autheurs/cel-
luy qui beaucoup vault ı a tard ſe garde de louer

soymefmes.Bien eft vray q̃ ceulx la font intollera-
bles qui fans aulcũ merite fe louent.Mais nous ne
p̃fuppofons point q̃ tel foit nr̃e Courtifan . A iors
le Côte/fi vous auez(dift il)entédu/ie av blafme le
louer defhonteemét foymefmes / & fans côfidera-
tion.Et certainnemét / comme vous dictes lon ne
doibt point prédre mauluaife oppiniõ dung hõme de valleur qui fe loue hõneftemét/mais prendre ce quil dict de foymefmes pour tefmoingnaige plus certain q̃ fil venoit de la bouche dung aul-
tre.Ie dift bié q̃ qui en louant foymefmes ne court
en erreur ne nengédre fafcherie a foy / ou enuy de
qui létéd doibt eftre tenu pour trefdifcret / car ceft
chofe trefdifficille q̃ oultre la louáge quil fe dõne
q̃ les aultres luy en dõnét encores dauátaige.Lors
fe feigneur Gafpard /il fauldroit (dift il) que vous
nous aprinfiez cefte fciéce/refpód le Conte.Entre
les anciés. aucteurs neft encores deffailly quil layo
mõftree/mais a mõ aduis q̃ le tout côfifte a dire les
chofes de forte quil femble quõ ne les dye point a
teile fin / Mais quelles tõbent fi a ppoft / q̃ lon ne
peult obmectre de les dire/& en mõftrát toufiours
de fuyr fes propres louáges /neautmoins les dire /
nõ pas a ceile facõ q̃ font les braues qui œuurét la
bouche & laiffent fortir les parolles a laduenture/
côme na gueres dift vng de noz gétilzhõmes que
luy ayant efte a Pife on luy perca vne cuyffe dung
coup de picqué de part en part/il péfa q̃ ce fuft vne
moufche qui leuft picque . Et vng aultre dict quil
ne tenoit point de myrouer en fa chãbre/pource q̃
quát il fe courrouffoit il deuenoit fi efpouuéte en
regard q̃ fil fe veyoit/il feroit trop grande paour a
foymefmes /la fe print chafcun a rire.Mais meffire

Cezar de gonzague pourfuyuit/en difant:de quoy
riez vous.Ne fcauez vous pas q̃ Alexãdre le grant
entendãt que loppinion dung philofophe eftoit
quil y auoit infinitz mõdez cõmencea a plorer.Et
quãt on luy demãda pour quoy il plouroit / pour
ce (refpondit il) que ie nen ay pas encores prins
vng feul / cõnme fil euft deflibere les prẽdre tous.
Ne vous femble il pas que ceft plus grãde braue-
rie/q̃ celle de la picqueure de la mouche.Lors dict
le Conte /auffi eftoit Alexandre plufgrand hõme
que neftoit celluy qui parlaft de la picqueure/mais
(a la verite)lon doibt pardonner aux hommes ex-
cellantz/quãt iiz prefument beaucoup deulx mef-
mes.Car celluy qui a affaire de grãdes chofes /il eft
meftier quil ayt hardyeffe de les entreprendre &
confiance de foymefmes . Et ne fault pas quil aye
le cueur failly ou couard ne neft befoing quil foit
fi modere en parolles quil monftre de prefumer
moins de foymefmes quil ne faict / pourueu que
celle prefumption ne paffe iufques en temerite .
Icy (faifant le Conte vng peu de paulfe) Meffire
Bernard de Viuiẽne(en riant dift)Il me fouuient q̃
vous auez dict vng peu deuãt que ce noftre Courtifan doibt eftre doue (par nature) de belle forme
de vifaige & de corfaige auecq̃s vgne grace quil le
face a tous agreable/la grace & beau vifaige/ie pẽfe
fans point de faulte quilz foient en moy.Et pource il aduient que tant de dames (Cõme vous fcauez ȳfont defprifees de mon amour.Mais de la for
me du corfaige /ie fuis aulcunement en doubte / &
mefmes pour les menues iambes qui (a la verite)
ne me femblẽt pas fi biẽ fortes cõme ievouldroye/
du corps/& du demeurãt/ie men cõtente affez.Par

quoy declarez vng peu par le menu celle forme de
corsaige/quelle elle doibt estre . Affin quelle me
puisse oster de ce doubte/& demeurer en repost de
mon esprit. Apres que lon eust riz vng espace de
ce propost/le Côte poursuyuoit en disant certainement celle grace de visaige sans mentir / lon peult
dire quelle est en vous/ne ne veulx alleguer aultre
exêple q̃ cestuy cy pour declarer quelle chose elle
est.Car sans point de doubte nous voyons voftre
visaige estre tresagreable & plaire a chascun.Enco-
res que les traictz dicelluy ne soient pas fort deli-
catz/mais il tient de lhôme /& neautmoins est gracieulx /& treuue lon ceste qualite en plusieurs & di
uerses formes de visaige.Et si vueil que la rencôtre
de nostre Courtisan soit de telle sorte/nô pas ainsi
mol & ressemblât a femme/côme plusieurs sesfor-
cent dauoir/qui non seullement se crespêt les cheueulx /& se pellent les sourcilz/Mais se fardent en
toutes les manieres que font les plus habandon-
nees/& deshonnestes femmes du monde.Et semble q̃ a laller & lestre en piedz & en chascune leur
aultre contenâce/ilz soient si tendres & eslâgourez
quil semble q̃ leurs mêbres se vueillent deslascher
lung de laultre /& pronôcent leurs parolles si affli-
ctes quil semble que en ce mesme instant la layne
leur doibue faillir.Et quât plus ilz se treuuêt auecques gens destoffe/& de condition / tant plus ilz
vsent de telles facons . Ceulx puis que nature ne
les a faict femmes côme ilz môstrêt desirer de sembler /& de estre deburoient non côme bônes femmes estre estimes / mais côme putains publicques
chassez/non seullement des courtz des grans sei-
gneurs.Mais aussi de la côpaignie de tous nobles

hommes. Venant doncques a la qualite de la per=
sonne/ie dist/souffire quelle ne soit extresme en pe
titesse/ne en grandeur. Car lugne & laultre de ces
deulx cõditiõs emporte auecques soy vne certain=
ne despiteuse nouuellete/ & sont les hommes de
telle sorte regardez/quasi cõme on regarde les cho
ses mõstrueuses/& estrãges/cõbien que ayant fail=
lir en lugne de ses extremitez/il est moins mal
estre vng peu diminue que exceder la raisonnable
mesure en grandeur. Car les hommes qui sont ex=
cessifz en grãdeur de corps/oultre que le plussou=
uãt/lon les treuuẽt dentendemẽt hebette/ilz sont
encores mal habilles a to⁹ excercices dagillite/qui
est vne chose que ie desire grãdemẽt au Courtisan.
Et pource/ie vueil quil soit de bõne disposition &
bien forme de ses mẽbres/& quil mõstre force le=
gierete/& adresse/& quil soit scauãt eu tous les ex=
cercices de la personne/qui appartiennent a vng
hõme de guerre. Desquelz ie pense que le premier
doibue estre/Scauoir biẽ manier toutes sortes dar=
mes/a pied/& a cheual/& cõgnoistre les aduantai=
ges/qui faict prẽdre cognoissãce des armes/dõt on
vse ordinairemẽt entre les gentilzhõmes. Car oul=
tre que cela sert a sen mieulx ayder a la guerre/ou
parauãture tant de subtilitez ne sont pas necessai=
re/il entreuiẽt souuãt des differendz de gentilhõ=
me a aultre/dont apres naissent les combatz qui se
vuydent aulcunesfoys auecques les armes/que on
se treuue sur lheure au coste/& pourtãt en scauoir
est le plus seur. Et si ne suis point de ceulx la qui
dient que a lheure du besoing/lon en oublie la
sciẽce/certainnement celluy qui sur ce point pert
lart/il mõstre quil a premierement perdu le cueur/

& lentendement de paour . Auecques ce encores
qui foit fort proffitable fcauoir luyter. Car cella ac-
cõpaigne toutes le͏   es que lon manye a pied.
En apres il eſt befoi͏   quil entende / & par foy / &
par fes amys les querelles & differédz qui peuuét
entreuenir / & quil foit informe des aduantaiges
par tout mõſtrant bon cueur & faigeſſe. Et ne foit
facille a venir au combat finõ quil y fuſt cõtrainct /
pour la conferuation de fon honneur . Car oultre
le grant peril q̃ la doubteufe fortune porte auecq̃s
foy / celluy qui en telles chofes inconfidereement /
& fans vrgéte caufe fe fourre / merite grant blafme /
encore qui luy en preigne bien. Mais quant lhom
me fe treuue fi auant entre quil ne fe puiſſe retirer /
fans eſtre charge / il doibt eſtre trefdelibere tant es
chofes qui aduiennent auant le combat que en la-
ꞔte du combat / & toufiours monſtrer promptitude / & bon cueur / & ne faire comme font aulcuns
qui paſſe les differendz en difputez & fubtilitez / &
filz ont lelection des armes / preignent armes / qui
ne poignent ne ne tranchent / & furuient comme
filz debuoient attendre vne bapterie de canons / &
leur femble fouffire neſtre point vaincux / ne font
aultre chofe que fe deffendre / & fe retirer / tellemét
quilz monſtrent vne extrefme couardye / dont les
petitz enfans vont courãt / & criãt apres eulx. Cõme les deux Amonitans / qui na gueres cõba͏   ét
en Perufe / & feirent rire tous ceulx qui les voyét.
Et qui furét ceulx la dict / le feigneur Gafpard Paluoyfin. Refpond meſſire Cefar / fe feurent deulx
freres alliez au combatre / dict le conte / ilz fembla-
rent deulx freres charnelz. Et continuant fon propoſt lon met en œuure / dict il encore les armes

fouuant en temps de paix / en diuers exercices / &
monftrent les gentilzhômes ce quilz fcaiuent faire
es publicques fpectacles en la prefence du peuple /
des dames / & grans feigneurs. Et pource / ie veulx
que noître Courtian foit parfaict cheuaucheur a
toutes celles / & a tous eftriers / & oultre auoir congnoiffance des cheuaulx / & de ce qui appartient a
bien cheuaucher / quil mette foing & diligence de
paffer oultre en toutes chofes vng peu plus auant
que les aultres / de forte que toufiours il foit entre
tous congneu pour excellant. Et comme lon dict /
de Alcibiades qui furmonta toutes les nations /
auecques lefquelles / il vefquit en chafcunes delles
en cela qui plus eftoit fon propre. Pareillement / ie
veulx que ce noître Courtifan furpaffe tous les
aultres & chafcun deulx en cela / dont il faict plus
de profeffion. Et pource que la particuliere louen-
ge des ytaliens eft de bien cheuaucher a la main /
de manier auecques raifon tous cheuaulx / & principallement les rudes / ie veulx que a courre lances
& iouxter il foit eftime entre les meilleurs ytaliés.
Et a tournoyer / tenir le pas / combatre a la barriere /
il foit trouue bon entre les meilleurs Francoys. Et
a iouer aux femmes / courre le thoureau / ruer la bar
re / & gefter le dard / entre les efpaignotz il foit tenu
pour excellent. Mais fur tout eft requift quil acom
paigne fes geftes / & maniemens dugne certainne
grace & bon iugemét / fil veult meriter celle faueur
vniuerfelle que tant lon prife. Il y a encores beaucoup daultres excercices / lefquelz combien quilz
ne deppendent droictemét des armes / touteffoys
ilz ont vgne grâde couenâce auecqs elles / & tien-
ment beaucoup de la vertu virille / & entre ceulx / la

chasse me semble estre des principaulx . Car elle a
vne certainne semblance de guerre / & veritable:
ment cest vng passetemps de grans seigneurs / &
conuenable a vng homme de court. Et aussi treuue
lon quelle estoit fort en vsaige empres les anciés.
Cest en oultre chose conuenable / scauoir nager /
courir / tirer la pierre . Car oultre lutilite que lon
en peult tirer pour la guerre / il aduient souuét que
lon donne preuue de soy en telles choses / dont
lon acquiert bonne estime / mesmement enuers le
commun / auecques lequel il est besoing de sacco-
moder. Dauantaige le ieu de la paulme est noble
exercice & conuenable a vng homme de court / &
y voyt lon la disposition du corps / & la vistesse &
adresse de chascun mébre. Et quasi tout ce lon voyt
en chascun des aultres exercices / ny ie nestime de
moindre louange le voltiger a cheual. Lequel com
bien quil soit penible & difficille / si faict il lhóme
tres legier & adroict plus que nulle aultre chose.
Et oultre lutilite qui en sort / si celle legierete est
acompaignee de bone grace / elle dóne selon mon
aduis plus agreable passetéps / que nul des aultres
exercices. Estant doncques le nostre Courtisan
plus que moyennement instruict es exercices des-
fus mentionnes / ie pense quil ne se doibt gueres
soulcier des aultres / & les peult laisser a part / com
me est voltiger par terre / aller sur la corde / telles
choses qui tiennét quasi du bastelleur / & sont peu
conuenables a vng gentilhomme . Mais pource
que lon ne peult tousiours soccuper a si penibles
operations / oultre aussi que la coustume ennuye a
la fin / & oste celle merueille que lon préd des choses rares / il est besoing de tousiours diuersifier

noſtre vie per diuerſes & differentes actions . Et
par aultant / ie veulx que le Courtiſan deſcende
par foys en excercices plus trãſquilles & repoſees
& que pour euiter les enuyes / & ſentretenir gra=
cieuſement auecques chaſcun il face gracieuſemẽt
tout ce que font les aultres / Sãs touteſſoys iamais
ſeſlongner des actes louables /ſe conduyſant par
vng ſi bon iugemant quil ne ſe laiſſe cheoir en
aulcune impertinence.Mais rye /ſe ioue /cacquette
& dance /en telle maniere que touſiours il ſe mon=
ſtre homme deſperit & diſcret / aye quelque grace
en toutes choſes quil vouldra faire ou dire . Cer=
tainnemẽt(dict a lheure)meſſire Cezar Gonzague
lon ne deburoit point empeſcher les cours de ce
propoſt /mais ſe ie me taiſoye /ie ne ſatiſſeroye a la
liberte que iay de parler /ne au deſir que iay de ſca=
uoir vne choſe.Et me ſoit pardonner ſi ayant a cõ=
tredire /ie commẽce par interrogation.Car ie croy
que cella me ſoit licite a lexemple de noſtre meſſi=
re Bernard /lequel par trop grant enuye quil auoit
deſtre tenu bel homme eſt contreuenu aux loix
de noſtre ieu /quant il a demande /& non pas con=
tredict . Regardez dict a lheure ma dame la Du=
cheſſe comme dung ſeul erreur pluſieurs en proce
dent.Et pource celluy qui faict & donne mauluais
exemple merite deſtre pugny /non ſeullement de
ſa faulte /mais auſſi de celle des aultres . Reſpond
alors meſſire Cezar /ie ſeray donc ma dame exẽptz
de pugnition . Puis que meſſire Bernard doibt
eſtre pugny de ſa faulte /& de la mienne. Mais biẽ
diſt ma dame la Ducheſſe debuez vous auoir tous
deux double pugnition . Ceſtaſſauoir luy / de ſa
faulte /& de vous auoir induict a faillir. Et vous

d

de la voſtre/& dauoir enſuyui celluy qui failloit.
Ma dame(reſpond meſſire Cezar)ie nay point
failly iuſques icy. Et pourtant affin de laiſſer ceſte
pugnitiõ.A meſſire Bernard/ie me tairay/& deſia
ſe taiſoit quãt ma dame Emille reſpõdit en ſoubz
riant.Dictes ce que vous voullez dire/ Car auecqs
le bon conge de ma dame la Ducheſſe/ie pardõne
a qui a failly & a qui faillera en ſi petite faulte.Re-
ſpond ma dame la Ducheſſe ı ien ſuis contente.
Mais pregnez garde que vous ne vous meſcõptez
en cuydant pataduenture meriter plus a eſtre miſ
ſericordieuſe/que a eſtre iuſte/Car en pardonnant
a qui commect faulte/lon faict iniure a qui nen cõ-
mect point. Touteſſoys/ie ne vueil pas que pour
ceſte heure mon auſterite accuſant voſtre clemẽce
ſoit cauſe que nous perdions douyr la demande
de meſſire Cezar.Ainſi apres que ma dame la Ducheſſe ı & ma dame Emille luy eurent ſigne/il ſe
print a dire. Si iay bonne memoire/il me ſemble/
Seigneur conte ı que vous ce ſoir auez pluſieurs
foys replicque/que le Courtiſan doibt accomplir
ſes opperations ı ſes geſtes ı ſes habillemens. Et
pour abreger/tous ſes mouuemens dugne bonne
grace. Et me ſemble/que vous mectez cella pour
vng aſſayſonnemẽt de toutes choſes/Sans lequel
toutes les aultres proprietez/& bonnes cõditions
ſeroiẽt de petite valleur. Et veritablemẽt/ie croys
que chaſcun facillement en cela ſe laiſſeroit perſua-
der.Car par la force du vocable/lon peult dire que
celluy qui a grace ı eſt agreable. Mais pourte que
vous auez dict/que ceſt bien ſouuant dõn de natu
re/& des cieulx.Et dauantaige que quãt il neſt dủ
ſout parfaict/lon le peult faire beaucoup pluſgrãd

par foing & labeur . Ceulx qui naifcent fi heureux
& fi riches dung tel trefor /côme font aulcuns que
nous voyons / me femble auoir peu de befoing
quant a cella daultre enfeignement / ou apprens
riffaige. Car celle benigne faueur du ciel les guyde
quafi en defpit deux pluthault quilz nauoiẽt deffi
re /& les faict non feullement agreables /mais mer
ueillables a tout le monde. Touteffoys / ie ne par=
le point de cella /puis quil neft en noftre pouuoir /
de lacquerir de nous mefmes . Mais feullement a
qui nature a dône quilz foient ydoinnes de pou=
uoir eftre agreables par bonnes grace en y mectât
peine / induftrie & foing /ie defire fcauoir par quel
art / par quelle difcipline / & par quel moyen / ilz
peuuent acquerir cefte bonne grace tant es exce=
cices du corps efquelz vous leftimez fi neceffaire /
comme encores en toutes les aultres chofes que
lon faict /ou que lon dict. Et pourtant ainfi que en
nous louât grandemẽt en cefte qualite /vous auez
comme ie croy a tous engendre vne foif ardente
de lacquerir . Pour la charge que ma dame Emille
vous a donne /vous eftes auffi tenu de leftancher
en nous enfeignant les moyens de lauoir. Ie me
fuis tenu dict le conte de vous enfeigner a auoir
bonne grace ne aultre chofe / Mais feullement a
vous môftrer quel doibt eftre vng bon Courtifan.
Et me garderay biẽ de prẽdre charge de vous en=
feigner cefte perfection /mefmemẽt ayant dict vng
peu deuant que le Courtifan doibt fcauoir luycter
& voltiger /& tant daultres chofes /lefquelles com
ment les vous fcauroys ie enfeigner / quant ie ne
les ay aprinfes /& fcay biẽ que le fcauez & côgnoif=
fez /il fouffit fi comme vng bon fouldard fcait dire

d ij

a larmurier de quelle facon / de quel tour / & de
quelle bonte doibt eftre le harnoys / ne pourtant
luy faiche enfeigner a la faire / ne comment il le
fault battre / ou tremper. Semblablement / ie vous
fcauray par aduenture dire quel doibt eftre vng
parfaict Courtifan. Mais non pas enfeigner / com=
me vous debuez faire pour le deuenir. Et toutef=
foys pour fatiffaire encores entant que mon pou=
uoir fe peult eftandre a voftre demande / combien
quil foit quafi en prouerbe / que la bonne grace ne
fe apprend point / ie dictz que qui vouldra auoir
bône grace es excercices corporelz / prefuppofant
premierement quil ne foit inhabille par nature / il
doibt commancer de bonne heure / & apprendre
les principes foubz trefbôs maiftres / laqlle chofe /
côbien elle femblaft importâte. A phelippes Roy
de macedoyne fe peult côprâdre de ce quil voulut
que Ariftote philofophe tant renôme / & paraduê
re le plus grand qui fut iamais au monde / fuft ce=
luy qui enfeignaft les premiers Elemens des fcien
ces a Alexandre fon filz. Et entre les hommes que
nous congnoiffons au iourduy. Confiderez côme
bien & en bône grace le feigneur Galleas de fainct
Seuerin grant efcuyer de France / faict tous les ex=
cercices de corps. Et ce pour aultant que oultre la
naturelle difpofitiô quil a de la perfonne / il a mis
toute follicitude a les apprêdre foubz bons mai=
ftre / & auoir toufiours dexcellés hommes aupres
de luy / & de chafcun prendre le meilleur de ce quil
fcauent. Car fi comme a luy & er voltiger / & a ma=
nier plufieurs fortes darmes / il a toufiours tenu
pour guyde noftre meffire pierre Mont / lequel
comme vous fcauez / eft le vray & feul maiftre de

toute artifficielle force & legierete. Pareillement a
cheuaucher / iouxter / & en chafcune aultre chofe
que fe foit / il a toufiours eu deuant les yeulx les
plus parfaitz qui ayent eftez congneuz en celles
profeffions . Qui doncques vouldra eftre bon di⸗
fciple oultre quil luy fault faire les chofes bien / il
doibt continuellement mectre toute dilligence /
pour reffembler a fon maiftie. Et fil eftoit poffible
fe transformer en luy. Et quât il fe fent defia auoir
proffité /il fert beaucoup de veoir plufieurs hom⸗
mes de celle profeffion / & en fe-conduifant par
celluy bon iugement quil doibt toufiours auoir
pour guyde aller choififfant / tantoft de iung / tan⸗
toft de laultre diuerfes perfections & fingularitez /
& comme la mouche a miel es prez verdoyans en⸗
tre les herbes toufiours va cueillât les fleurs. Sem⸗
blablement noftre Courtifan doibt rober celle bô
ne grace de ceulx qui luy fembleront lauoir. Et de
chafcun celle partie qui fera plus louable . Et ne
faire pas comme vng de noz amys que vous con⸗
gnoiffez tous qui cuyde fort reffembler au Roy
Ferrand le ieune Daragon . Et fi ne mectoit peine
de lenfuyure en nulle chofe q̃ a haulfer fouuant la
tefte en torfant vne partie de la bouche qui eftoit
vne couftume aduenue au Roy par malladie . Et
en treuue lon de telz qui penfent faire affez / mais
quilz femblent a quelque grand perfonnaige en
quelque chofe / & fe prennent bien fouuant a celle
qui en ceftuy la eft feulle vicieufe . Mais en ayant
plufieurffoys en moymefmes debbatu / dont viêt
cefte bonne grace / laiffant a part ceulx qui la tien⸗
nent de la faueur du ciel / ie treuue vne reigle tref⸗
uniuerfelle qui me femble feruir quant a ce point.

en toutes ies chofes humainnes que lon faict / ou
que ion dict plus que nulle aultre . Cest de fuyr le
plus que lon peult comme vne trefapre / & peril=
iheufe roche laffection & pour aire peult eltre vne
parolle neufue / de vfer en toutes chofes dugne cer
tainne nonchallance qui cache lartiffice & qui mõ
ftre ce que lon faict cõme fil eftoit venu fans peine
& quafi fans y penfer. De la / ie penfe que la bonne
grace depende beaucoup)Car des chofes rares / &
bien faictes chafcun en entend la difficulte / dont
aduient que la facillite en elles engendrent mer=
ueille trefgrande. Et au contraire faire par force &
(comme lon dict)tirer par les cheueulx dõne mer=
ueilleufement mauluaife grace / & faict peu eftimer
chafcune chofe pour grande quelle foit . Et pour=
tant lon peult dire que celluy eft vray artiffice qui
ne femble point, eftre artiffice / & ne doibt lõ plus
mectre ailleurs de foing / que a la cacher. Car fil eft
defcouuert / il ofte le credit entierement / & faict
que lhomme en eft peu eftime . Et fi me fouuient
auoir leu quil y aye aulcuns anticques orateurs
trefexcellés / lefquelz entre leurs aultres induftriez
fefforcoient de faire croyre a chafcun quil nauoiẽt
aulcune congnoiffance de lettre. Et diffimulant
leur fcauoir monftroient leurs harangues eftre fai=
ctes treffimplement . Et pluftoft ainfi que nature
leur donnoit a la verite que par art & diligence / la
quelle fi elle euft efte cõgneue euft mis en doubte
les entendemens des hommes deftre trompez par
ce moyen. Par ainfi voyez comme monftrer lartiffi
ce / & vne fi ententifue diligence ofte la grace de
chafcune chofe. Qui eft celluy de vous quãt noftre
meffire pierre Paul dance a fa facon auecques fes

petitz fautelletz & fes iābes racourfiez fur la poinз
cte des piedz ıfans remuer la tefte comme fil eftoit
tout de boys fi ententiuement / que certes il fcmз
ple quıı voyıe comptant ıes pas . Quı eıt ıoeu ıı
aueugle qui ne voye en cella la mauluaife grace de
laffectation ı& la bonne! grace en plufieurs hōmes
& femmes qui font icy prefens de celle nōchallāte
agillite . Car es mouuemens du corps communeз
ment on laopelle ainfi(par ou foit)en parlant / ou
rıent / ou faccommodant / ilz monftrent de nōn
eftimer ce quilz font ou difentı & de penfer plus a
toute aultre chofe / que a cela pour faire croyre (a
qui les veoit) que quafi ilz ne fcauroient ı ou
pourroient faillir . Surce point ı meffire Bernard
fans plus attendre va dire / Regardez que noftre
meffire Robert a trouue a la parfin quelque vng
qui loue fa facon de danfer / puis que tous vous
aultres nen faictes point de cas . Car fi cefte excelз
lence cōfifte en la nōchalanceı& a monftrer de nō
eftimer ce que lon faictımais pluftoft penfer a touз
te aultre chofeı meffire Robertına point de pareil
au monde pour danfer . Car pour bien monftrer
quil ny penfe point le pluffouuātıil fe laiffe cheoir
la robbeı des efpaullesı & les pētoufles des piedzı
& fans recueillir lung / ne laultre ı ne ceffe point
daller danfant. A cella refpōdit le Conte puis que
vous voulez que ie parle ı ie parleray auffi de noz
vices. Ne vous apperceuez vous pasıque ce q̄ voꝰ
appellez en meffire Robert nōchallance eft vraye
affectatiō . Car lon cōgnoift clairemēt quiı fefforce
de tout fon pouuoir mōftrer de ny pēfer pointı &
cela eft y pēfer trop . Et pource q̄l paffe certains liз
mites de mediocryte ıcellenōchallāce eft affectee &

　　　　　　　　　　　d iiij

luy siet mal. Et vne chose qui droictement viēt au
cōtraire de ce quil auoit presuppose: Cestascauoir
de cacher lartiffice. Et pourtant/ie ne estime point
que ce soit moindre vice que laffectation en la nō=
challance/laquelle est en soy louable/comme de se
laisser cheoir la robbe des espaulles que en la pro=
prete/que pareillemēt est en soy louable / comme
de porter la teste si fort droicte de paour de gaste
la perrucque/ou tenir au fons du bonnet vng mi=
rouer/& vng pigne en la māche/& auoir tousiours
apres soy vng paige/par les rues auecques des ver
ges a nestoier/& des descrotoyres. Car la proprete
& nonchallance qui sont de ceste maniere tendent
trop a lextremite ce qui est tousiours vicieulx / &
contraire a celle pure/& amiable simplicite qui tāt
est agreable aux entendemēs humains. Regardez
comme vng gendarme a mauluaise grace/quant il
sefforce aller si droict / & se guinde sur la selle. Et
comme nous disons coustumieremēt a la Veniciē=
ne/a comparaison dung aultre qui semble ny pen=
ser point/& quil est a cheual aussi deliure / & assure
comme sil estoit a pied / de combien plaist plus &
de combien est plus loue vng gentilhomme por=
tant armes (quant il est modere peu parlant / &
moins se ventant)que nest vng aultre qui ne cesse
de louer soymesmes / & qui en brauant / & blasse=
mant semble quil menace le monde. Et cella nest
aultre chose que affectation de vouloir sembler
vaillant homme/le semblable aduient en chascun
excercice/ou plustost en chascune chose que lon
peult au monde faire/ou dire. A lheure le seigneur
magnificque cella encores(dict il)se veriffie en la
musicque / ou cest vng tresgrand vice faire deux

confonances parfaictes lugne apres laultre.Tell e
ment que le mefme fentement de noftre ouye la
bhorrift /& fouuant mieulx ayme vne feconde/ou
vne feptiefme qui eft a foy diffonnâte aigre & in=
tollerable/& cela procede de ce que les continuer
es parfaictes engendre vne fafcherie / & monftre
vne armonye trop affectee / ce que lon euite en
mefiant les imparfaictz / & quafi faifant vng para=
gon/ou noz oreilles demeurêt plus rauies /& plus
couuoyteufement entendent/ & gouftent les par=
faictes /& par foys prennent plaifir en celle diffon
nance de la feconde / ou de la feptiefme / comme
de chofe non chalue(Veez la doncques /refpôd le
Conte)que en cecy nuyct laffectation comme es
aultres chofes.Lon dict oultre plus vng prouerbe
auoir efte empres trefexcellentz painctres anticqs
qui difoient trop de diligêce nuyfible/& Protho=
genes auoir efte blafme par Appelles de ce quil
ne fcauoit ofter les mains de deffus le tableau.
Lors dift meffire Cezar cefte mefme tafche femble
q̃ aye noftre frere Seraphin de ne fcauoir ofter les
mains de deffus la table . A tout ls moins que la
viande ne foit du tout oftee/le Conte fe print a ri=
re . Et apres auoir vng peu riz continua . Apelles
vouloit dire que Prothogenes en la pain>cture ne
côgnoiffoit pas ce qui fouffifoit / qui neftoit aul=
tre chofe que de le reprendre deftre affecte en ces
ouurages. Cefte vertu doncques contraire a laffe=
ction/laquelle nous appellons pour cefte heure
nonchallance/oultre quelle eft vraye fontainne/
dont defriue la bonne grace / elle porte encores
auec foy vng aultre aduantaige/lequel accompai=
gnant telle action humainne q̃ lon vouldra(pour

petite quelle foit)non feullement declaire inconti
nant le fcauoir de celluy qui la faict . Mais biẽ fou
uant le faict extimer beaucoup plus grãt quil neſt
en effect.Car es entendemens des affiſtans/il im=
prime vne oppinion que celluy qui bien faict ſi
aifeement faiche beaucoup plus que ce quil faict/
& que ce il mectoit foing ou peine en ce quil faict/
il le pourroit faire beaucoup mieulx/& pour repli
cquer les mefmes exemples.Veez cy vng homme
qui mainne les armes ſi pour gecter vng dard / ou
en tenant vne efpee en la main / ou aultre baſton/
il fe meci fans y penfer agillement en vne prõpte
adreffe/auecques telle facilite quil femble que tout
le corps & tout les membres foient naturellemẽt
en celle difpofition/& fans y peiner / encores quil
ne face aultre chofe fy fe monſtre il a chafcun tref=
parfaici en ceſt excercice . Pareillement a danfer
vng pas feul / vng feul mouuemẽt de la perfonne
declaire le fcauoir de celluy qui dance/& vng mu=
ficien ſi en chantant / il entonne vne feulle notte
finiffant auecques vng doulx accent/en vng paf=
faige decouppe en telle facillite quil femble quil
fe face ainfi dauanture.Par ce feul point/il faict cõ
gnoiſtre quil fcait beaucoup plus quil ne mõſtre.
Souuant auffi en la paincture vne ligne feulle non
trauaillee / vng feul traici de pinfeau aifeemẽt tire
en facõ quil femble que la main fans eſtre guydee
par eſtude ou artifice aulcun/voyfe delle mefmes
a fon but/felon lintention du painctre/manifeſte
clairement lexcellance de louurier.Endroici loppi
nion duquel chafcun feſtend apres felon fon iu=
gement/ & le femblable entreuient quafi de toute
aultre chofe.Fault doncques que foit noſtre Cour

tisan extime excellant / & quil ayt en toute chose
bonne grace / & principallement en parlāt / il fuyra
laffectation qui est erreur / ou plusieurs encourent /
& par foys aulcuns de noz Lombardz (plus que
les aultres) lesqlz silz ont este vng an hors de leur
maison / incontinant quil sont retournez comman
cēt a parler Rommam / & quelque foys Espaignol
ou Francoys / Et dieu scait comment. Et tout cela
procede de trop grād desir de monstrer de scauoir
beaucoup / qui sont moyens ou lon mect grant
soing & diligence pour acquerir vng vice treshay
neux. Et sans doubte ce me seroit mou peu de
peine si en cestuy nostre deuys / ie vouloye vser de
celles anticques parolles thoscanes / qui sont ressu
sees de laccoustumāce des Thoscans du iourduy.
Et croy que chascū de vous sen mocqueroit. Lors
messire Federic veritablemēt dict il / en diuisāt en
tre nous comme nous faisons a ceste heure / peult
estre quil seroit mal a propost vser des anticques
parolles Thoscanes que vous dictes. Car ainsi que
vous auez touche donneroient peine a celluy qui
les diroit / & a ceulx qui les orroient / & ne seroient
de plusieurs entendues sans grosse difficulte. Mais
qui se mectroit a escripre / ie cuyderoye bien quil
feroit erreur en nen vsant point / par ce quelles
donnent vne merueilleuse grace & auctorite aux
escriptures. Et delles ressort vng langaige / plus
graue / & plain de mageste que des modernes. Ie
ne scay (dist le Côte) quelle grace ou auctorite peu
uent donner aux escriptures celles parolles que
lon doibt fouyr / non seullement en lusaige de par
ler comme nous faisons maintenant ce que vous
mesmes confessez / Mais encores en toute aultre

chofe que lon peult imaginer.Car fi a tel homme
que lon vouldra(mais quil foit de bon iugement)
Il aduenoit de faire vne harangue de matieres gra=
ues au mefmes fenat de Florence / qui eft le chef
de la Thofcane/ou parler en particullier a perfon=
naige de reputatiõ en celle cite de quelques affaire
de confequence / ou paraduenture a quelque vng
de fes priuez & familliers de chofe plaifantes / ou
auecques dames & gentilzhommes de lamour/ou
en mocquant/& fe iouant en feftes/ & affemblees/
en quelque lieu ou temps tant propre que ce foit/
ie fuis certain quil fe garderoit de vfer de parolles
Thofcanes anticques . Et fil en vfoit oultre quil fe
feroit mocquer de luy/il cauferoit beaucoup den=
nuy a ceulx qui le vouldroient efcouter/il me fem
ble doncques fort eftrãge que lon vfe en efcripuãt
des parolles pour bonnes / lefquelles lon vueille
euiter cõme vicieufes en chafcune forte de parler.
Et vouloir q̃ ce que iamais neft cõuenable a parler
foit le moyẽ pl⁹ cõuenable dõt lõ puiffe vfer a efcri
pre.Car felon mon oppiniõ lefcripture neft aultre
chofe finõ vne forme de parler qui demeure enco=
re apres que lhõme a parle/& quafi vne imaige ou
pluftoft la vie des parolles. Et pourtant au parler/
leq̃l fe perd incõtinãt q̃ la voix eft fortie font aul=
cunes chofes paraduãture tollerables q̃ ne feroiẽt
pas a lefcripre.Car lefcripture cõferue les parolles
& les foubzmetz au iugement de qui la lift & dõ=
ne temps de les confiderer meuremẽt . Et pourtãt
il eft raifonnable que lon mecte en lefcripture plus
grande diligence pour la faire plus correcte/& cul=
tiuee . Et touteffoys nõ pas en facon que les motz
efcriptz foient differés de ceulx que lon dift.Mais

que en efcripuant ꝗ lon choififfe les plus correctz
dont lon vfe en parlant. Et fi a efcripre eftoit licite
ce qui neft licite a parler/a mon aduis quil en nai
ſroit vng trefgrant inconuenient. Qui eft que lon
pourroit vfer de plus grãde licence c.t celle chofe.
En laquelle on doibt vfer de plus grande follicitude. Et le trauail que lon mect a efcripre en lieu
dayder porteroit nuyfance. Par quoy il eft certain
que ce qui eft conuenable a lefcripre eft auffi conuenable a parler/Et le parler eft trefbeau qui eft
femblable aulx beaux efcriptz. Dauantaige ieftime
quil foit plus neceffaire eftre entendu en efcripuãt
que en parlant/Car ceulx qui efcripuent ne font
pas toufiours prefens auec ceulx qui lifent/cõme
ceulx qui parlent auecques ceulx aufquelz ilz parlent. Et pourtant ie loueroye que oultre leuiter
plufieurs parolles Thofcanes/lon print encores
feurete de vfer tant en parlant que en efcripuant
de celles qui au iourduy font en vfaige en Thofca
ne & es aultres lieulx Dytalie/& qui ont quelque
grace en la pronunciation. Et me femble que celluy qui fe impofe aultre loy neft pas bien affeure
de non encourir en celle affectation tant blafmer/
dont nous parlions vng peu deuant. A lheure
meffire Federic/Seigneur Côte/ie ne vous peulx
nyer que lefcripture ne foit vne facon de parler. Et
fi vous dift que fi les parolles que lon dict ont en
foy quelque obfcuritel le propoft ne penetre point
en lentendemēt de qui les oyt. Et en paffant fans
eftre entendu/il deuient friuolle/& fans efficace/
Ce qui nentreuiēt point a lefcripre. Car fe les parolles dont celluy qui efcript vfe portēt auecques
foy vng peu(ie ne diray pas)de difficulte/mais de

subtilite cachee / & non congneue de prime face/
comme celles que lon dict en parlant ordinairement. Elles doibuent vne certainne plusgrande
auctorite a lescripture. Et font que le lisant va plus
retenu/ & sur ses gardes & mieulx consideré/ & prét
plaisir en lesperit & doctrine de lescripuant. Et pre
nant vng peu de peine auecques son bon iugemét
gouste le plaisir que on a de venir au bout des cho
ses difficilles. Et si lignorance de celluy qui list est
si grande quil ne puisse surmonte les difficultez/
quil treuue/ Ce nest pas la faulte de laucteur. Et ne
doibt lon pourtant extimer que ce lágaige ne soit
beau. Au moyen de quoy /ie pense que a escripre
il soit couenable vser de parolles Thoscanes /voy-
re de celles seullement dont les Thoscans anticques ont vse. Car cela est grant tesmoingnaige &
approuue du temps quelles soient bonnes & si-
gnifficatiues de ce pourquoy lon les vsurpe. Et dauantaige elles ont celle grace & reuerence que lan
ticquite baille/non seullemét aulx parolles/Mais
aux ediffices/aux statues/aux painctures/ & a chascune aultre chose qui est souffisante a la confirmer.
Et font bien souuant auecques ceste preheminéce
seullemét la face belle de la verite. De la quelle /&
de son elegáce chascun subiect (pour bas quil soit)
peult estre si grandement aorne quil merite souuerainne louange. Mais ceste vostre accoustumáce/
dont vous faictes tant de cas me semble fort dan-
gereuse/ & bien souuát peult estre mauluaise. Et si
quelque vice de parler se treuue auoir gaigne credit entre plusieurs ignorás /il ne mest point aduis
que pourtát lon le doibue prédre pour vne reigle/
ne que les aultres les doibuét ensuyure. Auecques

ce les couftumes font fort differentes . Et ny a cite
noble en ytalie qui nayt quelque differente ma=
niere de parler de toutes les aultres . Et pource
quant vous ne vous reftraignes point a declarer
qui eft le meilleur/vng homme fe y pourroit arre=
fter a la bergamafque aufli bien que a la Florétine/
& felõ ce que vous dictes/ny auroit erreur aulcun/
dõt me femble que qui veult euiter tout doubte/
& eftre bien affeure/il eft neceffaire de ce propofer
vng peu a enfuyure le langaige/lequel par confan
ternét de tous foit eftime bon / & iauoir toufiours
pour guyde & pauoys contre qui vouldroit reprã
dre . Et ceftuy tel quant au vulgaire / ie penfe quil
ne puiffe eftre aultre que le Petracque / & le Boc=
cace / & que qui feflongne de fes deux va a ta=
ftons/ comme qui chemyne en tenebres fans lu=
miere/& pource bien fouuãt fault le chemin. Mais
nous aultres fommes fi hardyz / que nous ne dai=
gnõs faire ce que ont faict les bons anciens . Ceft
afcauoir vacquet & entendre a lymitation/fans la
quelle ieftime que lon ne peult bien efcripre . Et
me femble que Virgile nous monftre grand tef=
moingnaige de cela.Lequel combien que par fon
efperit & iugemét plus que diuin/ il oftaft efperã=
ce a tous ceulx qui viendront apres luy de le pou=
uoir bien imiter/il voulut neautmoins imiter Ho=
mere.A lheure le feigneur Gafpard paluoyfin ce=
fte difputation(dift il)defcripte en verite eft bien
digne deftre ouye . Toutefoys il feroit plus a no=
ftre propoft fi vous nous enfeignez en quelle ma=
niere doibt parler noftre Courtifan.Car il me fem
ble quil en a plus grãd befoing.Et quil luy aduiét
pl⁹ fouuãt a ce feruir de parler q̃ de fefcripre.Le ma

gnificcque reſpõdit. A noſtre Courtiſan ſi excellãt
& ſi parfaict / il ny a point de doubte quil ne ſoit
neceſſaire de ſçauoir lung & laultre . Et que ſans
ces deux conditions paraduãture toutes les aultres ne ſeroient pas beaucoup dignes de louãges.
Au moyen de quoy / Si le Conte veult ſatiſſaire a
ſon debuoir il enſeignera au Courtiſan non ſeullement a parler / mais auſſi bien a eſcripre . Lors
le Conte diſt . Seigneur magnificcque / ie nacce-
pteray pas ceſte emprinſe / Car grande folie ſeroit la mienne de vouloir enſeigner aux aultres
ce que moymeſmes ne ſcay pas . Et quant ores ie
le ſcauroys non moindre folie ſeroit pẽſer de pou
uoir faire en ſi peu de parolles / ce que auecques ſi
grande eſtude & traueil a peine a eſte faict par hõmes treſſcauãs aux eſcriptures / deſquelz ie reuoy-
roye noſtre Courtiſan quãt ores ie ſeroye tenu de
lenſeigner a eſcripre & a parler . Lors diſt meſſire
Cezar le ſeigneur magnificcque entend de parler
& eſcripre vulgaire / non pas latin. Et pourtãt celles eſcriptures des hommes ſcauans ne ſont pas a
noſtre propoſt. Mais il fault que vous dictes touſ-
chãt cela ce que vous en ſcaues . Car du reſte nous
vous en tiendrons pour excuſe / ie lay ia dict (Reſpond le Conte) Mais quant lon parle de la lãgue
Thoſcane / parauanture que ce ſeroit plus le debuoir du ſeigneur magnificcque que de nul aultre
en donner la ſentence. Le magnificcque diſt / ie ne
ne peulz ne ne doybs raiſonnablement contredire
a qui diſt que la langue Thoſcane ſoit plus belle
que les aultres . Bien eſt vray que pluſieurs parolles ſe trouuent en Petrarcque & en Boccace / qui
maintenãt ſont entrelaiſſees de la couſtume ce du
iourdhuy

iourdhuy.Et de celles (quant eft a moy)ie ne vfe=
roye iamais ne en parlãt ne en efcripuãt,& croy q̃
eulx mefmes(filz euffét vefcu iufq̃s icy)né vferoiét
pas.A lheure dift meffire Federic,mais pluftoft en
vferoiét.Et vous aultre feigneurs deburiez renou=
ueller voftre langaige & ne laiffer perir cóme vous
faictes,car deformais lon peult dire que lon en ayt
moindre cógnoiffance a Floréce que en plufieurs
aultres lieux Dytalie.Refpód meffire Bernard ces
parolles dont lon ne vfe plus a Florence,font de=
mourees aux paifans . Et comme fi elles eftoient
corrumpuez & gaftees par la vieilleffe, font reffu=
fees des gétilzhommes & citadins.Lors ma dame
la Ducheffe ne fortons point(dift elle)du premier
propoft.Et faifons que le Cóte enfeigne au Cour=
tifan a bien parler & bien efcripre, foit en Tho=
fcan, ou ainfi que lon vouldra.Refpódit le Cóte,
iay ma dame ia dict a ce que ien fcauoye . Et tiés q̃
les mefmes reigles qui feruent a enfeigner lung
feruent encores a enfeigner laultre.Mais puis que
vous le me commandez, ie diray ce qui men fem=
ble pour refpondre a meffire Federic,lequel a di=
uerfe oppinion de la mienne . Et parauãture quil
me fera befoing deuifer vng peu plus longuemét
quil ne commanderoit, mais ce fera tout ce que
ien puis dire . Et premierement ie dift,que felon
mon iugement.Cefte noftre langue que nous ap=
pellós vulgaire eft encore tendre & nouuelle.Có=
bié quil y ayt ia long temps que lon laccouftume,
car pour auoir efte Lytalie non feullement vexee,
& pillee,mais longuement habitee par les Barba=
res & eftrãgiers,moyennant la conuerfation dicel
les nations la langue latine eft corrúpue & gaftee,

& dicelle corruption sont nez aultre lãgaiges/lef=
quelz si comme les riuieres de la cyme de la mon=
taigne de Lappenyn se despartent & courrent es
deux mers. Semblablement les lãgues se sont aussi
diuisez/dont les aulcunes collorez de latinite sont
paruenuez par diuers chemyns en vgne contree
qui en vgne aultre les a adressez & conduictz / les
aultres cõfiz en barbarie sont demeurez en Italie/
Dõt est aduenu que ceste nostre lãgue entre nous
a este longuement incomposee & differente pour
ne se estre trouue personne qui aye mis sollicitude
ne escript en icelle/ne cherche de luy donner po=
lissement ou grace aulcune. Et touteffoys elle a
despuis este vng peu plus cultiuuee en Thoscane
que es aultres lieux Dytalie. Parquoy semble que
la fleur despuis les premiers temps / en soit la de=
meuree / pour auoir celle natiõ garde gẽtilz accẽtz
en la pronunciation & ordre de grammaire / en ce
quil conuient plus que les aultres. Et pour auoir
eu troys nobles aucteurs lesquelz auecques les pa
rolles & termes / dont lon vsoit a la coustume de
leur temps ont ingenieusement exprime leurs
conceptions ce qui(a mon aduis)est aduenu plus
heureusement a Petrarcque endroit les matieres
damours que aux aultres. Despuis nayssant de
temps en temps / non seullement en Thoscane.
Mais en toute Italye entre les nobles hommes / et
ayãs hante les cours/les armes/& les letres / quel=
que affection de bien parler & escripre plus ele=
gãment que lon ne faisoit en celle premiere eage
rouillee & sauuaige. Lors que le feu des calamitez
infligees par les Barbares nestoit encores estainct.
Plusieurs parolles ont este laissees tãt en la mesme

cité de Florence / & en toute la Thoscane comme
au demourant Dytalie. Et en lieu delles lon en a
reprins daultres. En quoy ce est faicte ceste muta=
tion qui se faict en toutes les choses humaines /
ce qui est tousiours entretenu aux aultres lägaiges
aussi / car si les premieres escriptures latines ancien
nes eussent dure iusques a ceste heure nous ver=
ryons que aultrement parloient. Euander & Tur=
nus & les aultres latins du temps dallors que ne
faisoient par apres les derniers Roys romains / &
les premiers consulz / Regardes que les vers que
chantoient les prestres Saliens a peine estoiët en=
téduz des Sactessenes / mais pour auoir estez ainsi
ordonnes par les premiers fondateurs on ne les
changeoit point pour reuerëce de la religion. En
pareil successiuemët les Orateurs & poetes allerët
laissant plusieurs termes / dont les predecesseurs
auoient vse en tacon que Anthoyne crassus / Or=
tense / Ciceron esuitoiët plusieurs de celles de Ca=
thon & Virgille / beaucoup de celles de Ennius. Et
ainsi feirët les aultres / lesquelz encores quil y por=
tassent reuerence a lanticque. Touteffoys ilz ne
lestimoiët pas tant quilz voulsissent luy auoir cel=
le obligation que vous voulez que nous luy aiös.
Anicois ou bon leur sembleroit la blasmoient cö=
me Orace qui dist que ses ancestres auoient faulse=
ment loue Plaute / & veult que lon aye pouoir da=
cquerir nouueaulx motz. Et Cicero / en beaucoup
de lieux / reprend plusieurs desditz predecesseurs.
Et pour le blasmer Sergius galba / il afferme que
ses harangues tenoient de lanticque. Et dict que
Ennius mesmes desprisa en aulcunes choses ses
predecesseurs / de sorte que si nous voulons imi=

ter les anticques nous ne les imiterōs pas. Et Vīr-
gille (que vous dictes auoir imite Homere) ne limi
te pas au langaiges. Par ces raisons (en tant que a
moy touche) ie me garderoye tousiours de vser de
parolles anticques. Excepte en aulcuns passaiges.
Et la mesmes non gueres souuant. Et me semble
que qui aultrement en vse face erreur non moindre que qui vouldroit pour ensuyure les anticqs
se nourrir encores de gland apres que lhabondan
ce du bled a este trouue. Et pource que vous dictes
que les anticques seullement auecques celle pre-
heminence dantiquite aornent si fort chascum sub
iectz (pour bas quil soit) quelles le peuuent faire
digne de grand louange / ie dift que ie ne fais tant
car non seullement de parolles anticques / mais
encores des bonnes que iestime sans moelles des
belles sentences estre raisonnablement prisees.
Car diuiser les sentēces des parolles est diuiser lame du corps. Qui est chose qui ne se peult faire en
lung ne en laultre sans la destruction des deux. Ce
qui doncques est de principalle importance & necessaire au Courtisan pour parler & bien escripre /
iestime q̄ se soit le scauoir. Pource qui nest scauant
& que en lentendemēt na chose qui merite destre
entendue / ne la peult dire ne escripre. En apres est
besoing disposer par bon ordre ce que lon a a dire
ou a escripre / & consequenment lexprimer biē par
parolles / lesquelles si ne suis deceu doibuent estre
propres choysies / elegātes / & bien composees / &
sur tout accoustumees par lusaige du populaire.
Car ce sont elles qui font les magnificences & pō-
pes des harangues / si celluy qui parle a bon iugement & diligence / & sil scait prēdre les plus signi-

fiantes de ce quil veult dire & les exaulſer. Et en
les formant comme cyre a ſon plaiſir les colloquer
en telle part ı & auecques tel ordre que de prime
face elles monſtrent & facent congr.outtre leur di=
gnite & reluyſance ainſi que tableaulx de painctu=
res mis a leur bon & naturel iour. Et ce diſt ie tant
de leſcripre q̄ du parler. Auquel (touteffoys)ſont
aulcunes choſes requiſe qui ne ſont pas neceſſai=
res a leſcripre ı comme la voix bonne & non trop
greſleıou moſleıcomme dugne femmeıne auſſi tāt
auſtere ne aſpꝛe quelle tienne du paiſant. Mais
ſonnante ıclaire ıdoulceı& bien cōpoſee auecques
vne pronūciation necte & vne cōtenance & geſtes
conuenables. Leſquelz(ſelon mon aduis)conſiſtēt
en certains mouuemās de tout le corps nō affectez
ne violentzımais attrempez auecques vng viſaige
accommode & vng mouuoir dieluꝛ qui ayt graceı
& qui ſaccorde auecques les parolles & qui aues=
cques les geſtes ſignifie le plus quil eſt poſſible lin
tention & vouloir de celluy qui parle. Mais tou=
tes ſes choſes ſeroiēt vaynes & de petite cōſequē=
ce ſi les ſentences & parolles exprimees neſtoiētı
belles ingenieuſes ı ſubtilles elegantes ı & graues
ſelō le beſoing. Ie doubte(Diſt a lheure le ſeigneur
moꝛel)que ſi ſe Courtiſan parle auec ſi treſgrande
elegance & grauiteı lon trouuera de ceulx (entre
nous)qui a mon aduis ne lentendront mye. Mais
pluſtoſt de chaſcun ſera entendu. Reſpond le Cō=
te. Car la facilite nempeſche point leleganceıne ie
ne vueil quil parle touſiours en grauite ı mais de
choſe plaiſantes de ieuxı de bōs motz de mocque=
rie ſelon le tēpsıde tout neautmoins en bon ſensı
& auecques promptitude & habondance nō con=

                                        e iij

fufe fans môftrer en aulcun endroit vanite ou pue
rille impertinence. Et quant apres il parlera de
chofes obfcures ou difficilles / ie vaulx q aucques
parolles & fentences bien diftinctes / il explicque
fubtillement fon intêtion / & face claire & plainne
toute ambiguite auccques vne certainne traditiue
foigneufe fans fafcherie.

Emblablement quil faiche parler
auecques dignite & vehemence /
quant il efcherra & conciter celles
affectatiôs que noz couraiges ont
en eulx & les efchauffer ou mou=
uoir felon le befoing . Telle foys
auecques vne fimplicite de celle
nayfuete qui faict fembler que nature mefme par=
le / les entretenir / & quafi enyurer de doulceur / &
en telle facillite que celluy qui efcoute eftime quil
pourroit encores luy mefmes a bien peu de peine
paruenir a ce degre . Et fil viêt a en faire leffay quil
fe treuue biê loing de la / Ie vouldroye que noftre
Courtifan parlaft & efcripuift en telle maniere / &
print les termes beaulx & elegans / non feullemêt
de tous les quartiers Dytalie . Mais ie vouldroye
auffi quil vfaft quelque foys daulcûs des vocables
Frâcoys & Efpaignolz qui ia font receuz en noftre
accouftumance . Et pourtant il ne me defplairoit
point quil emploiaft quant il luy viendroit a pro=
poft des motz tirez des deux langues deffufdicte /
& paffees en noftre vfaige pourueu quil efperaft
eftre entendu . Aulcunelfoys / ie vouldroye quil
print aulcuns termes en aultre fignificatiô que la
leur propre / & en les tranfportant a propoft / quafi
les entaft ôme le greffe dûg arbre en vng meilleur

tant pour les faire plus plaifans & plus beaulx / &
quafi aprocher les chofes au fentement des pro=
pres veulx / & comme lon dict les faire toucher au
doygt auec declaratiõ de celuy qui lift ou efcou=
te / & fi ne vouldrois point qui craignift den for=
mer encores des nouueaulx auecõs nouuelles fi=
gures de parler / en les tirãt & defduyfant par bon
moyen des latins . Ainfi que iadis les latins le ti=
roient des Grecz. Or entre les hommes lectrez /&
de bon efperit / & iugement / qui auiourduy entre
nous fe treuuent / fil y en auoit qui fadonnaffent a
efcripre en la maniere deuant dicte / en cefte noftre
langue chofes dignes deftre louees / nous la ver=
rions bien toft cultiuee & habondante en belles
figures / & cappable / que lon efcripuift en elle auffi
bien / comme en quelque aultre que ce foit . Et fi
elle neftoit pure Thofcane ancienne elle feroit y=
talienne comme coppieufe & diuerfifiee / & quafi
comme vng delicieulx iardin plain de diuerfes
fleurs & fruictz / & fi ne feroit poĩt chofe nouuelle.
Car des quatre langues q̃ les aucteurs grecz auoiēt
en accouftumãce en eflifant de chafcunes parolles
ftille & figures / ainfi que mieulx a propoft leur ve=
noit ilz en faifoient naiftre vng aultre qui fappel=
loit commune / & apres foubz vng feul nom / les
appelloient toutes cinq la langue grecque / & com
bien que la Athenienne fuft elegante pure & fa=
conde plus que les aultres / les bons aucteurs qui
neftoient point Atheniens de nation / ny trauail=
loient pas tant que a la mode defcripre / & quafi a
la fanteur & propriete de leur naturel parler / ilz ne
feuffent congneuz. Et fi neftoient point pourtant
mefprifez / Mais pluftoft ceulx qui vouloient
                                          e iiij

reſſembler Atheniēs/en rapportoiēt blaſme. En=
tre les aucteurs latins y en euſt encores pluſieurs
non Romains qui furent priſez en leur temps.Cō
bien que en ceulx ne ſe trouuait celle purete propre
de la langue Romainne/ou peuuent a tard parue=
nir ceulx qui ſont daultre natiō/ Tite Liue/ne fuſt
pas reffuſe/Encores que quelqũg diſt auoir en luy
trouue vie certaine padouauerie / ne auſſi Virgile.
Combiē quil luy fuſt reproche quil ne parloit pas
Romain.Et comme vous ſcaues il y eut beaucoup
daucteurs barbares de nation qui furent louez/ &
eſtimes a Romme/mais nous voulaus faire des ſe=
ueres plus que les anticques . A nouſmeſmes im=
poſons certaines loix nouuelles/hors de propoſt.
Et encores que nous ayons deuant noz yeulx/les
chemyns ferrez/& battuz / nous cherchons daller
par les adreſſes & ſentellettes / pource q̃ en noſtre
propre langue/De laquelle comme toutes les aul=
tres/loffice eſt de bien/& clairement exprimer les
cōceptions de noſtre pēſee) nous nous deleĉons
dy auoir obſcurite/& en lappellāt langue vulgaire
voulons en elle vſer de parolles qui ne ſont enten
dues/ne du vulgaire/ne des nobles / & gens litte=
rees/& dont lon ne vſe en part q̃ ce ſoit/ſans auoir
regard q̃ tous les bōs anticques blaſmēt les parol
les reffuſees de laccouſtumāce/laquelle vous ne cō
gnoiſſez pas biē a mon aduis.Car vous diĉes que
ſi quelque vice de parler a gaigne credit entre plu=
ſieurs ignorans/lon ne le doibt pourtāt appeller
couſtume/ny ne doibt eſtre accepte pour vne rei=
gle de parler.Et cōme ie vous ay ouy dire aultreſ=
foys vous voules / que apres en lieu de cappitolle
on dye campidoille/& pour Hieronyme Iherollæ

me/& Aldacieux pour audacieux /& padron pour
patrõ/& aultres telles parolles corrumpuez & ga=
stees/pource que on les treuue ainsi escriptes / par
quelque vieil Thoscan ignorãt / & pource que les
paisans de Thoscane / disent ainsi auiourduy . La
bonne coustume doncques de parle/ie croy quel/
le naisse des hommes desprit/& qui par aduerten=
ce doctrine / & experience ont acquis le bon iu=
gement/auecques iequel ilz conuiennent & con=
sentent a recepuoir les parolles qui leur semblent
estre bonnes/que lon congnoist par vng certain
iugement naturel /& non par art/ou par reigle aul=
cune.Ne scauez vous pas que les figures de parler/
iesquelles doibuent tant de grace/& de reluysan=e
a loraison sont toutes abusions des reigles gram=
maticalles /& touteffoys elles sont receucz & cõfir=
mees par lusaige/pource que sans en pouuoir ren=
dre aultre raison elles plaisent . Et semble que au
propre sentement des oreilles / elles portent vne
plaisante doulceur.Et croys que cela soit la bonne
coustume/De laquelle peuuët estre aussi cappable
les Rommains/les Neapolitans/les Lombardz/&
les aultres comme les Thoscans.Bien est vray que
en chascune lãgue aulcunes choses sont tousiours
bõnes/comme la facilite / le bel ordre/labondãce/
les belles sentences/ les clauses bien composees.
Et au contraire laffectation / & les aultres choses
opposites a celles/dont nous venõs de parler sont
mauluaises / mais des parolles / il en est aulcunes
qui durent bõnes quelque temps/& apres enueil=
lissent /& du tout perdent leur grace.Aultres prei=
gnent force/& viennent en credit.Car comme les
saisons de lannee despouillent la terre de fleurs/&

de fruictz / & puis de nouueau la reueſtét daultres /
ſemblablement le temps faict deſchoir icelles pre=
mieres parolles / & luſaige en faict de nouueau
recroiſtre daultres / & leur donne grace & dignite
iuſques a ce que eſtant conſommees peu a peu par
lenuieuſe morſure du téps / encores elles viennent
auſſi a mourir. Pource que a la parfin / & nous / &
toutes noz choſes ſont mortelles. Conſiderez que
de la langue oſque / nous nauõs plus cõgnoiſſance
aulcune. La Prouencalle que lon peult dire auoir
eſte celebree par nobles eſcripuant / maintenãt des
habitans du pays neſt point entendue. Et pourtãt
ie penſe. Cõme bien a dict le Seigneur magnifique
que ſi Petrarcque / & Boccace eſtoient vifz en ce
temps / ilz ne vſeroient point de pluſieurs motz
que nous voyõs en leurs eſcriptz / Dont il me ſem=
ble que en ceulx la nous ne les debuõs point imi=
ter / ie loue bien ſouuerainnement ceulx qui ſcauét
imiter ce que lõ doibt imiter. Et neautmoins / ie ne
croy point quil ſoit impoſſible de biē eſcripre ſans
imiter / & meſmemét en ceſte nře langue. En laꝗlle
nous pouuõs eſtre aydes de la couſtume / ce que ie
noſeroye dire de la latine. A lors meſſire Federic.
Pourquoy voulezvo⁹ (diſt il) ꝗ lõ eſtime pl⁹ la cou
ſtume en la langue vulgaire ꝗ en la latine. Aincois
reſpõdit le Conte / ieſtime que de lugne & de laul=
tre la couſtume ſoit la maiſtreſſe / mais pource que
les hommes / auſquelz la langue latine eſtoit auſſi
propre comme eſt a nous maintenant la vulgaire /
ne ſont plus au monde. Il eſt beſoing que de leurs
eſcripture nous appregnõs ce quilz auoiét apprins
de la couſtume / ne aultre choſe veult dire le parler
anticque que la couſtume ancienne de parler. Et ce

seroit chose sotte aymer le parler anticq /non pour
aultre raison que pour vouloir plustost parler cõ
me lon parloit que comme lon parle / Doncques
respondist messire Federic / les anticques ne imitoient ilz point. Ie croy dist le Côte que plusieurs
imitoiẽt /mais non en toutes choses. Et si Virgille
eust en tout imite Hesiode il ne lauroit pas surmonte ne Cicero Crassus /ne Ennius ses predecef
seurs /regardez cõment Homere est si tresanticque
que plusieurs croyent quil soit aussi bien premier
poete Heroicque en temps comme il est en excellence de dite. Et qui vouldriez vous quil eust imite vng aultre (Respond messire Federic) plus anciẽ
que luy /dont nous nauons point de congnoissan
ce pour la trop eslongnee antiquite . Or qui direz
vous (dict le Compte) que Petrarcque & Boccace
imitaissent que lon peult dire quil ny a que troys
iours quilz sont au monde / ie ne scay (Respond
messire Federic) Mais lõ peult croire quilz eussent
encores eu lentendement adresse a la imitation /
combien que nous ne saichons point de qui. Respondit le Conte lon peult croyre que ceulx qui
estoient imitez fussent meilleurs que ceulx qui les
imitoient. Et trop grãt merueille seroit que si tost
leur nom / & leur renommee (silz estoient bons)
fussent du tout estainctz . Mais leur vray maistre /
ie croy que ce fust leur bon esprit / & propre iugemẽt naturel /& de ce ny a personne qui sen doibue
esmerueiller. Car quasi tousiours par diuerses voy
yes lon peult venir au sommet de chascune excellence. Et ny a matiere aulcune qui naye en soy plu
sieurs choses dugne mesme sorte differente lugne
de laultre /lesquelles (touteffoys) sont entre elles

dignes dauoir esgalle louange / regardes la music q̃
dont les armonyes tantost sont graues & tardes.
Tantost hastiues & de nouuelles facons & moyẽs
& neautmoins toutes delectẽt / mais cest pour diuerses causes comme lon comprend en la maniere
de chanter / laquelle est tant artificielle prõpte vehemente concitee & de tant differentes melodies /
que les espritz de celluy qui loyt se commouent
tous & enflammẽt / & en demourant ainsi Rauiez
semble quil se esslieuent iusques au ciel. Ne moins
esmeut en son entier nr̃e Marquet care. Mais cest
auecques vne armonye plus noble / laquelle par
vne voye paisible & plaine de doulceur plorable
attendrist & penetre les aultres imprimãt en elles
souefuement vne delectable passion / diuerses choses encores esgallement plaisent a noz yeulx. Tellement que a grande difficulte lon peult iuger / lesquelles plus leur sont agreables / voyez que en la
painctture sont tresexcellens Leonard vnice mon-
taigne. / Raphael Durbin / George de Castel frãc.
Et toutesffoys ilz sont tous differẽdz entre eulx de
facõ & maniere quil ne semble pourtãt que a aulcun deulx deffaille aulcune chose en ce mõde . Car
lon congnoist chascun deulx estre en son stille tres
parfaict / le semblable est de plusieurs poetes grecz
& latins / lesquelz differendz a lescripture sont pareilz en louãge. Auec ce les creatures ont eu tousiours tant de diuersite entre eulx / que quasi chascune eage a produict & estime vne sorte dorateurs
speciale de celluy temps / lesquelz non seullement
de leurs predecesseurs & successeurs. Mais aussi en
tre eulx mesmes ont estez differendz / comme lon
treuue empres les grecz de Isocratez / Lizias / Eschi-

res /& de plufieurs aultres tous excellens. Et tou
teffoys ilz ne furent femblables a nul que a eulx
mefmes. Et empres les latins . Car Lefius /Scipion
Lafrica/Galba Sulpice/Tyberius Graccus/Marc
Anthoyne/Craffus/& tãt daultres quil feroit lõg
a les nommer furent tous bons/mais differendz/
lung de laultre /de forte que qui pourroit confide
ret tous les orateurs qui ont efte au monde autant
dorateurs quil trouueroit/il trouueroit aultre for
tes de parler . Et oultre/il me femble auoir fouue
nance de Ciceron en vng certain paffaige qui in
troduict Marc Anthoyne/difant a Sulpice quil y
en a plufieurs / lefquelz ne ommittent aulcun . Et
neautmoins ilz paruiennent au fouuerain degre
dexcellêce/& touchant quelques vngs qui anoiét
introduict vne nouuelle forme & figure de parler
qui eftoit belle / Mais non vfitee par les aultres
orateurs de celluy temps / en laquelle ilz ne imi
toient finon eulx mefmes . Et pourtant il afferme
encores que les maiftres doibuent côfiderer la na
ture de leurs difciples. Et en la tenant pour guyde
les adreffer & ayder au chemyn ou leur couraige &
naturelle difpofition les incline / Au moyen de
quoy meffire Ferderic mon amy /ie croy que fi lhô
me de foy na commãce auecques quelque vng des
aucteurs /il ne foit point bõ de le forcer a celle imi
tation/car en le y contraignant la vertu de fon en
tendemêt fe amortift /& demeure empefchee pour
eftre deftracquee du chemyn ou elle auoit proffite
fe on ne luy euft couppe . Et pourtant / ie ne voy
point que ce foit bien faict au lieu denrichir cefte
langue luy dôner efprit magnificence & lumiere/
la faire pa ouure debille baffe & obfcure/de la me

tre en si grãde estroictete q chascũ soit force de imi
ter seullemēt Petracque & Boccace. Et q̃ en ce mes
me lãgaige lõ ne doibue aussi dõner credit a Poli
ciẽ la Laurés de Medicis in Frãcoys dicceti & a cer
tains aultres / qui sont pareillemēt Thoscãs / & pa
rauēture de nõ moindre scauoir & iugemēt q̃ furēt
Petrarcq̃ & Boccace. Et veritablemēt ce seroit grãt
misere y mectre fin sans vouloir passei plus oultre
q̃ na faict le premier qui a escript. Et se desesperer q̃
si grãt nõbre de nobles escriptz / ne puissēt iamais
plᵘ q̃ trouuer vne belle forme de parler en celle lãgue qui leur est ppre & naturelle / mais auiouduy
il y a des scrupuleurs / lesq̃lz quasi auec vne religiõ
de mysteres innumerables / de ceste leur langue
Thoscane / tellement espouuente celluy qui les es
coute quilz induysent iusques a plusieurs nobles
hõmes & lettres / en si grãde craincte quilz nosent
ouurir la bouche / & confessent ne scauoir parler
celle langue quilz ont aprinse de leur nourrices
desle berceau. Mais il me semble q̃ nous ayõs trop
longuement parler de ceste matiere. Et pourtant
suyuons desormais le ppost du Courtisan. A lors
messire Federic respondit / ie veulx (sil vous plaist)
dire encores vng petit mot qui est / que ie ne nye
point que les oppinions & esperitz des hommes /
ne soient differēdz entre eulx / ne ne croy quil fust
bon que vng hõme qui est vehemēt par nature &
aspre se mist a escripre choses paisibles / ne moins
que vng aultre qui est seuere & graue / se mist a es
cripre des plaisanteries. Car (quant a cela) il me
semble raisonnable que chascun saccommode a sa
propre inclination. Et croy que Ciceron parloit
de cecy / quant il disoit que les maistres eussent re

gard a la nature des disciples pour ne faire comme
les mauluais laboureurs /qui par foys au terrouer /
qui seuliement est fructueux pour les vignes veul
lent semer du froment. Mais il ne me peult entrer
en la teste que dugne langue particuliere /laquelle
nest pas a chascun si propre /comme sont les dis=
cours & pensees /& plusieurs aultres opperations.
Ains est vne inuention contenue soubz certains
termes quil ne soit plus raisonnable imiter ceulx
qui parlent mieulx que parler a laduëture . Et que
ainsi comme au latin /lhomme se doibt efforcer de
representer le langaige de Virgille & de Ciceron
plustost que celluy de Syluius / ou de Cornelius
Tacitus. Pareillement au vulgaire il ne soit meil=
leur imiter celluy de Petracque & de Boccace que
daulcun aultre . Et en icelluy bien exprimant ses
propres conceptions prēdre garde comme enseis
gne Ciceron a son instruyt naturel / & par se moyē
on trouuera que celle difference que vous dictes
estre entre les bons orateurs consiste es sentences /
& non au langaige. Alors le Conte /ie doubte dist
il que nous entrōs en vgne grāt mer / & que nous
laisserōs nostre ppost du Courtisan. Neautmoins /
ie vous demande en quoy consiste la bonte de ce
langaige. Respōdit messire Federic a biē garde les
proprietez dicelluy / & en prendre les termes en
icelle significatiō /que ont faict tous ceulx qui ont
biē escript en vsaut de leur stille & mesure. Ie voul=
droye(dist le Conte)scauoit si ce stille & ceste me=
sure dont vous parles / naissent des sentences ou
des parolles(des parolles)respond messire Theo=
doric. Lors dict le conte ne vous semble il pas que
les parolles de Syluius & de Cornelius Tacitus

font celles mefmes/dõt vfent Virgille/& Ciceron
& prinfes en la mefme fignificatiõ. Refpõd meffire
Federic/ce font biẽ celles mefmes/mais les aulcu=
nes font mal obferuees & prifes differentement/
refpõdit le Conte. Et fi dung liure de Cornelius &
de Syluius lon oftoit toutes les ' rolles qui font
mifez en aultre fignification que nen vfent Cicerõ
& Virgile qui feroient a tout prendre/Bien peu ne
diriez vous apres que Cornelius(En lãgaige)fuft
pareil a Cicerõ & Syluius a Virgille. Et quil feroit
bon de imiter celle maniere de parler. Lors ma da=
me Emille/il me femble(dift elle)que/cefte voftre
difpute. Eft vng peu trop longue / & facheufe/Ce
nonobftant meffire Federic penfoit & feffortçoit
refpondre / mais toufiours ma dame Emille rom=
poit fa parolle. En fin dift le Conte plufieurs veul=
lent parler de la mefure/& de la imitation /mais ilz
ne me fçauent donner a etendre que ceft ne ftille/
ne mefure/ne en quoy confifte la imitatiõ/ne pour
quoy les chofes prinfez Dhomere/ou de quelque
aultre foient fi bien mifes en Virgille/que pluftoft
elle femblẽt illuftreez que imiteez. Et cela procede
par aduenture de ce que ie ne fuis pas cappable de
les entendre . Mais pource que ceft grãt figne que
vng homme fçaiche vne chofe (quant il la fçait/&
veult enfeigner)ie doubte que ceulx mefmes len=
tendent auffi peu que moy . Et quilz loueut Vir=
gille & Cicerõ/pource quilz les ont ouiz louer de
plufieurs aultres/& non pource quilz cõgnoiffent
la differẽce qui eft entre eulx & les aultres. Laquel=
le veritablement ne confifte point a auoir vne ob=
feruatiõ de deux de troys/ou de dix motz vfurpez
en aultre maniere que les aultres nen vfoient. En
Salufte

Saluste en Cezar / & en Verró / & en plusieurs aul=
tres bons aucteurs lon treuue des termes differen=
tement vsitez / de ce que en vse Ciceron. Et toutes=
foys luy & laultre net bien. Car en si petite & mi=
uolle chose nest pas constitue la borite & force
dung langaige comme dict sagemēt Demostenes
a Eschines / qui le picquoit en luy demandant
daulcuns termes / dont il auoit vse qui nestoient
pas anticques si sestoient monstres / ou pour ten=
ter / don Demostenes se mocqua. Et luy respondit
que en cela / ne consistoient point les fortune de
Grece. Aussi ne me soulcieroye gueres / si iestoye
reprins par vng chascun dauoir plustost dict satis
faict que sodiffaict / & honorable que horrable. Et
a cause que achoizon & telle aultres choses. Alors
messire Federic se leua en piedz / en disant escoutez
moy / ie vous supplie ces troys motz que ie vous
veulx dire. Respondit (en riant) Ma dame Emille /
ie vous deffendz a tous deux sur peyne de ma des=
grace de plus parler / de ceste matiere pour ceste
heure. Car / ie veulx que nous les remectons a vng
aultre soir. Mais vous Conte / suyuez le propost du
Courtisan / & nous monstres si vous auez bonne
memoyre. Car ie croy / si vous scauez ratacher ou
vous le laissates que vous ne ferez pas petit. Ma
dame (Respondit le Conte) le fillet me semble
rompu / Toutesfoys si ie ne suis deceu ie croys que
nous disions que la pestillente affectation donne
extrememeent mauluaise grace a toutes choses. Et
au contraire leur donne souuerainnement bonne
grace la simplicite & nonchalance. En louange de
laquelle & blasme de laffectation lon pourroit di=
re beaucoup daultres choses. Mais ien veulx seul=

					f

lemět encores dire vgne & non plus . Toutes da=
mes vniuerfellement ont grăde enuye deftre bel=
les . Et quant elles ne le peuuent eftre ı A tout le
moins de le fembler.Et pource la ou nature leur a
ette en quelque endroit quant a ce deffaillăt ı elles
fefforcent dy remedier par artifice .Dela vient lac=
couftrement du vifaige en fi grăde follicitude que
quelqueffoys elles paindent le pellemět des four=
cilz ı & du front ı & vfer de toutes celles facons
& fouffrir celles fafcheries ı que vous aultres da=
mes ıcuydez qui foient fecrettes aux hommes . Et
touteffoys lon les fcait toutes.La fe print a rire ma
dame conftance Fregofe ı& dict vous feriez beau=
coup plus gracieufement de continuer voftre pro=
poft ı & de direıdont vient la bŏne grace & parler
de la Courtifannye que vouloir caıqueter des im=
perfections des dames ı fans propoft .Mais fort a
propoft . Refpondit le Conteı pource que ceftesı
voz imperfections(Dont ie parle)vous ofte la gra=
ce . Car elles ne procede daultre chofe que dugne
affectation par ou vous faictes. ouuertement con=
gnoiftre a chafcun le trop grand defir. que vous
auez deftres belles.Ne vous apperceuezvous pası
de combien vne dame a meilleure grace ı laquelle
fi elle faccouftre elle le faict fi foubrementı& fi peu
que celluy qui la voyt eft en doubte ı fi elle eft ac=
couftree ou nonıque vne aultre tant emplaftreeı
quil femble quelle porteı vne mafque fŭr le vi=
faige ı & quelle nofe rire ı de peur de la faire cre=
uet ı ne iamais change de colleur ıSinon le matin
quant elle fe habille . Et apres tout le refte du iour
demeure ı comme vne ftatue de boys immobilleı
& fe laiffe feullement veoir a la clarte de torchesı

comme les cautelleux marchans / monftrent les
draps en lieux obfcurs. De cōbien plus que de tou
les plaift vne le dift qui ne foit point lavde / laquel
le on congnoift clairement nauoir riens mis fur
fon vifaige / combien quelle ne foit pas fi fort blā=
che / ne fi vermeille. Mais de fa naifue coulleur foit
vng peu palle. Et quelqueffoys par honte / ou par
quelque aultre accidēt foit taincte dugne gracieu=
fe rougeur / & quelle aye fes cheueulx dauanture
nonchallamment accouftrez / & mal ordonnez en
fa fimple cōtenance naturelle / fans monftre indu
ftrie ne follicitude de eftre belle. Ceft celle non
challue purite trefagreable aux yeulx / & aux enten
demens humains / qui toufiours craignent deftre
trompez par lartiffice. En vne dame plaifent fort
les dentz belles. Car pour non eftre ainfi defcou=
nertes / comme le vifaige. Mais la plufpart du tēps
cachees / lon peult croyre / que lon ny meft pas fi
grant foing pour les faire belle / comme lon faict
au vifaige. Et touteffoys qui riroit fans propoft / &
feullement pour les monftrer defcouureroit lartis
fice: Encores que ceftuy la les euft belles / il ne laif=
feroit de fembler a tous quil euft mauluaife grace.
Comme celluy Egnace / dont eft faicte mention en
catulle / le femblable fault dire des mains / lefquel=
les fi elles font delicates / & belles / & monftrees
nues a temps / & a propoft. Ainfi quil aduient les
emploier / & non pour faire venir la beaute laiffent
delles vng trefgrant defir / mefmement quant elles
font reueftues de gās. Car il femble que celluy qui
les couure ne fe foulcye poīt / on neftime pas beau
coup fi on les voyt ou non. Mais qui les ayt ainfi
belles plus par nature / que par follicitude ou dilis

gêce aulcune. Auez vous point regarde quelquef
fovs : quant par les rues en allant aux efglifes / ou
ailleurs / ou en febaftant / ou pour quelque aultre
occafion / ilz aduient que vne femme haulfe tât de
fa robbe quelle môftre le pied / & bien fouuât fans
y penfer vng peu de la iambe / ne vous femble il
pas quelle a merueilleufement bône grace. Si lon
la veoit en cefte eftat auecques vne certainne dif
pofition femynine gallâte & acteintee auecqs fes
pâtouphles de vellours / & chaulfes biê tirees. En
bonne foy q̃ cela me plaift beaucoup. Et croys que
auffi faict il a tous vous aultres. Car chafcun eftime
que la proprete en partie ainfi cachee / & que lô ne
voyt gueres fouuant foit pluftoft le propre & natu
relle de celle dame que de chofe faicte par force. Et
quel ne penfe point en acquerir louâge. En telle
maniere lô faict & cache laffectatiô q̃ vous pouuez
neautmoins côprêdre côbiê elle eft côtraire a tou
tes opperations / & comment elle en ofte la bonne
grace tât du corps que de lefperit / du quel iufques
icy nous nauons point faict grand mention. Et fi
ne le fault pourtant laiffer. Car ainfi que lefperit
eft beaucoup plus digne que le corps / il merite
auffi eftre plus cultiue / & plus aorne. Or comment
que cela fe doibue conduyre endroict noftre Cour
tifan laiffant les reigles tant des phylofophes qui
ont efcript de cefte matiere / & qui diffiniffent les
vertuz de lefperit. Et fi tres fubtillement difputêt
de leur dignite. Nous dirons en peu de parolles
fuyuant noftre propoft / quil fouffit quil foit ainfi
que lon dict homme de bien & entier. Car en cela
fe comprend la prudence / bonte / fortitude / & tem
perance de couraige / & toutes les aultres côditiôs

que conuiennent a fi honorable tiltre. Et ie eftime
celluy feul eftre vray philofophe moral qui veult
eftre bon / & qui neft befoing de beaucoup daultres reigles / quant ad ce que de la volunté. Et pourtât difoit Socrates / quil luy fembloit que fes enfei
gnementz auoient defia faict grand fruict / quant
par eulx quelquevng fe incitoit a vouloir cognoi-
ftre / & apprendre vertu . Car ceulx qui font venuz
a terme quilz ne defirent plus aultre chofe / que
de eftre bons / ilz paruiennent aifeement a la fcience de tout ce qui leur faict befoing par telle empri-
fe quil nous gardera den parler plus auant. Mais
oultre la bonte / le vray & principal parement de
lefprit en chafcun fe penfe que ce foient les iettres.
Côbien que les Francoys feullemêt congnoiffent
la nobleffe des armes . Et neftiment pour rien le
demeurant . En facon que non feullement ilz ne
tiennent point en pris & reputation les lettres /
mais en abhorriffent & tiennent tous les litterez
pour gens de petite valleur / & leur femble dire
grant villennye a qui que ce foit / quant ilz appellent clerc . Lors le magnificque Iulian vous dictes
vray (dift il) que ceft erreur / il a ia long temps regne entre les Francoys / mais fi la bonne fortune
veult que / Monfeigneur Dangouflaime / Ainfi
quon efpere fuccede a la couronne / ieftime que fi
comme la gloire des armes florift / & refplandift en
France / Celle des lettres y doibue auffi florir en
fouuerainne reputatiõ. Car il ny a pas long temps
que me trouuant a la court / ie veiz ledictz feigneur
qui me fembla oultre la difpofition de fa perfonne & beaulte de vifaige auoir au regard vne telle
maiefte conioincte auecqs vne certainne gracieufe

humanite que le Royaulme de France luy deuſt
ſembler touſiours eſtre peu de choſe. Ientendz
apres de beaucoup de gentilzhommes Francoys/
& italyens/vng treſbon rapport de ſes nobles/ &
vertueuſes conditions de la grandeur de ſon cou=
raige/de ſa valleur/& liberalite. Et oultre aultres
choſes me fuſt dict quil aymoit ſouuerainnemē=
& eſtimoit les lettres/& auoit en ſinguliere recom
mandation/& reuerence tous les litterez. Et blaſ=
moit les meſmes Francoys de eſtre ſi eſtrangez de
ceſte pfeſſion. Ayant meſmemēt en leur pays vne
noble vniuerſite/comme celle de Paris/ou le mon
de accourt de toutes pars/le Conte diſt Alheure.
Ceſt grand merueille/que en ſi grande ieuneſſe/
ſeullemēt par inſtruict de nature contre luſance
du pays/de luy meſmes/il ſe ſoit adonne/& tour=
ne a ſi bon chemyn. Et pource que les ſubiectz
touſiours ſuyuent les conditions de leurs ſuppe=
rieurs/il peult eſtre/que comme vous dictes les
Francoys ſoient pour eſtimer les litterez de celle
dignite quilz ſont/Ce que facillement on leur
pourra perſuader ſilz veullent y preſter loreille.
Car nulle choſe eſt plus deſyrable aux hommes/
par nature que le ſcauoir. Et ſeroit grant folie de
dire ou croyre quil ne ſort touſiours bon. Et ſi ie
parloye a eulx ou aultres qui fuſſent doppinion
contraire a la myenne/ie meſforceroye leur mon=
ſtrer/combien les lettres/leſquelles veritablemēt
ont eſte de dieu aux hommes octroyees pour vng
ſouuerain don/ſoient vtilles & neceſſaires a la vie
& a noſtre dignite. Et ſi nauroye point de faulte/
dexemples de tant dexcellens Cappit   es anti=
cques/qui tous conioignirent larriue   nt des

lettres a la vertu des armes . Car comme vous scaues Alexandre le grand eust Homere en si merueilleuse reuerence quil tenoit tousiours Lyliade au cheuet de son lict . Et non seullement est affectionne aux estudes Poethicques/mais employt aussi beaucoup de temps & de peyne aux especulatiōs philosophicques soubz la discipline de Aristote . Alcibiadez accreust ses bonnes qualitez & les fist plus grandes par la congnoissance des lettres /& par les enseignementz de Socrates. Et combien Cezar print de peyne a estudier encores nous en sont tresmoingnaige les choses / que lon trouue par luy auoir este diuinemēt escriptes/ Lon dict que Scipion Laffricquam/ iamais ne mettoit hors ses mains des liures de Xenophon par ou il institue soubz le nom de Cyrus vng parfaict Roy . Ie vous pourroye alleguer/ Lucille/ Silla/ Pompee/ Brutus/ & plusieurs aultres Rommains/ & Grecz/ Mais seullement / ie mettray en auant Hannibal tresexcellāt Cappitaine . Combien quil fust par nature fier & sauuaige/ & estrange de toute humanite/ peu loyal & desprise des hōmes/ & des dieulx . Touteffoys / il eust science des lettres / & congn   ce de la langue Grecque . Et si ie ne faulx /   e semble auoir leu vng liure / quil laissa par luy compose en langaige Grec/Mais vous dire cecy cest chose superflue . Car ie scay bien que vous congnoissez / de combien se trompent les Francoys en pensant que les lettres nuysent aux armes/vous scauez que lesguilon des grandes choses & hazardees en la guerre/cest la gloire . Et que celluy qui se y gecte pour gaigner aultre chose/ oultre quil ne faict iamais rien qui vaille ne merite

point deſtre appelle gentilhomme/Mais vil mar∫
chant . Or que la vraye gloire ſoyt celluy qui nous
recommande au ſacre treſor des lettres chaſcun le
peult comprendre/excepte les malheureux / qui
nen ont point taſte.Qui eſt le couraige ſi amat/
craintif/& abbaiſſe qui en liſant les faictz & proc∫
ſes/de Cezar/de Alexandre/de Scipion/de Han∫
nybal / & de tant daultres/ne ſeſchauffe dung ar∫
dāt deſir deſtre ſemblable a eulx/& qui ne poſtpo
ſe ceſte vie caducque de deux iours pour acquerir
celle vie fameuſe quaſi perpetuelle . Laquelle en
deſpit de la mort le faict viure beaucoup plus clerc
& renomme quil neſtoit au parauant . Mais celluy
qui ne ſcait la doulceur des lettres / ne peult ſca∫
uoir quelle eſt la grandeur de la gloire ſi longue∫
ment par eulx conſeruee.Ains la meſure ſeullemēt
par leage dung hōme/ou de deux/ car il na point
de ſouuenance de plus auant. Dont aduient quil
ne peult tant eſtimer celle qui eſt briefue / comme
il feroit celle qui eſt quaſi perpetuelle de ſon ma∫
lheur / il ne luy eſtoit prohibe de le congnoiſtre.
Et en non leſtimant ceſt choſe raiſonnable auſſi
croyre quil ne ſe mecte pas tant en dangier pour
lacquerir / comme celluy qui la congnoiſt . Ie ne
vouldroye pas ſur ce paſſaige/que quelque contre
diſant amenaſt en ieu / les effectz contraire pour
rebouter mon oppinion en me allegāt les Italiés/
& leur ſcauoir de lettres auoir monſtre peu de val∫
leur es armes / deſpuis quelque temps en ca.Ce
qui eſt trop plus que vray . Mais certainnement
lon peult biē dire la faulte de quelque vngs auoir
dōner oultre le grief dōmaige perpetuel blaſme
ſſous les aultres & la vraye cauſe de noz ruynes/

armes/& de ce que la vertu fi daduenture elle neſt
morte eſt a tout le moins proſternee en noz courai
ges eſtre de ceulx la perdee . Mais ce feroit beau=
coup plus de honte a nous de la publier q̃aux Frã
coys nõ ſcauoir lettres . Et pourtat il vault mieulx
paſſer foubz ſilence ce qui ſans douleur ne ſe peult
ramẽteuoir . Et en laiſſant ce ppoſt au quel ie ſuis
entre contre ma volunte tourner a noſtre Courti=
fan . Que ie veulx eſtre plus que moyennement
expert es lettres . Au moins aux eſtudes que nous
appellons dhumanite . Et que non ſeullement/il
ayt congnoiſſance de la langue latine . Mais auſſi
de la langue Grecque a cauſe de pluſieurs & diuer
ſes matieres qui en elles ſont diuinemẽt eſcriptes
quil ayt frequente les Poetes/& pareillement les
orateurs & hyſtoriens & ſoit exercite a eſcripre &
compofer vers & profe principallement en ceſte
noſtre langue vulgaire. Car oultre le contentemẽt
que luy mefmes en aura / par ce moyen ne luy fau!
droit iamais plaiſans entretenementz auecques
les dames/leſquelles ordinairement ayment ſem=
blables choſes . Et ſi pour aultres affaire/ou pour
auoir peu eſtudie/il ne vient a telle parfection que
ſes eſcriptz ſoient dignes de louanges fault quil
ſoit cault a les ſupprimer pour ne dõner occaſion
a aultruy de ſen mocquer . Et que ſeullement il les
monſtre a quelque ſien amy / dont il ſe puiſſe fier.
Car antmoins luy feruiront ilz en cela/que par tel
le exercitatiõ /il ſcaura iuger les choſes des aultres/
& veritablement il naduiẽt gueres que celluy qui
neſt point accouſtume a eſcripre puyſſe cõprendre
les induſtrie & labeur des eſcripuans / ne prendre
gouſt a la doulceur & excellãce des ſtilles & de cel

les intrinsecques aduertences qui souuant se trouuent es auticques. Et dauantaige les estudes dessu-
dicte le feront habondant . Et comme respondit
Aristippus a vng tyrant hardy a parler seurement
auecques chascū . Ie veulx neautmoins que nostre
Courtisan tienne fiche vng enseignement en son
esperit . Cest que en cecy & toute aultre chose / il
soit tousiours aduise/ & plustost craintif que audacieux / & quil se garde de se faire acroyre a faulses
enseignes/ de scauoir ce quil ne scait pas. Car natu-
rellemēt nous sommes tous couuoyteux de gloire trop plus que nous ne deburions. & plus aymēt
noz oreilles la mellodie des parolles / qui nous
louent que nul aultre doulx chant/ou son / dont
mainteffoys elles sont cause (comme les voix des
serainnes)de faire noyer celluy qui les estouppe.
Côtre vne telle faulce armonnye/ lequel dangier
congneu sest trouue vng homme entre les saiges
articques / qui a faict vng traicte côtenāt en quelle
maniere lhomme peult côgnoistre le vray amy du
flateur. Mais de quoy sert cela si plusieurs /ou pour
mieulx dire infiniz / sont ceulx qui se appercoyuēt
clairement estre flatez . Et touteffoys / ilz ayment
mieulx ceulx qui les flattent / & on en hayne les
aultres qui leur dient la verite . Et leur estant bien
souuant aduis / que celluy qui les loue soit trop
sobre en parler eulx mesmes laydenti & deux mesmes disent telles choses / que le tresdehonte. flateur a honte.

R. laissons telz Aueugles en leur erreur/ &
faisons que nostre Courtisan soit de si bō
iugement quil ne se laisse donner a entēdre le noyr pour le blanc/ ne presume de soy/ sinô

te quil congnoift clairement eftre vray / & mefme=
ment es chofes / dont en fon ieu(Si vous lauez biẽ
retenu)Meffire Cezar a faict mention. Et defquelz
les nous auons plufieurffoys vfé pour inftrument
a faire deuenir folz quelquevngs . Anicois pour
non errer fi bien / il congnoift les louanges qui luy
font donnees eftre vrayes quil ne les confente pas
fi ouuertement en les confirmant fans contredit /
mais pluftoft modereement quafi les nye mon=
ftrant toufiours / & tenant en effect les armes pour
fa principalle profeffion / & pour aornemés dicel=
les toutes aultres bonnes conditions . Et princi=
pallement entre les fouldars pour ne faire comme
ceulx qui par les eftudes & vniuerfitez veullent
fembler gens de guerre / & litterez entre les gens
de guerre.En cefte maniere / il euitera laffectation
pour les raifons que nous auons dictes / & les
moyennes chofes quil fera fembleront trefgran=
des.Adonc refpondit Meffire pierre Bembe ie ne
fcay (Conte) comment vous voulles que ceftuy
noftre Courtifan eftant littere / & ayāt tāt daultres
vertueufes qualitez tienne toutes chofes / pour
aornemens des armes . Et non les armes / . & le de=
mourant pour aornemens des lettres . Lefquelles
fans aultre compaignie font en dignite / autant par
deffus les armes q̃ lefperit eft par deffus le corps /
pource que leur opperation proprement apper=
tient a lefperit / ainfi que celle des armes au corps.
Lors refpondit le Conte . Mais bien a lefperit / &
au corps appertient lopperation des armes . Mais
ie ne veulx pas(Meffire pierre)que vous foyez iu=
ge de cefte caufe.Car vous feriez trop fufpect a lu=
gue des parties . Et pource que cefte difputation a

efte longuemét demenee par hommes treffaiges /
il meft aduis que il neft nul befoing le renouueller. Mais ie la tiés pour decife en faueur des armes.
Et veulx que noftre Courtifan puis quil meft parmift le former a ma fantaifie en ait toute telle eftime. Et fi vous eftes de contraire oppinion. Attendez a en ouyr vne difputatió / en laquelle foit aultant licite a celluy qui deffend la caufe des armes
meftre en œuure les armes / comme ceulx qui deffendent les lettres emploier en telle deffence les
mefmes lettres. Car fi chafcun fe ayde de fes inftru
mens / vous verres que les lettres nauront pas du
meilleur. Ca (dift meffire Pierre) vous auez vng
peu blafme les Francoys / pource quilz defeftimét
les lettres / & dict la grát lumiere de gloire quelles
monftrent aux hommes. Er commét elles les font
immortelz / & maintenant femble que vous ayez
change doppinion. Ne vous fouuient il que Alexandre arriue aux fameulx monument du vaillát
Achilles foufpirant fes motz gofte. O bien heureux futz tu / quant fi claire trompette troutuas / &
qui de toy fonna fi haultement. Et fi Alexandre
euft eu enuie a Achilles (non de fes faictz) Mais de
la fortune que luy auoient donne tant de felicite
que fes chofes feuffent cellebrees par Homere / lon
peult cóprandre quil eftime plus les lettres Dhomere / que les armes Dachilles. Quel aultre iuge
doncques / ou quelle aultre fentence entendez
vous / de la dignite des armes / & des lettres que
celle qui en fuft donnee par lung des plus grand
Cappitaines qui iamais aye efte. Alors le Conte re
fpondit / Ie blafme les Frácoys / de ce quilz difent
q̃ les lettres portent nuyfance a la profeffion des

tiens que a nul foit plus conuenable eftre litterez /
que a vng homme de guerre. Et ces deux conditions enchefnez enfemble / & lugne de laultre
aydez chofe eft plus que trefrequife. Ie veulx quel
les foient en noftre Courtifan / ne pour cela me
femble auoir change doppinion. Mais comme iay
dict, le ne veulx difputer laquelle delles eft la plus
digne de louange. Ceft affez que les litterez quafi
iamais nemprennent a louer / finon les grãds perfonnaiges & faictz glorieux / lefquelz (deux mefmes) meritent louanges / par la propre vertu effen-
cialle / dont ilz defcendent / & dauantaige ceft la
plus noble matiere / en quoy fe peuuent exerciter
ceulx qui efcripuent / ce leur eft vng grand aorne-
mẽt & caufe en partie de perpetuer leurs efcriptz.
Lefquelz (parauenture) ne feroient tant leuz / ne
tant prifez fi les nobles fubiectz leur deffailoient /
mais feroient tenuez pour friuoiles. Et de petite
confequence / & fi Alexãdre euft enuye a Achilles
dauoir efte loue / par celluy qui le loue / il ne fenfuyt pas pourtant / quil eftimaft plus les lettres
que les armes. Efquelles fil fe fuft congneu aultant eflongne Dachilles / comme il eftimoit que
a efcripre debuoient eftre honnorez tous ceulx
qui eftoient pour efcripre / ie fuis feur que beaucoup pluftoft il euft fouhaytte le bien faire que
le bien dire en aultruy. Et pourtant / ie penfe que
cela fuft vne diffimulee louange de foy mefmes
& vng fouhaytter / de ce quil luy fembloit nauoir point. Ceft afcauoir la fouuerainne excellence dung efcripuant / & non ce quil prefumoit ia-
uoit acquis. Ceft adire la vertu des armes / en laquelle, il ne fcauoit point que Achilles luy fuft

aulcunemét fupperieur /dont il appella bien heu=
reux / figniffiant que fi fa renommee par laduenir
neftoit tant cellebree par le monde / comme celle
qui lauoit illuftree par vne Pœfie fi diuine . Cela
ne procederoit point de fe que fa valleur & fes me
rites / ne fuffent auffi grandes / & dignes de pareille
louange / Mais viendroit de la fortune / laquelle
auoit mis au deuant a Achilles ce miracle de na=
ture pour glorieufe trompette de fes œuures / &
peult eftre / quil voulut reueiller quelque petit
efperit a efcripre de fes faicz / môftrát par cela quil
en feroit autant de recongnoiffance comme il lay
moit & reueroit les facrez monumentz des lettres /
Defquelles nous auons parle a fouffifance . Mais
trop bien refpondit le Seigneur Ludouic Pie /
Car ie croys que au monde ne foit poffible trou=
uer vng vaiffeau fi grand qui foit cappable de tou=
tes les chofes que vous voulez qui foient dedans
le Courtifan . Alors le Conte attendez vng peu
(dift il) Car il y en a beaucoup daultres / quil
doibuent y entrer . Refpondit pierre de Napples
en cefte maniere / Le gras de Medicis aura grand
aduantaige fur meffire Pierre Bembe. La fe print a
rire chafcun / & le Conte (en recommanceant) Sei=
gneurs (dift il) vous debuez fcauoir / que ie ne me
contente pas du Courtifan fil neft dauantaige mu
ficien / & fi oultre lentendre & eftre feur au liure / il
ne fcait encores iouer de diuers inftrumens. Car fi
nous y penfions bien / nul repoft des trauaulx / &
medicines des entendeméz ennuyez / fe peult trou
uer plus honnefte / & louable en temps de loyfir
que cefte cy / & mefmemét es cours efquelles oul=
tre le refrigerement de fafcherie / que la muficque

baille a chascun/lon faict beaucoup de chose pour
satiffaire aux dames/Dõt les esperitz tẽdres / & de
licatz / sont facillement penetres de larmonye / &
rempliz de doulceur/parquoy nest pas merueille/
si au temps passe / & a present elles ont tousiours
este enclinees au musiciens / & ont tenu cela pour
tresagreable repast desprit. Alors le seigneur Gas=
pard ie pense (dist il) que la musicque auecques
plusieurs aultres vanitez soit aux dames conuena=
ole /& paraduenture a aulcuns qui ont semblance
dhommes / mais non a ceulx qui veritablement
sont hommes . Lesquelz ne doibuent par delices
effeminer leurs couraiges / & par telz moyens les
induyre a craindre la mort. Ne dictes pas cela(Res
pond le Conte) Car surce/ientreray en vne grand
mer des louanges de la musicque/ & ramenteray
combien tousiours apres les anticques / elle aye
este recommandee/& trouuee / pour chose sacree/
& que loppinion daulcũs tressaiges Philosophes
a este que le monde est compose par musicque / &
que les cieulx / en eulx mouuant/ rendent armo=
nye / & que nostre ame est par ceste mesme raison
formee . Et pour ce elle se reueille / & quasi viuifie
ses vertuz pour la musicque . Au moyen de quoy
il est escript que Alexandre quelque foys fust par
elles si ardãment incite/que quasi contre son vou=
loir/luy failloit habandonner le bancquet/& cou=
rit aux armes / puis changeant le musicien la sorte
du son/se rapaisoit & retournoit des armes au ban
cquet.Et si vous diray que Socrates le seuere estãt
ia grandement eage / aprint a iouer du lucz/& me
souuient auoir entendu que Platon & Aristote
veullent que lhõme bié aprins soit aussi musicien.

Et par infiniez raisons mõltrent la force de la mu
sicque estre en nous tresgrande. Et que pour beau=
coup de causes qui seroient longues a dire lon la
doibt necessairement apprendre, non tout pour
celle superficialle mellodie que lon entend / que
pour estre souffisante a induyre a nous vne nou=
uelle bonne habitude & vne accoustumance ten=
dant a vertu qui faict lesperit plus cappable de fe=
licite . Tout ainsi que lexcercice corporel faict le
corps plusfort / & mieulx dispose . Et aussi pource
que non seullement elle ne nuyt point aux choses
ciuilles; & de la guerre/ mais leur ayde souuerain=
nement, selon Ligurgus en ses loix seueres oppri=
ma la musicque & list on les Lacedemoniens tres=
belliqueux /& les Candiens auoir vse en leurs ren
contres /& batailles de Lucz/ & aultre instrumentz
mignotz. Et plusieurs excellens Cappitaines anti
cques. Comme Epaminõdas auoir vacque a la mu
sicque / & ceulx qui nen scauoient riens / comme
Themistocles en auoir este beaucoup moins esti=
me . Nauez vous pas leu que la musicque fust des
premieres disciplines que le bon viellard Chiron
enseignast de faire a Achilles . Lequel il nourrist
des la memelle/ & des le berceau. Et voulut le saige
maistre que les mains qui doibuent espandre tant
de sang Troyen souuent feussent occupees au son
de la Harpe. Qui sera doncques le souldart qui au=
ra honte de faire comme le preux Achilles/ affin
que ie laisse plusieurs aultres renommes Cappi=
taines / que ie pourroys alleguer / & pource ne
veuilles priuer nostre Courtisan de la musicque/
laquelle non seullement adoulcist les couraiges
humains/ mais souuant faict apriuoyser les bestes
                                                    sauluaiges.

fauluaiges . Et qui ny prent gouft fe peult tenir
pour certain quil a les efpritz difcordans lung de
laultre. Regardez quelle eft fa puiffance quant ia
dis elle attira vng poiffon a fe laiffer cheuaulcher
dung homme parmy la tempetueufe mer.Nous la
voyons eftre employee par les fainctes efglifes / a
rendre louanges / & graces a dieu . Et eft chofe
croyable quelle luy eft aggreable / & quil la nous
a donnee pour vng trefdoulx allegement de noz
trauaulx / & fafcheriez / dont bien fouuant les en=
durciz laboureurs des champs foubz lardét folleil
decoyuent leurs ennuyz . Auecques chantz agre=
ftes / & enrouez / la paifante mal paree qui fe lieue
deux du iour pour filler / ou tiltre fe deffend par fa
voix funefte du fommeil / & faict fa peyne plaifan=
te . Ceft le trefioyeulx paffetemps des miferables
mariniers apres les pluyes / ventz / & tempeftes .En
cela fe confortent les pellerins laffez de leurs en=
nuieux / & lôgs voyages & aulcũeffoys / les afflicts
prifonniers de leurs fers / chefnes / & ceptz . Ainfi
pour plus grant argument que de chafcune peyne
& moiefte humaine / La chãterie encores que grof=
fiere foit trefgrãt reffrigere femble que nature laye
enfeignee aux nourriffes pour remedde de principal
du côtinuel plourer des enfans / lefquelz au fon de
celle voix fe induyfent a fommeil paifible / & re=
poft / en oubliãt les larmes a eulx tant propres / & a
nous baillees en ceft eage par nature / pour pre=
faige du remenant de noftre vie.Icy fe taifant vng
peu le Conte . Dict le magnificque Iulian / ie ne
fuis pas de laduis du feigneur Gafpard / mais efti=
me pour les raifons / que vous auez dictes / &
pour plufieurs aultres / que la muficque eft / non

g

feullement au Courtifan / mais dauantaige quelle
luy eft neceffaire. Vray eft que ie vouldroye que
vous declairiffiez en quelle facon cefte / & les aul=
tres qualitez que vous luy affignez fe doibuent
employer / & en quel temps / & par quelle ma=
niere . Pour aultant que plufieurs chofes qui de
foy meritent louanges pour en vfer hors de faifon
deuiennent fouuëteffoys mal feantes. Et aulcunes
au contraire / qui femblent de peu dimportance /
quant opportunement on fen ayde / font prifees
grädemët. Lors le Côte / auant que nous entrions
en ce propoft / Ie veulx (dict il) parler dugne aultre
chofe / Laquelle pource que ie leftime de grande
confequence / ie penfe me debuoir eftre laiffee der=
riere par noftre Courtifan en facon que ce foit.
Ceftafcauoir portraire / & auoir propre congnoif=
fance de paindre . Et ne vous efmerueillez / fi ie
requiers cefte partie . Laquelle au iourduy / paras
uenture femble mecanicques / & peu conuenable
a vng gentilhomme . Car il me fouuient auoir leu
que les anticques principallement / par toute la
Grece vouloient que les enfans nobles par les
efcolles vaccaffent a la painĉure / comme a chofe
honnefte / & neceffaire / & qui fut receue au pre=
mier degre des ars liberaulx . Et fut apres deffen=
du par edict public / quon neuft a lenfeigner aux
ferfz / & efclauez . Empres les Rommains elle fut
auffi en trefgrant honneur / & delle tyra fon fur
nom / La trefnoble maifon des Fabiens . Car le
premier Fabius fuft furnomme paindre pour a=
uoir effectuellement efte paindre trefexcellant / &
fi a donne a la paincture / que apres auoir painĉ
les paroitz du temple de Salut / il y mift fon nom

faifant fon compte / que combien quil fuft ne en
vgne maifon fi noble / & honnoree de tant de til=
tres / & confulatz / de triumphez / & aultres digni=
tez / & quil fuft littere / & fcauant es loix / & nom=
bre entre les Orateurs / neautmoins il pourroit
accroiftre fplendeur & aornement a fa renommee /
en laiffant memoyre quil euft efte painctre. Beau=
coup daultres de noble maifo / fe font trouues qui
ont efte celebrez en ceft art / duquel oultre quil foit
trefnoble & digne / lon tyre plufieurs vtilitez / &
principallement a la guerre / a pourtrayre pays / fi=
tuatiõs / Riuieres / Pontz / Chafteaulx / Fortereffes /
& femblables chofes. Lefquelles fi bien on les a
en memoyre ce qui eft encores affez difficille / fi ne
les peult on monftrer a aultruy. Et veritablement
celluy qui neftime ceft art / me femble fort eflon=
gne de rayfon / Car la machine du monde que
nous voyons / le ciel ample tout reluifant deftoil=
les. Et au meilleu la terre enuyronnee de mer / &
diuerfifiee de montaignes / Vallees & Riuieres / &
paree de diuers arbres / & plaifantes fleurs / lon
peult dire que ceft vne noble painctur / & grande
compofee par les mains de nature / & de Dieu / &
qui la peult imiter / me femble digne de grand
louange / ne a cela peult on paruenir / fans la con=
gnoiffance de beaucoup de chofes / ainfi q̃ mieulx
fcait qui lefpreuue. Et pourtant les anticques en
tindrent en grand pris / & lart / & les artifans / dont
elle paruint au comble de fouuerainne excellan=
ce. Et de ce / peult lon prendre coniecture affez
certainne par les anticques ftatues de Marbre / &
de Bronze que lon voyt encores / & combien que
la painctur foit different de la fculpture. Toutef=

foys lugne & laultre naiffent dugne mefme fon=
tainne qui eft le bon.

Arquoy fi côme les ftatues font
diuines auffi peult lon croyre que
fueffent les painctures! & daultât
plus que elles font cappables de
plus grand artiffice. Lors ma da=
me Emille fe tournât vers Iehan
Chriftoffle Roumain qui la feoit
auecques les aultres. Que vous femble dict elle de
cefte fentence. Confermerez vous que la painctu=
re foit de plufgrand artiffice que la fculpture. Ref=
pondit Iehan Chriftoffle. Ma dame! ieftime que la
fculpture foit de plus grand peyne! de plus grand
art/& de pius grand dignite que la painĉture. Le
Conte replicqua. Pource que les ftatues font plus
durables! lon pourroit a laduenture dire quelles
feuffent de plus grand dignite. Car eftant faictes
pour memoyre elles fatiffont plus a leffect! pour
quoy elles font faictes que la painĉture. Mais oul=
tre la memoyre / la painĉture / & la fculpture font
auffi faictes pour aorner (& en cela) la painĉture a
laduantaige. Et fi bien elle neft de fi longue du=
ree/comme la fculpture fi dure elle pourtant beau=
coup. Et tant que elle dure elle eft beaucoup plus
plaifante. Refpond a lheure Iehan Chriftoffle. Ie
croy veritablement que vous parles contre ce que
vous auez en la penfee! & le faictes pour lamour
de voftre Raphael. Et peult eftre auffi quil vous
femble que lexcellence que vous congnoiffez en
lart de la painĉture foit fi extreme que limagerye
ne puiffe arriuer a ce degre. Mais confyderez que
cela eft louange de lartifan / & non de lart. Puis

ad'oingne / il me ſemble bien comme lugne / &
laultre ſoit vne artificielle imitation de nature.
Mais ie ne ſcay pas commant vous puiſſiez dire/
que plus ſoit imite le vray / & cela meſmes que faict
la matiere en vne figure de Marbre ou de Bronze/
en laquelle ſont les membres tous Rondz / formez / & meſurez / ainſi que nature les faict que en
vng tableau /ou lon ne voyt que le ſuperfice / & les
coulleurs qui trompent les yeulx. Et ſi ne pouuez
ſouſtenir que plus prochain du vray /ne ſoit leſtre
que le ſembler / en apres ieſtime que la ſculpture
ſoit plus difficille. Car ſi lon y faict vgne faulte /lõ
ne la peult plus rabiller. Pource que le Marbre ne
ſe colle point. Mais eſt beſoing de reffaire vgne
aultre figure / Ce qui naduient pas en la painctu-
re/laquelle on peult chãger mille foys / & y adiou-
ſter / & y diminuer / en amendant touſiours lou-
uraige. Le Conte reſpondit en ſoubzriant / ie ne
parle pas pour lamour de Raphael. Et ſi ne me
debuez. point eſtimer ſi ignorant / que ie ne congnoiſſe lexcellence de Michel ange / & la voſtre/
& des aultres maiſtres en ſculpture. Mais ie parle
de lart / & non des artiſans /vous dictes bien vray /
que lugne & lautre eſt imitation de nature. Mais
ce neſt pas a dire que la painctture ſoit en apparen-
ce/ & la ſculpture en eſſance. Car combien que les
ſtatues ſoient toutes rondes /comme le vif / & que
lon voyt la painctture ſeullement en la ſuperficie/
aux ſtatues deffaillent beaucoup de choſes qui ne
deffaillent pas aux painctures /meſmement le iour
& les vmbres. Car aultre iour faict la chait & aultre le marbre. Ce que le painctre imite naturellement auecques le clair / & lobſcur plus & moins

selon quil en est besoing . Et lymagier /ne le peult
ainsi faire / & si bien le painctre ne faict la figure
ronde / il en faict les Muscles / & membres arron=
diz / de sorte quilz vont trouuer des parties que
lon ne voyt point . Par telle facon que lon peult
tresbien comprendre que le painctre en a congnois=
sance / & les entend . Et en cecy est besoing dung
aultre artiffice plus grant a faire les membres qui
racourcissent / & diminuent a proportion de la
veue /par raison de perspectiue / laquelle par force
de lignes / & mesures de coulleurs de iour / & de
vmbre monstre en la superficie dugne paroy droi=
cte / lacompagne & eslongne plus / ou moins /
comme il luy plaist . Vous semble il apres que ce
soit peu de choses que la imitation des coulleurs
naturelles a contreffaire le nud / la Drapperie / &
toutes les aultres choses coullorees . Cela ne scau=
roit ia faire lymagier / ne moins exprimer le gra=
cieulx regard dungs yeulx noirs / ou verds / auec
lattraict des stincellans oielladez amoureuses /ny
peult aussi monstrer la coulleur des blondz che=
ueulx / la reluysance des harnoys / ne vne nuyct
obscure / ne vgne tempeste de mer / ny lesclair / &
la fouldre /ne lembrasement dugne cite / ne la ve=
nue de laube du iour / & de laurore /de coulleur de
Roses auec certains Rayons dor / & de pourpre.
Et pour abreger ne peult representer le ciel / la
mer / la terre / les montz / les forestz / les prez /les
iardins / les riuieres / les cites / les maisons /ce que
faict entierement la painčture . Dont il me semble
que la painčture est plus noble & plus cappable
dartiffice que la sculpture . Et pense que empres
les anticques elle aye este de souuerainne excel=

lance / comme les aultres choses / ce que lon cons
gnoist encores par aulcunes petites relicques qui
en sont demourees / principallement es cauernes /
& grottes de Romme. Mais on le peult beaucoup
plus clairement comprendre par les escriptures
anticques / ou il ya tant Dhonnorables / & fre=
quentes mentions douuraiges / & des maistres / &
par la entend on comment ilz estoient touiiours
requis & honnorez des grans Seigneurs / & des
republicques. Et pourtant on list que Alexandre
ayma souuerainnement Appelles depheses / de
sorte que luy ayant faict portraire vne sienne tres=
chiere amye / & entendent que le bon painctre
pour la merueilleuse beaulte delle sen estoit dese=
sperement enamoure / la luy donna sans aulcun
respect. Qui fust vne liberalite veritablement di=
gne Dallexandre de doner / no seullement tresors &
estatz / mais aussi ses propres desirs & affections. Et
vng signe de tresgrand amour enuers Appelles /
quant pour luy complaire / il neut point de re=
spect de desplaire a la Dame quil aymoit singulie=
rement / que lon peult croyre se estre fort dolue
de changer vng si grand Roy a vng painctre. Lon
racompte encores plusieurs aultres signes de la
bienueillance Dalexandre enuers Appelles. Mais
il demonstra assez clairement / combien quil lesti=
moit quant il ordonnast par commandement pu=
blic / que nul aultre painctre fust si hardy de faire
son ymaige. En cest endroit / ie vous pourroye
dire les estrifz & contentions de plusieurs nobles
painctres a leur tresgrandes louäges / & merueille
quasi de tout le monde. Ie vous pourroye aussi
dire en quelle sollempnite / les empereurs anciens

nomerent de painctures/leurs triumphes / & les
defdioient au publicques ediffices/& combiē che
rement les achaptoient / & quil feft trouue iadis/
aulcuns painctres qui donnoient leurs couraiges/
leur eftant aduis quil ny auoit or ne argent / qui
les fceuft payer. Et commant vng tableau de Pro=
thogenes fuft tant eftime/que tenant Demetrius
le fiege deuant Rhodes / & pouant y entrer en
boutant le feu par vng cofte quil fcauoit ou eftoit
ledict tableau pour ne le brufler / fe faignift de
donner laffault / & par ainfi faillit de prendre la
ville.Et cōmant Metrodorus philofophe & pain=
ctre trefexcellant fuft enuoye par les Atheniens a
Paulus pour enfeigner fes enfans / & luy dreffer
fes triumphes quil auoit a faire. Dauantaige plu=
fieurs nobles aucteurs ont efcript de ceft art qui
eft euident figne/pour demonftrer en que lle efti
mation on la tenoit/ mais ie ne veulx que nous
nous eftādions plus auant en ce propoft.Et pour=
ce fouffife feullement dire quil eft conuenable a
noftre Courtifan dauoir congnoiffance de la pain
cture/comme de chofe honnefte & vtille!& prifee
au temps que les hommes eftoient de beaucoup
plus grand valleur quilz ne font maintenant. Et
quāt lon nen tyreroit iamais aultre vtillite ne plai
fir / il debnroit fouffire oultre quelle fert afcauoir
iuger de lexcellance des ftatues anticques & mo=
dernes/des vaiffeaulx/des ediffices/des medailles
des camayaulx/des graueurs & de telles chofes/
Elle fert auffi a iuger la beaulte des corps viuans/
non feullement en la douleur des vifaiges. Mais
auffi en la preportion de tout le demourant tant
des hommes que de tous aultres animaulx.Par

ainfi vous voyez commant auoir congnoiffance
de la painᵭure eft vne trefgrande recreation . Et
cela deburoient penfer ceulx qui prennent tant
de plaifir a contempler la beaulte dugne femme
quil leur femble eftre en paradis . Et touteffoys
ilz ne fcauent paindre / Car filz le fcauoient ilz au=
roient beaucoup plus grand contentemēt daul=
tant quilz cōgnoiftroient plus parfaictement cel=
le beaulte qui au cueur leur engendre fi grand fa=
tiffactiō. La fe print a rire meffire Cezar gonzague
& a dire / ie ne fuis pas painᭇre . Mais ie fuis bien
feur que ie prendroye beaucoup plufgrand plai=
fir a veoir quelque belle femme / que ie ne feroye fi
le trefexcellant Appelles que vous auez vng peu
deuant nomme retournoīᵗ en vie . Refpondit le
Conte ce voftre plaifir ne procede pas entiere=
ment de celle beaulte / mais de laffection que vous
a laduenture portes a celle dame / & fi vous voulez
dire verite / la premiere foys que vous la veiftes /
vous ne fentites pas la miliefme partie du plaifir
que vous auez faiᭇ defpuis / Combien que la
beaulte fuft celle mefmes . Dont vous pouuez
comprendre / de combien a voftre plaifir foit plus
grande la partie de laffection / que de la beaulte.
Ie ne vous nye poīnt cela diᭇ meffire Cezar / Mais
ainfi que le plaifir procede de laffection / pareille=
ment laffection de la beaulte / Parquoy lon peult
dire en toutes facons la beaulte eftre caufe du plai
fir . Refpondit le Conte / il y a auffi plufieurs aul=
tres raifons qui allument noftre couraige. Comme
les conditions / le fcauoir / le parler / la contenance /
& mille aultres chofes / lefquelles on pourroit en
quelque maniere paraduenture appeller beaultes.

Mais il ny a rien qui tant nous enflamme/que de
sentir estre ayme. De sorte que lon peult encores
sans celle beaulte/dont vous parles aymer tresar=
damment. Mais les amours qui seullement naisf=
sent de la beaulte que nous voyons superficielle=
ment au corps sans point de doubte donneroient
plus grant plaisir a celluy qui la congnoistra/que
a vng aultre qui la congnoistra moins. Parquoy
tournant a nostre propost/ie pense que Appelles
prenoit plus de plaisir a contempler la beaulte de
Campaspe/que ne faisoit Alexādre. Car lon peult
facillement croyre/que lamour de lung & de laul=
tre/procedoit seullemēt de celle beaulte. Et peult
estre/que pour ceste consideration Alexandre del=
libera la dōner a celluy qui luy sembla la pouuoir
congnoistre plus parfaictement. Nauez vous pas
ieu que les cinq filles de Courtonne/lesquelles en
tre toutes les aultres de celluy peuple/le painctre
zensis choisit pour faire de toutes cinq vgne seul=
le figure tresexcellante en beaulte/furēt celebrees
par plusieurs Poetes/comme celles qui auoient
este approuuees pour belles de celluy qui debuoir
auoir tresparfaict iugemēt en beaulte. La mōstrāt
messire Cezar nestre satiffaict ne vouloir consentir
en aulcune maniere qung aultre que luy mesme
peuse gouster le plaisir quil sentoit de contempler
la beaulte dugne dame recommancoit a parler.
Mais en celluy instant lon oyt vng grand bruict
de gens qui marchoient & parloiēt hault. A quoy
se retournant chascun lon veist venir a la porte de
la chambre vgne lumyere de torches. Et inconti=
nant apres arriua le seigneur Prefect/lequel retour
noit de conuoyer le Pape iufques a vgne partie du

chemyn . Or en entrant au Palays / il auoit ia demande ce que faifoit ma dame la Ducheffe / & entendu de quelle forte eftoit le ieu de celluy / & ia
charge qui auoit efte dónee au Conte Ludouic de
parler de la courtifannie /ce qui le faifoit marcher
le plus vifte quil eftoit poffible / pour arriuer a
temps douyr encores quelque chofe. Incontinant
doncques quil euft faiĉt la reuerence a ma dame la
Ducheffe / & diĉt a chafcun quil faffift / pource que a
caufe de fa venue / tout le monde ceftoit leue / il fe
mift pareillement a feoir au rang auec les aultres /
apres luy aulcuns de fes gentilzhommes . Entre
lefquelz eftoient le Marquis de Ceue Phœbus / &
Girardin freres / meffire Hector / Rommain Vincēt
calmette / Horace Flory / & plufieurs aultres . Et
pource que chafcun fe taifoit / le feigneur Prefect fe print a dire / Meffieurs ma venue, en ce lieu
feroit trop nuyfible / fi iempefchoye de fi beaulx
propoft / comme ieftime que eftoient ceulx que
nagueres vous tenyez entre vous . Pourtant ne
faiĉtes point cefte iniure de priuer vous & moy
enfemble dung tel plaifir. A quoy le Conte refpondit / mais bien ie penfe monfieur que le taire
doibue eftre beaucoup plus agreable a tous que
le parler. Pour aultant que eftant efcheue a ma part
cefte coruee plus que aux aultres / il eft téps quelle
maye laiffe de dire. Et comme ie croy tous les aultres defcoutter / pour nauoir efte mon difcours digne dugne telle cópaignie / ne fouffifant a la grandeur de la matiere / dont iauoye charge. En laquelle ayant peu fatiffaiĉt a moymefmes / ie penfe auoir
beaucoup moins fatiffaiĉt a aultruy . Et pource
monfieur il vous eft bien venu deftre arriue fur le

fin /& fera bon maintenant donner lemprife de ce
qui refte a vng aultre qui fuccede en mon lieu. Car
foit tel que lon vouldra / ie fuis feur quil fe portera
beaucoup mieulx: que ie ne ferois quant ie vouldroys côtinuer pour eftre las / comme ie fuis. Ie ne
fupporteray / Refpond le magnificque Iulian en
facô aulcune eftre chiffre de la promeffe que vous
mauez faicte. Et fuis certain quil ne defplaira point
a monfieur le Prefect auffi dentendre cefte partie.
Et quelle promeffe dict le Conte. De nous declarer / Refpond le Magnificque / en quelle maniere
le Courtifan doibt vfer de celles bonnes conditions que vous auez dict / que luy font conuenables. Or quant A monfieur le Prefect / Combien
quil fuft deage puerille fi eftoit fcauant / & difcret
plus quil ne fembloit appartenir a ces ieunes ans.
Et en chafcun fon mouuement monftroit taire la
grãdeur de fon couraige que vgne certainne viuacite dentendement pour vray prenofticque de lex-
cellêt degre de vertu ou il debuoit paruenir apres.
Dont il dict foubdainnement. Si tout cela refte a
dire / il me femble eftre venu affez a temps / Car en
attendant en quelle facon le Courtifan doibt vfer
de celles bonnes conditions / il ne peult eftre auffi
que ie nentende quelles elles font. Et par ainfi / ie
viendray a fcauoir tout / que iufques icy a efte dict.
Pourtãt Côte ne reffufes point dacheuer de payer
la debte / dõt vous eftes forty en partie. Ie nauroye
pas / Refpondit le Conte a payer fi grant debte fi
les coruees eftoient plus elegammêt parties. Mais
lerreur a efte de donner auctorite de commander a
vne dame trop particialle. Et ainfi riant fe tourna
vers ma dame Emille / Laquelle refpondit incon-

tinant.Vous ne deuriez pas vous plaindre de ma
parciallite ı Mais puis que vous le faictes ſans raiſ
ſon nous donnerons vgne partie de ceſt honneur
que vous appelles Coruee a vng aultre.Et ſe tourſ
nāt ſur ce vers meſſire Federic Fregoſe ı Vous dict
elle propoſaſtes le ieu de Courtiſan ı Et pourtant
ceſt choſe raiſonnable quil vous eſchee a en dire
vne partie.Et cela ſera pour ſatiſfaire a le demande
de monſieur le magnificque en declairant quelle
facon maniere & ſaiſon le Courtiſan doibt vſer de
ſes bonnes conditions & mettre en œuure les choſ
ſes que le Conte a dict quil conuient qui ſaiche. A
dont meſſire Federic/ma dame dict il ı ſi vous vouſ
lez ſeparer la facon /la ſaiſon / & les manieres des
bonnes conditions / & de les bien employer du
Courtiſan vous voulez ſeparer ce que ne ſe peult
ſeparer.Car ſes choſes ſont celles qui font les conſ
ditions bonnes ı& bon lemploy delles . Par quoy
en oyant le Conte parler tant ı& ſi bien ı& auec ce
fẏict quelque mention de leurs circonſtances ıſe
preparant en lentendement pour le reſte quil en
auoit a dire ı il eſtoit fort raiſonnable quil contiſ
nuat iuſques au bout.Ma dame Emille faictes cõ
pte que vous ſoyez le Conte ı& dictes que vous
pẽſez quil diſoit ıEt par ce moyẽ lon aura ſatiſfaict
a tout . A lheure dit Calmette ı Meſſieurs ı Puis
quil eſt tard ıAffin que meſſire Federic naye point
deſcuſe quil ne dye ce quil en ſcait ıie croy qui vaul
dra mieulx differer le demourant du propoſt iuſſ
ques a demain ı& que lon employe le peu du tẽps
qui nous reſte en quelque aultre paſſetemps ſans
ambition.Ce que eſtant conferme par chaſcun ıma
dame la Ducheſſe commanda A ma dame Marſ

guerite ı & a ma dame Conftance Fregofe quelles
dancaffent.Surquoy Barlefte trefplaifant muficien
& excellant danceur ı & qui toufiours tenoit en
refiouyffance toute la court ı Commenca incontiːnant a iouer de fes Inftrumentz. Et apres feftre
prinfes par la main ı & auoir premierement dance
vne baffe danceıdancoient vne Rouergoife auec
vne merueilleufement bonne graceı & grant plaiːfir de ceulx qui la veoyoient.Defpuys pource que
ia vne grant partie de la nuyct eftoit paffeeıMa daːme la Duchelle fe leua ı& ainfi chafcun en humble
reuerence prenant conge fen alla coucher.

Fin du premier liure.

Le second Liure

du Courtisan, du Conte Baltazar
de Castillon. Reduyct de
langue Ytalicque en
Francoys.

IL LIBRO DEL CORTEGIANO
DEL CONTE BALDESAR
CASTIGLIONE.

Le second liure du Courtisan du Côte Balthasar de Castillon a messire Alphonce Arioste.

Ay plusieurs foys conside:
re/& na pas este sans grant
merueille/dont pcede vng
erreur/lequel pource quon
le voyt vniuersellement es
vielles gés)lon peult croy:
re quil soyt propre naturel.
Cest q̃ quasi tous louent le
temps passe/& blasment le
present/en vituperant noz modes & actiõs/& tout
ce quilz ne faisoient point en leur ieune eage . Et
dauantaige afferment que toutes bonnes condi:
tions/toutes bônes manieres de viure/toutes ver:
tus/& pour abreger toutes choses vont touliours
de mal en pis . Et veritablement cest vng cas quil
semble fort eslõgne de raison /& digne de merueil
le que leage meure/laquelle par longue experien:
ce a accoustume de faire au reste iugemét plus par:
faict des hómes . Et en cecy le corrompét tãt quilz
ne se appercoiuent pas/que si le mõde alloit tou∫:
iours en empirant / & que les peres fussent gene:
rallement meilleurs que les enfans/il ya long téps
que nous fussions arriues au dernier degre de mal
qui plus ne peult empirer:& touteffoys nous ver:
rions que non seullement en nostre temps / mais
encores au passe/ce vice a touliours este propre/&
peculier de vieillesse/le quel lon comprét cleremét

par les efcriptures de plufieurs des aucteurs trefan
ciens:& principallemēt des cronicques/lefquelles
plus que aultres reprefentent lymaige de la vie
humainne.La caufe dont viēt cefte faulce oppiniō
q̄ les vieilles gēs ont/ieftime quāt a moy q̄ ce foit
pource q̄ les ans en fen allāt auec eulx emportent
beaucoup de cōmoditez:& entre aultres oftent du
fang grāt partie des efperitz vitaulx/dont la cōple
xion fe change/& deuiennent foibles les organes
par ou lame employe fes vertus . Et pourtant en
iceIluy temps tumbent de noz cueurs les doulces
fleurs de contentemēt:cōme en automne les fueil
les des arbres.Et en lieu des cleres & fainnes pen
fees vient la nubilleufe & troublee melēcolie accō
paignee de mille calamitez/en facon q̄ non feulle
ment le corps/mais auffi lentendemēt eft malade
ne des plaifirs paffez aultre chofe ne tient q̄ vgne
longue fouuenāce/& lymage de lagreable tēps de
la ieuneffe/en laq̄lle(quāt nous y fommes)il nous
femble q̄ le ciel & la terre/& toutes chofes font fe
fte/& rient a lentour de noz yeulx . Et q̄ en noftre
péfemēt(cōme en vng delicieux & plaifant iardin)
floriffe le doulx printēps de lyeffe/dont paraduē
ture feroit prouffitable quant en larriere faifon/le
foleil de noftre vie cōmāce a decliner vers occidēt
en nous defpouillant de noftre plaifir / en per
dre quant & quant la memoire . Et trouuer (com
me difoit Themiftodes) vgne fcience qui enfeis
gnaft a oublier / car les fentemens de noftre corps
font tant deceptfz/que bien fouuent ilz trompent
auffi le iugement de lefperit . Parquoy me fem
ble que les vieilles gens foient de la condition de
ceulx qui partant du port tiennent les yeulx vers

la terre. Et leur eſt aduis que leur nauire ne bou-
ge / mais que la riue ſen va : & touteſſoys ceſt le
contraire. Car le port / & pareillement le temps / &
les plaiſirs demeurent en leur eſtat. Et nous aues
cques le nauire de mortalite fuyãs / nous en allons
lung apres laultre par ceſte impetueuſe mer / qui
engloutit & deuore toutes choſes / ne iamais plus
ne nous eſt permis de reprendre terre. Aincois
touſiours combatus par ventz contraires / en la fin
rompent le nauire contre quelque rochier. Pour
eſtre doncques lentendement de lhôme vieil vng
ſubieĉt diſportionne a beaucoup de plaiſirs / il ny
peult prendre gouſt. Et comme œulx qui ont la
fiebure / quant il ont le palais gaſte pour les vapeurs corrumpues / tous vins leur ſemblent treſa-
mers encores que ilz ſoient bons & delicieux. Pareillement aux vieilles gens pour leur indiſpoſi-
tion (a laquelle pourtãt ne deffault point le deſir)
tous plaiſirs ſemblent fades / & maigres / & fort dif
ferens de ceulx qui ſe ſouuiennent auoir eſſaye.
Côbien que les plaiſirs en ſoy ſoient œulx la meſmes qui ſouloient eſtre. Et pourtant ſe ſentans en
eſtre prins / ilz ſe plaignent / & blaſment le temps
preſent : comme mauluais. Et ne conſiderent pas
que celle mutation procede deulx / & non du téps.
Au contraire / quant ilz rappellent a memoire les
plaiſirs paſſez / ilz rappellét enſemble le temps / au
quel ilz les ont receuz / & a cauſe de ce le louent cõ
me bon / pour autant que il ſemble que auecques
ſoy porte vng odeur de ce quilz y ſentoient quant
ilz eſtoiét preſens. Car en effeĉt noz penſees ont en
hayne toutes les choſes qui ont eſte cõpaignes de
noz deſplaiſirs / & aymét celles qui ont eſte cõpai-

gnes des plaifirs / dõt il aduiét ꝗ vng amoureulx a
trefagreable veoir aulcuneffoys vgne feneltre en-
coꝛes quelle foit fermee / pource quil aura eu quelque foys grace de contẽpler famye la endroiɕt. Pareillement de veoir vng anneau / vgne lettre / vng
iardin / ou aultre lieu / ou quelque chofe que ce foiꝛ
qui luy femble anoir efte tefmoing cõfentãt de fes
plaifiꝛs. Et au cõtraire / bien fouuét cõme vgne chã
bre biẽ paree & belle fera ennuieufe a vng qui ayt
efte prifonnier dedans / ou quil y ayt fouffert quel-
ꝗ aultre defplaifir. Et ien ay congneu daulcuns qui
iamais ne beuueroiét en vng vaiffeau reffemblant
a celluy : auquel en maladie / ilz euffent prins ꝗlque
medecine. Car ainfi que la feneftre / ou lanneau / ou
la lettre / a vng reprefente la doulce memoire qui
tant luy plaift pour reffembler celle qui fut ia iis
participant de fes plaifirs. Sẽblablemẽt / a aultre eft
aduis ꝗ la chãbre / ou le vaiffeau enfemble auec le
fouuenir reuiẽne la maladie / ou la poyfon. Auffi ie
croy ꝗ cefte mefme occafion meult les vieilles gés
a louer le tẽps paffe / & blafmer le pfent. Au moyẽ
de quoy ilz parlẽt des cours / cõme de refte / en difant ꝗ celles (dont ilz en onꞇ fouuenance) eftoient
beaucoup plus excellẽtes / & pleines de honneurs
treffinguliers / ꝗ ne font ceulx que nous voyons au
iourdhuy. Et des incõtinẽt que telz ꝓpos viennẽt
en ieu cõmancẽt a efleuer par infinies louãges les
courtifans du duc Philippe de Millan / ou du duc
Bourges de Ferrare. Et racõptent les beaulx diɕtz
de Nicolas Pichemin / & ramẽtoyuẽt que en celluy
tẽps / il ne fe fuft point trouue ꝗ lon euft faiɕt / finõ
biẽ a tard vng homicide / & quil ny auoit point de
cõbatz / ny daguetz / ny de troperies / mais vgne cer

A iij

tainne bonte feable & amyable / entre tous vgne
feurete loyalle : & que es cours : delors regnoient
tant de bônes conditions / tât de honnefte tez que
tous les courtifans eftoient comme religieulx . Et
mal fuft prins a celluy qui euft dict vgne mauluaife parolle a laultre / ou faire vng figne moins que
honnefte vers vgne femme. Et par le rebours / dict
que en ce téps eft tout le côtraire : & que nô feullement au lieu des courtifans eft perdue cefte amour
fraternelle / & celle biē. côditiônee facon de viure /
mais que es cours de prefent ne regne aultre chofe que ennuys / & malueillâces / mauluaifes conditions / & vgne vie trefdiffolue en toutes fortes de
vices / & que les dames y font lubricques fans hon
te / & les hômes effeminez. Ilz blafmêt en oultre les
habillemês / côme defhonneftes / & trop mignotz.
Finablemêt ilz reprennent infinies chofes / entre
lefquelles il y en a que veritablemêt meritêt repre
henfion / car lon ne peult dire quil ny ayt entre
nous beaucoup de mauluais hômes / & malicieux /
& que ce téps ne foit beaucoup plus habondât en
vices que celluy quilz louent. Mais fi me femble il
quilz difcernent mal la caufe de ce different / quilz
font impartinês en tât quilz vouldroiêt que tous
les biens feuffent au môde fans aulcun mal. Ce qui
eft impoffible / car eftant le mal contraire au bien /
& le bien au mal / il eft quafi neceffaire que par op-
pofition. & q par vng certain entrepoix lon foub-
ftienne & fortifie laultre / & que quant lung fault /
ou croiffe / pareillement laultre faille / ou croiffe / car
nul contraire eft fans laultre fon contraire. Qui eft
ce qui ne fcait que au môde ny auroit point de iuftice / fil ny auoit point diniures / ny de magnani-

mite/fil ny auoit de pufillanimes /ny de côtinéce/
fil neftoit incontinéce/ny fante /fil neftoit des ma:
ladies/ny de verite/fil ny auoit point de menfon:
ges /ny de felicite/fi neftoient les malheurs . Par:
quoy bien dift Socrates en Platon quil fefmerueil
loit que Efoppe neuft faict vgne fable/en laquelle
il faingnift que dieu/quis quil nauoit peu vnir en:
femble le plaifir / & le defplaifir les euft attachez
aux deux extremitez/en facon que le commance:
ment de lung fuft fin de laultre. Car nous voyons
que nul plaifir nous peult iamais eftre aggreable,/
fi le defplaifir ne luy eft precedant . Qui eft ce qui
peult auoir le repos fil na premierement fentu le
trauail de laffete . Qui prent gouft au manger / au
boyre /au dormir fil na premieremét endure faim/
foif /& fommeil.Par ainfi ie croy que les paffions/
& maladies foient donnees aux hommes par na:
ture/nõ pas principallemét pour les faire fubiectz
a icelles / car il ne femble point conuenable que
celle qui eft mere de tout bié doibue par determi:
nation de fon propre confeil nous donner tãt de
maulx.Mais ayant faict nature/la fante/le plaifir/
& les aultres biens / confequemment apres eulx
furent adioinctes les maladies / les defplaifirs / &
les aultres maulx/parquoy ayant efte les vertus au
monde concedees par la grace de dõ de natu:
re / incontinent les vices fe mifrent neceffaire:
ment / a leur queue par celle enchefnee contrarie:
te / en forte que quant lugne croift / ou feult / Il
eft toufiours force que laultre auffi croiffe ou
faille . Quant doncques noz vieillardz louent
les cours paffees en ce quelles nauoient point
d'hommes fi vicieulx / comme aulcuns qui font es

noſtres . Ne congnoiſſent pas que en icelles ny en
auoit de ſi vertueux/côme aulcuns qui ſont es no⸗
ſtres/de quoy ne ſe fault point eſmerueiller/car nul
mal eſt ſi grãd mal/côme celluy qui neſt de ſentêce
corrumpue de bien. Parquoy maintenãt pduiſant
nature des entêdemês beaucoup meilleurs quelle
ne faiſoit aiheure. Ainſi q̃ ceulx qui ſe tournent au
biê/font beaucoup mieulx q̃ ne faiſoiêt ceulx dõt
ilz parlêt. Pareillemêt ceulx qui ſe tournêt au mal
font beaucoup pis . Et pourtãt ne fault point dire
q̃ ceulx qui reſtoiêt de faire mal pour nõ le ſcauoir
faire meritaſſent en ce cas aulcune louãge/car com
bien quilz feiſſent peu de mal / il faiſoient neaut⸗
moins le pire . Et que les eſperitz de ce temps la
feuſſent generallement de beaucoup inferieurs a
ceulx de maintenant/on le peult aſſez congnoiſtre
par tout ce q̃ lon voyt deulx/tant es lettres / côme
es painctures / ſtatues /ediffices / & toutes aultres
choſes. Ce nõobſtant les vieillardz (oultre ce q̃ dit
eſt)blaſment en nous pluſieurs choſes qui en eulx
ne ſont/ne bônes/ne mauluaiſes/ ſeullemêt pour⸗
ce quilz ne les faiſoiêt point. Et dient quil neſt cõ⸗
uenable aux ieunes gens ſe pourmener par la ville
a cheual/principallemêt ſur mulles /porter robbes
fourres/& en yuer des robbes longues . Ne porter
bonnet a homme quil nayt pour le moins dixhuit
ans . Et aultres telles choſes / dont a la verite ilz
ſe meſcomptent grandement . Car telles facons
de faire (oultre quelles ſoient commodes &
prouffitables)elles ſont auſſi introduittes par la
couſtume/& plaiſent vniuerſellement comme lors
plaiſoit aller en ſaye / porter des gouſſetz / & des
ſouliers a poulainne . Et pour eſtre bien gaillard

porter tout le iour vng efpreuiet fur le poing/fans
propos / danfer fans toucher la main de la dame /&
vfet de beaucoup daultres facons lefquelles tout
ainfi que maintenant elles feroient trouuees grof
fieres & mal feantes/ elles eftoient a lheure beau=
coup prifees. Et pourtant il eft raifonnable quil
nous foit auffi licite de fuyure la couftume de no=
ftre temps/fans eftre calumpniez par lefdictz vieil
lards/lefquelz fouuent quant il fe veullent louer
difent. Iauoys vingt ans que ie couchoys encores
auecqs ma mere & mes feurs / ne de la a lõg tẽps ie
fceu q̃ ceftoit dauoir affaire a femme: & maintenãt
a peine que les enfans ont la tefte effuyee quilz fca
uent plus de malice que ne faifoient en ce temps
les hommes faictz. Et quant ilz dient cela ilz ne fe
appercoyuent pas quilz cõferment q̃ les enfans de
noftre tẽps ont plus defperit q̃ nauoient les vieil=
les gẽs du leur. Or quilz ceffent doncques de blaf=
mer noftre temps/comme plain de vices:car en les
oftant ilz ofteroient auffi les vertus / & fe fouuiẽ
ne entre les bons anticques au temps que florif=
foient au monde les couraiges glorieulx / & verita
blement diuins en toutes vertus / & les entende=
mens plus que humains / lon trouuoit auffi plu=
fieurs mauluais hommes/lefquelz filz vinoient fe
roient entre les mauluais de noftre temps excellẽs
en mal cõme les bons en bien. Et de cela font plai=
ne foy toutes les hyftoires / mais ie penfe quil ayt
efte pour ce coup a fuffifance refpondu aulx vieil=
lardz. Pource lairrons ce difcours par aduenture
pour ce coup/trop long non du tout hors de pro=
pos. En quoy nous fuffifamment auoir demonftre
que les cours de noftre tẽps ne font moins dignes

de louange que celles que louent si fort les vieil=
les gens.Nous retournerons au propos que nous
auons commance du Courtisan / par lesquelz lon
peult assez facillemét comprendre en quel estat &
degre estoit la court Durbin entre les aultres / &
qui en estoit le Prince & la princesse qui auoiét en
leur court de si nobles esperitz / & comme se pour=
roient appeller heureulx tous ceulx qui viuoient
en ceste compaignie. Quant doncques le iour en=
suyuant fut venu / il y eut plusieurs discordes entre
les cheualiers & dames de la court / sur la disputa=
tion du soir precedent / ce que procedoit en partie
de ce que monseigneur le Prefect desirant scauoir
ce qui auoit este dict en demandoit quasi a chascú /
& cóme il est de coustume dauenir / il luy en estoit
respondu diuersement / par ce q̃ les vngz louoient
vgne chose / les aultres vgne aultre / & encores en=
tre plusieurs y auoit discordance de la mesme sen=
tence du Conte / par autant que les choses qui
auoient este dictes nestoient si parfaictement de=
mourees en la memoire de chascun / au moyen de
quoy lon parla tout le iour de ce propos / & incon
tinent quil commenca a faire nuyct monseigneur
le Prefect voulant aller a table mena soupper auec
luy tous les gentilzhommes / & apres soupper sen
alla soubdain en la chábre de ma dame la Duchef=
se / laquelle voyant si grand compaignie venue de
meilleure heure que la coustume nestoit / comman
ca a dire. Il me semble messire Federic que grand
est le faix que lon a mis sur voz espaules / lattente
que vous debuez respondre ne vous a laisse ceste
nuyct nul repos. La sans attendre que messire Fe=
deric respódit / le vnicque Aretin print la parolle.

Et quel est ce grand faix (dict il). Qui est lhomme
si sot que quant il scait faire vgne chose il ne la
scaiche faire a temps conuenable. Et sur ce point
parlant de cecy/chascun se mect a seoir en sa place
& mode accoustumee auec vgne tressongneuse at=
tente du propos qui estoit en termes. Lors messire
Federic se tournant vers Lunicque. Il ne vous sem=
ble donc (dist il) monseigneur Lunicque que lon
me ait baille vgne penible charge & grauc faix ce
soir pour auoir a demostrer en quelle facon & ma=
niere/& temps le Courtisan doibt vser de ses bon
nes coditions & employer les choses qui ont este
dictes luy estre conuenable. Il ne me semble pas
grand chose/respondit Lunicque/& quil suffist di
re pour tout cela/que le Courtisan soit de bon iu=
gement (come le Conte dict hier) tresbien estre ne=
cessaire. Et estant ainsi i ie pense que sans aulcuns
enseignemens il doibue pouuoir vser de ce quil
scait a temps & bonne facon/ce que vouloir redui=
re en reigles plus succinctes/ seroit chose trop diffi
cille/& par aduenture superflue/ car ie ne cognoys
home qui fust si sot de vouloir venir a manier les
armes en lieu ou les aultres feussent occuppez a la
musicq/ou allast ballat ou danssant par les rues la
morisque/encores q il le sceut tresbie faire ou quil
allast coforter vgne mere dot le filz fust mort/com
macast a luy dire des plaisanteries & faire de laug=
mentatif/ie croy certes q cela aduiedroit a nul gen
tilhomme quil ne fust tenu pour fol. Il me semble
seigneur Vnicque (respondit monseigneur Fede=
ric) que vo9 allez trop par les extremitez: car il en=
treuient quelque foys estre impartinent de facon
quon ne le cognoist pas si aysement i & les faultes

ne sont pas toutes pareilles. Auec ce il pourra aduenir q̃ lhõme se gardera dugne follye publicque
& trop euidente cõme seroit celle que vous dictes
daller danssant la morisque par les rues / & puis ne
scaura soy garder de louer soymesmes hors de pro
pos / & de vser dugne fascheuse presumption / de
dire quelque soys vng mot / pensant de faire rire
que pour estre dit hors de temps sera troüue mais-
gre & sans aulcune grace. Et telz erreurs le pl⁹ souuent sont couuers dung certain voyle qui ne les
laisse estre apperceuz de ceulx qui les cõmettent / se
ilz ny regardent de bien pres. Et cõbien que pour
plusieurs causes nostre veue scache bien peu discer
ner elle deuiẽt du tout aueuglee & tenebreuse par
ambition / par ce que chascun voluntiers se mõstre
en cela quil cuyde scauoir / soit vraye ou faulce que
soit celle persuasion / au moyen dequoy me semble
que il se gouuernera bien. Et cecy consiste en vgne
certaine prudence / & iugement de election de congnoistre le plus ou le moins de ce qui accroyst es
choses / ou diminuer pour les employer opportu-
nemẽt ou hors de saison / Et combien que le Courtisan soit de si bon iugemẽt que il puisse discerner
telles differences / ce nest pas a dire quil ne luy soit
plus facile a gaigner ce quil cerche / quant on luy
aura ouuert lentendement par quelques enseigne
mens & mõstret le chemin / & quasi les lieulx ou il
se doibt fonder / que si seullement il prenoit garde
a la generalite. Ayant doncques hersoir le conte
deuise si copieusement en si belle maniere de la
courtisannie que a la verite il a meu en moy / non
peu de crainde / & doubte de non pouuoir si bien
satisfaire a ceste noble audience / & a ce qui me tou-

che a dire/ côme il a faict en ce quil luy eft efcheu/
Touteffoys pour le faire participant le plus que ie
pourray de fa louange & eftre feur de non faillir/
a tout le moins en cefte partie ie ne contrediray en
aulcune chofe quil ayt dicte. Et pource confentant
auecques oppiniôs:& oultre le refte en ce qui tou⸗
che la nobleffe du Courtifan/& lefperit a la difpo⸗
fitiô du corps & la grace de fa perfonne/ ie dis que
pour acquerir a bon droict louange & bonne repu
tation empres chafcun/& grace des feigneurs que
il fert. Il me femble neceffaire q̃ il fcache ordôner
toute fa vie:& fe ayder de fes bonnes qualitez vni⸗
uerfellement a la frequentation/de toutes perfon⸗
nes fans en acquerir enuye: Mais combié cela foit
difficille lon le peult côfiderer de la rarite diceulx
que lon voyt paruenir a ce bout. Car a vray dire
nous fommes tous par nature promptz plus a blaf
mer les faultes q̃ a louer les chofes bien faictes. Et
femble q̃ par vgne certainne malignite pluffieurs
(encores quilz congnoiffent cleremét le bien)fe⸗
forcent de tout leur pouuoir & induftrie de trou⸗
uer dedans /ou faulte/ou a tout le moins femblan⸗
ce de faulte. Au moyen dequoy eft neceffite q̃ no⸗
ftre Courtifan/ en toutes fe⸗ operations foit cault
& aduife en ce quil dict ou faict. Et toufiours accô
paigne de prudence/& quil mette foing(non feul⸗
lement dauoir en foy parties & condictions excel⸗
lentes)mais quil ordonne toute la teneur de fa vie
en telle difpofition que le tout foit correfpondant
aufdictes parties. Et que lô le voye toufiours eftre
celluy mefmes /& en toutes chofes tel quil ne fe
oublie point de foymefmes. Mais face vng corps
feul de toutes fes bonnes côditions/ en facon que

tous ſes actes reſultent & ſoient compoſees de tou
tes vertus /ainſi que les Stoyques dient eſtre office
de celluy qui eſt ſaige. Combien touteſſoys que en
chaſcune operation touſiours vne vertu eſt la prin
cipalle. Mais toutes ſont elles tellement enchaiſ
nees quelle tendent a vgne fin. Et toutes peuuent
ſeruir & attribuer a vng effect. Pourtant il eſt be
ſoing quil ſcaiche ſe ayder. Et pour le paragon &
quaſi contrariete doibue faire quelque foys que
laultre ſoit plus clairement congneue / ainſi que
font les bons painctres / leſquelz par lumbre font
apparoir & monſtrer le iour du relief. Et en ceſt
eſtat auec le iour pfundent les vmbres de la drapſ
perie / & meſlent diuerſes couleurs enſemble / en fa
con que par icelle diuerſite lugne & laultre ſe mõ
ſtre mieulx. Auſſi planter des figures au contraire
lugne de laultre / les ayde a faire loffice quil cõuiēt
a lintention du painctre. Selon ce la doulceur eſt
merueilleuſement recõmédable en vng gentilhõſ
me quil ſoit vaillant & eſprouue aulx armes. Et cõ
me la proueſſe ou fierte ſemble plus grande quant
elle eſt accompaignee de moderation / ſemblableſ
ment la moderation accroyſt & ſe monſtre par la
fierte & proueſſe parquoy le peu plér / & fuire aſſez
& le non louer ſoymeſmes des oeuures iouables
en les diſſimulant en bonnes manieres / accroiſt
lugne & laultre vertu en la perſonne qui diſcretteſ
ment ſcait vſer de ceſte tardityue maniere. Et ainſi
aduient de toutes aultres bõnes qualitez / ie veulx
dõcques ꝗ noſtre Courtiſan (en ce quil dira ou feſ
ra) vſe daulcunes reigles vniuerſelles / leſꝗlles ieſti
me briefuement cõtenir en ce qui maffiert de dire.
Et pour la premiere & principalle quil fuye (ainſi

que bien le ramenteust hersoir le Conte)sur toutes
choses laffection / & apres quil considere bie ce quil
faict ou dict/le lieu ou il le faict/ deuant que / & en
quel temps/la cause pourquoy il le faict/son eage/
sa profession/la fin/ou il tend & les moyens qui a
ce le peuuent conduyre. Et aussi auecque ses aduē=
tures quil saccōmode discrettement a tout ce quil
vouldra dire ou faire. Et apres que messire Federic
eust ainsi dict il sarresta vng peu /& le seigneur Mo
rel de Cortonne print soubdainnement la parolle
en disāt. Il me semble q̃ cestes vostres reigles nēsei
gnent pas beaucoup:& quāt a moy ien scay autant
a ceste heure q̃ ie faisoye auant que nous les mon=
strissiez /cōbien quil mest souuenu les auoir aulcus.
nessoys entēdues des beaulx peres ausquelz ie me
suis confesse. Et semble quilz les appellent circon=
stances/la se print a rire messire Federic & dict. Sil
vous en souuient/ le Conte voulut hersoir que la
premiere professiō du Courtisan fust celle des ar=
mes / & deuisa largement en quelle maniere il la
debuoit faire/& pourtāt nous ne ferōs aultres re=
plicques/ toutessoys soubz nostre reigle lō pourra
encores cōprēdre q̃ se trouue le Courtisan a lescar=
mouche/ou au cōbat de terre/ou en aultres telz ex
ploictz/il doibt tascher secrettement de se mettre
a part de la multitude. Et les choses specialles &
hardies quil veult exploicter les faire au moins de
compaignies qui peult. Et deuāt tous les plus no=
bles & estimez hōmes qui soiēt en larmee / & mes=
mement (sil est possible) en la presence & soubz les
propres yeulx du Roy ou seigneur quil sert. Car
veritablement il est bien conuenable sayder & ser=
uyr des choses biē faictes. Et iestime que ainsi que

cest mauluaise chose chercher gloire faulce & de
ce que lon ne merite point/pareillement cest aussi
mal faict frauder soymesmes de lhonneur deu. Et
il me souuient auoir aultressoys congneu de ceulx
que combien quilz feussent vaillans si estoient ilz
grossiers en ceste partie/car autãt mettoiët ilz leur
vie en dãgier pour aller prendre vng troupeau de
brebis/comme pour estre les premiers a mõter sur
les murailles dugne ville prinse dassault/ce que ne
fera pas nostre Courtisan/sil a en memoire la cause
qui le meult en guerre / qui doibt estre seullement
lhõneur. Et si apres il se treuue a manier les armes,
es publicques assemblees soit en ioustant / tour-
novãt/iouant aulx canes / ou faisant quelque aultre exercice de sa personne se souuenant du lieu ou
il se trouue/& deuant qui il taschera de estre aulx
armes non moins propre & a droict que asseure/&
de contenter les yeulx des regardãs de toutes cho
ses qui luy semblera luy pouuoir dõner bonne gra
ce/& mettre peine dauoir cheuaulx auec duysans
accoustremens & habillemẽs bien entẽduez/motz
& deuises appropriez & inuentions ingenieuses
qui tirent a eulx les yeulx des assistens / comment
layment faict le fert / ne iamais sera le dernier a se
mõstrer sur les rancz sachãt q̃ le peuple/& princi-
pallemẽt les dames regardẽt plus ententiuement
les premiers que les derniers / & la raison est q̃ les
yeulx & les couraiges qui sur le commancement
sont conuoyteulx de nouuellete / prennent garde
a chascune menue chose / & dicelles font impres-
sion/ou apres non seullement ilz sarrestent: mais
se lassent de la continuation. Pourtant il y eut vng
fameulx hystorien anticque leq̃l pour ceste cause
tousiours

toussiours vouloit en farces / mysteres / comedies /
ou tragedies / estre le premier qui sortist a iouer
son rolle. Ainsi quant il aduiendra au Courtisan
de parler des armes il aura esgard a la professió de
ceulx a qui il parle / & selon cela saccommodera en
parlát aultrement auec les hómes / aultremét auec
les femmes. Et sil veult touscher q̃lque chose qui
redonde a sa propre louange/ il le fera cóuertemét
que de aduenture q̃ en passant/ & auec ceste discretion & aduenture que hier nous móstra le Conte
Ludouic. Ne vous semble il maintenant seigneur
Morin que noz reigles puissent enseigner quelq̃
chose/Ne vous semble il que lhomme dont vous
parliez ny a pas long temps eust tout oublye/a qui
il parloit/& pourquoy /quãt pour entretenir vgne
damoyselle/ que iamais il nauoit veue)a lentree de
son propos commança a dire quil auoit tue tãt de
gens & quil estoit vaillant homme/& quil scauoit
iouer dugne espee a deulx mains / ne se leua dau-
pres que ne vint a luy vouloir monstrer comment
on debuoit reparer certains coupz de hache estant
arme ou desharme / & a luy enseigner les prinses /
& les saisissemés du pougniard/de sorte q̃ la poure
te auoit les piedz au feu & luy duroit vgne heure
mil ans quil se partist de la/craingnãt quil la tuast
aussi bien quil auoit faict les aultres. Et en ses erreurs encourét ceulx qui nót point de regard aulx
circonstances que vous dictes auoir entédues des
beaulx peres/dócques ie ditz que des exercices du
corps il ya aulcuns qui quasi iamais ne se font sinó
en publicque/cóme ioustes /tournoyer/ iouer / can-
nes & tous les aultres qui despendent des armes.
Dóc ayãt nostre Courtisan a semployer a ceulx cy /

Il doibt premierement tascher destre si bien en ordre de cheuaulx darmes & dacoustremens quil ne
luy faille riens. Et sil ne se sent du tout bien equip
pe il ne se doibt mettre en aulcune maniere/car en
non faisant bien il ne se peult excuser que celle ne
soit sa profession. En aptes il doibt grandemet co-
siderer deuant que il se monstre / & quilz sont ses
compaignons / car il ne seroit pas conuenable que
vng gentilhomme allast de sa personne honnorer vne feste de villaige / ou les compaignons feussent de basse condition. Alors dict le seigneur
Gaspard paluoysin. En nostre pays de lombardie
lon ny regarde point de si pres / mais bien y trouue lon plusieurs ieunes gentilzhommes qui tout
le iour de feste dansent tout le iour au soleil auecques les paysans. Et auecques eulx iouent a ruer
la barre / lucter / courir / saulter: & ie croy quil
ny a point de mal a cela / car lon ne faict pas
le paragon de la noblesse : Mais de la force &
adresse / esquelles choses les gens de villaige bien
souuent ne vaillent point moins que les gentilz
hommes. Et me semble que telle priuaulte ayt en
soy vne certainne liberalite amyable. Ce dan-
seur au soleil (respondit messire Federic) ne me
plaist point en facon que ce soit. Et si nentendz
point que de aduantaige lon ny trouue : mais qui
veult lucter & saulter auecques les paysans / doibt
en mon aduis le faire comme sil vouloit se essayer:
& ainsi que lon dit / par gentillesse & non pour de-
batre auecques eulx. Et doibt le gentilhomme
auant quil se mettent quasi estre seur de vaincre/
aultremet ne se y mettre point : Car il est trop mal
seant & trop layd / & hors de estime veoir vng ge-

tilhôme vaincu par vng paysant /principallement
a la lucte / parquoy me semble quil seroit bon sen
garder deuant plusieurs / car le gaing est trespetit
au vainqueur/ & la perte a estre vaincu tresgrande.
Oultre plus le ieu dit la paulme se faict/ & quasi en
public : & est vng passe temps a qui la multitude
apporte beaucoup de mouuemens / par ainsi ie
veulx que le Courtisan se mette a faire cest exercice & tous les aultres / excepte a manier les armes
comme a chose dont il ne face point profession / &
dont il ne monstre ne cherche ou attende aulcune louange/ & que lon ne congnoisse point quil y
mette beaucoup destude ou de temps /combien
quil le sache faire excellentement: & ne soit comme quel que vngz qui se delectent en la musicque/
lesquelz en parlant a qui que ce soit toutes les foys
que lon faict pause sur les propos/ ilx commâcent
a chanter a basse voix. Il y en a daultres qui en allant par les rues & par les esglises vont tousiours
dansant / & daultres que silz rencontrent en place
ou en quelque lieu que ce soit quelquûs de leurs
amys ou de leur congnoissance / ilz se mettent in-
côtinêt en vng acte de vouloir iouer a lespee ou de
lucter/ selon ce ou ilz prennent plus de plaisir. La
dict Messire Cesar gonsaigue . Mieulx faict vng
ieune Cardinal q̃ nous auons a Rôme leql pource
quil se sent biê dispose de sa personne/mainne to⁹
ceulx qui le vôt visiter (encores quil ne les ayt iamais veuez)en vng siê iardin & les côuoye en tres-
grâde instâce a eulx despouiller en pourpoint/ & a
iouer/ & a saulter auec luy.Messire Federic se print
a rire & tira oultre/disant il y a aulcûs aultres exercices que lon peult faire en public & en priue/com-

me dáfer & a cela ieftime que le Courtifan doibue
auoir regard : car en danfant deuant plufieurs en
lieu plain de peuplei il me femble quil luy eft loua
ble garder vgne certainne dignite attrépee neaut
moins dugne bonne & prefentable doulceur de
mouuemens. Et combien quil fe fente treflegieri
& quil entende affez le temps & les mefures i fi ne
veulx ie quil entre en celle viteffe de piedz & re
doubles de recoupemens que nous voyons eftre
bien feans & côuenables en noftre barlette. Et par
aduenture quil feroit mal conuenable a vng gentil
hommei combien que a priuee maifgnee en cham
bre côme nous fommes maintenanti ie penfe quil
luy foit licite tant faire cela que danfer des morif
ques & des branles / mais non pas en publici fil ne
ftoit enmafque defguyfe. Et combien quil fuft en
facon que chafcun le congneufti ie nen donne pas
beaucoup: Car fe monftrer en telles chofes es pu
blicques affemblees / foit en armes ou fans armesi
il ny a point de meileur moyen q̃ ceftuy la i pour
autant que leftre defguyfe en porte en foy vne cer
tainne liberte & permiffion laquelle entre aultres
chofes faict que lhomme peult prendre forme de
ce en quoy il fe fent valloiri & vfer de foing & pro
priete endroit la principalle intention de la chofe
ou il fe veult monftrer / & vgne certainne noncha
lance en ce qui neft point de confequence. Et cela
augmente fort la bône grace / comme feroit fi vng
ieune homme fe defguyfoit en vieillardi mais que
ce fuft auec vng habillement defempeche pour fe
pouuoir monftrer en gaillardifei ou vng cheualier
en guyfe dung pafteur champeftrei ou aultre tel ha
billement / mais que il euft vng bon cheual & gals

lantement accoustre selon ses intentions/car incõtinent la pensee des assistans court a ymaginer ce
que aulx yeulx se presente a la premiere veue. Et
voyant apres la chose reuenir beaucoup plus gran
de que ne promettoit lhabillement elle sen dele-
cte/& y prent plaisir/parquoy si vng Prince en telz
ieulx / spectacles ou fictions de faulx visaiges entreuient ne seroit point conuenable vouloir main
tenir personne de Prince/ pource que le plaisir qui
de la nouuellete vient aulx regardãs /fauldroit en
grãd partie/ car ce nest point chose nouuelle a aulcun que le Prince soit Prince. Et quant a luy ou il
seroit sceu que oultre lestre Prince il voulust encores auoir forme de Prince/ il perdroit la liberte de
faire toutes les choses qui sont hors de la dignite
dudit Prince. Et si en telz ieulx il entreuenoit aulcun estrifz ou contentions / mesmement en armes/
il pourroit aussi faire accroyre de vouloir tenir per
sonne de Prince pour non estre battu : mais espar-
gne des aultres: & oultre en faisant en ieu cela mesme quil doibt faire a bon escient(quant le besoing
y seroit)il osteroit lanctorite du vray effect: & sembleroit quasi quil le feroit encores en ieu : mais en
tel cas se despoillant le Prince de la personne de
Prince & se mettant esgallement auec les plus bas
que luy /en maniere pourtant quil puisse bien estre
congneu/& desmettant sa grandeur il prent vgne
aultre grandeur plus grãde/qui est de vouloir passer les aultres /non en auctorite / mais en vertu:&
mõstrer que sa valleur nest point accreue par lestat
de Prince.Selon ce ie ditz que le Courtisan doibt
es spectacles darmes auoir la mesme aduertãce selon son degre. Et apres a voltiger a cheual / lucter/

courir/faulter/il me plaist fort que il euite la multi
tude du peuple/ou aumoins quil se laisse veoir biē
peu souuent/ pour autant quil ny a chose si excel
lente au monde dont les ignorans ne se sentent/
dont ilz ne tiennent peu de compte. Et suis de sem
blable aduis quant a la musicq sans vouloir/pour
tant que nostre Courtisan face comme plusieurs/
lesquelz tout aussi tost quilz sont arriuez en ꝗlque
lieu que ce soit voire encores en la presence des sei
gneurs / auec lesquelz ilz nayent point de con
gnoissance sans se laisser beaucoup prier/ se mettēt
a faire ce quilz scauent : & bien souuent encores ce
quilz ne scauent point: en facon quil semble quilz
soient allez se faire veoir seullement pour celle cau
se & que celle soit leur principalle profession. Le
Courtisan doncques se doibt mesler de musicque/
comme en vgne chose de passe temps/ & quasi cós
trainct & non en la presence des basses gens ny de
grant multitude. Et combien quil sache & entens
de ce quil faict/ie veulx encores quil dissimule(en
cela)lestude & le trauail qui est necessaire a toutes
choses que lon veult bien faire/ & quil mōstre des
stimer plus a luy mesmes ceste condition / mais en
la faisant excellentement quilla face beaucoup esti
mer par les aultres. A lheure le seigneur Gaspard
Paluoysin.Lon trouue (dit il)beaucoup de sorte
de musicque tant en viues voix / que en instrumés.
Et pourtant iauroys plaisir dentendre laquelle est
la meilleure entre toutes / & en quel téps le Cour
tisan la doibt mettre en oeuure. Chanter sur le
liure/respōd messire Federic/me semble vgne bel
le musicque pourueu que ce soit personne quil le
sache bien faire & en bonne mode/mais encores

plus chanter sur le luc/car toute la doulceur consiste quasi en vng seul/& y note & y entend lon auec
beaucoup plus grande aduertance la belle facon/
& la grace par ce que les oreilles ne sont occupee
en riés plus que en vgne seulle voix / & y discerne
lon mieulx chascune petite faulte/ce quil naduiét
pas quant on chante en compaignie/ par ce q̃ lung
ayde a laultre / mais sur tout chanter sur le luc est
pour recreer se me semble plus aggreable / car cela
dóne tant de grace & defficace aulx parolles q̃ cest
grãd merueille. Tous les aultres instrumés de bou
che sont aussi armonieulx par ce quilz ont les con-
sonnãces fort parfaictes / & auec facilite y peult ló
faire beaucoup de choses qui emplissent lesperit
de la doulceur musicalle. Et nó moins est delectable la musicq̃ des quatre violles a larchet / car elle
est tresdoulce & artificielle / mais la voix humaine
donne daornemens & de grace a tous ses instru-
més/desq̃lz ie veulx quil suffise a nostre Courtisan
auoir congnoissance.　Et quant plus excellent en
eulx il sera/tant mieulx sera sans se mesler grandement de ceulx que Minerue reffusa a Alcibiades/
car il semble quilz soient fascheulx.　Or le temps
auquel on puisse vser de telles sortes de musi-
cque/iestime que ce soit toutes les foys que lon se
trouue en vgne bonne & amyable compaignie / &
quil ny ayt point daultres affaires/ mais sur tout il
est bien seant deuant les dames : car leurs visaiges
adoulcissent les pensees des escoutans & les rend
plus penetrables a la doulceur de musicque/& dauantaige resueille les esperitz de ceulx qui la des-
maiment & me plaist bien (comme iay dit) quon
euite la multitude / & mesmement des basses gés/

mais la saisonnemēt de tout fault que ce soit la discretion / car en effect il seroit impossible ymaginer
tous les cas qui aduiennent. Et si le Courtisan est
iuste iuge de luymesme il saccommodera autant
& congnoistra quant les couraiges des escoutans
seront disposez a ouyr & quant non / congnoistra
encores son eage / car veritablement il ne conuient
point / & faict assez mal veoir vng homme de quelque estoffe viel / chenu / & esdenté / plain de rides /
iouant du luc entre ses bras / chanter au meillieu
dugne compaignie de femmes / encores quil le
sceust moyennement faire: & se pour autant que le
plus souuent en chantāt lon recite parolles amoureuses. Et es vieilles gēs lamour est chose digne de
mocquerie: cōbien que par foys il en y ayt aulcuns
qui semblent prendre plaisir entre les aultres miracles de ralumer leurs cueurs glassez en despit des
ans. Alheure le Magnificque respondit ne priuez
point (messire Federic) les pauures vieillards du
plaisir de la musicque / car iay autressoys congneu
des hōmes eagez qui auoient encores la voix tres-
claire & parfaicte / & les mains tresdisposées aux
instrumens beaucoup plus que plusieurs des ieunes. Ie ne veulx pas (dict messire Federic) priuer
les vieilles gens de ce plaisir / mais ie veulx priuer
vous & ses dames de vous mocquer de ceste sotti-
se / & si les vieillards veullent chanter sur les lucz
quilz le facent en secret / & seullement pour oster
de lentendemēt les ennuieulx pensemēs / & griefues molestes / dont nostre vie est plainne . Et pour
taster de ceste diuinite que ie cuyde que Pytago-
ras & Socrates sentoiēt en la musicque / & si biē ilz
le cercoiēt pour en auoir ia faict vne certainne

habitude en lentendemēt/ilz y prendroient beau=
coup plus de plaifir en lefcoutant/que ceulx qui
nen auroiēt point de cōgnoiffance . Car fi comme
le plus fouuent les bras dung marefchal(qui eft au
refte foible) pour eftre exercite font plus gaillards
que ceulx dung aultre homme robufte /& non ac=
couftume a trauailler fes bras / pareillement fes
oreilles le excercite en larmonie la difcernēt beau
coup mieulx & pluftoft / & en iugent auec plus
grãd plaifir q̃ les aultres pour bōnes & agues q̃lles
foient/non ayant frequente les varietez des con=
fonances muficalles / car les melodies ny entrent
point /mais fans laiffer gouft delles paffent oultre.
quant aux oreilles non accouftumees a les ouyr /
combien que les mefmes beftes fauluaiges fentēt
quelque delectation en la melodie . Cecy eft don=
cques le plaifir qui cōuient aux vieillards prendre
de la muficque . Et le femblable dis ie du danfer /
car veritablement nous debuons laiffer telz excer=
cices auāt que foyons contrainctz par leage de les
laiffer en defpit de nous . Il vault donc mieulx
(refpondit le feigneur Morel) quafi trouble for=
dore tous les vieillards /& dire feullement que les
ieunes hommes doibuent eftre appellez courtis=
fans . La fe print a rire meffire Federic / & dict.
Voyez vous pas feigneur Morel que ceulx qui ay=
ment telles chofes (filz ne font ieunes) ilz eftus
dient de le contrefaire.Et pourtant ilz fe taindent
les cheueulx / & fe font la barbe deulx foys la
fepmainne / & cela procede de ce que nature leur
dicte tacitement que telles chofes ne font conuena
bles/finon aux ieunes gens . De ce propos toutes
les dames fe prindrent a rire / pource quil ny eut

aulcune qui nentédiſt q̃ ces parolles ſadreſſaſſent
au ſeigneur Morel / & ſembla quil ſen'yraſt vng
petit.Mais il y a bien dauītres entretenemés auec
les dames (diſt bien toſt apres meſſire Federic)qui
ſont cōuenables aux vieilles gens.Et quelz(dict le
ſeigneur Morel)faire des cōptes/cela en eſt/reſpōd
meſſire Federic/mais chaſcun eage (comme vous
ſçauez) porte auec ſoy ſes penſemens/& quelque
particuliere vertu / & quelque particulier vice / car
les vieilles gēs ainſi quilz ſont ordinairemēt plus
ſaiges que les ieunes gens/plus continens/& plus
aduiſez . Ilz ſont auſſi plus grans parleurs/auari-
cieulx/difficilles/craintifz/& touſiours crient en la
maiſon/rabroueurs de petis enfans / & veulēt que
chaſcun face a leur guiſe.Ou les ieunes gens au cōtraire ſont courageux / liberaulx/frais/promptz a
faire queſtiōs variables/& qui aymēt & deſayment
en vng momēt/ordōnez a tous leurs plaiſirs / & en
nemys a qui leur cōſeille bien/mais de toutes eages /la virille eſt la plus attrēpee/car elle a ia laiſſe
les mauluaiſes parties de la ieuneſſe/& neſt encores paruenue a celle de la vieilleſſe.Eſtās dōcques
les vieillards conſtituez quaſi aux extremites il eſt
beſoing que par raiſon il ſachent corriger les vices
que nature leur miniſtre/Et pourtāt ilz ſe doibuēt
garder de louer beaucoup eulx meſmes/& des aultres choſes vicieuſes que nous auōs dit leur eſtre
ppres /& ſe ayder de celle prudēce & cōgnoiſſance
quilz aurōt acquiſe par long vſaige/& eſtre quaſi
cōme oracle/ou chaſcū va au cōſeil pour auoir grace a dire les choſes quilz ſcauēt a tēps & a ppos en
accōpaignāt la grauite de leage auec vgne certainne moderee & plaiſante ioyeuſete.En ceſte manie-

re ilz ferõt bõs courtifans / & fentretiẽdrõt biẽ auec
hõmes & femmes. Et en tous tẽps feront trefagrea
bles fans chanter ne danfer / & quant le befoing
aduiendra / ilz monftreront leur valeur es affaire de
confequence. Ce mefme regard doibuent auoir
les ieunes gens / non point de tenir le ftille des
vielz / car ce qui conuient a lung / ne conuient pas
du tout a laultre. Et lon dict couftumierement
que trop grant fageffe a vng ieune homme eft
maulais figne / mais bien eft fageffe de corriger
en eulx les vices naturelz / parquoy ie fuis bien
ayfe de veoir vng ieune homme (principallement
aux armes) qui tienne du raffis vng petit / & du
paifible / & foit fur fes gardes / fans les contenances
que fouuẽt nous voyons en tel eage / car ceulx q̃ ie
dis femblent quilz ayent / ie ne fcay quoy dauantaige que les aultres ieunes gens non point. Et
oultre cefte facon ainfi pofee a en foy vgne certain
ne fierte regardable par ce quelle femble meue / nõ
de courroux / mais de iugement / Et plus toft eftre
gouuernee par raifon que par appetit. Et la congnoift on quafi toufiours en tous les hommes de
grant cueur / & fi la voyons femblablement es beftes brutes / qui ont nobleffe / & force par deffus les
aultres animaulx / comme au lyon / & a laigle / & cela neft point hors de raifon / car fe mouuement impetueux: & foubdain fans parolles / ou fans aultres
demõftratiõs de collere qui auecque toute fa force
conioinctement en vng coup / quafi comme vng
traict de canon fort du repos qui eft fon contraire /
& eft beaucoup plus violent & furieux / que celluy
qui en croiffant par degre fe rehauffe peu a peu.
Pourtant ceulx lefquelz (quant ilz font pour faire

quelqué entreprinse) parlent & saultent / & ne se
peuuent arrester / il me semble quilz samortissent
en telles choses. Et comme bien dit messire Pierre
Mont / ilz font comme les enfans / lesquelz allans
de nuyt chantent de peur quilz ont / comme si par
icelluy chanter ilz donnoient couraige a eulx mesmes / si comme donc en vng ieune homme la ieunesse reposee / & meure est fort louable / par ce quil
semble que ia legierete / qui est vice peculier de
ceste eage / soit attrempee / & corrigee / pareillement en vng vieillard la vieillesse verde / & viue
faict beaucoup estimer / car il semble que la vigueur
du couraige soit si grãde quelle reschauffe & dõne
force a celle eage froide & debille / & la maintiéne
au moyen estat qui est la meillieure partie de nostre vie / mais pour abreger toutes les conditions
dessudictes ne suffiront point a nostre Courtisan
pour acqrir celle vniuerselle grace des cheualliers /
& dames / sil na ensemble vgne gentille & amiable
facon de conuersation cotidiane: & de cela ie croy
veritablement quil soit difficille en donner aulcune reigle pour les infinies & differétes choses qui
entreuiennent au conuerser / comme ainsi soit que
entre tous les hommes du mõde lon nen scauroit
trouuer deux qui feussent totallement semblables
de couraige. Et pourtant celluy qui se doibt accom
moder a conuerser auec tant de gens: il est besoing
quil se guyde par son propre iugement / en congnoissant les differéces de lung & de laultre / quil
change chascun iour de stille / & de facon selon le
stille de ceulx auec lesquelz / il se mett a chanter / ny
entant q̃ a moy est / ie ne luy en scauroys dõner aul-
stre reigle quant a ce / excepte celles qui ont ia este

donnees/leſquelles le ſeigneur Morel apprint des
ce quil eſtoit enfant. La ſe print a rire madame
Emille/& diſt vous cr aingnez trop ia peyne/meſſi
re Federic/mais vous nen ſerez pas quitte pour ſi
peu / car il fault que vous parlez iuſques a ce quil
ſoit lheure de ſen aller coucher. Et ſi ma dame/ie
ne ſcaurois plus que dire reſpondit meſſire Federic. Lon verra en ceſt endroiẽ voſtre eſperit diẽ
madame Emille. Et ſil eſt vray ce que. iay aultreſ-
fo/s entendu/quil ceſt trouue vng homme tãt ingenieux & eloquent quil na point eu de faulte de
ſubieẽ pour cõpoſer vng liure a la louange dugne
mouche/& daultre a la louange de la fiebure quar-
tainne/ vng aultre a la louãge dugne chauluette/
& vous nauez pas le cueur de ſcauoir trouuer de
quoy parler pour vng ſoir ſur la courtiſannie. Noꝰ
en auons iuſques icy tant parle (reſpondit meſſire
Federic que lon né pourroit deſormais faire deux
liures/mais puis quil ne vault rien me excuſer. Ie
parleray iuſques a ce quil vous ſemble auoir ſatiſ
faiẽ/ſinon au debuoir a tout le moins a mon pouuoir. Ieſtime que la conuerſation/a laquelle prind
pallemẽt le Courtiſan doibue acquerre & entẽdre
pour la faire aggreable de tout ſon pouuoir ſoit
celle qui fault quil ayt auec ſon Prince. Et combié
que ce nom de conuerſer emporte vgne certainne
egalite quil ſemble ne pouuoir cheoir entre le ſeigneur & le ſeruiteur/touteſſoys nous lappelleróſ
ainſi. Ie veulx doncques que le Courtiſan oultre
auoir faiẽ/ou faiẽ faire tous les iours a congnoiſtre a chaſcun quil eſt de celle valeur ῷ rous auons
diẽ/quil tourne tous ſes penſemens/& les forces
de ſon couraige a aymer/& quaſi adorer le Prince

quil fert fur toutes aultre chofe & quil adreffe fes
voluntez fes conditions / & fes facons toutes a luy
complaire . La fans plus attandre i dict Pierre de
Napples i lon trouuerra au iourdhuy affez de telz
courtifans / car il me femble que en peu de parolles
vous nous auez painct vng notable flateur . Vous
vous mefcomptez de beaucoup(refpondit meffire
Federic) car les flateurs nayment point leurs feigneurs i ne leurs amys / ce que ie vous dis que ie
veulx qui foit principallemēt a noftre Courtifan.
Et au regard de complaire i & doptemperer aux vo-
lūtez de celluy que lon fert / cela fe peult faire fans
flater i car ientendz des voluntez qui foient raifonnables & hō neftes / ou de celles qui en foit ne font
ne bonnes ny mauluaifes i comme feroit iouer &
foy adōner plus a vng excercice que a vng aultre.
Et cela ie veulx que le Courtifan fe accommode(fi
bien il en eftrange fa nature) en forte que toutes
les foys que le feigneur le voye i il penfe quil luy
ayt a parler de chofe qui luy foit aggreable i ce qui
aduiendra fi le Courtifan a bon iugement pour cō-
gnoiftre ce que il plaift au Prince / & fil a entendement & fageffe pour fe fcauoir accommoder a luy /
& fil a volunte deliberee pour fe faire plaire a foys
mefmes i ce qui a laduenture par nature luy def-
plaift. Or fil a fes aduertances i il ne fera iamais pen-
fif i ne melencolicque deuāt le Prince i ne fe meu-
ra comme font plufieurs i lefquelz femblent auoir
querelles contre leurs maiftres i qui eft chofe veritablement hayneufe . Il ne fera point mefdifant
efpeciallement de fes feigneurs / ce que bien fouuent aduient i car il femble que par les cours il y
ayt vng eftourbillon i lequel porte auecque foit ce-

ſte condition / que touſiours ceulx qui feront les
mieulx traictez des ſeigneurs / & qui de bas lieu
ont eſte eſleuez en hault degre & eſtat touſiours ſe
plaignent / & dient mal de leurs maiſtres / ce qui eſt
deſraiſonnable / non ſeullement a eulx / mais encoꝛ
res a ceulx la qui ſeroiét mal traictez. Noſtre Couꝛ
tiſan ne ſera point de folle preſumption / & ne ſera
point apporteur de nouuelles faſcheuſe / auſſi ne
ſera point mal aduiſe a dire quelque foys des paꝛ
rolles qui offenſent en lieu de vouloir complaiꝛ
re. Ne ſera point oppiniaſtre / ne contencieulx
comme aulcuns qui ſemble nauoir aultre plaiſir
que deſtre ennuyeulx & faſcheulx / comme mouſ=
ches / & font profeſſion de contredire depiteuſe=
ment a chaſcun ſans reſpect. Il ne ſera point caque=
teur glorieulx / menſongier / vanteur flateur / ny im
partinent / mais modere & retenu en vſant touſ=
iours / & meſmement en public de celle reuerence /
& reſpect enuers ſon ſeigneur / qui eſt conuenable
au ſeruiteur. Et ne ſera pas comme font aulcune /
leſquelz ſilz ſe rencontrent auec vng Prince pour
graue quil ſoit ſilz luy ont parle vgne ſeulle foys /
ilz luy mettent au deuát (auecques vng certain vi=
ſaige riant & damy / ainſi comme ſilz vouloiét faire
chere a vng de leurs compaignons / ou donner fa=
ueur a vng moindre que eulx. Le plus tard quil
pourra / ou quaſi iamais ne demádera aulcune cho
ſe au ſeigneur pour ſoymeſme / affin q̃ le ſeigneur
ayant reſpect de ne la luy refuſer la luy octroye
quelque foys en faſcherie / qui ſeroit beaucoup piꝰ
que la luy refuſer. Encore quant il demádera pour
les aultres / il prendra le temps diſcrettemét / & des
mandera choſes honneſtes & raiſonnables / & deſ

guyſera tellement ſa requeſte (oſtant les parties)
quil congnoiſtra pouuoir deſplaire . Et facillemēt
par bon moyen les difficultez que le ſeigneur lac
cordera touſiours / ou ſil ie refuſe / il ne cuydera
point auoir offenſe celluy a qui il na voulu com=
plaire / car ſouuenteſſoys les ſeigneurs (apres quilz
ont refuſe vgne grace a quelque vng quil la demā
doit par importunite) penſent que celluy qui la
demande par ſi grande inſtance la deſirꝰſt merueil
leuſemēt / & que non layant peu obtenir / il doibue
vouloir mal a ceſtuy qui la luy a refuſee. Et en ceſte
perſuaſion commance a hayr ceſtuy la : ne iamais
plus ne le peult veoir de bon oeil. Il ne cherchera
point de ſe fourrer dedans la chambre ou es lieux
ſecretz auec ſon maiſtre / ſil ny eſt demāde encores
quil ſoit de grande auctorite / car ſouuent les ſei=
gneurs quāt ilz ſōt en priue aymēt vgne certainne
liberte de parler & faire ce quil leur plaiſt. Et pour=
tant ilz ne veullent eſtre veuz ne ouytz de perſon=
ne dont ilz puiſſent eſtre mocquez / ce qui eſt bien
conuenable. Et ceulx qui blaſment les ſeigneurs
qui tiennent en leurs chambres perſonne de non
grande valleur / aultre choſe que a ſcauoir bien ſer=
uir a lētour de leur perſone / me ſemble quilz ſont
graue erreur: car ie ne ſcay pour quelle cauſe ilz ne
doibuent point auoir celle liberte pour dōner re=
creation a leur entendement / que nous meſmes
voulons auoir pour recreer les noſtres / mais ſi le
Courtiſan a accouſtume de manier choſes dimpor
tance ſe trouue apres en la chambre ſecrettement /
Il doibt veſtir vgne aultre perſonne / & differer la
cōmunication des grād affaires en vng aultre tēps
& lieu / & ſe deporter en deuis plaiſans / & aggrea=
bles a

bles a son maistre pour ne luy empescher le repos
de son esperit/mais en cecy & toutes aultres choses fault q̃ sur tout il ayt soing de nõ le fascher/& q̃
il attende que les faueurs luy soient plus tost offer-
tes que les oyseller ainsi couuertement/cõme font
plusieurs qui en sont si conuoyteulx qui semble
quant ilz ny paruiennent que ilz doibuent perdre
la vie.Et si par fortune ilz ont quelque deffaueur/
ou silz voyent les aultres estre fauorisez silz demeurent en telle perplexite quilz ne peuuent dissimuler en aulcune maniere leur enuye/dont ilz font q̃
chascun se mocque deulx/& bien souuent sont causes que les seigneurs donnent faueur a quelque vng
seullement pour leur faire despit/& apres silz se
trouuent encores en faueur qui passe mediocrite
ilz sen yurent si fort quilz demeurent empeschez
de ioye/& semble quilz ne sachent ce quilz doibuẽt faire de leurs piedz/& de leurs mains/& sont
quasi en termes dappeller les gens pour les veoir/
& se coniouyr auec eulx/comme de chose que iamais plus nont accoustume dauoir. Or ne veulx ie
pas que nostre Courtisan soit de ceste sorte/& si
suis bien content quil estime les faueurs/mais quil
ne les estime pource tant quil ne semble ne pouuoir estre encores sans elles/& quant on les luy
donne/demonstre ne luy estre point de nouueau/
ny estrange/ne se esmerueiller quelles luy soient
offertes/ny ne veulx aussi quil les reffuse en celle
maniere que font aulcuns qui par vraye ignorãce
laissent a les accepter/& parla font a congnoistre
aux assistãs quilz se sentent indignes de les auoir.
Vray est que lhõme deust estre vng peu plus humble quil naffiert a son degre/& non accepter si ays

fement les faueurs / & honneurs qui luy font pre=
fentez ains les refu~ modeftement / en monftrant
les eftimer beauco   mais en telle maniere pour=
tant quil donne occa~ on a celluy qui les luy offre
de les luy prefenter en beaucoup plus grande in=
ftance. Car quant lon vfe plus de refiftence / en tel=
le facon a les accepter tant plus femble au Prince
qui les baille deftre eftime / & q̃ la grace quil faict
foit de autant plus grãde que celluy qui la recoipt
monftre la prifer / & plus fen tenir honnore . Et
ceftes font les vraye~ / & feulles faueurs / & qui
font eftimer lhomme par ceulx qui les voient par
dehors: car non eftant mandiees chafcun prefume
quelles naiffent de vraye vertu / & tant plus quel=
les font accompaignees de moderation . Lors dict
meffire Cefar Gonzague . Il me femble que vous
ayez robe ce paffaige a leuangille / ou il dict . Quãt
tu feras femond aux nopces / va & te affiez au
plus bas lieu / affin que quant celluy qui ta femond
viendra / il te die . Mon amy monte plus hault /
& par ainfi tu auras honneur en la prefence des
conuiez. Le feigneur Federic fen rit / & dict. Se
feroit trop grand facrilege de defrober a leuangil=
le / mais vous eftes plus entendu / & fcauant en la
faincte efcripture / que ie ne cuydois: & puis tira
oultre. Regardez comment fe mettent en dan=
gier bien fouuent ceulx qui temairement fe met=
tent en propos deuant vng feigneur fans en eftre
requis: & quelque foys le feigneur pour leur faire
honte: ne refpond & tourne la tefte dũg aultre co=
fte. Et fi daduenture il leur refpond / chafcun voyt
quil le faict en fafcherie. Pour auoir doncques
faueur des feigneurs / il ny a point de meilleur

moyen que le meriter. Et ne fault point que lhom
me fe confie en voyant vng aultre qui foit aggrea
ble a vng Prince pour quelque chofe que ce foit
de debuoir pareillement venir a ce degre pour len
fuyure/car toutes chofes ne conuiennet pas a tou
tes perfonnes . Et trouuera lon quelque foys vng
homme:lequel par nature fera fi trefprompt a rens
contrer que tout ce quil dira emportera auec foy
vgne rifee/ & femblera quil foit ne feullement a
cela/ou fi vng aultre qui ayt maniere de grauite
(encores quil foit de trefbon efperit)veult fe met
tre a faire le femblable/il fera maifgre/ & nura
point de grace/de forte quil fafchera ceulx qui lau
ront/& en fortira ne plus ne moins/comme lafne
qui pour enfuyure le chien fe vouloit iouer a fon
maiftre. Pourtant il eft befoing que chafcun con
gnoiffe foymefmes & fa force/ & quil fac.commo
de a cela/ & quil confidere les chofes quil doibt
enfuyure/ & celles quil ne doibt point enfuyure.
Auant que vous paffez plus oultre(dict icy Vin
cent Calmette) Si iay bien entendu/il me fem
ble que vous auez dict vng peu deuant/que le
meilleur moyen que lon puiffe auoir pour obte
nir les faueurs eft de les meriter/& que plus toft le
Courtifan doibt attendre quelles luy foient pre
fentees que les chercher prefumptueufement. Ie
doubte beaucoup que cefte reigle ne foit gueres a
propos/ & me femble que lexperience nous de
monftre clerement le contraire/ car au iourdhuy
lon voyt bien peu de fauorifez des feigneurs/finô
ceulx qui font prefumptueulx: & fuis feur q vous
pouuez eftre bon tefmoing daulcuns/lefquelz fe

C ij

trouuët biē peu a la grace de leurs Princes se sont
faictz a eulx aggreables par audaces / mais de ceulx
qui soient reuenus par moderation / quant a moy /
ie nen congnois pas vng / & si vous donne encores espace de y penser / & croy que vous en trouuerez bien peu . Et si vous prenez garde a la court de
Frāce (laquelle est auiourdhuy vgne des plus nobles de chrestiēté) vous trouuerez que tous ceulx
qui y ont grace / vniuersellement tiennent du presumptueux / & non seullement lung auecques laultre / mais encores auecques le Roy mesmes . Ne dictes point cela (dict messire Federic) car au cōtraire
en France sont tresmodestes & courtoys gētilz
hōmes . Vray est quilz vsent dugne certaine li-
berté & priuaulte sans cerimonies / laquelle leur
est propre & naturelle . Et pourtant on ne la doibt
point appeller presumption / car en celle leur non
saincte maniere (combien quilz se rient) & prennent plaisir des audacieux / & presumptueux / toutesfoys / ilz prisent beaucoup ceulx qui leur semble
auoir en soit valeur & moderation . Calmette respondit / Les Espaigolz / lesquelz semble quilz soiēt
maistres de courtisanrie / considerez combiē vous
en trouuerez quilz ne soient trespresumptueulx
auecques les dames / & auecques les seigneurs / &
dautant plus par dessus les Francoys que au premier rencontre / ilz monstrent vgne grande moderation courtoyse / en quoy veritablement ilz sont
saiges / car comme isy dict les seigneurs de nostre
temps seullement fauorisent ceulx la qui ont telle
maniere de faire . Alheure messire Federic . Ie ne
veulx point comporter (dict il) messire Vincent
Calmette q̄ vous donnez ce blasme aux seigneurs

de noftre temps/car il y en a encores plufieurs qui
ayment la moderation que ie ne dis point . Pour=
tant feulle fuffife pour faire lhomme aggreable . Ie
dis bien que quant elle eft conioincte auec vgne
grant valeur/elle honnore beaucoup celluy qui la
poffede.Et fi elle fe taift de foymefme/les oeuures
louables fe recommandent affez/& parlent ample
ment pour elles/& fi font beaucoup plus merueil=
lables que fi elles eftoient accompaignies de pre=
fumption/ou temerite . Ie ne veulx pas nier que
lon ne treuue plufieurs Efpaignolz pfumptueulx/
mais ie dis bien que ceulx qui font beaucoup efti=
mez pour la plus part font trefmoderez. Lon en
trouue apres aulcuns aultres fi treffroidz quilz fuy
uent la conuerfation des hommes trop hors de
mefure/& paffent vng certain degre de mediocri=
te/tellemet quilz fe font eftimer trop craintifz/ou
trop oultrecuydez.Et ceulx cy /ie ne les loue en fa=
con que ce foit / ny ne veulx que la moderation
foit tant effuyee/& feiche quelle fe treuue en rufti=
cite / mais foit le Courtifan (quant il luy vient a
propos)beau parleur/prudent & faige en difcors
deftatz / & ayt tant de iugement quil fe fache ac=
commoder aux couftumes des nations / ou il fe
trouue/& foit apres es chofes plus baffes plaifant
& bien difant de toutes chofes/& tendre fur tout
au bien fans eftre ennuyeulx/ne medifant/& fans
iamais faddonner a chercher grace/ou faueur par
voyes indeues /ou vicieufes/& par moyé de maul=
uaife forte.Lord dift Calmette.Ie vous affeure que
toutes les aultres voyes font plus doubteufes /&
plus longues que celle que vous blafmez / car au
iourdhuy(pour le replicquer vgne aultre foys)les

seigneurs ne ayment sinon ceulx qui sont tournez
a tel chemyn. Ne dictes pas cela/respódit alheure
messire Federic/car ce seroit trop euidēt signe que
les seigneurs de nostre tēps feussent tous vicieulx/
& mauluais ; ce qui nest point en effect/car lon en
trouue aulcuns/ & beaucoup de bons : mais si noz
stre Courtisan par fortune se trouue estre au seruis
ce dung qui soit vicieulx & maling/incontinent
quil le congnoistra quil sen ost e/pour non essayer
celle extreme peine que sentent tous les bons ser
uans des mauluais.Il fault prier dieu dict Calmel=
te quil les nous donne bons / car quant on les a il
est force de les souffrir telz que ilz sont/car il ya in=
finies considerations qui contraingnent le gentil
homme/depuis quil commance a seruir vng mai=
stre a ne le laisser point : mais le malheur est sur le
commancement. Et sont en ce cas les courtisans
en la cōdition des malheureulx oyseaulx qui nais=
sent en malheureuses vallees/que nature ne leur
laisse iamais changer . Il me semble (dict messire
Federic) que le debuoir doibt plus valoir que tou
tes les considerations . Et pourueu que vng gen=
tilhomme ne laisse son maistre quant il est en la
guerre / ou quelque aduersite de sorte que lon
peust croyre quil le feist pour suyure la fortune/ou
pour luy estre aduis que les moyēs dentirer prouf
fit luy deffaillissent. En tout aultre temps . Ie pen=
se quil puisse raisonnablement ; & doibt/le se oster
de celle sollicitude qui soit pour luy donner hon=
te entre les bons / car chascun ymagine que qui
sert les bons soit bon / & qui sert les mauluais soit
mauluais . Ie vouldroys donc (dict le seigneur

Ludouic Pie)que vous me declairiffiez vng doub
te que iay en la penfee/qui eft. Si vng gentilhom
me pendant quil fert vng Prince eft tenu de luy
obeyr : en toutes chofes qui luy vouldra comman
der/ encores quelles fuffent defhonneftes & vi
tuperables .A chofes defhonneftes/ nous ne fom
mes point tenus dobeyr a perfonne aulcune/res
fpondit meffire Federic. Et comment refplicqua
le feigneur Ludouic / fi ie fuis au feruice dung
Prince qui me traicte bien / & fe confie en moy
fi ie doibz faire pour luy tout ce qui fe peult fai
re/ en me commandant que ie voife tuer vng hom
me / ou faire quelque aultre chofe que ce foit/
doibs ie refufe de la faire. Vous debuez refpon
dit meffire Federic obeyr a voftre feigneur en tou
tes les chofes qui luy font vtiles & honnorables/
non en celles qui luy font a dommaige & a hon
te. Et pourtant fil vous commandoit que vous
feiffiez vgne trahifon / non feullement vous nes
ftes tenu de la faire/ mais eftes tenu a ne la faire
point / tant pour voftre honneur que pour non
eftre miniftre de la honte de voftre maiftre : vray
eft que plufieurs chofes femblent bonnes de pri
me face qui font mauluaifes /& plufieurs femblent
mauluaifes qui font bonnes / au moyen de quoy il
eft licite tuer quelque foys non vng homme feul/
mais dix mille pour le feruice de fo feigneur/ & fai
re plufieurs aultres chofes/lefquelles fembleroiet
mauluaifes a qui ne les confidereroit ainfi quil ap
partiet/& touteffoys -lle ne le font point. A lheure
le feigneur Gafpard Paluoyfin refpodit. Et par vo
ftre foy deuifez vng peu de cefte matiere / & nous

                                        C iiij

enseignez i comme lon puisse discerner les choses
qui sont veritablement bonnes de celles qui ont
apparence de bonte.Pardonnez moy(dict messire
Federic) ie ne veulx entrer en ce laberinth i car il
ya trop a demesler/mais soit le tout remis a vostre
discretion.A tout le moins (replicqua le seigneur
Gaspard) declairez moy vng aultre doubte. Et
quelle doubte dict messire Federic. Ceste cy res
pondit le seigneur Gaspard. ie vouldrois scauoir
quant vng seigneur mauroit distinctement en char
ge de ce que iaurois affaire i de quelque sorte que
ce fust,si en me trouuat sur le faict, & me estant ad
uis (en faisant plus au moins/ou aultrement) que
ainsi quil mauoit este done en charge de pouuoir
faire succeder la chose plus aduantaigeuse i ou a
plus grãt prouffit de celluy qui mauroit instruict/
me debueroye gouuerner selon ceste premiere in
structio/ & maniere, sans passer les limites / & com
mandement qui mauroit este faict/ou faire ce que
me sembleroit estre meilleur . Respondit alheure
messire Federic.En ce cas ie vous donneray la sen
tence auec lexemple de Manlius torquatus/ qui
en cas pareil par trop grãde charite tua son propre
filz . Si ie estimoie quil fust digne de trop grande
louange/mais a la verite/Ie ne lestime point/cõbie
que ie ne len ose blasmer/contre loppinion de tãt
de siecles.Car sans doubte cest chose fort perilleu
se desuyer des cõmãdemes de ses superieurs /se cõ
fiant plus au iugement de soymesmes q̃ de ceulx a
qui on doibt obeyr i car si par fortune/ lon fault a
son intétion/ & que la chose vienne mal /lhomme
encourt en lerreur de desobeyssance & ruyne / ce

quil auoit a faire fans aulcuns moyens dexcufatiõ
ne efperance de perdre. Si encores la chofe vient
a fouhait/il en fault louer la fortune & fen conten=
ter. Et neautmoins par tel moyen lon introduyct
vgne couftume deftimer peu les commandemens
de fes fuperieurs/& lexemple de celluy a qui il en
fera bien aduenu/lequel par aduenture eftoit pru=
dent/& auoit difcours auec raifon/& a qui la fortu
ne ayde. Il y en aura apres mille aultres ignorans
& legiers qui viendront prendre feurete es chofes
de trefgrande importance de faire a leur fantafie.
Et pour dõner a entédre quilz font faiges & quilz
ont auctorite forte des commandemens de leurs
feigneurs/qui eft vgne trefmauluaife chofe / & biẽ
fouuët caufe de infinies erreurs. Mais ieftime que
en tel cas celluy a qui il touche doibt meurement
confiderer/& quafi mettre en balance le bien & la
commodite qui eft pour luy venir de faire chofe
cõtre ce quil luy eft commande/prefuppofant que
par fort luy viéne fon efperãce: & de laultre cofte /
cõtrepenfer mal & incõmodite qui en peult proce
der:fi par fortune en faifant cõtre le cõmandemẽt
de fon maiftre la chofe luy vient a rebours de ce
quil a penfe. Et cõgnoiffant que fil en vient mal/
le dõmaige puiffe eftre plus grand & de plus gran
de confequence q̃ le prouffit & vtilite. Sil en vient
bien il fen doibt garder / & obferuer de point en
point ce quil luy a efte encharge.Et par le contrai=
re/fi lutilite eft pour eftre de plus grãde confequẽs
ce venant les chofes en bien que le dõmaige quãt
elles viennent en mal. Ie croy quil puiffe raifon=
nablement fe mettre a faire ce que la raifon & fon

Iugement luy meƈt au deuant . Et laiſſer vng peu a
part celle propre forme de commandemenr /pour
faire comme les bons marchans /leſqueiz pour gai
gner le plus /mettent en hazard le peu:mais non le
plus pour gaigner le peu.Ie loue bien que ſur tout
il ayt regard a la nature du ſeigneur quil ſert / &
quil ſe gouuerne ſelõ icelle : car ſi elle eſtoit ſi auſte
re cõme de pluſieurs que lon trouue. Ie ne luy con
ſeillerois iamais (ſil eſtoit mon amy) que il chan⸗
geaſt en aulcune partie lordre qui luy auroit eſte
donne /affin que il ne luy aduint ce que lon eſcript
eſtre aduenu a vng maiſtre ingenieux des Atheni⸗
ens /auquel Publius Craſſus /Mucian eſtãt en Aſie
& voulant aſſieger vgne ville /enuoya querir lung
des deux maſtz du nauire que il auoit veu a Athe⸗
nes pour faire vng mouton a battre la muraille /&
luy diſt que il vouloit le plus grant /vng ſien ſerui⸗
teur bien ingenieux comme celluy qui eſtoit treſ
entendu congneut que le plus grand neſtoit pas a
propos pour leffeƈt que il demãdoit. Et pour eſtre
le petit plus facile a porter / & encores plus conue⸗
nable a faire celle machine lenuoya a Mucian . Le⸗
quel entendit comme la choſe eſtoit allee / ſi feiſt
venir ce pauure ingenieux . Et apres luy auoir des
mande pourquoy il ne luy auoit obey / ſans vous
loir recepuoir aulcune rayſon quil luy baillaſt / le
feiſt deſpouiller tout nud / & battre & mutiller de
verges tant quil en mourut luy eſtant aduis que au
lieu de obeyr il lauoit voulu conſeiller: par ainſi
auec gens ſi rigoureux / eſt beſoing de vſer dung
grant reſpeƈt : Mais laiſſons a tant ceſte praticque
des ſeigneurs / & que lon vienne a la conuerſation
que lon doibt auoir auecques ſon ſemblable /ou a

peu pres : Car il fault auffi entendre en cefte par
tie / pour eftre vniuerfellement frequentee . Et
pource que lhomme fe trouue pluffouuent en ce
fte que en celle des feigneurs / combien quilz y ayt
aulcuns fotz que filz eftoyent en la compagnie du
plus grant amy quilz euffent au monde fe rencon
trent auecques vng mieulx veftu / foubdainnemēt
fe attachent a luy : Et fi apres il en furuient vng
aultre qui foit encores mieulx veftu ilz font de mef
mes . Et puis quant le prince paffe par les places /
Efglifes & aultres lieux publicques ilz fe font fai
re voye & chemin a trauers la preffe a force de coul
des : Et fi bien ilz nont que luy dire / touteffois fe
viendront mettre a fon cofte / comme fi de grant
effect ilz vouloient a luy parler. Et quant ilz par
lent ilz font leur harangue longue / & rient & bat
tent les mains & guignent la tefte pour monftrer
que ilz ont bien des affaires dimportãce / affin que
le peuple les voye en faueur / Mais puis que telles
gens ne daignent parler finon aux princes / ie ne
veulx auffi que les princes daignent parler a eulx.
A lheure le magnificque Iulien. Ie vouldrois (dict
il) meffire Federic puis que vous auez faict men
tion de ceulx qui fe accompaignent fi voluntiers
auec les bien veftus / que vous nous monftriffiez
en quelle maniere le Courtifan fe doibt veftir / &
quel habit luy conuient le plus / Et en ce que tou
che laornement du corps / & en quelle maniere il
fe doibt gouuerner / car nous voyons des varie
tez infinies en cecy . Lung fe habille a la Fran
coyfe / laultre a Lefpaignolle : lung veult fembler
Lalemant / & ne defaillent encores de ceulx qui
fe veftent a la mode des Turcqz : Lung porte

barbe/ & laultre nen porte point / pourquoy se
roit bien faict scauoir choysir le meilleur. En si
grande confusion (messire Federic respondit ve
ritablement) ie ne scauroye donner reigle deter
minee en ce que touche le vestir/ sinon que lhom
me se accommodast a la coustume du plus grand
nombre. Et puis que celle coustume est (côme vo'
dictes)tant diuersifiee/ & que les ytaliens sont tant
appetans de eulx habiller aulx facons estranges/ie
croy quil soit licite a chascun se vestir a sa guyse:
mais ie ne scay pour quelle destinee il aduient que
lytalie na côme elle souloit auoir habillemens qui
soient côgneuz pour ytaliens / combien que pour
les auoir mis en accoustumance les nouueaulx fa
cent sembler les anciés lourdz / toutesfoys par ad
uenture quilz estoient signe de liberte ainsi côme
ceulx cy ont este côgneuz de seruitude/ qui me sem
ble desormais estre assez accomply. Et si côme lon
escript / que ayant Darius lannee auât quil comba
tist contre Alexandre faict acoustrer son espee quil
portoit au coste/ laqlle estoit Persiéne a la faco de
Macedoyne/ fut interprete par les deuins que cela
signifioyt q̃ ceulx a la facon desquelz Darius auoit
transmue la forme de lespee Persienne viendroiét
a dominer la Perse/ pareillement auoir change les
habillemés ytaliens es estrãgiers / me semble auoir
significance que tous ceulx es habitz desquelz les
nostres estoient trãsformez/ debuoient nous venir
subiuguer ce qui a este trop plus que veritable / car
il ne reste aulcune nation quel nayt faict butin de
nous/ tellement quil ne reste gueres plus a piller/
& toutesfoys lon ne laisse encores de piller: mais ie
ne veulx que nous entrôs en propos de fascherie/

au moyen de quoy ſouffira dire (quant aulx habil=
lemens de noſtre Courtiſan)que toutes facons luy
peuuent eſtre bien ſeantes/pourueu quelles ſatiſfe
cent a celluy qui les porte/& qlles ne ſoient point
hors de la conſtume/ne contraires a ſa profeſſion.
Vray eſt que quant a moy iaimeroys bien quelles
ne feuſſent point extremes en aulcune maniere ou
partie/côme les Frã coys/ont quelque foys de cou
ſtume en les faiſans trop grans/ & les Alemans en
les faiſant trop petitz:mais quilz feuſſent ainſi que
nous voyons lung & laultre corrigez & reduyctz
en meilleure forme par les ytaliens. Il me plairoit
encores que touſiours ilz tendiſſent plus ſur le gra
ue que ſur le braguard/pourquoy me ſemble q̃ la
couleur noire a plus grand grace aulx habillemēs
q̃nul aultre/& ſil elle neſt noire q̃lle tire au moins
ſur lobſcur/ce que ientendz quant aulx veſtemens
ordinaires/car il ny a point de doubte que ſur les
harnoys les couleurs haultes & gayes ſont plus cô
uenables & auſſi les habillemēs follatres/decoup=
pez/pompeulx/& magnificques/& pareillement
es publicques aſſemblees & ſpectacles de feſtes/de
ieulx/de mômeries/car eſtãt ainſi deuiſez ilz por=
tent auec eulx vgne certainne viuacite & ioyeuſete
qui veritablement ſe accompaigne bien auec les ar
mes & les ieulx:mais au reſte ie vouldrois quilz
môſtraſſent le repos que la nation eſpaignolle gar
de merueilleuſemēt/par ce que les choſes exterieu
res biē ſouuent font teſmoignage des interieures.
Alors meſſire Ceſar gonſaigue diſt/ie ne me ſoul=
deray pas beaucoup de cela/car ſi vng gentilhom=
me eſt de valeur/es aultres choſes/le veſtement
ne luy accroiſt ny diminue ſa reputation. Meſſire

Federic respondit vous dictes la verite toutesfois
qui est celluy de nous lequel voyant pourmener
vng gentilhomme auec sa robbe bisgarree de di
uerses couleurs & auec tant desguillettes & bou=
tons nouez estans damours transuersez qui ne le
tienne pour vng fol. Ne plaisant ne fol (dist messi=
re Pierre) ne sera tenu cestuy la de quelque vng qui
ayt vescu quelque temps en Lombardie car ilz võt
ainsi vestus. Donc respondit madame la Duchesse
en riant silz vont ainsi vestus on ne leur doibt im=
puter pour vice leur estat. Cest estat aussi conuena=
ble leur est cõme est aux Venitiens porter les man=
ches a condamner & aux Florétins le chapperon.
Ie ne parle pas (dist messire Federic) plus de Lom=
bardie que des aultres lieux pourtant que de tou=
tes nations lon en trouue de sotz & de cler voyãt
mais pour dire ce quil me semble dimportance
quant au vestir ie veulx que nostre Courtisan en
tout son habillement soit propre & delicat & quil
ayt vgne certainne cõformite de moderer accoustre
mens mais non pas que ce soit en maniere de fem
me & dũg homme esuente ne plus en vgne chose
que en vgne aultre Comme nous en voyons plu=
sieurs qui mettent tant de solicitude entour leurs
personnes quilz oubliët le demeurãt il y en a daul
tres qui font profession de belles dentz aultres de
belles barbes aultres de brodequins aultres de
bõnetz aultres de coiffez. Et par ainsi aduient que
les choses qui sont ainsi attentiues semblent leur
auoir este prestees & toutes les aultres qui sont sot
tes sont congneues pour estre a eulx. Or veulx ie q̃
le Courtisan fuye ceste coustume par mon conseil
en y adioustant encores quil doibt en luy mesmes

deslibeter ce quil veult sembler | & de la sorte quil
desire estre estime | se vestir & faire les habillemens
le aydant a estre tenu tel | voyre de ceulx qui ne lor
ront point parler ne luy verrot faire aulcune opera
tion. Il ne me semble point (dist alors le seigneur
Gaspard paluoisin) quil soit conuenable ny encores
en vsage entre personnes de valeur suger la condi
ction des hommes par les habillemens | & non par
les parolles & par les oeuures : car plusieurs se trom
peroiet. Et nest point le prouerbe dict sans cause |
que lhabit ne faict poinct le moyne. Ie ne dictz pas
(respondit messire Federic) que par la seullement
lon doibue faire les iugemens resolus des condi
tions des hommes | ne que lon ne les congnoisse
plus par les parolles & par les oeuures que par les
habillemes. Ie dis bien que lhabillemet nest point
petit de signe | de ce la fantasie de celluy qui le por
te encores que par fois il puisse estre faulx | & non
seullement lhabillement | mais toutes les manie
res & coustumes | oultre les oeuures & les parolles
sont iugemens des qualitez de celluy en qui on les
veoit. Et qlle chose trouuez vous (respondit le sei
gneur Gaspard) desqlles nous puissions faire iuge
met qui ne soiet ny parolles ny oeuures. Lors dist
messire Federic | vo⁹ estes trop subtil logicie: mais
pour vous dire come ie lentedz | lon trouue aulcu
nes operatios | lesqlles demeuret encores apres ql
les sont faictes | come edifier | escripre | & aultres se
blables. Il y en a daultres qui ne demeuret poit | co
me celles q ie veulx entedre maintenat | pourtat ie
ne dis point q le pourmener | le rire | le gaudir & tel
les choses soiet opatios. Et touteffois tout cecy par
dehors done bien souuet cognoissance du dedas.

Dictes moy/Ne assistes vous iamais iugemét que
celluy dót no⁹ parlions encores ce matin/fust vng
hómme esuëte & legier/incótinent q̃ vous le veistes
pourmener en tournát la teste & se demenét tout
& en seiournát/la brigade auecques vng doulx regard a luy oster le bonnet: pareillement si vous
voyez vng homme qui regarde trop attentiuemét
auec yeulx estourdis a la mode dung estonne/ou
quil rye aussi sottemét comme font les muetz go-
theronnez par les montaignes de Bergamie/ores
quilz ne parlent point ou facét aultre chose/ne les
tenez vous pas pour vng grand nyes.Voyez vous
doncques que les manieres & coustumes que ie
nentendz pour ceste heure estre dictes operations
font en grande partie congnoistre les hommes.
Mais il ya vgne aultre chose qui me semble donner & oster beaucoup de la reputation/cest lelectió
des amys auecques lesquelz lon doibt auoir intrin
secque familiarite:car sans point de doubte/la raison veult que diceulx qui sont cóioinctz par estroi
cte amytie & cópaignie indissoluble/les volútez/
les pensees/les iugemés/& les entendemét soient
confermez. Par ainsi celluy qui conuerse auec les
ignorans ou mauluais est tenu pour ignorant ou
mauluais. Et au contraire celluy qui conuerse auec
les bons saiges & discretz est tenu pour tel. Car il
semble que par nature chascune chose voluntiers
se conioinct a son semblable:au moyen dequoy ie
cuyde quil conuienne auoir grand regard a com-
mácer les amytiez:car de deulx ou troys amys qui
en congnoist lung/soubdainnement ymagine que
laultre soit de la mesme condition. Alors messire
Pierre Bébe respondit.De se restraindre en amytie
si vnanime

si vnanime(comme vous dictes) il me semble veri
tablement que lon y doibt auoir grand regard /nõ
seullement pour acquerir ou perdre la reputation/
mais aussi pource que au iourdhuy lon trouue biẽ
peu de vrays amys / & ne cuyde point quil y ait au
monde plus de Pilades & Orestes/ de Theseus de
Pirithes/ne de Scipions & Lules/Mais au contrai
re ne scay par quelle destinee il aduient tous les
iours que deulx amys qui auront vescu en amour
trescordialle ensemble par plusieurs ans /a la fin se
trompent lung laultre en quelque maniere/ou par
malignite/ou par enuye/ou par legerete/ ou par q̃l
que aultre mauluaise cause.Et chascun dõne la faul
te a son compaignon de ce que par aduenture lũg
& laultre ont merite /par quoy nestãt aduenu plus
dugne foys dauoit este deceu par qui plus iauoye
cõfiãce destre plus ayme /ie pense q̃lq̃ foys en moy
mesmes ne se fier iamais a personne du mõde estre
bon/ne se donner tant en proye a vng amy pour
rier que lon laye ayme quel quil soit / que lhõme
luy communicque toutes ses pensees sans reserue/
cõme il feroit a soymesmes. Car en nos couraiges
il y a tãt de cachettes & de destours quil est impos
sible que prudence humaine puisse cõgnoistre les
fantasies & les simulations qui sont cachees au dç
dans. Ie croy doncques quil seroit bon daymer &
de seruir lung plus que laultre selon les merites &
les valeurs:mais toutessoys ne se asseurer pas tant
auecq̃s si doulx apast damytie que par apres nous
ayons tard a no⁹ en repentir. Lors messire Federic/
Veritablement(dist il)la perte seroit beaucoup pl⁹
grãde que le gaing si de la cõuersation humaine lõ
ostoit le suppreme degre damytie /qui selon mon

aduis nous donne tout le bien que noſtre vie a en
ſoy. Et pourtāt ie ne veulx vous cõſentir en aulcu
ne maniere que ce ſoit raiſonnable/aincoys ie oſe
roys vous conclure & par raiſons treſeuidētes que
ſans ceſte parfaicte amytie/les hõmes ſeroiēt beau
coup plus infortunez que ies animaulx. Et ſil y en
a aulcuns leſq̃lz cõme prophaines gaſtent le ſainct
nom damytie / il ne le fault ainſi extirper de noz
couraiges/ne par la faulte des mauluais/priuer les
bõs dugne ſi grāde felicite. Et quāt a moy ieſtime
queicy entre nous y ait pl⁹ dugne couple damys/
dont lamytie eſt indiſſoluble & ſans aulcune trom
perie/ & pour durer iuſques a la mort en vgne con
formite de volūte/non moins que ſilz eſtoient de
ſes anciens que vous auez vng peu deuāt nõmez.
Et aduient ainſi quāt oultre linclinatiõ quon pro
cede des planettes lhõme choyſiſt vng amy ſem
blable a ſoy de condictions / mais ientendz q̃ tout
cela ſoit entre les bõs & vertueulx/car lamytie des
mauluais neſt point amytie. Ie loue bien q̃ ce neud
eſtroict en lye plus que deux / car aultrement il ſe
roit a laduenture perilleulx/par ce que cõme vous
ſcauez / trois inſtrumens de muſicque ſaccordent
enſemble plus difficillement que deux / par ainſi
ie vouldrois que noſtre Courtiſan euſt vng princi
pal & cordial amy/ & ſe il eſtoit poſſible de la ſorte
que nous auons dict: & apres quil aymaſt/honno
raſt & eſtimaſt tous les aultres ſelõ leurs merites &
valleurs: & touſiours taſchaſt de ſe entretenir auec
les nobles eſtimez & cõgneuz par vous q̃ auec les
non nobles & de petite eſtoffe/en façõ quil fuſt auſ
ſi ayme deulx & hõnore/a quoy il ne fauldra poit
ſi eſt courtois/humain/liberal/afflic/doulx en cõs

paignies faisant volūtiers plaisir/& diligēt a seruir:
& auoir soing du prouffit & honneur de ses amys
tant absens que presens/en supportant seurs faultes naturelles & supportables sans venir en rōptu
re auecqs eulx pour peu de chose.Et en corrigeant
en soymesmes celles qui amyablement luy auront
este remonstrees sans iamais se preferer aulx aul-
tres/en cherchant les premiers & plus honnorables lieulx.En faisant cōme aulcuns lesquelz semblent despriser le monde:& veullent auec vgne cer
tainne austerite enuyeuse dōner loy a chascun.Et
oultre estre querelleux en chascune petite chose:&
hors de temps reprendre ce quilz ne font point:&
tousiours cherchent/cause de se plaindre de leurs
amys/qui est chose treshayneuse.Se estant ainsi ar
reste de parler messire Federic.Ie vouldrois dit le
seigneur Gaspard/ḡ vous deuississiez vng peu plus
par le menu cōment il fault cōuerser auec les amys
plus que vous ne faictes : car en verite vous parlez
fort en general / & quasi nous monstrez les choses
cōme en passant. Comment en passant(respōdit
messire Federic)Vouldriez vous paraduēture que
ie vous disse encores les propres motz dont lon y
doibt vser / Doncques il ne vous semble pas que
nous ayons deuise à suffisance de ceste maniere:Se
faict(dist le seigneur Gaspard)Neautmoins ie desire entendre encores quelque particularite de la
maniere comment lon se doibt entretenir auec les
hōmes & auec les femmes:qui me semble chose de
grande importance/considere que la plus part du
tēps semploye en cela par les cours.Et si le stille ce
stoit tousiours pareil lon viendroit tost a sen fa-
scher.Il me semble(respōdit messire Federic)ḡ nos

auons donne au Courtifan congnoiffance de tant
de chofes quil peult fort bien diuerfifier fon entre
gent & faccómoder aulx qualitez des perfonnes /
auec lefquelles il doibt conuerfer / prefuppofant /
quil foit de bó iugemét & quil fe guyde par ceftuy
la / & que felon le temps il entéde qlque foys aulx
chofes graues / qlque foys aulx feftes & aulx ieulx.
Et a quelz ieulx dift le feigneur Gafpard. A lheure
refpondit meffire Federic en riant. Demádons en
confeil a frere Seraphin qui tous les iours en trou
ue de nouueaulx. Le feigneur Gafpard replicqua.
Sans fe mocquer vous femble il que au Courtifan
foit vice iouer aulx cartes & aulx dez. Nenny (dift
meffire Federic) excepte quil le fift trop cótinuel-
lement & que pour cela il laiffaft les aultres chofes
de plus gráde importance / ou que ce fuft pour gai
gner argent & quil trompaft fes compagnons / &
q en perdant il fe courrouceaft / & móftraft en auoir
regret & defplaifir fi grand que ce fuft figne dauari
ce. Le feigneur Gafpard refpondit / & que dictes
vous du ieu des efchetz. Certainnement dift mef
fire Federic), Ceft vng gentil entretenement &
ingenieulx : mais il me femble quil y a vne feulle faulte / qui eft que lon en peult trop fcauoir / de
forte q qui veult eftre excellent au ieu des efchetz
il eft befoing quil foit befoing y confommer beaucoup
de temps / & y mettre autát de follicitude / comme
qui vouldroit apprendre quelque notable fcience
ou faire quelque aultre chofe que fe foit de confe
quéce. Et neantmoins a la parfin lon ne fcait auec
que tát de peine aultre chofe que ieu / parquoy ie
penfe quen cela entreuienne vng cas bien rare / ceft
affauoir que la mediocrite en foit plus louable que

lexcellence.A ce respōd le seigneur Gaspard.Lon
trouue beaucoup despaignolz excellens en ce ieu/
& plusieurs aultres qui pourtant ny mettent pas
beaucoup de soing/ & si ne laissent point de vac=
quer a daultres affaires.Croyez(respōd messire Fe=
detic)quilz y mettent beaucoup de sollicitude/cō=
bien que ce soit dissimuleement : mais les aultres
ieulx que vous dictes / oultre les eschetz sont par
aduenture cōme aulcuns de peu dimportance que
iay veu faire/qui ne seruent sinō a faire esbahir les
gens/parquoy me semble quilz ne meritent aultre
louange ny aultre guerdon que celluy que Alexā=
dre le grand donna a lhōme qui de fort loing em=
brochoit si biē les poix chiches en vgne ayguille.
Mais pource quil semble que la fortune cōme en
plusieurs aultres choses/aye aussi grād force es op=
pinions des hommes / lō voyt maintessoys q̄ vng
gentilhomme pour bien condictione quil soit &
doue de plusieurs graces sera peu aggreable a vng
seigneur.Et cōme lon dict naura point enuers luy
de inclination/& cela sera sans cause aulcune q̄ lon
puisse comprendre.Donc quāt il arriuera en la pre
sence dudict seigneur sans estre premierement con
gneu des aultres combien quil soit subtil & prōpt
en respōces & quil ayt bōne apparēce en gestes/en
facon/en parolles / & en tout ce qui est cōuenable.
Toutessoys le seigneur monstrera de lestimer peu
ou plus tost luy donnera quelque attaincte. Et de
la viendra que les aultres incontinent se accommo
deront a la volunte du maistre/tellement quil sem
blera a chascun que cestuy la ne vaille gueres/& ny
aura persōne qui le prise ou lestime / ou qui rye de
ses bōs motz/ou q̄i en tienne peu de cōpte/ mais

D iiij

au rebours cōmancerōt tous a se mocquer de luy
& luy dōner la chasse/ny a ce pauure homme suffi:
ront ses bonnes responses ne prēdre les choses cō
me si elles estoient dictes en ieu / car iusques aulx
pages se mettront apres de sorte q̄ sil estoit le plus
suffisant hōme du monde / il sera force quil demeu
re empesche & mocque/ & par le cōtraire si le Prin:
ce se monstre enclin vers vng ignorant & quil ne
sache rien dire ne faire les condictions & facons
de cestuy tel /pour sottes & impartinantes quelles
soient /seront souuēt louees auecques exclamatiōs
& esbahyssemens dung chascun/ & semblera q̄ tou
te la court sen esmerueille & le ayt en reuerence / &
que chascun rie de ses motz & argues maisgres &
villageoises qui plus tost debutoiēt faire enuye de
vomyr que de rire /tant sont les hommes fermes &
obstinez es oppinions qui naissent des faueurs ou
des faueurs des seigneurs / au moyen de quoy ie
veulx que nostre Courtisan se ayde le mieulx quil
pourra oultre sa valeur de lentendement & de lar:
tifice / & q̄ toutes les foys quil doibt aller en vng
lieu ou il sera nouueau & incongneu / il tasche que
bōne oppinion de luy y voyse premier que sa per:
sonne/ & face que lon entēde celle part quil est biē
estime en daultres lieux empres les seigneurs /da
mes cheualiers / car la renommee qui semble proce
der de plusieurs iugemens engendre vgne certain
ne ferme creāce /de valleur /laq̄lle en trouuāt apres
les pēsees ainsi disposees & pparees se maintiēt &
accroist facillemēt auecq̄s les oeuures. Oultre q̄ lō
euite la fascherie q̄ ie sentz quāt lō ne demāde qui
ie suis / & cōment iay nō. Ie ne scay dequoy cela sert
(respōdit messire Bernard de Bibienne) car il mest

plusieurs foys aduenu & croy q̃ aussi a beaucoub
daultres / q̃ ayant fantasie par le raport des personnes de iuger vgne chose estre de grãde excellence
auant q̃ ie leusse veue / en la voyant apres elle mest
beaucoup diminuee & me suis trouue soit mescõ-
pte de ce que iauoye imagine. Et cela nest procede
daultre chose que dauoir trop creu a la renõmee &
auoir faict en mon entendemẽt vng si grãd cõcept
que le mesurãt apres auecq̃s le vray effect / combiẽ
quil aye este grand & excellent / neautmoins il ma
semble trespetit a cõparaison de ce q̃ iauoye imagine. Ainsi ie doubte quil puisse encores aduenir au
Courtisan / parquoy ie ne scay sil est bon dõner telles attetes & enuoyer deuãt celle renõmee / car noz
pensees formẽt des choses bien souuẽt / ausquelles
apres est impossible de correspõdre. Et par ainsi lõ
y pert plus q̃ lon y gaigne. La dict messire Federic /
Les choses qui a vo⁹ & plusieurs aultres reuiennẽt
beaucoup plus moindres que le renõ sont pour la
pluspart de sorte q̃ loeil a la p̃miere veue les peult
iuger cõme si vo⁹ nauez iamais este a Naples ou a
Rome / & oyãt en pler tãt vo⁹ en ymaginerez beau
coup plus q̃ par aduẽture vous ny trouuerez apres
les veoir / mais il naduiẽt pas ainsi des cõdictions
des hõmes / car ce que lõ en voyt par dehors est le
moins au moyen dequoy si en oyant le p̃mier iour
pler vng gẽtilhõme vo⁹ ne cõprenez q̃ en luy soit
celle valeur q̃ vo⁹ en auyez p̃mieremẽt ymaginee /
vous nevo⁹ despouillerez pas si tost de la bõne op
pinion q̃ vo⁹ en auiez cõme es choses dõt loeil est
incontinent iuge / mais attendrez de iour en iour a
descouurir q̃lq̃ aultre vertu caschee en tenãt tousiours ferme la p̃miere impressiõ qui vo⁹ est venue

oultre les deffudictes /partie pour faire defpit aulx
aultres /partie pour faire comme les aultres auoiēt
faict / mifrent toute leur eftude & induftrie pour
auoir iouyffance de lamour de ceftuy cy /& en ioue
rent pour vng temps a la gripalle /comme font les
enfans des cerifes /& tout cela vint de la premiere
oppinion que print celle dame / le voyāt tāt ayme
dugne aultre . Icy refpondit le feigneur Gafpard
en riant. Pour confermer voftre oppinion par rai:
fon vous alleguez ouuraige des femmes qui pour
la plus part font hors de raifon. Et fi vous vouliez
tout dire ce mignō de tant de dames debuoit eftre
vng babouyn & homme de petite valeur en effect:
car leur couftume eft de toufiours fattacher aulx
pires / & comme les brebis faire ce quelles voient
faire a la premiere / ou bien / ou mal que ce foit.
Oultre quelles font fi fort ennuyfeufe entre elles
que fi ceftuy cy euft efte vng monftre / neautmoins
elles euffent voulu fe lentredefrober lugne a laul:
tre . Sur ce point y en euft plufieurs / & quafi tous
qui commancerent a vouloir contredire au fei:
gneur Gafpard / mais ma dame la Ducheffe leur
impofa filence / & apres en foubzriant fe print a
dire . Si le mal q̄ vous dictes des femmes ne eftoit
fi fort eflongne de la verite quen la difant il don:
ne pluftoft charge / & hōte a celluy qui le dict quil
ne faict a elles . Ie permettroye que lon vous re:
fpondit / mais ie ne veulx que en vous contredi:
fant par tant de raifons / comme lon pourroit faire
vous foiez ofte de celle mauluaife condition / affin
q̄ de voftre peche vous ayez puguitiō trefgriefue /
qui fera la mauluaife eftime q̄ tous ceulx qui vous
orront ainfi parler auront de vous . Lors meffire

Federic.Ne dictes pas feigneur Gafpard (refpon=
dit il)que les femmes foient ainfi hors de raifon fi
bien quelque foys elles fe meuuent a aymer plus
par le iugemét daultruy que par le leur propre :car
les feigneurs: & plufieurs hommes faiges font fou
uét le femblable. Et fil eft licite dire la verite vous
mefmes : & tous nous aultres mainteffoys : & enco
res a prefent nous croyons plus a loppiniõ daul=
truy que a la noftre / & quil foit vray : il nya pas
long temps que ayant efte ceans apportez aulcuns
vers foubz le nom de Sauuazarc:ilz femblerét a
tous fort excellens & furent louez a merueilles : &
par exclamations. Depuis quant il fut certainne=
ment fceu quilz eftoient dung aultre :ilz perdirent
foubdain la reputation / & femblerent moindres
que moyens . Et eftant chante deuant ma dame
la Duchesse vng motet . Il ne pleut iamais ny fut
eftime pour bon:iufques a ce que lon fceuft que
ceftoit de la compofition de Iofquin des prez /
mais quel plus cler figne voulez vous de la force
de loppinion . Ne vous fouuient il point que
vous mefmes en beuuant dung mefme vin difiez
quelque foys quil eftoit trefbon / & quelque foys
quil ne valloit rien . Et cela procedoit de ce que
vous auiez fantaifie quil y euft de deulx vins:lung
de riuiere de Gennes / & laultre de ce pays . Et
aptes que lerreur fut defcouuert:vous ne le vous
liez croyre en aulcune maniere fi fermement vous
eftoit fifchee en la tefte celle faulce oppinion / &
neautmoins elle eftoit venue des parolles daul=
truy.Pour ces raifons le Courtifan doibt prendre
grát peine fur les cõmácemés de dóner bonñe im
preffió de foy /& cófiderer cóbié il eft dómageable

des parolles de tant de gens. Et estant celluy ainsi
qualifie cõme se presuppose que soit nostre Cour=
tisan/il vous confermera a toute heure mieulx de
croyre a la renommee / car auecques les oeuures il
vous en donnera occasion & vous en extimerez
tousiours quelque chose dauātaige q̃ ce que vous
en verrez. Et certes lon ne peult nyer que ces pre=
mieres impressions nayent vgne tresgrande force
& q̃ lon ne doibue auoir beaucoup de soing pour
les donner. Et affin que vous entendez combien
elles emportent/ie vous dis que iay en mõ temps
congneu vng gentilhomme iequel combien quil
eust assez bon visaige & condictions honnestes/ &
auecques ce fust vaillant en armes/ il nestoit pour=
tant en aulcunes de ses qualitez si excellent que lõ
en trouuast beaucoup de pareilz & de superieurs.
Touteffoys ainsi que la fortune voulut/il aduint q̃
vgne dame se mist a laymer tresardãment & crois=
sant lamour chascun iour pour la demõstration de
correspondance que le gentilhomme faisoit/ & ny
ayant aulcun moyen de pouuoir parler ensemble/
La dame esprise de trop grãde passion declaira son
desir a vgne aultre femme/par le moyen de laquel
le elle esperoit quelque commodite. Or nestoit la
seconde en rien moindre de noblesse ne de beaul=
te que la premiere/dont aduint que entendãt par=
ler si affectueusement de ce gentilhomme que ia=
mais elle nauoit veu/& congnoissant la dame qui
luy en parloit & qui estoit tresdiscrette & de bon
iugement laymoit extremement/elle ymagina in=
continent que cestuy la fust le plus beau & le plus
saige & le plus discret. Et pour abreger le plus
vgne destre ayme qui se trouuast en tout le mons

de. Et ainsi sans lauoir veu si treffort sen amou=
ra de luy quelle commença a faire tout effort pour
lacquerir non pour saccompaigne / mais pour
elle mesme / & pour le faire correspondant en
amour / ce quelle obtint a peu de peine / car a
la verite elle estoit dame plustost pour estre priee
que pour prier aultruy. Or oyez vng beau cas:
Il aduint non gueres apres que vgne lettre que
la derniere dame escripuoit a cest amy tumba es
mains dung aultre qui estoit tresnoble/ & tresexcel
lente en beaulte & conditions. Ceste cy estant com
me sont la plus part des femmes curieuse/ & cou=
uoyteuse de scauoir / & mesmement des aultres
femmes/ouurit ceste lettre:& en la lisant congneut
quelle estoit escripte auecques vgne extreme affe=
ction damour/au moyen de quoy les doulces pa=
rolles:& pleines dardeur quelle y voyoit la meurét
entrer a compassion de la dame qui les escripuoit/
car elle scauoit tresbien dont venoit la lettre/ & ou
elle se adressoit /apres elles eurent tât de force que
en le remeslant en son entendement/ & considerât
de quelle sorte debuoit estre celluy qui auoit peu
induire celle dame en si grande amour/elle en de=
uint aussi incontinent amoureuse / & feist celle let=
tre a laduenture plus grant effect quelle neust faict
si elle luy eust este enuoyee par le gentilhomme.
Et comme il aduient aulcuneffoys que la poyson
preparee en quelque viâde pour vng seigneur tue
le premier qui en taste/ & faict lessay. Ainsi ceste
paunrete pour auoir este trop couuoyteuse beut le
venin amoureulx qui estoit prepare pour vng aul=
tre:Que vous en diray ie plus. La chose fust assez
descouuerte:& alla de sorte que plusieurs dames

& mortel encourir au côtraire.Et en ce dãgier sont
plus que les aultres ceulx qui veullent faire pro=
fessiõ destre fort plaisans/& dauoir acquis par leur
plaisanteries vgne certainne liberte par ou il leur
soit côuenable & licite de faire & dire tout ce quil
leur vient en fantasie sans y penser/dont aduient
quilz entrent souuent en certainnes choses i des=
quelles non pouuant sortir i ilz se veullent apres
ayder de faire rire i & le font en si mauluaise grace
quilz sont bien loing de leur compte / tellement
quilz ennuyent merueilleusement ceulx qui les
voyét & oyent:& se font tenir pour maisgres buf=
fons. Aulcuneffoys pour faire des argus:& face=
tieulx en la presence des dames honnorables i ilz
se mettent a dire des parolles ordes & deshonne=
stes les adressant bien souuét aulx mesmes dames
deuant lesquelles ilz se trouuent/& quant plus ilz
les voyent rougir i tant plus ilz se tiennent pour
bons courtisans/& rient tousiours:& sont bien ay=
ses de auoir vgne si belle vertu comme il leur sem=
ble que ilz ont i Mais ilz ne font tant de besteries
pour nuille aultres choses que pour estre estimez
bons côpaignons i qui est le seul non qui leur sem=
ble digne de louange /& duquel ilz se vantét plus
ã de nul aultre/& pour lacquerir ilz sentredisent
les plus incorrectes & vituperables villennies du
monde.Bien souuent quilz se poussent par les de=
grez/se gettent des esclatz:& des carreaulx lung a
laultre i se mettent les plains poings de pouldre
aulx yeulx i se font tomber les cheuaulx sur eulx
dans les fossez i ou en quelque descéte de montai=
gne/& apres quant ilz sont a table se gettént au vi=
saige les potaiges i les saulses i les gelees i & puis

rient/& qui plus fcait faire de telles galanteries eft
prife entre eulx pour meilleur & plus gentil Cour
tifan.Et leur femble par la auoir gaigne vgne gran
de gloire . Et fi quelque foys ilz fefmouuent vng
gentilhomme a celles leurs plaifanteries/& que il
ne vueille point vfer de ces ieulx de afnes /& faul=
uaiges / ilz dient incontinent que il fe tient pour
trop faige/& grant feigneur /& que il neft bô com=
paignon.Mais ie vous voys dire pis . Il y en a aul=
cuns qui eftriuent & gaignent a qui pourra mâger
chofes plus abhominables /& puantes:& en trou=
uent de fi abhorrâtes de fentemens humains quil
eft impoffible les ramenteuoir fans trefgrande fa=
fcherie. Et âlles chofes peuuent eftre celles la(dict
le feigneur Ludouic Pie)Meffire Federic refpôdit
faictes les vous dire au marquis Phebus qui les a
veues fouuent en France /ou paraduenture il a efte
de la partie.Le marquis Phebus refpondit . Ie nay
veu faire chofe en France de celles/dont vous par=
lz que lon ne les face encores en Italye /mais bieu
out cela de bon que les Italyens ont quât aulx ve
ftemens feftoier/bancqueter/manier les arttes /&
toutes aultres chofes conuenables a vng Courtia
fan:ilz les tiennent des Francoys.Ie ne dis pas(re=
fpondit meffire Federic)quil ny ayt encores entre
les Frâcoys de trefgentilz & hôneftes cheualliers.
Et quant a moy /ien ay congneu plufieurs certain=
nement digne de toute louange/mais touteffoys
l on en trouue daulcuns qui font petitement adui=
fez.Et pour en parler generallement /il me femble
que les conditions des Efpaignolz faccordêt plus
auecques les Italyens que celles des Francoys /car
celle grauite pofee qui eft peculiere aulx Efpai=

gnolz me semble beaucoup plus conuenable a
nous Italyens que la prompte viuacite que lon cō
gnoist a la natiō Francoyse quasi en chascun mou
uemēt ce qui ne leur est point mal seant / mais plus
tost leur donne grace pour leur estre chose natu=
relle & propre. Et ou lon ne voye aulcune affecta=
tion / lon trouue bien plusieurs Italyēs qui se voul
droient efforcer densuyure celle facon / & ne scauēt
faire aultre chose que crouller la teste en parlant &
faire des reuerēces en trauars / auecques assez maul
uaise grace. Et quant ilz se poutmenent par la ville
aller si viste que les laquais ne les peuuent suyure.
Et en ceste sorte semblent estre bons Francoys / &
de tenir la liberte de celle natiō / a quoy certes lon
ne paruient gueres souuēt / excepte ceulx qui sont
nourriz en France / & qui en ont prins les facons
des leur enfance / le semblable aduient de scauoir
diuers lāgaiges / ce que ie loue beaucoup au Cour=
tisan. Et mesmement Lespaignol / & le Francoys
pour la grande frequentation que lugne & laultre
nation a en Italye. Et ces deulx langues sont plus
accordantes auecques la nostre que nulle des aul=
tres. Et leurs deulx Princes pour estre trespuissans
en la guerre / & treshōnorables en la paix ont tous=
iours la court pleine de noble cheualliers / & gen=
tilzhommes qui sespendent par tout le monde /
tellement quil nous est besoing de conuerser aue=
cques eulx. Ie ne veulx suyure par le menu les
choses trop notoyres / ne dire comment nostre
Courtisan ne doibt point faire profession destre
grand mangeur ne beuueur / ny dissolu en aulcune
mauluaise condition / ny ord / ny mal propre en
son viure / auecques certainnes contenances de

payfant qui fentent ia houe & la charrue mille
lieues de loing:car ceftuy qui eft dé telle forte:non
feullement lon ne doibt efperer quil deuiene bon
Courtifan/mais ne le peult on mettre a aultre ex
tercice couenable que demener les brebis paiftre.
Et pour conclure.Ie dis quil feroit bon q le Cour
tifan fceuft parfaictemét ce que nous auons dict luy
eftre couenable:de forteq toutes les chofes poffi
bles luy fuffent faciles/& que chafcun fefmerueil
laft de luy /& luy de nul / mais fentendz pourtant
quil ny ay point en cela vgne certaintie oultrecuy
dance fuperbe / & inhumainne que aulcuns ont/
lefquelz monftrent ne fefmerueiller en rien des
chofes que les aultres font/poutautant quilz pre
fument les poumoir faire beaucoup mieulx / & par
leur taire les defprifent / comme indignes que lon
parle delles / & quafi veullent faire figne que nul
aultre foit . Ie ne dis pas feur pareil/mais cappa
ble dentendre la profundité de leur fcauoir / par
quoy le Courtifan doibt fuyr ces facons hayneu
fes / & auecques humanite / & beniuolence louer
encores les bonnes oeuures des aultres / & com
bien quil fe fente merueilleulx / & de beaucoup
fuperieur aulx aultres / neantmoins il doibt mon
ftrer de ne fe eftimer pour tel / mais pource que
en la nature humainne bien peu fouuent/ou par
aduenture iamais lon ne trouue des perfections
fi accomplies / lhomme qui fe fent deffaillant en
qlque partie ne doibt pourtát fe deffier de foy:ne
me ne perdre lefperance de móter en quelque bon
degre/combien quil ne puiffe peruenir a celle par
faicte & fupreme dexcellence ou il afpire / car en
chafcun art y a plufieurs fieulx oultre le premier

honorables. Et celluy qui tend a la cyme il naduiẽt
gueres quil ne passe le meillieu. Ie veulx doncques
que nostre Courtisan sil se trouue excellẽt en quel
que chose oultre les armes quil sen ayde,& sen fa=
ce honneur en bonne sorte. Et quil soit tãt discret
& de bon iugement quil sache tirer doulcement
& a ppos:les personnes a veoir & ouyr ce en quoy
il luy semble destre excellent,monstrant tousiours
de ne le faire point par ostention / ou braguerie/
mais dauenture / & a la requeste daultruy plustost
que de son propre mouuement. Et en toutes les
choses quil a faire / ou a dire sil est possible quil
vienne prepare / & y ayant pense. En faisant neaut=
moins semblant que le tout soit a limpourueue/
mais es choses / ou il ne se sent que moyennement
fonde, qui les touche comme en passant sans gran
dement se y arrester. Et le face touteffoys en manie
re que lon puisse croyre quil en sache beaucoup
plus quil ne monstre. Comme faisoient aulcunes=
foys les Poetes qui rouschoient sommairemẽt des
poinctz tressubtilz de Philosophie / ou daultres
sciences. Et peult estre quilz nen entendoient que
bien peu mais apres en ce quil se cõgnoist totalle=
mẽt ignorãt. Ie ne veulx quil en face iamais point
de profession ne quil tasche den acquerir renom=
mee : ains quil confesse clerement de nen scauoir
rien,quant les choses se y adonnẽ. Cela dict Cal=
mette naurroit pas faict Nicollet/lequel estant Phi
losophe tresexcellent / mais non sachant plus de
loix que de volles/combien que vng potestat de
Padoue eust deslibere luy donner vgne lecture de
droict ciuil / iamais ne voulut a la persuasion de
pluisieurs ses escoliers decepuoir le potestat,& luy
confesser

cõfesser quil nen sceust rien/disant tousiours quil
saccordoit en cela a loppinion de Socrates/qui
disoit nappartenir point a vng Philosophe de ia=
mais dire non scauoir. Ie ne dis pas dict messire
Federic que le Courtisan de luy mesmes sans en
estre requis voyse dire de non scauoir/Car aussi
peu me plaist celle sottie daccuser/ou desfauoriser
soymesme cõme vng aultre.Et pourtant/ie me riz
par foiz de certains hommes qui sans quil en soit
besoing comptēt voluntiers aulcunes choses/les=
quelles cõbien quelles soient paraduenture adue
nues sans leur faulte/toutesffoys elles portent en
soy vgne vmbre dinfamye/comme faisoit vng che
uallier que vous congnoissez tous/lequel toutes
les foys quil oyoit faire mētion de la bataille quil
fut donnee au Roy Charles a Fournausue/il com
mãcoit a reciter en q̃lle maniere il sen estoit fouy.
Et sembloit quil neust veu/ou entēdu aultre chose
de celle iournee. Apres quant on parloit dugne
iouste fameuse/ou il sestoit trouue/il cõptoit tous=
iours comme il estoit tumbe. Et sembloit encores
souuent que en deuisant il allast cherchant de faire
venir a propos de cõpter comment vgne nuyct en
allant parler a vgne dame/Il auoit receu plusieurs
bastonnades/car par folies ne veulx ie pas que no
stre Courtisan die/mais biē me semble que luy ve=
nant occasion de se monstrer en chose/dont il nen
sache rien/il la doibue fouyr. Et si la necessite le y
contrainct confesser clerement quil nen est point
instruict plustost q̃ se mettre a hazard/& par ainsi
il euitera vng blasme q̃ plusieurs meritēt au iour=
dhuy qui par ie ne scay quel leur peruers instinct/
ou iugement hors de raison tousiours se mettent a

E

faire ce dont ilz ne scauent rien / & laissent ce quil
scauent. Et pour confirmation de cecy. Ie congnois vng musicien tresexcllent / lequel a laisse la
musicque pour se adonner totallement a compo-
ser des vers / & cuyde estre vng grant homme en
cela / & faict mocquer chascun de luy / & si a tant
faict quil a oublye la musicque & rien apprins de
faire vers. Il en ya vng aultre des premiers painctres du monde qui desprise son art / ou il est tresex
cellent / & sest mis a apprendre Philosophie / en laquelle il a des fantaisies si estranges / & des chyme-
res si nouuelles que luy mesme auec toute sa paincture ne les scauroit paindre / & en trouue lon vng
nombre infiniz de telz. Il y en a bien aulcuns / lesquelz se cognoissans auoir excellence en vgne cho
se / font principalle profession dugne aultre / dont
ilz ne font point ignorans. Mais toutes les foys
que il leur aduient se mostrer en celle / dont ilz ont
quelque practicque / ilz y font tout leur effort. Et
telle foys leur vient si bien que la brigade les
voyant si duytz en ce dont ilz ne font point de
profession: cuydent quilz soient beaucoup plus ex
cellens en ce: dequoy ilz font mestier. Et cest artifice ne me desplaist point / pourueu quil soit accom
paigne de bon iugement. Alheure le seigneur Gas
pard Paluoysin respondit. Cela ne me semble
point artifice / mais vraye tromperie: & si ne cuyde
point quil soit connenable a celluy qui veult estre
homme de bien de iamais troper. Cest (dict messire Federic) plustost vng ornement qui accompaigne la chose que cestuy la faict que tromperie. Et
si cest tromperie / elle nest point a blasmer. Ne di-
sez vous pas aussi que de deux qui manient les ar

mes celluy qui bat son compaignon le trompe/&
cest pource quil a plus dart que laultre. Et si vous
auez vng iouyau qui se monstre beau hors doeu=
ure / & apres quant il est passe par les mains dung
bon orfeuure / qui en le mettant bien en oeuure le
face sembler beaucoup plus beau. Ne direz vous
pas que cest orfeuure trompent les yeulx de ceulx
qui le voyent / & touteffoys il meritent louange
de celle tromperie. Pour autant que les mains ma=
gistralles par art/ & bon iugement souuent adioin
gnent grace / & aornement / a lyuoire / a largent/
ou a vgne belle pierre en lenuironnant de fin or/
ne disons donc point que lartifice/ ou telle trom=
perie / Si vous la voulez ainsi appeller merite aul=
cun blasme. Dauantaige il nest pas desconuena=
ble que vng homme qui se sent valloir en vgne
chose cherche dextrement occasion de se mon=
strer en icelle. Et que pareillement il cache les
parties qui luy semblent peu louables / faisant
neautmoins le tout auec vgne certainne dissimu=
lation aduisee. Ne vous souuient il comment le
Roy Ferrand scauoit bien prendre les occasions
de se monstrer quelque foys en pourpoint / sans
faire semblant de les chercher. Et ce faisoit il /
pourautant quil se sentoit tresdispost. Et pour=
ce quil nauoit pas tresbelles mains / quant il ti=
roit a larc/ Iamais ne se ostoit les gans /& ny auoit
gueres de gens qui sapperceussent de ceste sienne
aduenture / Il me semble aussi auoir leu que Iulles
Cesar portoit voluntiers vng chappeau de Lau=
rier pour cascher son front/ & pour tenir sa teste fres=
che/ mais il fault estre fort saige/ & de bon iugemēt
endroict ses moyés pour ne sortir hors des limites

E ij

tes/car bien souuét lhôme pour fouyr vng erreur
tumbe en laultre. Et pour vouloir acquerir louäge
acquiert blasme/cest dôcques chose tresseure en la
maniere de viure/& au côuerser se gouuerner tous
iours auecques vgne mediocrite honneste qui ve
ritablement est vng tresgrant & ferme pauoys con
tre enuye q̃ lon doibt fouyr le plus que lon peult.
Ie veulx encores que nostre Courtisan se garde da
cquerir bruyt de méteur/& de esuenter ce que par
foys aduient a ceulx encores qui ne le meritent
point. Et pourtant fault quil soit tousiours aduise
en ses deuis de ne sortir point hors de vraye sem
blance/& de ne dire aussi trop souuent les veritez
qui ont apparéce de mensonge / comme plusieurs
qui iamais ne parlent que de miracles /& veullent
auoir tant dauctorite que toute chose incroyable
leur soit creue. Il y en a daultres qui au comman
cement donne accoinctance pour acquerir grace/
auec le nouuel amy le premier iour quilz luy par
lent iurent quil ny a personne au monde quilz ay
ment tant que luy / & quilz vouldroient volun
tiers mourir pour luy faire seruice / & semblables
choses hors de raison. Et quant ilz partent daue
cques luy font semblant de plorer /& de regret ne
pouuoir dire vng mot. Par ce moyen en voulant
estre tenuz trop amyables /ilz se font estimer men
songiers /& sotz flateurs/mais se seroit chose trop
longue & penible vouloir declarer tous les vices
qui peuuent aduenir en la maniere de conuerser /
au moyen de quoy suffist dire pour cela que lern de
sire au Courtisan oultre les choses induictes quil
soit tel que iamais bons propos ne luy faillent /&
quil sache se accommoder a ceulx a qui il parle.

Et auecques vgne certainne doulceur recreer les
efperitz des efcoutans/& par motz plaifans/& ren
contres difcrettement les induyre a refiouyffance/
& a rifee / de forte quil delecte continuellement/
fans iamais venir a fafcher/ny ennuyer. Ie penfe
que deformais ma dame Emille me donnera con=
ge de me taire/& fi elle me le reffufe/ie feray con=
uaincu par les miennes mefmes parolles de neftre
celluy bon Courtifan /dont iay parle. Car non feul
lement bons propos / lefquelz ne maintenant/ne
paraduenture iamais vous auez de moy entēduz/
mais auffi ces miens telz quilz font me deffaillent
entieremēt. Lors dict le feigneur Prefect en riant.
Ie ne veulx que cefte faulce oppinion demeure en
lentendement daulcun de nous que vous ne foiez
trefbon Courtifan / car certes le defir que vous
auez de vous taire procede pluftoft de vouloir
fouyr le trauail que de faulte de propos. Parquoy
affin quil ne femble/que en vgne compaignie fi
digne/comme eft cefte/& en vng deuis fi excellent
lon aye laiffe derriere aulcune partie / foyez con=
tent de nous enfeigner comment nous debuons
vfer de motz plaifans/dont vous auez faict nague=
res mention/& nous monftrer lart qui appartient
a toute cefte forte de dire plaifamment pour in=
duyre a ris/& ioyeufete auecques gentille manie=
re/car en verite il me femble que cela fert de beau=
coup / & eft fort conuenable au Courtifan. Mon=
feigneur (refpondit a lheure meffire Federic) les
rencōtres/& bōs motz fon pluftoft grace/ & dons
de nature que dart / lon treuue bien aulcunes na=
tions qui en cecy font plus promptes les vgnes
que les aultres/ cōme les Thofcans qui veritables

ment font treffubtilz/il me femble auffi que ce foit
chofe fort propre aulx Efpaignolz que dire de bôs
motz/mais lon en trouue plufieurs de cefte & de
toute aultre nation qui par trop parler paffent les
bornes/& deuiennêt ennuyeulx / & impertinens/
car ilz nont point de regard a la forte des perfonnes a qui ilz parlent/au lieu ou ilz fe trouuent/au
temps a la grauite / & a la moderation que eulx
mefmes deburcient maintenir. Alors le feigneur
Prefect refpondit. Vous nyez quil y ayt aulcun art
es rencontres. Et touteffoys difant mal de ceulx
qui ny gardent moderation/& grauite/& qui non
regard aulx temps/& aulx perfonnes a qui ilz parlent / il me femble que vous demonftrez que cela
fe peult encores enfeigner/& quil ayt en foy quelque difcipline.Ces reigles monfeigneur (refpondit meffire Federic) font tant vniuerfelles quelles
faccordent/& feruent a toutes chofes/mais iay dict
que es rencontres ny a point dart/pource quil me
femble que lon en trouue feullement de deulx fortes /defquelles lugne fettend en long parler/& con
tinue comme lon voyt daulcuns qui font des com
ptes auecques fi bonne grace & tant plaifamment/
& tellement expriment vgne chofe qui leur foit
aduenue/ou quil ayent veue/ou entendue quilz la
mettent deuant les yeulx auecques geftes / & pa-
rolles/& quafi la font toufcher au doid. Et cela par
aduenture fe pourroit appeller feftiuite/ou vrba-
nite a faulte daultre vocable/laultre forte de rencontre eft trefbriefue / & confifte feullement en
motz promptz/& fubtilz/comme fouuent lon en
ouyet entre nous/& encores de picquâs/& femble
quilz nayent point de grace fans vng peu de pain-

&ure . Et eſtoient nommez di&z par les anciens/
maintenant aulcuns les appellent argures. Ie dis
doncques que en la premiere maniere qui eſt celle
ioyeuſe narration / il neſt point beſoing daulcun
art;car nature meſme cree & forme les hommes a=
donnez a racompter plaiſamment / & leur donne
le viſaige/les geſtes / & les parolles appropriees a
contrefaire ce quilz veullent.Et la ſeconde des ar=
gures que peult faire lart . Comme ainſi ſoit que le
mot poingnant doibt eſtre ſorty/ & auoir donne a
la bouche auant quil ſemble que celluy qui le di&
y puiſſe auoir penſe / aultrement il eſt maiſgre / &
ne ſemble point bon/parquoy ieſtime que le tout
ſoit ouuraige de lentendement /& nature . Alors
meſſire Pierre Bembe print la parolle/& di& le ſei=
gneur Prefe&/ie ne vo⁹ nye point ce que vous di=
&es / ceſtaſſauoir que nature / & lentendement
nayent les premieres pars/meſmement en droi&
linuention/mais il eſt certain que en la penſee de
chaſcun / & ſoit lhomme dauſſi bon eſperit quil
peult eſtre naiſſent des conceptions bonnes / &
mauluaiſes / & plus & moins / mais le iugement
apres & lart les corrige / & lyme / & fai& election
des bonnes/& reffuſe. les mauluaiſes. A ceſte cauſe
laiſſez ce que appa. tient a lentendement/& nous
declarez ce qui conſiſte en lart/ceſt a dire des ren=
contres / & bons motz qui font rire / leſquelz
ſont connenables au Courtiſan / & leſquelz non/
& en quelque temps / & maniere lon en doibt
vſer / car ceſt cela que le ſeigneur Prefe& vous de=
mande. Alors meſſire Federic en riant va dire.
Il nya icy aulcun de nous / a qui ie ne excede en
toutes choſes / meſmement a rencontre/excepte

si paraduenture les sotties qui souuent font rire
les gens nestoient prinses pour rencontres plus
que les beaulx dictz . Et ainsi se tournant au Conte Ludouic / & a messire Bernard Bibianne dict.
Veez en cecy les maistres / desquelz il fault que pre
mieremét iapprengne ce que ie deburay dire se iay
a parler de motz plaisans. Le conte Ludouic respondit . Il me semble que desia vous comman-
cez a vser de ce dont vous dictes ne scauoir rien /
cestassauoir de vouloir faire rire la compaignie en
vous mocquant de messire Bernard & de moy / car
chascun deulx scait que ce dont vous nous louez
est en vous beaucoup plus excellemmét / par quoy
si vous estes las il vault mieulx demander grace a
ma dame la Duchesse que elle face differer le reste
du propos a demain / que vouloir se desmesler de
la couruee auec tromperie. Messire Federic commancoit a respondre / mais ma dame Emille soubdainnement lentrerompit / & dict. Ce nest pas lor-
donnance que la disputation se consomme en
vostre louange / il suffist que vous estes tous assez
congneuz / mais pource quil me souuient encores
que vous comptay hier au soir vous me donna-
stes imputation que ie ne partoye esgallement les
armes . Il sera bon que messire Federic se repose
vng peu / & nous donnerons la charge de parler a messire Bernard Bibianne / car non seullement nous le congnoissons tresplaisant au parler
quotidian / mais auons souuenance quil nous a
promis plusieurs foys vouloir escripre de ceste matiere / & pourtant nous pouuons croire quil y ait
desia bien pensé / & que pour ceste cause il nous
doibue parfaictement satisfaire & apres que lon

aura parle des rencõtres/meſſire Federic pourſuy=
ura ce que luy reſte a dire. Alors meſſire Federic/
ma dame (dит ii) ie ne ſcay ce que plus me reſte/
mais a la mode dung Pelerin qui eſt ia las de la
peine du long chemin/ſur le mydi ie me repoſeray
au propos de meſſire Bernard/& au ſon de ſes pa=
rolles comine ſoubz lombre de quelque gracieulx
arbre au doulx bruyt dugne viue fõtaine, & apres
que ie ſeray vng peu reſtaure ie pourray dire quel=
que aultre choſe. Meſſire Bernard reſpondit en
riant. Si ie vous mõſtre la teſte vous verrez quelle
vmbre lon peult attendre des fueilles de mon ar=
bre.Au regard douyr le bruyt dicelle viue fontaі=
ne par aduenture quil vous aduiendra/car ie fuſt
iadis conuerty en vgne fontaine/non par aulcun
des dieulx anciens: mais par noſtre frere Naciã &
depuis iamais leaue ne meſt faillie. Alheure chaſ=
cun commanca a rire/car le compte que entendoit
meſſire Bernard/eſtoit congneu a tous pour eſtre
entretenu a Romme en la preſence de Galliot Car=
dinal de ſainct Pierre a vincula. Quãt on eut ceſſe
de rire ma dame Emille diſt. Laiſſez pour ceſte
heure a nous faire rire en employãt les motz plaiſ=
ſans/& nous enſeignez comment nous en debuõs
vſer & dont on les tire & tout ce q̃ vous cõgnoiſ=
ſez ſur ceſte matiere.Et pour ne perdre pl⁹ de tẽps
commancerez deſormais. Ie doubte(diſt meſſire
Bernard) quil ſoit tard: & affin que mon parler de
plaiſanteries ne ſoit deſplaiſant & faſcheulx par
aduenture quil ſeroit bon le differer iuſques a des
main. Lſ pluſieurs reſpondirent ſoubdainnement
que de grand piece ne ſeroit lheure quon auoit ac=
couſtume de mettre fin aulx deuis. Lors meſſire

Bernard se tournant vers ma dame la Duchesse &
madame Emille. Ie ne veulx fuyr dict il ceste peine
combien que ainsi comme iay dict de coustume ne
mesmerueiller de laudace de ceulx qui presument
chanter sur les lucz deuãt nostre Iacques de sainct
Segoud. Aussi ie ne deburoys pler des bons motz
en presence dauditeurs qui beaucoup mieulx enté
dent ce que iay a dire que moymesme i toutessoys
pour ne donner occasion a aulcun des assistans de
refuser chose qui leur soit enchargee i ie diray le
plus briefuement quil sera possible ce que ie scay
& entendz des choses qui mouuent a rire. Ce qui
nous est si propre que pour descrire lhomme lon a
accoustume de dire quil est vng animal risibile: car
se ris se voit seullement aulx hommes i & est quasi
tousiours tesmoing dugne certainne resiouyssan=
ce que lon sent au dedans du couraige qui de sa na
ture est tire a plaisir i & appette repos & se recreer
dont nous voyons beaucoup de choses trouuees
par les hommes pour cest effect comme les festes:
& tant de diuerses sortes de spectacles. Et pource
que nous aymons ceulx qui sont cause de telle no
stre recreatiõ i les Roys anticques i les Rommains i
les Atheniens i & plusieurs aultres auoient de cou
stume de faire de grãdz theatres & aultres publica
ques ediffices pour acqrir la bien vueillãce du peu
ple & paistre les yeulx & les cueurs de la multitu=
de i & la monstrer nouueaulx ieulx: courses de che
uaulx & de chariotz i combatz estrãges i animaulx i
comedies i tragedies & morisques i & si nestoient
seuerez philosophes abhorrans de telles veues i
ains souuent par bancquetz & spectacles i de telle
sorte recreoient leurs entendemens trauaillez en

leurs haulx & profondz difcours & diuins penfe=
mens qui eft chofe que toutes qualitez dhommes
font encores voluntiers / car non feullement les la
boureurs des champs / les mariniers & to   ·lx
qui ont durs & afpres exercices en main / n·
fainctz religieulx / les prifonniers qui dheur   n
heure attendent la mort / vont neautmoins cher=
chant qlque remede & medecine pour foy recreer.
Tout ce docques qui faict rire refiouyft lefperit &
luy donne plaifir / & ne permect q fur celluy point
lhôme fe fouuiéne des moleftes ennuyeufes /dont
toute noftre vie eft plaine /au moyen dequoy le ris
(côme vous voyez) a tous eft trefaggreable & faict
beaucoup a louer celluy qui le fcayt mouuoir a
temps & en bonne maniere/mais quelle chofe foit
ce ris & ou il demeure & en quelle facon par foys
il no⁹ occupe les veines / les yeulx la bouche & les
coftez/ & femble quil no⁹ vueille faire creuer / telle
ment que par force nous y mettôs / il neft poffible
de le retenir / ie le laifferay difputer a Democritus
leql fi par aduéture il pmettoit le declarer /auroit
affez a faire a le fcauoir dire. Le lieu docqs & quafi
l⁹ fontaine la ou naiffent les rifees côfiftét en vgne
      .inne difformite /car lon rit feullemét des chos
fes qui en foy ont defcôuenâces qui femblent eftre
mal feantes / fans q touteffoys elles foient mal / ie
ne levo⁹ fcauroye aultremét declarer /mais fi vo⁹ y
péfez en vo⁹ mefmeš /vo⁹ verrez q quafi toufiours
ce dequoy lon rit eft vgne chofe qui ne conuient
pas:& touteffoys elle ne fciet point mal. Or quelz
foient les moyens dont le Courtifan doibue vfer
pour faire rire & iufques a quel limite. Ie mefforce
ray le vous dire en tant que mon iugement me le

monftrera: car il neft pas toufiours conuenable au
Courtifan de faire rire / ny en celle maniere q̃ font
les yurongnes/les folz/les fotz / les nuais / & mef=
mement les buffons: & combien quil femb! que
cefte forte de gens foit requife par les cours:toutef
foys ilz ne meritent point eftre appellez Courti=
fans:mais chafcun par fon nom / & deftre eftimez
telz quilz font. Il fault auffi diligemment confide=
rer le but & la mefure de faire rire en poignãt & re
garder qui eft celluy que lon poingt/car lon ne in=
duyt point a rire en fe mocquant dũg miferable
& calamiteulx/ny encores dũg mefchãt & maul=
uais garnement publicque : car il femble que telle
gens meritent plus griefue pugnition que deftre
mocquez / & les entendemens humains ne font
point inclinez a fe mocquer des miferables / exce=
pte filz neftoient telz q̃ en leur infelicite ilz fe van
taffent & fuffent orgueilleulx & arrogãs. Lõ doibt
auffi auoir efgard a ceulx qui font vniuerfellemẽt
aggreables & aymez de chafcun & puiffans:car par
foys en fe mocquant de ceulx cy lhomme fè pour=
roit acquerir des inimitiez perilleufes /parquoy eft
chofe conuenable fe mocquer & rire des vices/ co=
loquez en perfonnes qui ne foient tant miferables
quelle mouuẽt compaffion / ne fi mefchantes quil
femble quelles meritẽt deftre condãpnees a peine
capitalle/ne fi fort grandes que vng leur petit def=
pit puiffe faire grand dõmaige. Vous debuez enco
res fcauoir que des lieulx & paffaige dont lon tire
motz pour faire rire/ lon peult femblablemẽt tirer
des fentences graues pour louer & pour blafmer.
Et quelque foys auecques les mefmes parolles cõ=
me pour louer vng hõme liberal quimect fes biẽs

en commun auecques fes amys / lon a accouftume
de dire que ce quil a neft pas fien / le femblable fe
peult dire pour reproche dung qui aît defrobe ou
acquis ce quil a par aultres indeuz moyens . Lon
dict auffi pour la louange dugne femme/ ceft vgne
dame qui emporte beaucoup / la voulant louer de
fzigeffe & de bôte. Et touteffoys celluy qui la voul
droit blafmer pourroit dire le femblable fignifiât
q ce fuft vgne fême defcarmouche/mais il aduient
plus fouuent feruir des mefmes lieulx & paffaiges
a ce propos que des mefmes parolles /côme nague
res que eftant a la meffe en vgne efglife troys gen
tilzhômes & vgne damoyfelle que lung des troys
feruoit en amours / il furuint vng pauure mendiât
lequel fe mettant deuant la damoyfelle / luy coms
manca a demander laulmofne /& la gemiffant auec
ques vgne voix lamentable & grande importunite replicqua plufieurs foys fa demande/ce nonobftant iamais elle ne luy donna laulmofne ny auffi
la luy reffufa /mais fe tint toufiours en vng eftat cô
me fi elle penfoit aillieurs.Le gentilhomme amou
reulx dict a lheure a fes deulx côpaignons.Regar-
dez ce que ie puis efperer de ma maiftreffe qui eft
fi cruelle que non feullement elle ne donne point
laulmofne a ce pauure nud mort de fain /qui en fi
grande affection & tant de foys la luy demande/
mais encores ne luy donne elle pas congè tant eft
elle aife de veoir deuât foy vgne perfonne qui lâ-
guyffe en mifere/ & en vain luy crie mercy. Lung
des deulx refpondit. Cela neft pas cruaulte / mais
eft vng fecret enfeignement de cefte damoyfelle
pour vous /vous faifant congnoiftre quelle ne côs
plaift iamais a ceulx qui la requierent par importu

nite.Lautre respondit.Mais est laduertir que com
bien quelle ne donne point ce que lon luy deman
de/neautmoins il luy plaist den estre priee. Voyez
que de non auoir ceste damoyselle donne cõge au
pauure nasquit vng mot de seuere blasme/vng aul
tre de louange moderee/ & vng aultre de poignan
te morsure.Or pour retourner a declarer les sortes
des bons motz appartenãs a nostre propos/ ie dis
que selõ mon oppiniõ lon en trouue de troys ma
nieres.Encores que messire Federic ayt seullemẽt
faiet mention de deux / cestassauoir de celle cour
toyse & plaisante narration cõtinuee qui cõsiste en
leffect dugne chose:& de la soubdainne & subtil
le promptitude qui gist en vng seul mot / au moyẽ
dequoy nous y adioindrons la tierce differẽce que
lon appelle bourdes ou mocqueries/esquelles en
treuiennẽt les narrations longues / les briefz dict
& quelques operations ensemble. Les premieres
doncques qui consistent en parler cõtinue sont de
telle maniere /quasi cõme quãt lon faictvng cõpte.
Et pour vous en dõner lexemple. Alheure ﬃ mou
rut Pape Alexandre sixiesme / Pierre tiers sut cree
Pape estãt a Romme & au palays/messire Anthoi
ne Aiguel/vostre mantouan madame. Et cõme il
deuisoit de la mort de lung & creation de laultre:
& en faisoit diuers iugemens auec certains de ses
amys:il se print a dire.Messeigneurs des le tẽps de
Catulle les portes cõmancerẽt a parler sans lãguer
& ouyr sans oreilles:& en telle facõ descouurir les
adulteres/maintenãt si bien les hõmes ne sont de
si grãd valleur:comme ilz estoient en ce tẽps la:par
aduenture ﬃ les portes(dont lon en faict plusieurs
a Romme) de marbres anticques / ont encores la

mesme vertu quelles auoyent a lheure. Et quant a
moy ie cuyde q̃ ces deulx icy nous scauront esclar=
cir toutes noz doubtes si nous les voulõs scauoir
delles. A ce parler les gentilzhommes qui estoient
auecques luy demeurerent fort suspendz & atten=
doyent ou sortiroit la chose. Quãt messire Anthoi
ne continuant daller deuant & derriere haulsa les
yeulx comme a limpourueu a lugne des deulx por
tes de la salle ou ilz se pourmenoient. Et en se arre=
stant vng peu monstra auec le doid a ses compa=
gnons/linscriptiõ dicelle qui estoit le nõm du Pa=
pe Alexãdre. A la fin duq̃l y auoit vng V/& vng I/
affin quil signifiast comme vous scauez sixiesme/&
dist regardez que ceste porte dit. Alexandre pape
VI. Qui veult signifier quil a este Pape par la force
delaquelle il a vse/& sen est ayde plus que de la rai
son. Or voyons si de cest aultre nous pouuons en=
tendre quelque chose du nouueau Pape. Et se tour
nant comme daduenture a laultre porte monstra
linscription dugne. N. deulx. P P. & vng. V. qui si=
gnifioit. Nicolaus Papa. V. & dist soubdainnemẽt.
O mon dieu voicy mauluaises nouuelles/ceste por
te dict. Nichil Papa valete. Voyez cõment ceste sor
te de plaisans motz a du gentil & du bon/ & com=
me elle est cõuenable a vng homme de court/soit
vray ou faulx ce quil racõpte: car en tel cas il est liti
te a lhomme de faindre ce quil luy plaist sans mal
engin/ & en disant la verite laccoustrer auecques
quelque petite mensonge en croissant & dimi=
nuant ainsi quil est besoing/ mais la parfaicte gra=
ce & vraye vertu de cecy/ gist a demonstrer si bien
& sans peine/ tant par les gestes comme par les
parolles ce que lhomme veult exprimer/quil sera

ble a ceulx qui lescoutent veoir deuant les yeulx
faire les choses que lon racompte / & si grand force
a ceste facon de ainsi exprimer q̃ par foys elles ac
coustre & faict plaire souuerainnement vgne cho
se qui en soymesme ne sera point fort plaisante ne
desperit / & combien quen ces narrations soient re
quis les gestes & celle efficace qui est en la viue
voix / neautmoins lon congnoist encores quelque
foys leur vertu en escripture. Qui se peult tenir de
rire quant en la huytiesme iournee des ces centz
nouuelles / Iehan Boccace racompte cõmẽt le pre
stre Varlongue sefforcoit de bien chãter vne kyrie
& vng Sanctus / quant il sentoit que bellecouleur
saínye estoit dedans lesglise. Il ya aussi de plaisan
tes narrations & nouuelles on il parle de cela & en
plusieurs aultres / & semble que de la mesme sorte
soit faire en contrefaisant ou en imittant comme
nous voulons dire. En laquelle profession ie nay
veu nul plus excellẽt que nostre messire robert de
Bar. Ce ne seroit pas peu de louange (dist messire
Robert) si elle estoit vraye / car certainnemẽt ie
mettroye peine de plus tost imitter le bien que le
mal / & si ie me pouuoye faire semblable a quelq̃s
vngz que ie congnois / ie me tiendroye pour bien
heureulx / mais ie doubte ne sçauoir aultres chose
imitter que celles qui font rire / & vous auez dict
vng peu deuant quelles consistent en vice messire
Bernard respondit. Ouy en vice / mais qui pour
tant ne sçiet point mal. Et debuez sçauoir que ceste
imitation dont nous parlons ne peult estre sans
esprit / car oultre la maniere dacommoder les pa
rolles / & les gestes & mettre deuant les yeulx des
assistãs le visaige & les façons de celluy de quion
parle

parle / il fault estre prudent & auoir grand regard
au lieu au temps / & aulx personnes a qui lon parle / & ne venir point iusqs a la buffonnerie / ne sortir des limittes qui sont choses que vous gardez
merueilleusement bien / parquoy iestime que vo9
les congnoissiez toutes / car en verite il ne seroit
point conuenable a vng gentilhomme faire vng
visaige plorant & riant / contrefaire la voix / lucter
tout seul comme faict Berthauld / se vestir en paysant deuant chascun comme Strassin. Et telles cho
ses qui en eulx sont tresconuenables pour autant
que cest leur profession / mais a nous come en passant robet a cachettes ceste imittation en gardant
toussours la dignite de gentilhomme sans dire pa
rolles villainnes ou faire actes / moins que hones-
tes sans se destordre le visaige ou la personne sans
getenement / mais faire les mouuemes en vgne certainne maniere que ceulx qui oyent & voyent en
presupposent beaucoup plus par noz parolles &
gestes quilz nen voyent & quilz nen oyent / & que
ce soit la cause qui les induyte a rire. Lon doibt encores en ceste imittatio euiter destre trop poignat
a reprendre mesmement les difformitez du visaige ou de la personne / car si come les vices du corps
donnent souuent de belles matieres de rire a qui
discrettement sen scait ayder. Pareillemet vser de
celle mode trop aigrement est chose appartenant
non seullement a vng buffon / mais aussi a vng ennemy / parquoy est besoing / combien quil soit difficille tenir en cest endroit come iay dict la maniere de nostre messire Robert qui contrefaict chascu.
Et nosans les poingdre es choses ou ilz sont des-
saillans & en leur mesme presence. Et touteffoys

ny a perfonne qui fen trouble/ny me femble quil le
puiffe tenir a mal/dont ie ne donneray aulcun exē
ple par ce que chafcun iour nous en voyōs en luy
infinis.Dauantaige moult induyt a rire vgne cho
fe cōtenue foubz la narration qui eft recitee auec
que bōne grace/aulcunes imperfections daultruy
pourueu quelles foient moyennes & non pas dignes de plus grande pugnition / comme par foys
les fimples fotties accompaignies dung peu de
prompte follie & poignante. Et pareillement certainne affectations extremes quelque foys vgne
grande & bien compofee menfonge/ comme racō
pta nagueres noftre meffire Cefar vgne belle fotte
rie qui fut que fe trouuant auecques le poteftat de
celle ville / il veit venir vng payfant fe plaindre
quon luy auoit robbe vng afne. Ceftuy cy apres
quil eut parle de fa pauurete & de la tromperie qui
luy auoit efte faicte par le larron pour faire fa perte
plus grande fe print a dire. Monfeigneur fi vous
auyez veu mon afne vous congnoiftriez encores
plus combien iay raifon de me plaindre / car quāt
il auoit fon baft fur le dos il fembloit proprement
vng Tulle . Et vng des noftres fe rencontrant en
vng troppeau de chiefures/au deuant defquelles
eftoit vng grand bouc fe arrefta / & auecques vng
vifaige plain de merueille fe print a dire. Regardez le beau bouc il femble vng fainct Paul. Le feigneur Gafpard dift en auoir congneu vng aultre
lequel eftant feruiteur ancien du Duc Hercules de
Ferrare luy auoit donne de fes petitz enfans pour
paiges /mais deuant que le pouuoir venir feruir ilz
eftoient mortz tous deux. Quoy entendant le fei
gneur amyablement fe condolut auecques le pere

en difant quil luy pefoit moult:car a les auoir veuz
vgne feulle foys ilz luy eftoiét femblez fort beaulx
& difcretz enfans. Le pere luy refpondit. Monfei-
gnenr vous nauez rien veu:car depuis peu de téps
en ca ilz eftoient deuenuz beaucoup plus beaulx
& vertueulx q̃ ie neuffe iamais peu croyre : & defia
chãtoient par enfemble comme deux efperuiers.
Et lung de fes iours paffez fe eftant arrefte vng de
noz aduocatz a veior vng homme qui par fentence de iuftice le bourreau foytoit a lentour de la pla
ce & ayant côpaffion de ce que le pauure malheureulx encores que les efpaulles luy faygnaffent
afprement alloit auffi bellement comme fil fe feuft
pourmene pour paffe temps a fon plaifir luy dift.
Chemine pauure homme & fortz vifte de cefte pel
leterie. Alheure le bon homme fe tournant vers
luy & le regardãt quafi par merueille fe arrefta vng
peu fans parler:& puis dict.   Quant tu feras foyte
tu yras a ta guyfe / & ie vueil maintenant aller a la
mienne. Vous debuez encores vous fouuenir de la
lourderie que Monfeigneur le Duc racompta nagueres dung certain abbe / lequel eftant vng iour
prefent que le Duc Federic parloit de ce que lon
debuoit faire dugne fi grande quantite de terre
comme eftoit celle que lon auoit tiree pour faire
les fondemens de ce Palays ou lon befongnoit
continuellement / labbe fe print a dire Monfeigneur iay trefbien penfe ou lon la puiffe mettre.
Ordonnez que lon face vgne trefgrande foffe &
la lon la pourra geéter fans aultre empefchement.
A quoy le Duc Federic refpondit : mais ce ne fut
pas fans rire. Et ou mettions nous la terre que
lõ tirera de cefte foffe : Labbe replicqua. Faiétes la

faire si grande que lugne & laultre y puisse demou
rer. Ainsi combien que le Duc plusieurs foys re=
plicquast que quant plus la fosse se feroit gran=
de/tãt plus de terre on en tireroit / iamais ne peut
entrer en la teste de Labbe que lon ne la peust fai=
re si grãde que lon y peust mettre lugne & laultre/
& iamais ne respondit aultre chose sinon faictes la
tant plus grande. Or voyez quelle bonne estime
auoit cest Abbe. Lors dist messire Pierre Bembe.
Et pourquoy ne dictes vous celle de vng vostre cõ
missaire florentin/lequel estant assiege au chasteau
de la Castelline par le Duc de Calabre/ & ayãt este
trouue vng iour dedans quelque viretons empoy
sonnez qui auoient este tirez par ceulx de dehors/
escripuit au Duc que si lon venoit a faire la guerre
ainsi cruelle / il feroit aussi mettre de la medecine
sur les bouletz de lartillerie / & puis qui en auroit
le pis son dam: messire Bernard se print a rire &
dist. Messire Pierre si vous ne vous tenez coy/ie di
ray toutes celles q̃ moymesmes ay veues & ouyes
de voz Venitiens/& mesmement quant ilz veullẽt
faire des cheuaucheurs. Non pour lamour de dieu
(respondit messire Pierre Bẽbe)& ien tairay deulx
aultres belles q̃ ie scay des florentins. Ce doibuẽt
estre plus tost dist messire Bernard Senois/qui biẽ
souuent se y laissent tumber comme nagueres vng
qui au cõseil oyant lire certainnes lettres ou pour
nõ dire tãt de foys le nõ de celluy don lõ parloit/
estoit recite ce mot icy prelibato / qui signifie le
dessusdict / se tourna a celluy qui lysoit & luy dist.
Arrestez vo. vng peu la/& me dictes / ce prelibato
est il amy de nostre communite/cuydãt que ce fust
le nom propre dung hõme. Messire Pierre Bembe

fe meift a rire /& puis apres dift.Ie parle des Florētins & non des Senoys. Dictes dōc franchement
(refpondit ma dame Emille) & nayez point tāt de
refpectz.Meffire Pierre Bembe pourfuyuit.Quant
les Florentins faifoient la guerre cōtre les Pyfans/
ilz fe trouuerent quelque foys efpuifez dargent
pour la groffe defpenfe qui leur couenoit foubfte-
nir.Et vng iour q̃ on parloit en confeil du moyen
den trouuer pour les affaires que lon auoit.Apres
que lon eut propofe plufieurs partiez/ il y eut vng
citadin des plus anciēs qui va dire. Iay pēfe deulx
moyens par lefquelz fans grande difficulte nous
pourrons trouuer vgne bonne fomme dargent.
Lung eft pource que nous nauōs point de reuenu
plus comptant que les gabelles des portes de Flo
rence.Ainfi que nous auōs vnze portes que nous
en faciōs foubdainnemēt faire vnze aultres.Et par
ce moyen nous redoublerons ce reuenu. Laultre
moyen eft que lon donne ordre que les fecques
foient incontinent ouuertes a Piftoie & Aprei ne
plus ne moins que a Florence / & que lon ne face
aultre chofe le iour & nuyct que battre la mōnoye
& que ce foiēt tous ducatz dor. Ft me femble que
ceft expediĉt eft le plus brief & de moindre defpē-
ce.Lon rift fort de la fubtille apparceuance de ce
Citadin. Et quāt les ris furēt ceffez ma dame Emil
le va dire. Endurez vous meffire Bernard que mef
fire Pierre fe mocque ainfi des Florētins fans vo⁹
reuenger.Meffire Bernard refpōdit en riant.Ie luy
pardonne cefte iniure /car fil ma faict defplaifir en
fe mocquant il ma fatiffaict en vous obeyffant / ce
que moymefme vouldroye toufiours faire. Alors
meffire Cefar dift. Iouys dire a vng Breffan vgne

belle grofferie/lequel ayant efte a Venife cefte an=
nee a la fefte de Lafcention comptoit en ma prefen
ce ᷑ aulcuns de fes compaignons les belles chofes
quil y auoit veues/& combien de marchandifes il
y auoit/de vaiffelle dargent/defpiceries/de draps
de layne/dor & de foye ᷑ & comment la feigneurie
eftoit fortie en grand pompe/& montee fur le Bu=
cintore ᷑ qui eft vng nauire faict a la facon dugne
triumphante maifon pour aller efpoufer la mer/
dans lequel Bucintore y auoit tant de gentilzhom
mes bien veftuz / tant de fons dinftrumens & de
ioyeufe muficque quil fembloit vng paradis. Et
quant vng de fes compaignons luy demãda quel=
le forte de muficq̃ entre celles quil auoit la ouyes
plus luy auoit pleu/il dift. Elles eftoient toutes bõ
nes/mais entre les aultres ie veiz vng homme qui
fonnoit d'vng certainne trõpette eftrãge/ & coup
a coup il fen fourroit dans la gorge plus de deulx
paulmes /& puis incontinent la tiroit/& de rechief
fe la refourroit en facon que vous ne veiftes oncq̃s
fi grand merueille. Lors tous fe prindrent a rire cõ
gnoiffant le fol penfement de ceftuy la qui auoit
imagine que ce meneftrier fe fourraft en la gorge
celle partie de la facqueboute qui fe cache en ren=
trant. Alheure meffire Bernard dift ᷑ les affectatiõs
moyennes engendrent fafcherie/mais quant elles
font hors de mefure elles induifent; fort a rire/cõ
me par foys lon en oyt fortir de la bouche daulcũs
touchant leur grandeur/ touchant leftre vaillant/
toufchant la nobleffe quelque foys/ auffi des fem=
mes/touchãt la beaulte & mygnotife/ comme feift
ces iours paffez vgne damoyfelle/laquelle fe trou
uant toute morne & penfiue/ il luy fut demande a

quoy elle penfoit/qui la feift femble ainfi mal con
tente. Elle refpondit . Ie penfoys en vgne chofe
que toutes les foys qui! men fouuient elle me don
ne vng merueilleulx ennuy / & fi ne me la puys
ofter de la fantafie/ceft que ayans tous les corps a
reffufciter le iour du iugement vniuerfel/& compa
roir tous nudz deuant le throfne de Iefus Chrift.
Ie ne puis porter la peine q̃ ie fentz en péfant quil
fault que lon voye auffi le myen tout nud. Telles
affectations pource quelles paffent les limittes el=
les induifent pluftoft rifee que fafcherie; mais les
belles menteries bien ordonnees vous fcauez to⁹
comment elles mouuent a rire. Et lamy que vous
congnoiffez qui ne nous laiffe point auoir defaul
te!Ces iours paffez men racompta vgne fort excel
lente.Lors dict le Magnificque Iulien.Quelle foit
cóme vous vouldrez/ fi ne fcauroit eftre plus excel
lente/ne plus fubtille q̃ vgne/ q̃ vng Toufcan mar
chãt Lucoys no⁹ affermoit laultre iour pour chofe
trefaffeuree. Cóptez la dift ma dame la Ducheffe/
& le Magnificque refpódit en riãt. Ce marchã: có
me il dift fe trouuãt vgne foys en Poulógne defli=
bera dachapter vgne quãtite de martres fublynes
faifant cópte de les mener en ytalie & de gaigner
beaucoup deffus:& apres plufieurs praticq̃s quant
il veit qui ne pouuoit aller en perfonne en Mofco
uye a caufe de la guerre qui eftoit entre le Roy de
Poulongne & le Duc de Mofcouye! il dóna ordre
q̃ a vng iour determine certains Marchãs Mofco=
uyens viendroient aulx cófins de Poulógne auec=
ques leurs martres fublynes ou il promift auffi de
fe trouuer pour faire le trafic. Or allant le marchãt
Lucoys auec fes compaignons vers Mofcouye / il

atriua a la riuiere de Boriftenes ı qu'il trouua toute
glacee comme marbre : & veit que les Mofcouyens
lefquelz eftoiēt auffi en doubte pour le foufpecon
de la guerre ı eftoient ia deffus laultre riue : mais ilz
ne fapprochent point de plus pres que de la lar=
geur de la riuiere . Quant doncques ilz fe furent
entrecongneuz lung laultre par aulcuns fignes
quilz fentrefeirent. Les Mofcouyens commance=
rent a parler hault ı & demandoient le pris quilz
vouloient de leurs martres fublynes ı mais le froit
eftoit fi extreme quilz neftoient point entenduz
pource q̃les parolles fe geloyēt en lair auant q̃lles
arriuaffent a laultre ryue ou eftoit le Lucoys auec=
ques fes truchemens ı & la demouroiēt prinfes &
glacees ı de forte que les Poulōgnoys qui fcauoiēt
la couftume prindrēt pour le plus expediēt de fai=
re vng grand feu au beau meillieu de la riuiere ı car
a leur aduis ceftoit la le terme ou la voix arriuoit
encores chaulde auant quelle fuft furprinfe par la
glace. Et auec ce la riuiere eftoit tant ferme & dure
quelle pouuoit bien foubftenir le feu. Cela donc=
ques faict les parolles qui par lefpace dugne heure
auoient efte glacees commancerent a fe degeffer &
venir en bas en murmurant cōme la naige des mō
taignes au moys de may. Et par ce moyen furēt in=
continent trefbien entendues combien que ceulx
de laultre ryue feuffent defia partis ı mais pource
qui luy fembla que les parolles demandoiēt trop
grand pris pour les martres fublines : il ne voulut
pas accepter le marche ı & ainfi fen retourna fans
en apporter ı Alors tous fe prindrēt a rire. Et meffi
re Bernard En verite (dift il) celle q̃ ie veulx vous
racompter neft pas fi fine : mais elle neft moins bel

leı& eſt telle.Nagueıes oue en parlant du païs ou
mõde nouueau q̃ les mariniers Portugalois ont
trouue : & des diuers animaulx & aultres choſes
quilz rapportent de la en Portugal. Lamy que ie
vous ay dict afferma auoir veu vng cinge de forme
treſdifferẽte des aultres q̃ nous auons accouſtume
deveoir qui iouoyt aux eſchetz parfaictemẽt bien.
Et entre autreſſoys vng iour eſtant deuant le roy
de Portugalıle gentilhõme qui lauoit amene auec
ques luy iouant aux eſchetzıle cinge ioua alucuns
traictz treſſubtilzıde ſorte que il le preſſa fortı& a
la parfin luy donna mat.Dont eſtant le gentilhõ=
me trouble comme ont de couſtume deſtre tous
ceulx qui perdẽt a ce ieuıil print a la main ſon roy
qui eſtoit grant comme ſont ceulx dont vſent cõ=
munement les Portugaloisı& en donna vng grãd
coup ſur la teſte du cinge qui ſoubdainnemẽt ſaul
ta a quartier en ſe plaignant fortıtellemẽt quil ſem
bloit quil demandaſt iuſtice au roy du tort quon
luy faiſoit.Apres le gentilhomme le ſemonnit a
reiouerı& luy ayant quelque eſpace de temps reffu
ſe par ſignesıFinablement ſe mect a reiouer de re=
chef & le reduiſit encores a mauluais termes ı ainſi
quil auoit faict laultre fois. A la parfin voyant le
cinge quil pouuoit donner eſchet & mat au gentil
hõmeı& ſe voulant aſſeurer par vgne nouuelle ma
lice de neſtre plus batuıtout bellement ſans faire
ſemblant de y toucher meiſt la main dextre ſoubz
le coulde gauche du gentilhomme qui le repo=
ſoit par mignotiſe ſur vng oreillier de taphetası&
layant viſtement oſte en vng meſme inſtant auec
la main gauche luy donna mal de pyonı& auec la
dextre ſe meiſt loreiller ſur la teſte pour faire bou=

clier côtre les coups:& puis feift vng fault ioyeufe=
ment deuant le roy quafi pour tefmoignage de fa
vicoire. Or regardez fi ce cinge eftoit faige/ pru=
dent & aduife/Lors meffire Cefar Gonfaigue. Ceft
paraduenture (dift il)ceftuy la qui eftoit docteur
entre les aultres cinges & de grande auctorite &
penfe que la republicque des cinges Indiens len
uoyaft en Portugal pour acquerir reputation en
pays incongneu. Chafcun fe print a rire tant de
la menfonge que de ladioincte / que auoit faicte
meffite Cefar. Ainfi en continuant le propos meff=
fire Bernard dift/ Vous auez entendu ce quil me
femble des rencontres qui font en leffect & parler
continue/ par quoy il eft bon maintenant parler
de ceulx qui confiftent en vng feul mot / & ont
celle ague promptitude affife brefuement en la
fentence ou en la parolle: & fi comme en la premie
re forte de rencontrer lon doibt fouyr en racom=
ptant & contrefaifant de refembler aux buffons &
parafites / & a ceulx qui induyfent les gens a rire
par leurs fotteryes : Pareillement en ce brief par=
ler le courtifan fe doibt garder de ne refembler ma
ling ne venymeux/ & de dire motz & arguces feul
lement pour faire defpyt a aultruy /& toufcher au
vif/ Car telles gens bien fouuent pour le peche
de leur langue a bon droict font pugniz par tout
le corps . Au regard doncques des rencontres
promptz & qui confiftent en vng brief mot:ceulx
la font trefaguz qui naiffent de lambiguite /com=
bien quilz ne induifent pas toufiours a rire:pour
ce que plus toft ilz font louez pour ingenieux que
pour induifant a rire.

Icy meet laucteur vng exemple dung equiuoc=

que dung mot feul / dont larguce qui eft bonne
en Italien ne vault rien en Francoys / par ce quil
ny a point de conformite au langaige quãt au dict
mot/parquoy ne ma femble le debuoir tranflater.
Mais pource que ces motz ambiguz tiennent mer
ueilleufement de lambigu/pource que lon y peult
prendre les parolles en fignification differente de
ce que tous les aultres le prennent/il femble com=
me iay dict que plus ilz mouuët merueille que ri=
fee / excepte quant ilz font conioinctz auecques
vngne aultre maniere de rencõtre.Par ainfi la forte
des bons motz / dont lon vfe plus pour faire rire/
eft quant nous attendons douyr vgne chofe / &
celluy qui refpond en dift vng aultre/& la nomme
lon hors doppinion / & fi lambiguite y eft con=
ioinct le mot deuiët trefaffaifonne.Icy mect exem=
ple noftre aucteur dung aultre equiuocque diuife
en deux motz. Et pource que luy ne le precedant
nont point de proximite ne reffemblãce a la lãgue
Fancoyfe/& quon, ne les y fcauroit reprefenter en
facon quil gardaffent la grace quilz ont en Italye/
nous les auons expreffemët obmis aduertiffant le
lecteur que la lãgue Frãcoyfe eft neautmoins beau
coup plus riche de telle maniere de parler que neft
Lytaliëne.Mais il ya pluffieurs fortes de motz am
biguz/parquoy eft befoing y prëdre garde/& tref=
fubtillemët choifir les parolles/ & fouyr celles qui
font le recõtre maifgre/ou quil femble qlles foient
tirees par les cheueulx/ou felon ce que nous auõs
dict/qui tiennent trop de laigre & poignant/com
me eftans certains gentilzhommes en la maifon
dung leur amy /lequel auoit perdu vng oeil & con
uoyãt ce borgne la compagnie de demourer a dif=

ner auecques luy/tous sen voulurēt aller fors vng
qui dist/& ie y veulx demourer/car ie voy quil ya
place vuyde pour vng.Et en disant cela monstra le
creux de loeil vuyde.Regardez ꝙ ce mot est asprel
& trop mal courtoys/car il poignyt cestuy la sans
cause & sans auoir este p̄mieremēt picquel &si dict
ce que lon pourroit dire contre tous les borgnes:
Aussi telles choses vniuerselles ne delectēt point/
car il semble/quelles puissent estre pensees.Et de
ceste sorte fut le mot dict a vng qui estoit sans nez:
Et ou pēdz tu les lunettes/ou auecꝗs quoy sens tu
les roses en leur saison/mais entre les aultres motz
ceulx la ont tresbōne grace qui procedēt quāt lhō
me prent du propos picquant de son compaignō/
les mesmes parolles & le mesme sens & les retour
ne contre luy en le battant de son mesme baston/
comme vng plaidant auquel deuant le iuge fut dit
par son aduersaire.Quest ce que tu iuge?Il respondit soubdainnement pource que ie voy vng larrō.
Et de ceste sorte fut encores vng mot de Galiot de
Narny/lequel passant par Senes sarresta en vne rue
pour demander lhotellerie.Et le voyant vng Se-
nois aisi corpulēt quil estoit en riāt se print a dire:
Les aultres portent les bougettes derriere/mais ce
stuy cy les porte deuant.Galiot respōdit soubdain
nement. Ainsi fault il faire en terre de larrons:Il y
en a encores vne sorte quilz appellent Bisquises ꝙ
lon pourroit dire en francois rechāges.Et ceste cō
siste achanger/accroistre ou a diminuer vgne lettre
ou vgne syllabe/comme celluy qui dist/Tu doibz
estre plus scauant en la langue Latine ꝙ en la Grec-
que/& a vous madame fut escript au dessus dugne
lettre. A madame Ernille impie.Cest aussi vne plai

sante chose entremesler vng ver ou piusieurs en le
pnāt en aultre sens q̄ ne la pris laucteur ou q̄lq̄ aul
tre dict cōmun q̄lq̄ fois au mesme propos/mais en
muāt q̄lq̄ parolle ainsi q̄ dist vng gētilhōe q̄ auoit
vne femme lay de & desplaisante/luy estant demā=
de comme il se portoit/il respondit:Ie le vous laiss
se penser/quāt/ Furiarum maxima iuxta me cubat.
qui est vng demy ver de Vergille signifiant la tres=
grāde des furies couche auecques moy: Et messire
Hieronyme donat allant aux stations de Romme
en Caresme auecques plusieurs aultres gentilzhō=
mes / rencontra vne belle cōpagnie de femmes Rō
maines.En disant vng gentilhōme ce ver de Oui=
de. Quot cœlum stellas /tot habet tua Roma puel
las:Autant cōme a le ciel luysant destoilles autant
Romme a de dames et de pucelles respondit soub
dainement.Pascua quotꝗ hēdos tot habet tua Ro
ma cinēdos.Autant comme ont les pastilz de che=
ureaulx /autant Rōme a dimpudiez iouuēceaulx /
en monstrant vne compaignie de ieusnes gens qui
venoyent de laultre coste . Messire Marc Anthoi=
ne de la tour dist aussi a leuesque de Padoue en ce=
ste maniere. Estāt a Padoue vng monastere de fem
mes soubz la charge dung religieux estime de bon
ne vie &scauant/aduint que cōme le beau pere hā=
toit premierement au monastere & confessoit sou=
uent les seurs /il y en eut cinq delles / & sy ny en
auoit pas aultres tant qui deuindrent grosses dont
quant la chose fut descouuerte / le beau pere sen
voulut fouyr /& ne sceut/leuesque le fist;prendre /
& il confessa soubdainnement auoir engrosse les
cinq nonnains par temptation du diable/de sorte
que monsieur leuesque estoit tresdessibere de le

chaftier afprement . Et pource que ceftuy cy eftoit
fcauant/ il auoit plufieurs amys que tous feffayerêt
de luy ayder.Et auecques les aultres meffire Marc
Anthoinne alla deuers leuefque pour luy obte=
nir quelque pardon / leuefque pour rien ne le vou
loit efcouter.En fin apres quilz eurent faict grâde
inftance/& recommande le criminel en lexcufant
pour la cômodite du lieu pour la fragilite humain
ne.Et pour plufieurs aultres raifons leuefque dift.
le nen feray rien/car iay a rendre compte de cecy a
dieu . Et comme ilz replicquoient leuefque dift
encores . Que refponderay ie a dieu le iour du iu=
gement/quant il me dira Redde rationem villica=
tionis tue . Ceft adire rendz compte de ton gai=
gnaige.Alors meffire Marc Anthoinne refpondit
foubdainnemêt.Monfieur vous refpôdrez ce que
dift leuangille.Domine quinque talenta tradidifti
mihi : ecce, alia quinque fuperlucratus fum . Sei=
gneur tu mas baillez cinq talentz/en voycy aultres
cinq que iay gaigne par deffus . Alors leuefque ne
fe peult tenir de rire/& radoulcit beaucoup fon ay=
greur / Et la peine quil auoit preparee au malfai=
cteur.Pareillement il eft beau dinterpreter les nôs
& y faindre quelque chofe/pource que celluy dôt
on parle fappelle ainfi / ou pource que quelque
chofe fe face en ceft eftat/comme nagueres que de=
mandant le preuoft de Lucques qui eft homme
côme vous fcauez fort plaifant leuefche de Caligo
au Pape.Il luy refpondit .Ne fcais tu pas bien que
Caligo en langaige Efpaignol veult dire . Ie me
tais /& tu es vng cacqueteur / parquoy il ne feroit
pas conuenable a vng euefque ne pouuoir iamais
nommer fon tiltre fans dire menfonge.Or Caligo

doncque cest a dire tais toy . A cela feist le preuost
vgne response : laquelle encores quelle ne fust de
sorte, dont nous parlōs / elle ne fut pourtāt moins
belle que le propos du Pape / car ayant replicque
sa demande plusieurs foys / & voyant que ne luy
seruoit de riens / il dist a la parfin / Pere sainct si vostre sainctete me donne cest euesche / ce ne sera pas
sans vtilite / car ie vo? lairay deulx offices. Et quelz
offices a tu a laisser dist le Pape. Le preuost respondit . Ie laisseray le grant office / & celluy de nostre
dame. Alors le Pape / combien quil fust tresseuere
ne se peult tenir de rire. Il y en eut vng aultre a Padoue qui disoit que Calphurne se appelloit ainsi /
pource quil chauffoit les fours. Et vng iour cōme
ie demandoys a Phedre pourquoy cestoit que faisant priere lesglise le vendredi sainct / non seullement pour les chrestiens / aussi pour les payens / &
pour les iuifz / & lon ne faisoit point de mention
des Cardinaulx / comme des euesques / & des prelat. . il me respondit que les Cardinaulx estoient
cōprins en celle oraison qui dict . Oremus pro he-
reticis & scismaticis. Et nostre Cōte Ludouic dict
que ie reprenoys vgne dame qui vsoit dung certain fard qui estoit fort reluysant / pour autāt que ie
me voyois en son visaige quant il estoit accoustre /
ne plus ne moins que dans vng mirouer . Et pour
ce que ie suis laid ieusse este content de ne me veoir
point . De ceste facon fut celluy de messire Camille palliot / & messire Anthoinne Porchier / les
quel parlant dung sien compaignon qui en se
cōfessant disoit au prestre quil ieunoit voluntiers /
& alloit a la messe / & au seruice diuin / & faisoit
tous les biens du monde. Cestuy (dist il) en lieu de

faccuſer ſe loue. A quoy meſſire Camille reſpõdit.
Mais ſe confeſſe de ces choſes / pource quil penſe
que les faire ſoit grand peche. Ne vous ſcuuient il
dung bon mot que dict laultre iour monſeigneur
le prefect quant Iehan Thomas galer ſeſmerueil-
loit dung qui demandoit deux cens eſcus dũg che
ual / en diſant quil ne valloit pas vne maiſle & que
entre les aultres tares quil auoit / il fuyoit les armes
ſi treſfort quil ne eſtoit poſſible len faire aprocher.
Monſeigneur le Prefect voulant reprendre ceſtuy
la de couardie. Si le cheual (diſt il) a ceſte propriete de fuyr les armes / ie meſmerueille quil nē demã
de plus de mille eſcus. Lon diſt encores quelque
foys vng meſme mot a aultre fin que il neſt en vſai
ge. Cõe eſtant mõſeigneur le duc pour paſſer vgne
riuiere qui couroit treſfroide / & diſant a vgne trom
pette / Paſſe. La trõpette ſe retournãt le bõnet au
poing / & auecques vne facon de vouloir faire la re
uerence / reſpondit / Paſſez monſeigneur. La manie
re auſſi de rencontres eſt plaiſante quant il ſemble
q̃ lhomme prēnēt les parolles & nõ la ſentence de
celluy qui parle / Cõme vng Allemant ceſte annee
a Romme rencontrant vng ſoir noſtre meſſire Phi
lippe Beroald / duquel il eſtoit diſciple / diſt. Deus
det vobis bonum ſero. Et Beroald ſoubdaſnemēt
reſpondit. Et tibi malũ cito. Eſtant auſſi a la table
du grãd capitaine Diego de chignognes a vng aul
tre Eſpaignol / qui pareillemēt y diſnoit / & q̃ pour
vouloir boire il demandoit. Vino dios vino. Il diſt
Vino ynolo cur ſiſtes. Ceſt a dire / vin dieu vin. Die
go reſpondit. Il vint & vous ne le congneuſtes pas
pour picquer Leſpaignol deſtre marran. Sembla-
blemēt meſſire Iacques Sadolet diſt a Beroald qui
deliberoit

deliberoit en toutes facõs vouloir aller a Boulongne. Et pour quel compte voulez vous maintenant ainsi laisser Romme ou il ya tant de plaisirs
pour aller a Boulongne/qui est toute enueloppee
en trauaulx. Beroald respondit/Pour troys contes . Il mest force aller a Boulongne / & desia
auoir haulse troys doidz de la main gauche pour
assigner troys raisons de son allee quant messire
Iacques soubdainnement rompit sa parolle / &
dict. Ces troys contes qui vous sont aller a Bou-
longne/lung est le conte de sainct Boniface lault-
tre le conte Hercules rangon / & le tiers le conte de Pepoly. Chascun a lheure se print a rire/
pource que ces trois contes auoient este disciples
de Beroald / & beaux ieunes hommes / & pour lors
estudioient a Boulongne. Ceste sorte de motz induictz beaucoup a rire/pource quilz portent auec
eulx responses contraires a ce que lhomme attendoit douyr/ & naturellement en telles choses nostre erreur mesme nous delecte/dont nous rions/
quãt nous nous trouuons mescomptez de ce que
nous attendions mais les manieres de parler / &
les figures qui ont grace es propos graues/& seueres sont quasi tousiours bien seantes es plaisans
comptes / & bons motz. Voyez que les parolles
contreposees donnent beaucoup de parement/
quant vgne clause contraire se meet a contrecarre
de laultre. La mesme facon est souuent tresplai-
sante. Comme vng Geneuoys/lequel estoit fort
prodigue a despendre/estãt reprins par vng vsu-
rier tresauaricieulx. Et quant cesseras tu degaster
tes biens/il luy respondit. Quanc tu cesseras de
rober ceulx des aultres . Et pource comme nous

G

auons ia dict que des paffaiges don lon tire des
rencontres qui poingnent / de ceulx la mefmes
lon peult fouuét tirer des graues dictz qui louent
pour lûg / & laultre effectz. La maniere eft gentille
& gratieufe quant lhomme confent / ou conferme
ce que dict celluy qui parle / mais il lexpofe aultrement que celluy la ne lentend. Comme les
iours paffez vng preftre de village difant la meffe
a fes parroiffiens / apres quil eut denonce les feftes de la fepmainne / il commenca la confeffion
generalle au nom du peuple / & quant il vint a
dire. Iay peche en mal faifant / en mal difant / en
mal penfant / & ce qui fenfuyt / & a faire mention de tous les pechez mortelz / vng compere
quil auoit / & eftoit fort priue auec le preftre pour
fe mocque dict aulx affiftans. Soyez tous tefmoings de ce quil confeffe par fa bouche auoir
faict / car ientendz le notiffier a leuefque. De cefte mefme maniere vfa Sallace de la petrade pour
hônorer vgne dame a laquelle il parloit / car apres
quil leut louee oultre fes vertueufes conditions
encores de beaulte / & quelle luy refpondit quelle ne meritoit point cefte louange pour eftre
vielle / il dift. Ma dame / ce que vous auez de vieil
neft aultre que reffembler aulx anges qui furent
les premiers / & plus anticques creatures / que iamais dieu formaft. En oultre de beaucoup feruent tant les motz plaifans pour poindre que les
dictz graues pour louer. Et pareillement les me-
taphores bien accommodees / mefmement fi elles
gifent en refponfe. Et fi celluy qui refpond con-
tinue en la metaphore mefme qui a efte dicte a
laultre. Et en cefte maniere fut refpondu a meffi-

re Palas des stroches/lequel estant soruffit de Flo=
rence ou il enuoyoit vng sien seruiteur pour aul=
tres negoces/quasi menassant luy dist. Tu diras de
ma part a Cosme de Medycis que la poulle/côme
le messaigier sist labassade/dont il auoit charge.Et
Coisme sans y penser respôdit soubdainnemêt . Et
tu diras de ma part a messire Palas/que les poulles
peuuêt mal couuer hors de leur nid.Par vgne me=
taphore aussi messire Camille porcher loua hône=
stement le seigneur Marc Anthoinne coulônel les
quel ayant entêdu q̃ messire Camille en vgne sien
nc harêgue auoit honnore aulcuns seigneurs Ita=
lyens renommez aulx armes. Et entre les aultres
auoit faict treshonnorable mention de luy.Apres
quil len eut remercie/il luy dist. Messire Camille
vous auez faict de voz amys ce que par foys aul=
cuns marchans font de leur argent/lesquelz qūnt
ilz se trouuent auoir quelque escu faulx/pour sen
despecher/ ilz mettêt cestuy la seul entre plusieurs
bons/& en telle maniere le font passer.Aussi vous
pour me honnorer encores que ie vaille bien peu
mauez mis en la compaignie de tant de vertueulx:
& excellens seigneurs que ie (par leur merite)a
laduenture passeray pour bon . A quoy messire
Camille respondit. Ceulx qui falsifient les escuz/
ont de coustume les dorer si bien quil semblent
a loeil beaucoup plus beaulx que les bons. Par=
quoy si lon trouuoit aussi bien des arquemistes
dhommes/côme lon en trouue descuz.Il y auroit
raison que lon souspesonnast que vous feuilliez
faulx.Estant comme vous estes de beaucoup plus
beau & luysant metail que nul des aultres. Voyla
comment ce passaige est commun a lugne & a laulde

tre forte de rencontres. Auffi font plufieurs / dont
lon pourroit donner exemples infinis. Et mefme=
ment en dictz graues / comme celluy que dict le
grant Cappitainne / lequel feftant mis a table . Et
voyant que pour eftre ia toutes les tables prinfes
deux gentilzhommes Italyens qui auoient tref=
bien ferui a la guerre eftoient demourez debout / il
fe leua incontinent / & fift leuer tous les aultres / &
faire place a ces deux la / en difant laiffez affeoir ces
deux gentilzhommes pour manger / car filz neuf=
fent efte nous aultres naurions maintenant de
quoy manger. Il dict auffi a Diego garfe qui le co=
feilloit de fe ofter dung lieu dangereulx / ou lar=
tillerie battoit . Puis que dieu na point mis de
peur en voftre couraige ne la veuelliez point met=
tre au mien . Le Roy Louys qui eft auiourdhuy
Roy de France vng peu apres quil fuft venu a la
couronne / quant on luy dict / que lors il eftoit
temps de chaftier fes ennemys qui lauoient offen=
ce pendant quil eftoit duc Dorleans. Refpondit
que ce neftoit point au Roy a venger les iniures
faictes au duc Dorleans . Lon picque auffi bien
fouuent plaifamment auecques vgne certainne
grauite fans induire les efcoutans a rifee / comme
dift zinzenin Octouian frere du grant Turcq / eftãt
prifonnier a Romme que le ioufter dont lon vfe
en Italye luy fembloit trop pour faire en ieu / &
peu pour faire a bon efcient. Et dict encores luy
eftant recite / combien le Roy Ferrand le ieune
eftoit agille / & difpos de fa perfonne a courir / faul=
ter / & voltiger / & telles aultres chofes que en fon
pays les efclaues faifoient ces exercifes / Mais les
feigneurs appregnoient den faire la liberalite / &

par elle fe recommandoient. Ce que larcheuef=
que de Florence dict au Cardinal Alexandrin fut
quafi de telle forte / mais vng peu plus riable / que
les hommes nont aultre chofe que les biens / le
corps / & lame / les biens leur font mys en queftio/
en trauail par les aduecatz / les corps par les me=
decins / & lame par les theologiens. Alheure le
Magnificque Iulian refpondit. Lon pourroit ad=
ioufter a cela ce que difoit Nicollet. Que lon trou=
ue a tard / ou iamais aduocat qui aye proces / ne me=
decin qui preingne medecine / ne theologien qui
foit bon chreftien. Meffire Bernard fe print a rire
& apres dict / Il ya des exéples infinis de ces dict
pronunces par les grás feigneurs / & hommes gra
ues. Mais lon rit plus fouuent des comparaifons/
comme noftre Piftoye efcripuit a Seraphin : Ren=
uoye le mallier qui te reffemble. Car fi vous auez
bône fouuenance Seraphin refembloit fort a vgne
malle. Il y en a encores daulcuns qui preignent
plaifir de comparer hommes & femmes / a che=
uaulx & a chiens / a oyfeaulx & bien fouuent a
coffres / a bahus / a bancz / a charettes / a chandeliers/
qui eft vgne chofe qui par foys a grace / aulcunes=
foys eft trefmaigre / par quoy en cela fault confide=
rer le lieu / le temps / & les perfonnaiges / & les aul=
tres chofes que nous auons ia dictes tant de foys.
Lors le feigneur Gafpard Paluoyfin. Plaifante
comparaifon (dict il) fut celle que feift le feigneur
Iehan de Gonzague de Alexandre le grant au fei=
gneur Alexandre fon filz. Ie ne la fcay pas / re=
fpondit meffire Bernard. Le feigneur Gafpard
dict. Le feigneur Iehan iouet a trois dez / & côme
il a de couftume auoit ia perdu beaucoup defcuz/

& tousiours alloit pdāt.Le seigneur Alexādre son
filz/lequelz encore quil soit enfant, ne ioue point
moins voulūtiers q̄ le pere/estoit a le regarder fort
songneusemēt/& sembloit tout melēcolicq̄.Le cō=
te de planelle qui estoit p̄sent auec plusieurs aul=
tres gētilzhōmes se print a dire au seigneur Iehan.
Regardez seigneur q̄ le seigneur Alexādre est mal
content de vostre perte/& se cōsomme en attēdāt
q̄ vo⁹ gaignez esperāt q̄ vous luy donnerez q̄lque
chose pour sa barbe/pourtant ostez le de ceste pei=
ne.Et auant que vous perdiez le reste donnez luy
au moins vng escu, affin quil puisse aller iouer
auec ses compaignons.Alheure le seigneur Iehan
respondit. Vous vous mescomptez/car Alexan=
dre ne pense point a si petite chose/mais comme
lon escript que Alexandre le grant/lors quil estoit
enfant entendant que Philippes son pere auoit
gaigne vgne grande bataille, & conquis vng cer=
tain royaulme, il commenca a plorer/& quant on
luy demanda pourquoy il plouroit. Il respondit
que son pere gaigneroit tant de pays quil ne luy
laisseroit rien a gaigner.Aussi maintenant Alexan
dre mon filz est prest a plorer voyant que moy son
pere perdz/pource quil doubte que ie perde tant
que ie ne luy laisse riens a perdre. Apres que lon
eut ris quelque espace de ce compte, Messire Ber=
nard continua. Il fault encore garder que le mo=
cquer ne soit rude. Et pour vouloir estre argue
que la chose ne tourne a blaspheme en estudiāt de
trouuer en cela nouuelles facons, ou il ya daulcūs
qui font semblant chercher louāge de ce qui meri=
te/non seullemēt blasme.Mais aussi griefue pugni
tion/ce qui est chose abhominable. Et pourtant

ceulx qui veullent monstrer destre plaisans en por
tât peu de reuerêce a dieu ilz meritêt estre chassez
de la compaignie de toutes gens de bien / & pareil
lement ceulx qui sont ordz & deshonestes en par
ler / & qui nôt point de respect quât ilz sont deuât
les dames / & semble quil naient aultre plaisir que
de les faire rougir de honte . Et sur cela vont cher
chât des motz & arguces / côme ceste annee a Ferra
re se trouuât a vng bancqt deuât plusieurs dames
vng Florêtin & vng Senoys / lesquelz le plus sou
uêt / comme scauez sont ennemys. Le Senoys pour
vouloir picquer le Florentin se print a dire. Nous
auôs marie Senes a lêpereur / & luy auôs dône Flo
rêce pour douayre . Et disoit cela pource q̃ nague
res il estoit couru bruyt q̃ les Senoys auoiêt baille
vgne certainne quantite dargêt a Lêpereur / & quil
auoit prins leur ptectiô. Le Florêtin respôdit soub
dainnemêt. Senes sera la p̃miere cheuauchee / mais
il dist le mot tout oultre a Litalyêne / puis lon plai
dera le douayre tout a laise . Regardez q̃ le mot fut
ingenieux / mais pour auoir este dict deuât les da
mes / il deuint ort / & mal côuenable. Alheure le sei
gneur Gaspard Paluoysin / les femmes (dist il) ne
preignêt plaisir a ouyr parler daultre chose / & vo˙
le leur voulez oster. Et quât a moy / ie me suis trou
uer a deuenir rouge de hôte pour parolles qui môt
este dictes par les femmes / beaucoup plus souuent
que par les hommes . De telles femmes ie ne par
le point dict messire Bernard, mais bien des ver
tueuses qui meritent que chascun gentilhomme
leur face honneur / & reuerence . Le seigneur Ga
spard dict. Il fauldroit trouuer vgne subtille rei
gle pour les congnoistre / car le plus souuent celles

G iiij

qui font meillieures en apparence fe trouuent cõ-
traires en effeĉt. Alheure meffire Bernard (diĉt en
riant) Si le feigneur Magnificque neftoit iꞗy pre-
fentꞏlequel en tous les lieulx eft allegue pour pro-
teĉteur des dames ꞏie prendroye la charge de vous
refpondreꞏmais ie ne luy vueil pas faire cefte iniure ꞏ la diſt en riant ma dame Emille . Les dames
nont point de befoing dhommes qui les deffen-
de contre vng accufateur de fi petite auĉtoriteꞏ
pourtant ꞏlaiffez le feigneur Gafpard en fa mauluaife oppinion qui eft procedee pluftoft de ce quil
na iamais trouue femme qui laye voulu veoir que
de faulte aulcune qui foit en ellesꞏ & continuez le
propos des rencontres. Lors meffire Bernard.En
verite ma dame (diſt il)Il me femble deformais
auoir parle de plufieurs paffaigesꞏdont lon peult
tirer de bons motz ꞏ lefquelz apres ont dautant
meillieure grace ꞏ quant ilz font meflez en vgne
belle narrationꞏtouteffoys on en pourroit encores
dire plufieurs aultres cõme quant pour accroiftreꞏ
ou diminuer lon diĉt des chofes qui excedent in-
croyablement la vraye femblance.Et de telle forte
fut celle que diĉt Marius de voltaire dung prelat
qui fe tenoit pour fi grand homme que quãt il en-
ſtroit en lefglife de fainĉt Pierreꞏil fe baiſſoit pour
ne donner de la tefte au deffus de la porte.Et le feigneur Magnificque qui eſtoit la diĉt ꞏꝗ Galopin
fon feruiteur eſtoit fi maigre & fi fec ꝗ vng matin
en foufflant foubz le feu pour lallumer il auoit efte
emporte contremont iufques a la cyme de la che-
minee par la fumeeꞏ& ce qui len garda qui ne fen
vollaſt enfemble auecques elle fut que par fortune
il fen trauerfa a lũg des partuys qui font a lentout.

Meffire Augustin Beuaffam dift auffi que vng vfu
rier qui nauoit voulu vêdre fon bled pendât quil
eftoit cher /voyant apres quil eftoit venu a fort bô
marche par defefpoir fe pendit a vng poufteau de
fa chambre.Et côme vng fien feruiteur en euft en
tendu le bruyt il accourut celle part /& voyant fon
maiftre pendu il couppa la corde incontinent au
moyen de quoy il le deliura de mort / mais apres
que lufurier fut reuenu il vouloit que le feruiteur
luy payaft la corde quil auoit couppee. Il femble q̃
de cefte forte foit encores ce que Laurens de Me=
dycis dift a vng maiftre buffon . Tu ne me ferois
pas rire fi bien fi tu me chatouillois . Et pareille=
ment il refpondit a vng fot qui par vng matin la=
uoit trouue fort tard au iict /& luy reprochoit le tât
dormir en luy difant.Iay defia efte au marche neuf
& au vieil / & encores hors de la porte de faind
Gal faire excercice alentour des murailles / & ay
faid mille aultres chofes /& vous dormez encores.
Alheure refpondit Laurens. Ce que iay fonge en
vgne heure vault mieulx q̃ ce que vous auez faid
en quatre.Il eft encores beau quât en vgne refpôce
lhomme reprend ce que femble ne vouloir point
reprendre /comme fift le marquis Federic de Mã=
toue pere de ma dame la Duchefle lequel comme
il eftoit a table auecques plufieurs gentilzhômes /
lung deulx apres quil eut menge tout vng potai=
ge fe mift a en humer le brouet qui en reftoit en di
fant.Monfeigneur pardônez moy. A quoy le Mar
quis refpondit foubdainnement / demandez par=
don aulx pourceaulx / car a moy ne faides vous
point diniure.Et meffire Nicolas Leonicque pour
toucher vng feigneur qui a faulfes enfeignes auoit

bruyt deftre liberal. Penfez dift il la grande libera=
lite qui regne en ceftuy cy / car non feullement il
donne fes biens / mais encores ceulx des aultres.
Ceft aufli vgne affez gentille maniere de rencon=
tres que celle qui confifte en vgne certainne diffi=
mulation quãt on dict vgne chofe & tacitemẽt lõ
entend vgne aultre. Ie ne dis pas de celle façõ qui
eft totallemẽt cõtraire: cõme fi lon appelloit vng
nayn geant / ou vng more blanc / ou beau vng qui
fuft bien layd / car ce font contrarietez trop euiden
tes: combien quelles font aulcuneffoys aufli rite /
mais quant auecques vng parler feuere & graue /
lon dict en iouant plaifamment ce que lon na pas
en la penfee: comme vng gentilhomme qui difoit
vgne manfonge expreffe a meffire Auguftin fueil=
lette / & laffermoit auecques vgne affection par ce
quil luy fembloit quil ne la croyroit point facille=
ment / tant que meffire Auguftin luy dift / gentil
homme / fur tous les plaifirs que iefpere iamais de
vous faictes moy tant de grace deftre content que
ie ne croye rien de ce que vous dictes. Et comme
ceftuy cy continuaft a replicquer & iurer que la ve=
rite eftoit telle. Il luy dift a la parfin. Puis que vous
le voulez ainfi / ie le croyray pour lamour de vous:
car en verite ie feroys beaucoup plus grande cho=
fe pour vous faire plaifir: quafi de la mefme forte
don Iouan de Cardonne dift / dung qui vouloit
partir de Rõme. A mon aduis que ceftuy cy a mal
penfe en fon affaire: car il eft fi mefchãt que fil euft
voulu encore demourer a Rõmie pour traict de
temps il euft peu eftre Cardinal. De cefte forte eft
encore ce que dift Alphonfe de faincte Croix: leql
ayant vng peu au parauant receu auicũs oultraiges

du Cardinal de Pauye / & ſe pourmenant hors de
Boulongne auec certains gentilzhommes pres du
lieu ou lon faict les excecutions de haulte iuſtice.
Et y voyant vng homme de frays pendu / il ſe tour
na vers luy auecqs vng regard penſif / en diſant ſi
hault que chaſcun lentendit. Bien heureulx es tu
qui ne as que faire au Cardinal de Pauye. Or ceſte
ſorte de rencontre qui tient de la mocquerie / ſemble fort conuenable aulx grãs perſonnaiges / pour
ce que elle eſt graue & poignante. Et en peult lon
vſer es choſes ioyeuſes / & pareillement es ſeuerez /
au moyen dequoy pluſieurs anticques & des plus
eſtimez en ont vſe / comme Caton / Scipion / Affri-
can le ieune. Mais ſur tous (a ce que lon dict) Socra
tes le Philoſophe y fut treſexcellent. Et en noſtre
temps le Roy Alphonce premier de Arragon / les
quel eſtant vng matin pour ſe mettre a table ſe oſta
pluſieurs riches anneaulx quil auoit es doitz pour
ne les mouiller en ſe lauant les mains / & les bailla
au premier quil luy vint deuant quaſi ſans y prendre garde dont le ſeruiteur penſa q̃ le Roy nauoit
point aduiſe a qui il les auoit baillez & quil eſtoit
ayſe quil ſen oubliaſt entierement pour les aultres
penſees / quil auoit de plus grande cõſequence. Et
en cela plus ſaſſeura voyant q̃ le Roy ne les demãdoit pl'. Et apres ce quil eut eſte iours / ſepmaines /
& moys ſans en ouyr parler / il penſa certainnemét
que on ne ſen ſouuenoit plus. Et en ceſt eſtat ap-
prochãt le bout de lan que cela luy eſtoit aduenu /
vng aultre matin que le Roy ſe voulut mettre a table / il ſe preſenta & tendit la main pour prédre les
anneaulx. Mais le Roy ſe baiſſant iuſqs a ſon oreil-
le / luy diſt. Te ſuffiſe auoir eu les p̃miers : car ceulx

cy feront bons pour vng aultre. Voyez comment
le mot eft bien affez ingenieulx & graue / & veritas
blement digne de la magnanimite dung Alexan
dre.Il ya vng aultre facon qui eft femblable a cefte
maniere tendante a la mocquerie. Ceft quant par
honneftes parolles lon nôme vgne chofe vicieufe:
comme dift le grand Cappitaine a vng fien gentil
homme qui apres la iournee de la Serignolle / &
quât les chofes eftoient ia affeurete luy vint au de
uant richement arme autât que lon pourroit dire /
comme preft de combatre / dont le grand Cappi
tainne fe tournât a dô Hugues de Cardône.Nayez
(dift il)plus de paour deformais de la tourmente
de mer / car fainct Herme eft apparu / & auecques ce
fte parolle le picqua. Car vous fcauez que ce fainct
Herme apparoit toufiours aulx mariniers apres la
tempefte / & eft figne de trâfquilite.Et auffi le grâd
Cappitainne voulut dire que puis que ce gêtilhô
me venoit fur les rancz / ceftoit figne que le dâgier
eftoit ia du tout paffe. Et vng iour que le feigneur
Vbaldin eftoit a Florence auecques aulcuns Cita
dins de grâde auctorite / & q lô parloit des gês de
guerre / vng de ceulx de la côpaignie luy demanda
fil congnoiffoit Anthoniel de Forly qui alheure
fen eftoit fouy des terres de Floréce. Le feigneur
Octouian refpondit / ie ne le congnoys point aul
trement / finon q ie lay toufiours ouy eftimer pour
vng fouldard biê fongneulx. Lors y eut vng flo
rentin qui dift.Regardez fil eft fongneulx quant il
part / auant que demâder côger. Les motz font en
cores fubtilz quant lhomme tire du propre parler
de fon compaignon ce quil ne vouldroit point.Et
ientendz que la refpôce que feift monfeigneur no

ſtre Duc au Chaſtellain qui ꝑdit la place de ſainct
Leo/fuſt de telle ſorte quant Pape Alexãdre print
leſtat Durbin/& le donna au Duc de Valentinois.
En ceſte maniere monſeigneur le Duc eſtant a Ve-
niſe au temps que iay dict ou continuellement ar-
riuoiët pluſieurs de ſes ſubiectz luy, porter ſecretz
aduertiſſemens comme les choſes de ſon eſtat paſ-
ſoient.Et entre les aultres le Chaſtellain dont no⁹
parlons y vint/lequel apres quil ſe fuſt excuſer au
mieulx quil peut remettãt ſa faulte ſur le malheur
va dire.Mõſieur ne vous ſouſſiez / car iay eſperance de faire en ſorte que lon pourra recouurer ſainct
Leo.Le Duc reſpõdit a lheure. Ne ten dõne point
aultremét de peine/car le perdre a eſte faict de ſorte q̃ lon le puiſſe recouurer.Il y a encores deulcuns
dictz daultre maniere/comme quant vng homme
que lon congnoiſt entendu & deſperit dict vne
choſe qui ſemble procéder de ſottiſe/comme feiſt
laultre iour meſſire Camille paleotte/en diſant de
quelcun.Ce fol incontinent quil a commancea de
uenir riche / il ceſt tue. A ceſte maniere eſt ſemblable vne certaine diſſimulation fine & ſubtille
quant vng homme prudent (comme iay dict) faict
ſemblant de nentendre poinct ce quil entend cõme
le Marquis Federic de Mantoue/lequel eſtãt pres
ſe par vng faſcheulx qui ce plaignoyt de quelques
vngz de ſes voyſins qui luy prenõtent les pigeõs
de ſon coulombier auecques des laz/& touſiours
en tenoit vng a la main pendu par vng pied auec
le laz/car il auoit ainſi trouue mort/reſpondit quil
y pourroyroit/le faſcheulx touſiours replicquant
ſon dommaige/non ſeulement vne foys / mais
pluſieurs monſtroit inceſſamment le pigeon pend

du en difant. Et que vous femble il monfeigneur
que on doibue faire de cefte chofe. Le Marquis a
la parfin dift il me femble que ce pigeon ne doibt
pour rien eftre enfepuely en terre fainéte | car puis
quil ceft pédu de luy mefme/il eft acroyre quil ceft
defefpere. Quafi de telle forte fut celle de Scipion
Naficque a Ennius/lequel eftãt alle a la maifon du
dié Ennius pour parler a luy /ainfi quil lappelloit
de la rue/vgne chambriere luy refpondit quil ne
ftoit pas a lhoftel. Or Scipion ouyt derement que
Ennius mefme auoit dit a la chãbriere quelle dift
quil ny eftoit point /& neautmoius il fen alla fans
faire femblant de rien:mais peu de téps apres En=
nius virit a la maifon de Scipion & commenca fem
blablement a lappeller de la rue / auquel Scipion
mefme refpondit a haulte voix / quil neftoit pas a
lhoftel. Lots Ennius/Comment (refpondit il)ne
cõgnois ie pas bien ta voix. Scipion luy dift. Tu
es mal courtoys/laultre iour ie creuz ta chambrie=
re me difant que tu neftois pas au logis /& mainte
nãt tu nen veulx pas croyre moymefme. Il eft beau
encores quãt ql que vng eft picq en la mefme chos
feoù il a premierement picque fon cõpaignon. Cõ
me eftant Alonce Carille en la court defpaigne &
ayant efte mis en prifon ou il demoura vgne nuyé
par le cõmãdement du Roy pour aulcunes ieu=
neffes quil auoit faictes/ quil neftoyent pas de grã
de importance/le iour enfuyuant il en fut tire. Et
venãt au Palays le matin il arriua en la falle ou il
y auoit plufieurs dames & cheualiers. Entre lefqls
les ma dame Bradille fe riant de fon emprifonne=
mét/luy dift feigneur Alonce ie eftoye merueilleu
femét defplaifante de voftre incõuenient: car tous

teulx qui vous cõgnoissent/pensoient que le Roy
vous deust faire pẽdre. Alheure Alonce respõdit.
soubdainnement. Ma dame ie ne fust pas sans en
auoir grãt paour / mais iauoye esperãce q̃ vous me
demanderiez pour mary. Regardez que ce mot est
subtil & ingenieulx:car en espaigne(ainsi quen aul
tres plusieus lieux)il y a vgne coustume q̃ quãt on
maine pendre vng malfaicteur si vgne putain pu=
blicque le demãde pour mary/lon luy dõne la vie.
En ceste maniere aussi respondit Raphael painctre
a deuix Cardinaulx dõt il estoit priue/lesq̃lz pour
le faire pler/reprenoiẽt en sa presence vng tableau
quil auoit faict ou sainct Pierre & sainct Paul estoiẽt
painctz/en disant q̃ ces deulx figures auoiẽt le visai
ge trop rouge. Raphael respõdit soubdainnemẽt.
Messeigneurs ne vo⁹ en esbahyssez poit ꞇ car ie les
ay faictz ainsi expssemẽt/pour autãt quil est a croy
re q̃ sainct Pierre & sainct Paul soient aussi rouges
au ciel cõme vo⁹ les voyez icy/& ce de hõte q̃ lesgli
se soit gouuernee par telz hõmes cõme vous estes.
Les motz sont encores subtilz qui ont en soy vgne
certaine souspecon de rire cachee. Comme se plai=
gnãt fort/vng Mary & plorãt sa femme/qui cestoit
delle mesme pẽdue a vng figuier ꞇ vng aultre sap=
prodia de luy/& en le tirãt p la robbe luy dist. Cõ
pere pourray ie de grace especialle auoir vng petit
rameau de ce figuier pour lanter en q̃lque arbre de
mõ iardin. Il ya daulcũs motz patiẽs & pronõcez
lentemẽt auecq̃s vne certainne grauite/ Cõme por
tant vng paysant vgne casse sur les espaulles heut
ta dicelle Caton & puis dist gaie. Caton respõdit.
As tu aultre chose sur les espaules q̃ celle casse. Lõ
rit aussi quãt vng hõme ayãt faict erreur pour y res

medier / dict expressement vgne chose qui semble
sotte / & toutessoys elle tend a la chose quil demã=
de / & sen ayde pour ne demourer empesche. Cõme
nagueres se trouuant au conseil de Florence deulx
ennemys / ainsi quil aduient souuét es republicqs
lung diceulx qui estoit de la maison des Altouis
dormoit / & celluy qui se seoir aupres de luy le res=
ueilla en le poussant auecques le coulde / & en di=
sant. Ne ouyes tu pas ce que dict vng tel / & luy mõ
stra son aduersaire / lequel estoit de la maison des
Allemãs / & si ne disoit mot ny nauoit encores par
le. Respondz / car les seigneurs demãdent ton ad=
uis. Alors Altouis tout endormy & sans aultre=
mét y péser / se leua en piedz & dist. Messeigneurs
ie dis / tout le cõtraire de ce que a dict Lallemant.
Lallemant respondit. Et comment ie nay riens en=
cores dict. Altouis replicqua soubdainnement le
contraire de ce que tu diras. Maistre Seraphin vo=
stre medecin Durbin parla quasi de ceste sorte a
vng paysant / lequel ayant receu vng grãd coup en
vng oeil / en facon quil luy auoit este tire / il desli=
bera de aller veoir maistre Seraphin pour y trou=
uer remede. Quant doncques maistre Seraphin le
veit combien quil cõgneust quil estoit impossible
de le guerir dautant que le coup luy auoit atrache
loeil / hors de la teste / toutessoys pour luy tirer de
largent hors des poings / il luy feist large promesse
de le guarir. Et par ce moyen tous les iours il luy
demandoit argent / lasseurant que dedans cinq ou
six iours il cõmanceroit a recouurer la veue. Le pou
ure paysant luy donnoit ce peu quil auoit / mais
voyant la chose qui alloit en longueur / il commã=
ca a se plaindre du medecin / & a dire quil ne sen=

toit

toit point damendement, car il ne voyoit nõ plus
de ceſt oeil q̃ ſil nen euſt point eu en la teſte. Voyãt
a la parfin meſſire Seraphin quil ny auoit plꝰ rien
a gaigner, il luy diſt mon amy il fault auoir patien
ce. Tu as perdu loeil & ſil nya point plus de remes
de. Et dieu ne vueille q̃ tu ne perdes encores laultre. Quãt le payſant ouyt cela il ſe miſt a pleurer &
a ſe plaindre fort. Maiſtre voꝰ mauez pippe & robe
be mon argent, ie men plaindray a mõſeigneur le
Duc, & gectoit les plus grans cris du mõde. Alheu
re maiſtre Seraphin luy diſt pour ſen deſmeſler en
colere. Villain traiſtre tu vouldroys donc auoir
deulx yeulx cõme les Citadins & les gens de biẽ.
Vaten en mal heure. Et accompaigna ſes parolles
dugne telle fureur que le pauure patiẽt tout eſpon
uente ſe teuſt, & ſen alla tout bellement penſant
auoir tort. Il eſt auſſi beau quant on declaire ou interprete vgne choſe ioyeuſement, Comme en la
court deſpaigne venant au matin au Palays vng
cheualier qui eſtoit fort layd auecq̃s ſa femme qui
eſtoit treſbelle, tous deulx veſtus de damas blanc.
Tout incõtinẽt q̃ la Royne les veit elle dict a Alõce Carille. Que vous ſemble Alonce de ces deulx
icy. Madame reſpõdit Alonce, ceſte cy me ſemble
la dame de ceſtuy la, & ceſtuy la me ſemble le hy-
deulx. Vng aultre foys Raphael de Paſſy voyant
vgne lettres que le prieur de Meſſane eſcripuoit a
vgne ſienne amye ou il y auoit au deſſus, Ceſte let
tre conuient bailler a qui cauſe mon trauailler. Il
me ſemble diſt il q̃ ceſte lettre ſadreſſe a Paule de
Tholette. Penſez comment rioyẽt les aſſiſtans, car
chaſcun ſcauoit q̃ Paule de Tholette auoit preſte
audict Prieur .x. mille eſcuz, leſq̃lz il nauoit moyen

de luy rendre par ce quil eſtoit trop grãd deſpen=
deur. A cela eſt ſemblable quãt on donne vng ad=
mõneſtemẽt familier en forme de cõſeil auecques
diſſimulation cõme diſt Coſme de Medicis a vng
ſien amy qui eſtoit aſſez riche & nõ fort ſcauãt/par
le moyẽ de Coſme/il auoit obtenuvng office hors
de Florẽce. Cõme doncꝗs ceſtuy cy vouloit partir.
Il demãde a Coſme ſon aduis du moyen quil deb=
uoit tenir pour ſe biẽ gouuerner en ſon office. Coſ
me luy reſpondit veſtz toy deſcarlate & parle peu.
A ceſte ſorte fut ce que le Cõte Ludouic diſt a vng
qui vouloit paſſer incongneu par vng certain lieu
dãgereulx/mais ne ſcauoit cõmẽt ſe deſguyſer/des
quoy demãde au Cõte ſon aduis. Il luy reſpondit
veſtz toy en conſeiller ou en quelꝗ aultre habit de
ſaige. Et Iehan de Paſſy diſt a vng qui vouloit fai
re vng ſayon darmes de pl⁹ diuerſes couleurs quil
ſceuſt trouuer. Prens les oeuures & les parolles du
Cardinal de Pauyeſlon. rit auſſi daulcunes choſes
differentes. Cõme laultre iour/il y en euſt vng qui
diſt a meſſire Anthoine riche dũg quidẽ de forly.
Penſez ſil eſt fol quãt il a nom Barthelemy. Et vng
aultre tu cherches vng paleſrenier/& tu nas point
de cheuaulx. Et il ne luy fault pourtãt aultre choſe
ſinon ꝗ les biẽs & le cerueau & telles aultres cho=
ſes qui ſemblẽt pareilles. Cõme lũg de ſes iours lõ
ſouſpeconnoit ꝗ lung de noz amys euſt faict faire
vgne faulce reſignation/ dũg benefice quãt apres
vng aultre prebſtre deuint malade quãt anthoine
Thorel diſt a ceſtuy la/ que tarde tu ꝗ tu nenuoye
querir ton notaire/& garde datrapper ceſte aultre
benefice. Pareillemẽt lõ rit daulcũs aultres qui ne
ſont pas ſemblables cõme ayant nagueres le Pape

enuoye querir messire Iehan Duc de Poutresme/&
messire Dominicq de la porte/lesqlz cõme vo9 sca=
uez sont tous deulx bossus/& les ayant faictz audi
teurs en disant quil vouloit radresser la reste/Messi
re Latin Iuuenal dict.Nostre sainct pere se mescõ=
pte de vouloir radresser la roue auec deux tortus.
Lon rit encores souuét quãt lhóme cõfesse ce q on
luy demãde & encores plus/mais il móstre de lété
dre aultremét cõme estant le Cappitaine Peralque
venu en cãp pour cõbatre auec Aladauei & reque=
rãt le Cappitaine Molart qui estoit parét de Ala=
daue Peralte qui fist fermét sil auoit point sur luy
de breuetz ou de charme qui le gardassent destre
blasmer/Peralte iura quil nauoit sur luy nulz bre=
uetz ny charme ne reiicqs ny deuotion aulcune en
quoy ileust foy. Alheure Molart pour le picquer
destre marran dict. Ne vous dõnez point de peine
de iurer cela:car sans iurer ie croy fermemét q vous
nauez foy/ne listes encores en Iesu Christ.Il est aus
si beau de vser de metaphore en temps en tel pro=
pos:comme Marc Anthoine qui dict a Bothon de
Azame qui le pressoit par parolles. Bothon ta te=
ste seruira vng iour de Bothon/ & de cheuestre se
ra le pertuis ou lõ te mettra vng aultre foys. Com=
me messire Marc eust compose vgne comedie fort
longue de plusieurs & diuers actes / ce maistre Bo=
thon se print a dire. Messire Marc Anthoine pour
iouer vostre comedie / il fauldroit pour lappareil
tout le boys qui est en vgne esclauonnye. Messi=
re Marc Anthoine respondit. Et pour lappareil
de tragedie/ il ne fauldroit seullement que trois
pieces de boys. Lon dict souuent vng mot ou il
ya vgne cachee. significance /eslongnee de ce quil

ſemble que lon veult dire/comme monſeigneur le
Prefect qui eſt la entendant que lon parloit dung
Cappitaine leſl a la verite a perdu le plus ſouuët/
& daduenture cœſte foys /auoit gaigne/cõme donc
ques celluy qui en parloit racõptoit que a lentree
que le Cappitaine auoit faicte en la ville il auoit ve
ſtu vng beau ſayon de velours cramoyſi/ qui eſtoit
accouſtume porter apres les victoires.Mõſeigneur
le Prefect dict. Ce ſayon debuoit eſtre tout neuf/
non moins induict a rire/quãt par foys lon reſpõd
a ce que na point dict celluy auec qui lon parle/ ou
quant lon monſtre cuyder quil aye faict ce quil na
pas faict/ & touteſſoys il le debuoit faire. Comme
dict Andre Coſſe a vng gentilhõme qui leſtoit al:
le veoir/lequel eſtãt aſſis peu courtoyſemẽt le laiſ:
ſoit tenir debout. Puis que vous le me cõmandez
pour obeyr ie me aſſerray /& ainſi ſaſſeit.Lõ rit auſ:
ſi quant lhõme accuſe luy meſme de quelſ erreur
auecſs vgne bõne grace. Cõme laultre iour ie me
mis a dire au chappellain de monſeigneur le Duc/
que mõſeigneur le Cardinal mõ maiſtre auoit vng
chappellain qui diſoit la meſſe beaucoup pluſtoſt
que luy/il me reſpõdit/il neſt pas poſſible. Et puis
me vint a dire en loreille/ Car ſaichez que ie ne dis
pas vng tiers des ſecretz. Ayant eſte tue a Milan
Biaquin Amel demãda au Duc le benefice lequel
eſtoit en fantaſie de le dõner a vng aultre. A la fin
Biaquin voyant ſ ſes remõſtrãces ne luy ſeruoiët
de riens.Et cõment(diſt il)ſi iay faict tuer le preſtre
pourquoy ne me voulez vous donner le benefice.
Oultre plus deſirer les choſes qui ne peuuent eſtre
ſouuent a bõne grace. Comme laultre iour vng de
noz gentilzhõmes voyant que tous les ſeigneurs

iouoient darmes luy eftant couche fur vng lict fe
print a dire.O que ie feroie ayfe que eftre ainfi cou
che côme ie fuis/fuft auffi vng exercice de vaillant
& bon fouldart. La maniere de pler eft encores bel
le/mefmement en perfonnes grandz & dauctorite
quât on refpôd au contraire de ce q vouldroit cel=
luy a qui lô parle/mais q ce foit lentemêt / & quafi
auec vgne certainne côfideration doubteufe & fu=
fpendue côme fut iadis le Roy Alphonfe premier
darragô. Apres quil eut dône a vng fien feruiteur
harnoys/cheuaulx / & habillemés pource quil luy
auoit dict q la nuyct au parauât il fongeoit qui luy
dônoit toutes fes chofes. Peu de têps apres côme
le mefme feruiteur luy dict q encore celle nuyct il
auoit fonge qui luy dônoit vgne bône fomme de
florins dor/il luy refpôdit:dicy en auant ne croyez
plus en fonges:car ilz ne font pas toufiours verita
bles.En cefte facon refpôdit le Pape encores a Le=
uefque de Cernye/leql pour eflayer fa vouléte luy
difoit.Pere fainct par toute Rôme / & auffi on dict
par le Palays que voftre fainctete ma faict gouuer=
neur de Rôme.Le pape refpôdit.Laiffez les dire ce
font mauluais paillardz / & nayez poit de doubte:
car vous trouuerez quil nen eft rien. Ie pourroye
encores meffeigneurs reueiller plufieurs aultres
paffaiges dôt fe tirent motz ryables:côme les cho=
fes dictes /auecqs craincte/auecqs merueilles/auec=
ques menaffes/hors de lordre/auecqs trop grande
colere.Et dauâtaige certains cas nouueaulx lefqlz
quât ilz entreuiennét ilz induyfent efbahyffemés/
aulcuneffoys la mefure/ris fans propos/mais il me
femble deformais en auoir parle a fuffifance:car les
rencôtres qui côfiftent en parolles.Ie croy quilz ne

fortent point hors des termes dõt nous auõs de
uife.Les aultres apres quilz font en effect combien
quil ayent infinies parties/touteffoys ilz fe reduy=
fent a peu de chapitres/mais en lugne & en laultre
forte/la principalle chofe eft decepuoir loppinion
de refpõdre aultremẽt q̃ ce que lefcoutãt attẽdoit.
Et eft force fil fe rencontre doibt auoir grace quil
foit affaifonne de cefte trõperie a diffimuler/a moc
quer/a reprẽdre/a faire cõparaifons ou a quelq̃ aul
tre facon dõt lõ en vueille vfer.Et cõbien q̃ les bõs
motz indulfent to⁹ a rire/touteffoys diuers effectz
befongnẽt en cela/car lefvngz en foy ont vgne cer
tainne elegãce & plaifance moderee/ & les aultres
picquent quelq̃ foys couuertemẽt/les aultres tien=
nent vng peu de laffif/les aultres font rire inconti
nent quon les entẽd/daultres tãt plus on y penfe/
daultre auecq̃s le riz font auffi rougir les aultres
mouuent vng peu le courroux : mais en toutes fa=
cons lon doibt cõfiderer la difpofition des courai
ges des efcoutãs:car aulx affligez fouuent que les
yeulx dõnent plus grãde affection: & ya aulcunes
maladies q̃ tant pl⁹ on y employe de medecins tãt
plus elles vont en empirãt. Le Courtifan dõcques
qui a a mocquer & dire motz plaifans aura refpect
au tẽps aulx perfonnes /& a fon degre/& a ny eftre
point trop cõtinuel. Car ne faire aultre chofe tout
le iour/& en toutes fortes de deuis/& fans propos
veritablemẽt tourneroit a fafcherie. Il pourra eftre
appelle facecieulx en prenãt encores garde de nõ
eftre trop aygre & picquãt quil fe face cõgnoiftre
pour maling/en poignant fans caufe ou auecques
hayne euidẽte ou perfonnes trop puiffantes qui fe=
roit faulte de faigeffe/ ou trop miferable qui feroit

cruaulte ou trop mefchantes /qui feroit vanite / ou
en difant chofes qui offenfent ceulx qui ne voul=
droyent pas offenfer qui feroit ignorãce: car lõ en
trouue daulcũs qui cuydẽt eftre tenus de parler &
poindre fans refpect toutes les foys quilz peuuét /
voyfe la chofe apres cõme elle vouldra ou pourra.
Et entre telles gẽs font ceulx / qui pour dire vgne
parolle fubtillemẽt nefe gardẽt point de maculer
lhonneur dugne noble dame / qui eft vgne chofe
trefmauluaife & digne de trefgriefue pugnitiõ. Car
en ce cas les dames font au nõbre des miferables /
au moyen de quoy elles ne meritent point deftre
ainfi picquees dautãt ãlles nõt poit darmes pour
fe deffendre /mais oultre les refpectz deffufditz ilz
eft befoing ã celluy qui doibt eftre plaifant & face=
cieulx foit forme dugne certaine ydoine a toutes
les fortes de plaifanteries / & quil accõmode a cel=
luy fes facõs /fes geftes & fon vifaige / leãl tãt plus
il eft graue feuere & prife / tãt pl⁹ il faict fembler les
chofes qui font dictes affaifonnees & fubtilles :
mais vo⁹ meffire Federic qui pẽfaftes vo⁹ repofer
foubz ceft arbre & vo⁹ refueiller en mes deuis to⁹
fecs & maigres / ie croy ã maintenãt vo⁹ vo⁹ en re=
pẽtez / & qui vous feble eftre arriue a îhotellerie de
mõtefleur. Et pourtãt il fera bõ ã ainfi ã faict le vo=
urier experimẽte pour euiter vng mauluais logis /
vous vo⁹ leuez vng peu de meilleure heure ã lor=
dinaire & ã vous fuyuez voftre chemin. Mais bien
refpõdit meffire Federic /fuis ie arriue en fi bon lo
gis ã ie peuffe y fefiourner / plus ã ie nauoye defli=
bere au parauãt / au moyẽ dequoy ie me repoferay
encores iufãs a ce ã vous dõnez fin a tout ie deuis
propofe duãl vo⁹ auez laiffe vgne partie que vous

nõmaſtes au cõmãcemẽt les bourdes ꞁ & de ce neſt
point q̃ ceſte cõpaignie en ſoit par vous chiffreeꞁ
mais ainſi cõme endroit les rencõtres & bõs motz
vous nous auez enſeignez pluſieurs belles choſes
& nous auez faict audacieulx a en vſer a lexéple de
tãt de ſinguliers entédemens ꞁ & de grãs pſonnai-
ges ꞁ & de Princes ꞁ de Roys ꞁ de Papes ꞁ ie croy q̃ pareillemẽt endroict les bourdes vo⁹ nous dõnerez
tãt de hardieſſe q̃ nous prendrõs ſeurete den mettre q̃lque vgne en oeuure ꞁ paraduenture cõtre vo⁹
meſme. Lors meſſire Bernard en riant. Vous ne ſe-
riez pas diſt il les p̃miers : mais a laduenture q̃ vo⁹
fauldriez en voſtre entreprinſe : car iuſq̃s icy ien ay
receu de tãt de ſortes q̃ ie me garde de toutes choſes cõme les chiens ꞁ leſq̃lz quãt ilz ont eſtez vgne
foys eſchauldez ont apres crainde de leaue froide ꞁ touteſſoys puis q̃ vous voulez q̃ ie ple encores
de cela ie penſe men pouuoir depeſcher en peu de
parolles ꞁ & me ſemble que la bourde ne ſoit aultre
choſe q̃ vgne tromperie amyable de choſes quilz
noffenſent point ꞁ ou au moins biẽ peu. Et ſi cõme
endroict les rencõtres diſent aulcunement attendoit induyt a rire ꞁ auſſi faict enuers bourdes faire
aultrement q̃ lõ entédoit ꞁ leſq̃lles ſont dautãt plus
plaiſantes & lourdes quãt elles tiennẽt plus de lin
genieulx & modere : car qui veult affiner ſans reſpect biẽ ſouuẽt quil encourt en offenſe ꞁ dõtapres
naiſſent les diſcordes & aygres inimitiez ꞁ mais les
paſſaiges dõt lon peult tirer les bourdes ſont quaſi les meſmes des rencõtres. Pourtãt affin de ne les
replicquer ꞁ ie dictz ſeullemẽt que lõ trouue deulx
ſortes de bourdes ꞁ chaſcune deſquelles ſe pourroit diuiſer en pluſieurs parties. Lugne eſt quant

lon trompe ingenieufement que ce foit auecques
vgne bonne maniere & plaifanterie. Laultre quant
lon tend vng fille / & que lon monftre vng peu
dadaft; tellement que lhomme court a fe tromper
de foymefme . La premiere maniere eft telle / quelle fut la bourde que ces iours paffez deux grandes
dames / q̃ ie ne veulx point nõmer receurent par le
moyen dung Efpaignol nomme Caftille. Alheure
ma dame la Ducheffe. Et pourquoy dift elle ne les
voulez vous point nõmer. Sire Bernard refpõdit.
Pource q̃ ie ne vouldroye pas q̃lles le prinffent a
mal. Ma dame la Ducheffe refpondit en ce foubz-
riãt. Il neft pas defcõuenable vfer quelque foys de
bourdes encores auecq̃s les grãs feigneurs. Et fi en
tendz quil en fut faict plufieurs au duc Federic au
roy Alphõce Darragon / a la royne yfabel Defpaigne / & a plufieurs aultres grãs Princes / lefq̃lz non
feullemẽt ne le prindrent point a mal / mais large-
mẽt guerdõnerẽt ceulx qui les leur feirẽt . Meffire
Bernard refpondit. Si ne les nõmeray ie pas foubz
cefte efperãce. Dictes cõme vous vouldriez dift ma
dame la Ducheffe. Lors meffire Bernard pourfuyuit / & dict. Nagueres en la court ientẽdz quil arriua vng payfant bergamefque pour le feruice dung
gentilhõme de leans. Ce payfant fe trouua fi bien
habille / & accouftre fi propremẽt / cõbiẽ quil feuft
accouftume feullemẽt de garder les beufz / & quil
ne fceuft faire aultre meftier / touteffoys / il euft efte
tenu pour vng honnefte hõme / qui ne leuft point
ouy parler. Or ayãt efte dict a ces deux dames q̃ la
eftoit arriue vng Efpaignol feruiteur du Cardinal
de roge / lequel fappelloit Caftille hõme de trefbõ
efperit / muficien / dãceur / balleur / & le plus aduife

Courtisan qui feust en toute Espaigne / elles vin:
drēt en extreme desir de parler a luy /& soubdai:
nemēt lēuoyerēt querir /& apres lauoir hōnorable
mēt recueilly le faisoiēt asseoir /& cōmāacerēt a de:
uiser auec luy en la presence de chascun luy portāt
vng tresgrant respect /& prenant garde songneuse:
mēt a ce quelles dissoient. Or ny auoit il gueres des
assistās qui ne sceussent q̄ cestuy estoit vng vascher
bergamesque /parquoy voyant q̄ ces dames lentre
tenoiēt auec tāt de respect /& lhōnoroiēt si fort/ la
risee en fut plus grāde de tant plus q̄ le bon hōme
tousiours parloit son bergamesque naif /mais les
gentilzhommes qui auoient dresse lescarmouche
auoiēt premieremēt dict aulx dames que cestuy cy
sans aultre choses estoit vng grant mocqueur /&
quil parloit excellēment tous lāgaiges /& mesmes
mēt le paysant Lōbart de sorte quelles cuyderent
tousiours quil faignist /& souuēt se tourntoient lu:
gne a laultre /& sesmerueilloient /& dissoient. Oyez
vng estrāge cas /cōme il cōtrefaict ce lāgaige. Pour
abreger ce ppos dura tāt q̄ les costez faisoiēt mal a
chascum de force de rire /& fut force q̄ luy mesme
donnast tāt denseignes de sa noblesse q̄ a la parfin
les dames creurēt (cōbien q̄ a grāt peine) q̄ fust cel:
luy qui estoit de telle sorte de bourdes. Nous en
voyons chascun iour / mais entre les aultres elles
sont plaisantes /qui au cōmāacemēt espouuētent /&
puis tumbēt en chose seure /dōt celluy qui est affi:
ne se mocque de luy mesme /voyāt quil a eu paour
de rien /cōme ie veiz a Venise vgne nuyct q̄ iestoie
loge en la paille auecq̄s trois aultres cōpaignōs en
vgne mesme hostellerie / dōt il y en auoit deux de
pystie /& laultre de prato. Ceulx cy apres quilz eu:

rêt souppe se mifrêt a iouer/ainfi q̃ lõ faict souuêt/
& ne tarda gueres que lung des deux piftoys fift
tellemêt sa refte quil refta fans vgne maille/en façõ
quil cõmêça a se defefperer/& a mauldire/& blaf=
phemer afpremêt/& en regnyant en cefte maniere
fen alla coucher/les deux aultres apres quilz eurêt
iouer q̃lque efpace/il delibererêt faire vgne fineffe
a celluy la qui eftoit au lict/au moyen de quoy en=
tendãt quil dormoit defia/ilz tuerêt les chãdelles
& couurirêt le feu/& puis fe mifrêt a parler hault/
& a faire le plus grãt bruit du mõde/en faifant fem
blãt de venir en debat pour le ieu/lung difoit. Tu
a prins la carte de deffoubz/laultre.difoit q̃ non en
le nyãt/tu as enuye fur le flus/ceft a refaire. Et y eut
telle crierie/& vng fi grãt bruit que celluy qui dor=
moit fefueilla.Et quãt il entendit que fes compai=
gnons iouyent encores/ & parloient comme filz
euffent veu les cartes/il ouurit vng peu les yeulx/
mais quãt il veit quil ny auoit point de lumiere en
la chãbre/il fe print a dire. Et que diable effe cy ne
ferez vous toute la nuict q̃ crier. Et apres fe remift
incõtinent foubz la couuerture/comme pour dor=
mir. Les deux compaignons ne luy donnerent
aultrement refponce. Mais fuyuerent leur ordre/
de forte que celluy mieulx refueille commença a
fefmerueiller/& voyant certainemêt que la neftoit
ne feu ne fplendeur aulcune : & que neantmoins
iceulx iouoient/& contendoient/dict. Et commêt
pouez vous veoir les cartes fans lumiere.Refpon=
dit lung des deux/ Tu as donc perdu la veue auec
tes deniers/ Ne voys tu point q̃ nous auons deux
chandelles/Se ieurfur les bras celluy qui eftoit au
lict & quafi tout cource dict/Ie fuys pour vray yure

ou aueugle /ou voſtre dict neſt q̃ mēterie / les deux
ſe leuerent & allerēt au lict en riant & mõſtrant de
croire que ᷄uy ſe mocquaſt deulx / Et luy plus re
plicquoit / Ie dictz que ie ne vous voys. A la parfin
les deux cõmencerent a mõſtrer de ſeſmerueiller
grandemēt / Et diſt lung a laultre / helas il me ſemble quil le die de vray /baille ca la chãdelle & voyons ſi par aduēture la veue luy eſt troublee. A lheu
re ce malheureux tint pour ferme deſtre deuenu
aueugle Et en plorant entieremēt dict. O mes freres iay perdu la veue /& ſubitement cõmenca a appeller noſtre Dame de Lorette Et la prier quil luy
pardõnaſt les blaſphemes / & les maledictiõs quil
auoit dõne pour auoir perdu ſon argent. Les deux
compaignons neantmoins le confortoient & di-
ſoient. Il neſt pas poſſible que tu ne voye /ceſt vne
fantaſie que tu as mis en ta teſte. Helas replicquoit
il / ce neſt pas fantaſie / Car ie ne vous vois nõ plus
que ſi iamais ie neuſſe eu yeulx en teſte / Les deux
reſpondoient /tu as touteſſois la veue claire / & di-
ſoient lung a laultre / Regarde cõme il ouure bien
les yeulx / & comme il les a beaulx ? qui pourroit
croire quil ne voye ? Le pauuret touſiours ploroit
plus fort / & demandoit miſericorde a Dieu / finablemēt luy dirent /faictz veu daller a noſtre Dame
de Lorette deuottement tout nud & nudz piedz /
Car ceſt le meilleur remede que tu puiſſes auoir /
Et nous ce pendant irõs a Aiguepend & a ces villes prochaines pouruoir de quelque Medecin / Et
ne te laiſſerõs pour choſe aulcune poſſible. A lheu
re ce pauure meſchin ſubitement ſe agenoilla au
lict / & auecques infinies larmes / & amere penitē-
ce dauoir blaſphemer feiſt vng veu ſolēmpnel dal
ler tout

ler tout nud a nře Dame de Lôrette/ & luy offrir
deux yeulx dargēt. Et ne māger chair le mercredi/
ne oeufz le vēdredi/ & ieuner a pain ⬛ ſaue to⁹ les
ſamedis a lhôneur de nře Dame/ſi elle luy dônoit
grace de recouurer la veue. Lors les deux ſes com:
paignôs entrerēt en vne aultre chābre ou allume:
rent vne chādelle & vindrēt auecques les plus grā
des riſees du mōde deuāt ce pauure malheureux/
lequel cōbien q̃ il feuſt deliure de ſi grand tormēt/
cōme vo⁹ pouuez pēſer/neantmoins il eſtoit tant
eſtōne de la paour paſſee/que nō ſeulemēt ne pou:
uoit rire/mais ne pouuoit parler. Et les deux cōpai
gnôs ne faiſoiēt aultre choſe q̃ le ſtimuler/ en diſāt
quil eſtoit oblige a payer to⁹ ces veuz/ pource quil
auoit obtenu la grace demādee.   De laultre ſorte
de bourdes quāt lhôme ſe trōpe ſoymeſmes ie ne
dōneray aultre exēple ſinon celuy qui me aduint il
ny a pas grād tēps/ pource que a ce kareſme prenāt
paſſe Monſeigneur de ſainct Pierre ad vincula qui
ſcait cōme ie prēdz plaiſir quāt ie ſuis maſchre de
me mocquer des moynes. Et luy ayant premiere:
mēt bien ordonne ce quil entēdoit faire/ vint vng
iour auecques môſeigneur de Arragon/ & aulcuns
aultres cardinaulx a certaines feneſtres au lieu des
bancqs/môſtrant vouloir demourer la a veoir paſ:
ſer les maſchres (cōme eſt luſance de Rome) moy
eſtāt maſchre paſſay p la/ & voyāt vng moyne dũg
coſte qui demouroit ſuſpent: ie iugay auoir trouue
mon aduēture/ & ſubitemēt luy couruz cōme vng
Faulcon affame faict a la proye. Et p̃mieremēt luy
auoir demāde quil eſtoit/ & luy mauoir reſpōdu/ ie
faignis de le cōgnoiſtre/ & auec pluſieurs parolles
cōmencay a linduyre a croyre que le Barigel lalloit
cherchāt pour aulcunes mauluaiſes informations

I

qui de luy auoiët este faictes / & le confortoye quil
vint auec moy iusqs a la Chäcelerie & q̃ la le saul-
ueroye:Le moyne paoureux & tout tremblät sem
bloit quil ne sceust q̃ faire / & disoit doubter destre
prins sil seslongnoit de sainct Celse / & touteffoys
en luy baillät bõ couraige ie luy dictz tät quil mõ-
ta derriere moy / Et a lheure me sembla auoir acom
ply entieremët mon desir.Ainsi subitemët cõmë-
cay a remettre mon cheual par les bäcqs qui impe
tueusement ruoit & saultoit.A ceste heure ymagi-
nez cõme faisoit beau veoir vng moyne en croppe
düg maschre auec le voller de son mäteau / & le se-
couemët de la teste deuät & derriere quil sembloit
tousiours quil tübast.Auecqs ce beau spectacle cõ
mencerët tous ces seigneurs a gecter des oeufz par
les fenestres / puis tous les bäcquiers & tous ceulx
qui la estoiët / de telle sorte q̃ iamais la gresle ne tü-
ba du ciel auec plus gräd impetuosite / comme tü-
boiët les oeufz des fenestres / lesquelz pour la plus
gräd par sur moy venoiët. Et moy pour estre maschre ne me soucioye / & me sembloit q̃ toutes ces ri
sees fussent pour le moyne & non pour moy / &
pourtät plusieurs fois ie tournay deuät & derriere
par ces bancqs / & tousiours auec telle furie aux espaulles / Combien que le moyne quasi plorät me
prioit que ie le laissasse descendre / & ne feisse ceste
vergongne a lhabit / puis occultemët le ribauld se
faisoit dõner des oeufz par aulcüs Laquetz la apo-
stes pour cest effect / & faignant me tenir estroicte-
mët pour non tüber / les me cassoit sur lestomach /
& souuëteffoys sur la teste / & telle heure sur le frõt
mesme / tant q̃ ie estois tout gaste / Fin de compte /
quant vng chascun estoit fort las de rire & de tirer
oeufz / le moyne me saulta de derriere / & de dessus

re son scapulaire tire / mostra vne grãde parrucque
& dict.Messire Bernard ie suis vng seruiteur destá-
ble de sainct Pierre ad vincula / & suis celluy qui
pense vostre mulet.A lheure ie ne scay quelle chose iauois plus grãde /ou lire/ou la douleur/ou ver-
gongne.Touteffoys pour le moins mal ie me mis
a fuyr vers mon logis / duquel le reste du iour ne
la matinee suyuãte ne osois hors comparoir.Mais
les risees de ceste bourde / non seullement le iour
suyuãt /mais quasi iusques a ce iourdhuy sont du-
rees.Et ainsi estãt renouuelle le rire pour lauoir ra
comptee/adiousta messire Bernard . Il y a encores
vne mode de bourder assez plaisainte / la ou semblablement se tirent faceties / quant lon monstre
croire que lhõme veult faire vne chose que en verite il ne veult faire/Comme moy estãt sur le pont
de Lyon vng soir apres soupper & allãt ensemble
auecques Cesar beccadel en nous tenãt commen-
zasmes lung & laultre nous prendre aux bras / cõme si nous eussions voulu lucter /& ce pource quil
sembloit alors par fortune q̃ sur le pont ny eusse
psonne.Et en demourãt en ceste sorte suruindrent
deux Francoys /lesq̃lz voyant cestuy nostre debat /
demãderent q̃lle chose estoit ceste cy / & se ferme-
rët pour vouloir nous departir auec oppiniõ que
nous eussions noise a bon essiant.Lors subitemët
ie dictz. Seigneurs aydez moy / car ce pauure gétil
homme pour certain téps de Lune a faulte dentë-
demët / & voyez commët il se veult gecter du pont
en la riuiere.Alors ces deux cy vindrent / & auec
moy prindrët Cesar/& le tenoiët estroictement / &
luy tousiours me disant q̃ iestois fol ; mettoit plus
de force pour se gecter hors de leurs mains / & tãt
plus le tenoient estroictement / de sorte que ceulx

de la côtree cômencerét a veoir ce tumulte/ & vng
chaſcun y courut/ & tant plus le bon Ceſar ſe deba
toit des mains & des piedz/ Car ia cômencoit en
trer en colere/tât plus de gês ſuruenoiêt/ & p la for
ce grâde quil mettoit eſtimoiêt certainement quil
voulſiſt ſaulter en la riuiere/ & pourtât plus le con
traignoiêt/ de maniere q̃ vng grâd nôbre dhômes
le porterent par force a lhoſtellerie tout mal en or
dre & ſans bônet/ paſle de la colere & vergongne/
qui ne luy valloit aulcune choſe qui ſceuſt dire/tât
pource q̃ les Frâcoys ne lentendoiêt/ tât pource q̃
encore en le côduyſant en lhoſtellerie touſiours al
lois me lamêtât de la fortune du pauure patiét qui
eſtoit ainſi deuenu fol. Et maintenant ſe pourroit
parler des bourdes habundâmêt/ côme no⁹ auons
dict/mais ſuffira replicquer q̃ les lieux la ou ilz ſe
tirêt ſont ſemblables a œulx des faceties. Des exē
ples/ Puis no⁹ en auós infinis q̃ tous les iours no⁹
voyós/ & entre les aultres pluſieurs plaiſantes ſont
aux nouuelles de Boccace/ côme celles q̃ faiſoient
Brun & Buffalmac a ſon Calâdrin / & a maiſtre Sy
mon & pluſieurs aultres/ de Dames qui veritable
mêt ſont ingenieuſes & belles. Il me ſouuiêt enco
res auoir côgneu en mes iours pluſieurs perſonna
ges plaiſans en ceſte maniere. Et entre les aultres a
Padoue vng eſcollier Sicilien appellé Pôce/lequel
voyât quelque fois vng payſât qui auoit vne paire
de bôs chappôs/faignât les vouloir achapter feiſt
marche auec luy/ & dict quil allaſt a la maiſon auec
ques luy/ & q̃ oultre le pris il luy feroit doner tout
ſon ſaoul a boire/ & en ceſte ſorte le côduyſit iuſq̃s
la ou eſtoit vng clochier qui eſtoit ſepare de leglis
ſe/en ſorte quô pouoit aller tout a lêtour/ & ppre
mêt a lugne des quatre faces dudit clocher reſpô

doit vne petite ruelle. La Pôce ayant premieremét
pêfe ce quil auoit a faire, dift audit payfât. Iay ioue
ces chappôs cy auecques vng mien côpaignô qui
dict q̃ cefte tour a bien déuiron quarâte piedz, & ie
dis que nô, & a lheure mefme quât ie te trouuay ia
uois achapte ce fillet pour la mefurer, parquoy pre
mieremét q̃ nous allions a la maifon, ie veulx eftre
certain qui de no9 deux a gaigne, & ainfi difant il
tira de fa mâche ce fillet & le dôna par vng bout en
la mai du bô hôme, & luy dict. Dône ca, & print les
chappôs & le fillet par laultre bout, & côme fil euft
voulu mefurer, cômenca a enuitôner la tour, ayant
p̃mieremét faict arrefter le bon hôme & tenir le fil
let du cofte qui eftoit oppofite a ceftuy qui refpon
doit en la ruelle, auquel quât il fuft arriue, ainfi fi
cha vng clou au mur, auq̃l il noua le fillet, & layât
laiffe en telle forte, fen alla fans dire mot p la ruelle
auec les chappons. Le bon hôme par lôgue efpace
demoura ferme en attédant quil euft finy de mefu
ret. Finablemét depuis quil euft dict par plufieurs
fois, Que faictes vous la tât, voulut veoir, & trou
ua que celluy qui tenoit le fillet neftoit pas Pôce,
mais eftoit vng clou fiche au mur qui feullement
luy refta pour payemét des chappôs. De telle forte
feift Pôce infinies bourdes. Plufieurs aultres ont
encore efte plaifans de telle maniere, côme le Go
nelle, le Meliole en ces téps la, & maintenât no
ftre frere Mariâ, & frere Seraphin, & plufieurs que
tous côgnoiffez. Et en verite cefte maniere eft loua
ble aux hômes qui ne font aultre profeffion, Mais
les bourdes du Courtifan femble q̃ fe doibuét re
tirer vng peu plus de la fcurilite. Il fe doibt encoz
res garder q̃ les bourdes ne paffent a la pipperie,
côme nous voyôs plufieurs maluais hômes qui

vont par le monde auec diuerses astuces pour gai=
gner argēt en saignāt maintenant vne chose / puis
vne aultre / & q̄lles ne soyēt encores trop aspres / &
sur tout auoir esgard / & reuerēce aux dames / ainsi
que ceste cy cōme en toutes les aultres ! & mesme=
mēt la ou entreuiēdroit offence de lhōneur . Lors
le seigneur Gaspard dict.Pour certain messire Ber
nard vous estes trop partial a ces dames / & mesba
hys pourquoy voulez q̄ plus desgard ayēt les hō=
mes aux dames / q̄ les dames aux hommes / pour=
quoy ne nous doibt nostre honneur estre cher / cō=
me a elles le leur! Il vous semble doncq̄s q̄ les da=
mes doibuent poindre / auecq̄s parolles & mocq̄=
ries les hommes en toutes choses sans en reseruer
aulcune / & q̄ les hōmes soient muetz & les remer=
ciēt dauātaige.Respondit lors messire Bernard.Ie
ne dictz q̄ les dames ne doibuēt auoir aux faceties
& aux bourdes telz respectz aux hōmes / comme ia
auons dict.Ie dictz biē q̄lles peuuēt auec plus de li
cēce taxer les hōmes de petite hōnestete / q̄ ne peu
uent les hōmes elles. Et ce pource q̄ nous mesmes
auons faict vne loy q̄ en nous ne soit vice / ne faul=
te ou infamie aulcune la vie dissolue . Et aux fem=
mes q̄ ce soit vng tāt extreme opprobre & vergō=
gne q̄ celle de qui se parle mal / cōbien q̄ soit faulce
ou vraye la calūnie q̄ lon huy baille soit a iamais vi
tuperee / parquoy estāt le parler de lhōneur des da=
mes tant dangereuse chose pour les offenser trop
griefuemēt / ie dictz q̄ nous les debuōs gauldir aul
tiemēt / & sabstenir de telles choses / pource q̄ la fa=
cetie en poignant / ou la bourde trop griefuement
sort de raison / qui doibt (cōme ia nous auons dict)
cōuenir a vng gētil hōme.   Icy faisant vng peu de
pause messire Bernard / dist le seigneur Octouian

fregofe en riant.Le feigneur Gafpard vous pourroit refpondre q̃ telle loy q̃ vous alleguez q̃ nous
mefmes auõs faict /neft point ainfi hors de raifon
comme il vous femble/Pource q̃ les femmes eftãt
animaulx trefimparfaictz & de petite ou nulle dignite /a cõparaifon des hõmes /il eftoit neceffaire
puis que de foy neftoiẽt capables a faire aulcũ acte
vertueux / auec la vergongne & crainte dinfamie
leur mettre vng frein / qui quafi par force introduy-
fent en elles q̃lque bõne qualite / & femble q̃ plus
neceffaire leur feuffe la continẽce q̃ aulcune aultre
pour auoir certitude des enfans / Parquoy a efte
force auecq̃s tous les efperitz & artz / & voyes poffi-
bles faire les femmes continétes / & quafi leur permettre q̃ en tontes les aultres chofes elles foiẽt de
petite valleur / & q̃ toufiours facent le contraire de
ce q̃ deburoiẽt / parquoy leur eftãt licite faire tous
les aultres erreurs fans blafme.Si nous les voulõs
reprẽdre de telles deffaillãces /lefq̃lles(cõme nous
auons dict)toutes a elles font concedees / & pourtant ne leur font difconuenãtes / ne elles fen fou-
cient.Nous ne exciterõs iamais le ris / pource que
defia vous auez dict que le rire fe peult mouuoir
auecques aulcunes chofes qui font mal conuenã-
tes. Alors ma dame la Ducheffe dict en cefte ma-
niere.Seigneur Octouian /vous parlez des dames /
& puis vous plaignez qu'elles ne vous ayment /
　De ce ie ne me plainctz (refpondit le feigneur
Octouian)ains ie les remercie / puis que pour leur
amour enuers moy ne me obligẽt a les aymer / &
ne parle felon mõ aduis & oppiniõ / Mais ie dictz
que le feigneur Gafpard pourroit alleguer fes raifons cy. Meffire Bernard dict.Certainemẽt grãd
guain feroient les Dames fi pouoient fe recõ-

cilier auecq̃s ces deux cy leurs tãt grãds ennemys
comme vous estes / & le seigneur Gaspard. Ie ne
suis leur ennemy (respondit le seigneur Gaspard)
mais vous estes bien lēnemy des hõmes / & puis q̃
vous voulez q̃ les Dame̅ soyēt gaudies quãt a
telle honnestete / vous debuꝛiez aussi mettre vne
loy a eiles qui feust telle / q̃lles neussent aussi pareil
lement pouoir ne puissance de gaudir les hõmes /
en ce q̃ a nous autãt est de vergõgne cõme aux fem
mes lincõtinence / & pourquoy ne feust aussi cõue̅
nãte a Alõce carigle la respõce & tresbõne solutiõ
que il dõna a la dame Boadigle de lesperance quil
auoit de sauluer la vie pource q̃lle le prēdroit pouꝛ
mary / comme a elle feust le ꝓpos / q̃ vng chascun
qui le cõgnoissoit pēsoit q̃ le roy le deusse faire pē
dre & pourquoy ne feust aussi licite a Richard Mi
nutole trõper la femme de Philippelle & la faire
venir a ce baing / cõme a beatrice faire sortir du lict
son mary / & luy faire donner des bastonnades par
Aniquin apres que vng grand espace auecq̃s luy
feust couchee / Et laultre qui se sya vng fillet au
doy du pied / & feist croire au mary ꝓpre nestre de
soy / puis q̃ vous dictes q̃ les bourdes des femmes
qui sont en Iean Boccace sont ainsi belles & inge
nieuses. Alors messire Bernard en riant dist . Sei
gneurs / pource q̃ ma charge & partie a este seulle
mēt de disputer des faceties / ie nētendz passer ces
limites / & ia pense auoir dict / pource quil me sem
ble ne estre conuenant mordre les dames / ne en
dictz / ne en faictz quant a lhonnestete / & a icelles
auoir baille reigle q̃lles ne puisset poindre les hõ
mes / la ou il leur faict mal. Ie dictz bien q̃ des bour
des & mottetz q̃ vous seigneur Gaspard alleguez /
ce q̃ dict Alonce a Madame Boadigle / cõbien quil

touche vng peu lhonneur ne me deſplaiſt / Car il
eſt tire aſſez loing / & eſt tant couuert / qui ſe peult
entēdre ſimplemēt de ſorte qui le pouoit diſſimu-
ler & affermer nō lauoir dict a ceſte fin . Vng aultre
en diſt Alonce (a mō aduis) beaucoup diſconue-
nāt / & ceſtuy fut q̄ la Royne paſſant deuāt la maiſon de madame Boadigle / Alonce veiſt la porte
toute paincte auecq̄s charbon de ces beſtes deſhō-
neſtes quilz ſe paignēt par les hoſteleries en pluſieurs formes / Et ſe approchāt a la Cōteſſe de Ca-
ſtagnel dictz voyez vous ma dame les teſtes des
beſtes q̄ tous les iours abat ma dame Boadigle a la
chaſſe. Regardez / q̄ cōbien ſoit la metaphore inge-
nieuſe / & bien prinſe des chaſſeurs / quilz ont par
gloire a leur porte attachees pluſieurs teſtes de beſtes / Neantmoins elle eſt ſcurile & vergōgneuſe /
oultre q̄ ce ne feuſt reſpōce / qui tiēt beaucoup plus
du Courtiſan / pource quil ſemble que lhōme ſoit
prouocq̄ / & forcé eſt quelle ſoit ſubite & nō preme-
ditee. Mais en tournāt au ppos des bourdes des
dames / Ie ne dis q̄lles facēt bien a trōper leur maris / mais dictz q̄ aulcune de telles trōperies q̄ recite Iean Boccace des dames ſont belles & ingenieuſes aſſez / & meſmemēt celles q̄ vous propre auez
dict. Mais ſelon moy la bourde de richard Minu-
tôle paſſe les termes / & eſt aſſez plus acerbe q̄ celle
de beatrice / car beaucoup plus oſta Richard a la
femme de Philipelle q̄ noſta Beatrice a ſon mary /
pource q̄ richard auec telle trōperie la força & luy
feiſt faire a ſoy meſme ce q̄lle ne vouloit / & Beatrice trōpa ſon mary / pour faire ſoymeſme ce qui luy
plaiſoit. Alors le ſeigneur Gaſpard diſt par nul
aultre moyē ſe peult excuſer Beatrice excepte que
par amour / lequel ſe doibt ainſi admettre & excuſe

aux hommes côme aux femmes. A lheure meſſi
re Bernard reſpondit/veritablemét gráde excuſa
tion de toutes faultes portét auec eulx les paſſiōs
damours/Neantmoius ie iuge par moy q̃ vng gé
til homme/de valeur/lequel ayme doibt eſtre en ce
côme en toutes les aultres choſes ſincere & veritas
ble/& ſil eſt vray q̃ ſoit vilennie & faulte tant abho
minable eſtre traiſtres encore contre lénemy/ con
ſideres combien plus ſe doibt eſtimer graue tel er
reur contre perſonne qui ſayme/& ie croy que vng
gentil amoureux porte tant de peines/tãt de veil
les/Se ſubmeſt a tant de perilz/eſpend tant de lar
mes/vſe tãt de manieres & voyes pour côplaire a
la dame aymee non pour en acquerit principalle
ment le corps/mais pour vaincre le rocher de tel
courage/briſer ces plus q̃ durs dyamãs/ eſchauffer
ces froidz glaſſons qui ſouuétesfoys ſont dedans
le delicat cueur de ces dames/ & croy que ce ſoit le
vray & ſolide plaiſir/ & la fin ou tend lintention
dũg noble cueur/& certainemét pour moy iayme
rois mieulx eſtãt amoureux congnoiſtre cleremét
que celle a qui ie ſeruirois maymaſſe de cueur/ &
meuſſe donne ſon cueur ſans en auoir iamais aul
tre ſatiſfactiō/que iouyr delle/& en auoir toute co
pie côtre ſa volûte/Car en tel cas il me ſembleroit
eſtre ſeigneur dũg corps mort. Pourtant ceulx qui
paruiennét a leurs deſirs par moyé de telles bour
des/qui paraduenture pluſtoſt trahyſons q̃ bour
des ſe pourroiét appeller/ font iniure a daultres/
& en tout ce nont celluy contétemét quen amour
ſe doibt deſirer/en poſſedãt le corps ſans la volûs
te.Le ſemblable ie dictz daulcuns aultres qui en
amour vſent déchantemétz & ſorceries/& tel heu
re de force/& de choſes excitétes le ſommeil/& de

plusieurs semblables moyés /& sachez q̃ les dons
encore diminuét grandemét les plaisirs damour /
pource q̃ lhõme peult demourer en doubte de nestre ayme /mais q̃ telle dame face demonstratiõ de
laymer pour en tirer vtilite. Pourtant voyez les
amours de grandes dames estre estimez / pource
quil semble quilz ne puissent p̃ceder daultre chose q̃ du propre & vray amour /& ne se doibt croire
que vne grãde dame iamais demõstre aymer vng
sien inferieur /si elle ne layme veritablemét. A peine puisie ces choses rememorer sans penser a ma
seule souueraine & eage p̃destinee /& pour deffen-
sion dicelles sur tous desirs ie desirerois par vous
nostre entier & reciproq̃ amour estre bien entédu.

　A lheure le seigneur Gaspard respondit / ie ne
veulx nier q̃ lintétiõ les peines & perilz des amoureux ne doibuét auoir principallemét leur fin d̃ref-
see a la victoire du cueur plus q̃ du corps de la dame aymee /mais ie dictz q̃ telles tromperies q̃ vous
auez aux hõmes appellez trahysõs /& aux femmes
bourdes /sont tresbõs moyés pour conclure a ceste
fin / pource que tousiours qui possede le corps des
fémes est encore seigneur de lesperit /& si bié vous
souuenez /la féme de Philippelle se courrouca grã-
demét pour la trõperie a elle faicte par Richard /&
puis apres en cógnoissãt cõbié plus estoiét sauou-
reux les baisers de lamãt q̃ ceulx de son mary. Sa
durte tournee en doulx amour enuers richard tref-
cheremét layma depuis ce iour la. Voyez vous cõe
ce q̃ nauoit peu faire la coustumee frequentatiõ de
dõs /& tãt daultres signes /ainsi lõguemét demõs-
strez en peu dheure le fist demourer auec elle. A ceste heure voyez q̃ telle bourde ou trahysõ cõe voul
driez dire /feust bõne voye pour acquerir la Roche

& efperit dûg tel cueur. A lheure Meffire Bernard
dift. Vous faictes vne prefuppofition treffaulce/
Car fi les dames dônoiêt toufiours lamour a cel=
luy qui tiêt leur corps/ ne fen trouueroit aulcune
qui naymaffe le mary beaucoup plus q̃ aultre pfon
ne du mõde/ce qui ne voit au cõtraire. Mais Iean
Boccace eftoit cõme vous eftes a grand tort enne=
my des. Dames/ Replicqua le feigneur Gafpard.
Ie ne fuis ia leur ennemy/ mais biê peu dhõmes de
valeur fe treuuêt qui generallemêt tiennent cõpte
aulcû de fêmes/ Si biê telle heure par quelq̃ figne
mõftrêt le cõtraire. Refpõdit lors meffire Bernard/
vous ne faictes feullemêt iniure aux dames/ mais
encores a tous les hõmes qui les ont en reuerence
neantmoins (cõme iay dict) ie ne veulx pour ceft
heure fortir de mõ premier propos des bourdes/
& entrer en entreprinfe ainfi difficile/ cõme feroit
deffêdre les dames cõtre vous/ Car vous eftes trop
grãd guerroiãt/ parquoy dõray fin a ce miê ppos/
leql peult eftre a efte trop plus long qui neftoit li=
cite/ mais certainemêt moins plaifant q̃ vous natté
diez/ & puis q̃ ie vois les Dames ainfi demourer ta
cites/ & fupporter les iniures de vous ainfi patiê=
ment cõme elles font/ ieftimeray dorefnauant vne
partie eftre vraye de ce que a dict le feigneur Octo=
uian/ Ceftaffauoir q̃lles ne fe foucient que delles/
mal foit dict en toute aultre chofe/ mais q̃lles ne
foiêt poinctes ne mordues de petite honneftete.
Alors vne grande partie de ces dames fe leuerent/
pource que ainfi le faire madame la ducheffe leur
auoit faict figne/ & en riant coururêt toutes contre
le feigneur Gafpard/ cõme pour le vouloir batre/
& luy faire cõme les baccãtes Dorpheus/ en difant
toufiours. Vous verrez a ceft heure fi nous foudõs

que de nous fe parle mal /ainfi tant pour les rifees /
tant pource q̃ vng chafcun fe leuoit fembla que le
fommeil fe partiffe /leq̃l occupoit les yeulx & lefpe
rit daulcuns /Mais le feigneur Gafpard cõmenca a
dire. Voyez vous q̃ pour nõ auoir raifon elles veul
lent eftre fuperieures par force /& en cefte facon fi
nir le propos en donnãt /cõme lon diɑ̃ vng conge
de Gafcon. Lors refpõdit ma dame Emille. Ne pẽ
fez auoir faiɑ̃ /Car puis q̃ vous auez (meffire Ber
nard)laiffe du long raifonnemẽt vous auez cõmẽ
ce a dire tãt de mal des Dames /auec fantafie de nõ
auoir qui vous cõtiedife /Mais nous mettrons en
camp vng cheualier plus frais qui cõbatra auecq̃s
vous /affin q̃ voftre erreur ne foit ainfi lõguement
impugny. Ainfi fe retournãt au magnificq̃ Iulian /
qui iufq̃s a ceft heure la peu auoir parle /dift . Vous
eftes eftime proteɑ̃eur de lhonneur des Dames
parquoy prefentemẽt il eft tẽps q̃ vous monftriez
non auoir acquis cefte renõmee faulcemẽt /& fi par
cy deuãt de telle profeffion auez iamais eu remu
neration aulcune /Maintenãt vous debuez penfer
en reprimãt ceftuy noftre grãd ennemy /dobliger
a vous beaucoup plus toutes les damès /& tãt que
auenant q̃ iamais ne fe face aultre chofe que vous
payer /neantmoins q̃ lobligatiõ doibue toufiours
demourer viue /& q̃ iamais au payement fe puiffe
mettre fin. Alors le magnificque Iulian refpõdit.
Madame /il me femble q̃ vous faiɑ̃es trop dhon
neur a voftre ennemy /& trefpetit a voftre deffen
feur pource q̃ certainemẽt iufq̃s cy na diɑ̃ aulcune
chofe le feigneur Gafpard cõtre les dames q̃ meffi
re Bernard ne luy ayt trefbiẽ refpõdu /& croy que
vng chafcun de nous congnoift quil conuient au
Courtifan auoir grãdiffime Reuerẽce aux dames

& que qui eſt diſcret & courtois ne doibue iamais
les poindre de petite hőneſtete /ne par ieu ne aultrement /parquoy de diſputer telle ainſi manifeſte
verite /eſt quaſi mettre doubte aux choſes cleres /il
me ſemble bien que le ſeigneur Octouian ſoit vng
peu ſorty des limites / diſant que les dames ſont
animaulx plus ǭ imparfaicts & incapables de faire
aulcun acte vertueux /& de petite / ou de nulle dignite /au reſpect des hőmes /& ce /pource que ſouuenteſſoys ſe donne foy a ceulx qui ont grāde au-
thorite /ſi bien ne dient ainſi entieremēt la verite.
Et encores quāt en parlāt des bourdes le ſeigneur
Gaſpard a voulu induire des parolles du ſeigneur
Octouian /a dire que les hőmes ſages ne tiennent
aulcun cőpte delles /qui eſt plus ǭ faulx / ains peu
dhőmes de valeur iay iamais cőgneu qui naymēt
& honorent les dames /la vertu deſquelles /& con-
ſequément la dignite / leſtime que ne ſoit en rien
inferieure a celles des hőmes /neantmois ſil eſtoit
beſoing de venir a ceſte contentiő /la cauſe des dames auroit peu de faueur / pource ǭ ces ſeigneurs
cy ont forme vng Courtiſan tāt excellent / & auec
tant de diuines cőditions ǭ qui aura la penſee a le
conſiderer tel / ymaginera les merites des dames /
ne pouoir paruenir a telle fin. Mais ſi la choſe venoit a eſtre ſemblable /Il ſeroit de beſoing premieremēt ǭ vng tant ingenieux & tāt eloquent(comme ſont le conte Ludouic & meſſire Federic)for-
maſt vne dame de palais auec toutes les perfectiős
appartenantes a dame / ainſi cőme ilz ont forme lē
Courtiſan auec les perfectiős appartenantes a lhő
me / & alors ſi celluy qui deffendroit leur cauſe
eſtoit deſperit & de moyéne eloquéce /ie pēſe que
pour eſtre ayde de la verite / mőſtreroit cleremēt

que les dames sont autant vertueuses que les hô=
mes.Respondit ma dame Emille. Ains beaucoup
plus,& q̃ ainsi soit / voyez q̃ la vertu est femelle &
le vice masle.Messire Gaspard se prit a rire & tour=
ne a messire Nicolle phrigien/luy dist. Q̃ dictes
vous Phrigien?Respõdit le Phrigien.Iay cõpassiõ
& pitie du seigneur Magnificque/leq̃l trompe des
promesses & persuasions de ma dame Emille / est
encoru en erreur de dire ce / dequoy pour lamour
de luy ie me vergõgne.Respõdit ma dame Emille
en riant.Bié vous vergnõgnerez de vous mesmes
quant vous verrez le seigneur Gaspard cõuaïncu/
cõfesser son erreur & le vostre/& demãder tel par=
don que ne luy concederõs.Alors ma dame la Du
chesse/pource q̃ lheure est moult briesue/ ie veulx
(dist elle)que nous differions le total a demain/
mesme pource quil me semble estre bon prēdre le
cõseil du seigneur Magnificque/ Cest assauoir que
premieremēt que lon vienne a ceste disputation/
tout ainsi se formera vne dame de Palais auec tou=
tes les perfectiõs /cõme ont forme ces seigneurs le
parfaict Courtisan.Ma dame/ Dict alors ma dame
Emille.Dieu vueille que nous ne baillions ceste
entreprinse a quelque coniure auecq̃s le seigneur
Gaspard qui forme vne Courtisane qui ne sache
faire aultre chose que la cuysine & filles . Et a ce
le Phrigien dist.Bien est cestuy son propre office.
　A lheure ma dame la Duchesse. Or veulx ie(dist
elle)me confier a monseigneur le Magnificque/
lequel pour estre de bon esperit & iugement / que
ie suis certaine quil ymaginera celle plus grande
perfection que lon peult souhaiter en vne femme/
& si lexprimera bien encores par parolles:& par ce
moyen nous aurõs dequoy reparer les faulses ca

lumnies du seigneur Gaspard. Ma dame(respōdit
le Magnificque)Ie ne scay si vostre aduis est bon
de me donner la charge de si grande importance/
car en verite ie ne me sentz point suffisant/ & ne
suis pas tel/comme le conte/& messire Federic/les
quelz auec leur eloquence ont forme vng Courtisan qui ne fut iamais/ne paraduenture peult estre/
& touteffoys sil vous plaist que iaye ceste entre-
prinse/ au moins que ce soit auecques les conditions que ont eu ces aultres seigneurs qui ont par
le deuant moy/cestassauoir que chascun me puisse
contredire ou bon luy semblera/car iestimeray ces
la/non pour contredit/ mais pour ayde. Et peult
estre que en rabillāt mes faultes/lon trouuera celle
perfection de la femme de palais que lon cherche.
Iespere(respōdit ma dame la Duchesse)que vostre
deuis sera tel que lon ny pourra contredire/ parquoy adonnez vostre entendement a ceste seulle
pensee/& nous formez vgne telle femme/que noz
aduersaires ayēt honte de dire que elle ne soit pa
reille en vertu au Courtisan/duquel sera bon que
messire Federic ne parle plus.Car il ne la que trop
accoustre/mesmement puis que lon luy doibt faire paragon dugne femme. Ma dame(dist Messire
Federic)Il nya plus gueres ou bien peu pour estre
acheue de dire ce qui conuiēt au Courtisan(Et ce q̄
iauoys pense pour les faceties de messire Bernard
mest sorty de la memoire.(Sil est ainsi dict ma Dame la Duchesse)demain no9 reduysant ensemble/
de bōne heure aurōs tēps de satiffaire a lugne chose & a laultre/& sur ce poinct se leua toute la cōpai-
gnie/& auoir reuerāment prins conge de ma Dame la Duchesse/chascun se retira en son logis.
Fin du second liure.

Le tiers Liure du

Courtisan / du Conte Baltazar
de Castillon. Reduyct de
langue Ytalicque en
Francoys.

NE   HAVLT

MEDIOCRE   MENT

NE   BAS

IL LIBRO DEL CORTEGIANO
DEL CONTE BALDESAR
CASTIGLIONE.

Le Tiers liure du Courtisan du Cõte Balthasar de Castillon a messire Alphonce Arioste.

O N lit q̃ Pythagoras trouua subtillemẽt / & auec bel
le maniere / La mesure du
corps Dhercules / en com-
prenant lespace / au quel
tous les cinq ans se fai-
soiẽt les ieuz Olympicq̃s /
ẽ Achaye pres Elyde / de-
uãt le temple de Iuppiter
Olympicque / estre la me-
sure dudict Hercules / & faire vng stade de six cens
& vingt cinq de ses propres piedz. Et que tous
les aultres stades qui par tõute grece ont este depuis instituees estoiẽt pour la pluspart de six cẽs &
vingt cinq piedz / mais en tout aulcunement plus
cours que celluy Dhercules. Par laquelle proposi-
tion Pythagoras congneut facillement / combien
le pied Dhercules estoit plus grand que les aultres piedz humains. Et ainsi entendue ladicte mesure de son pied. Il estima tout le corps Dhercules
estre proportionnellement autant plusgrand que
les aultres hommes. Comme icelluy stade exce-
doit les aultres. Vous denc messire Alphonce par
ceste mesme raison pourres congnoistre clairemẽt
par vgne petite partie de tout le corps. Combien
la court Durbin fut surpassante toutes les aultres
Dytalie. Considerãt combien les ieuz illec faictz /

Lesquelz estoﬁét inuentez pour recreer les esperitz
fatiguez/& faschez/furent superieurs a ceulx / des
quelz on vse es aultres cours Dytalie/principalle
ment ﬁlz estoient tellement estimez/cóme estoiét
puis apres les aultres actes vertueulx/ausquelz les
esperitz estoient ententifz/& de tout ordonnez.Et
desquelz ie prens hardimét audace de parler/auec
esperáce destre creu.Nó en louát touteﬀoys chose
ﬁ ancienne quil me soit licite les desguiﬂer / mais
en aprouuant icelles par raisons/& auec tesmoins
gnaige de plusieurs hómes dignes defoy / qui vi
uent encores & qui ont veu en leur presence &có
gneu la vie & coustume qui ﬂeuriﬀoient par vng
temps en ceste maison.Et certes ie me tiens oblige
de meﬀorcer tant que ie puis de deﬀendre & exem
pter ceste tát clere memoire doubliance mortelle/
& en escripuant la faire viure es cueurs de noz suc
ceﬀeurs/Dont par auanture ﬁen trounera cy aprez
aulcuns qui pource porteröt enuye a nostre ﬁecle/
a cauﬁe que en liﬁant les merueilleuﬁes choses des
anciens/nul est qui ne forme en son esperit vgne
certainne & plusgráde opinió de ceulx de qui en a
ainﬁ escript/qui ne semble que les liures puiﬀent
exprimer.Iacoit quilz ſoient diuinement escriptz.
Ainſi nous deſirons que tous ceulx/es mains des
quelz viendra cestuy nostre labeur/voyre ſi iamais
est digne de ſi grande faueur quil merite estre veu
des nobles cheualiers & valeureuſes dames / que
tous presument & puis apres tiennent pour sétme
la court Durbin auoir este beaucoup plus excellen
te & ornee dhommes ſinguliers/que ne poumons
en escripuát exprimer. Tellement que ſi en nous
estoit autant deloquence comme en eulx auoit de

valeur/nous naurions beſoing daultres teſmoins
gnaiges/pour faire que a noſtre recit ſoit adiouſtee
plainne foy par ceulx qui ne lont veue.

Stant donc le iour ſuyuant toute
la compaignie aſſemblee au lieu
& heure accouſtumee/& ſe ſeant
auec ſilence/chaſcun tourna ſes
yeulx a meſſire Federic & au Ma-
gnificq̃ Iuliẽ/en attẽdãt leſql̃ des
deux ſeroit entree de ꝓpoſt. Dõt
ma dame la Ducheſſe eſtãt demouree aulcunemẽt
quoye. Seigneur magnificque (diſt elle) chaſcun
deſire veoir ceſte voſtre dame bien ornee. Et ſi ne
la monſtrez en tel eſtat que toutes ſes beaultes ſe
puiſſent veoir/nous iugerons quen eſtez ialoux.
Reſpondit le magnificque/ma dame ſi la tenoye
pour telle/ie la moſtreroye ſans aultres ornemens
& en tel point que Paris voudut les troys deeſſes.
Mais ſi ces dames qui ſcauent bien ce faire ne mai-
dent a lequipper & attinter. Ie doubte que non
ſeullemẽt le ſeigneur Gaſpard & le Phrigian/mais
tous ſes aultres ſeigneurs auront iuſte cauſe den
dire mal. Par quoy cependant quelle eſt en quelque oppiniõ de beaulte/peult eſtre ſeroit meilleur
la tenir cachee & veoir ce qui eſt a dire du Courtiſan par meſſire Federic/lequel ſans doubte eſt
plus beau que ne peult eſtre la mienne dame. Ce
que ianoys mis en mon eſperit. Reſpond meſſire
Federic neſt ſi appartenent au Courtiſan quil ne
ſe puiſſe laiſſer ſans aulcun dõmaige/ains eſt quaſi
diuerſe matiere a celle qui a eſte iuſques icy deſdui
cte. Et quelle choſe eſt ce doncq/diſt ma dame la
Ducheſſe. Reſpond meſſire Federic. Ie meſtoye

delibere tãt quauoye peu de declarer les caufes de
fes compaignies & ordres de cheualiers inftituez
par grãs princes foubz diuerfes enfeignes . Côme
eft celle qui fe dict de fainct Michel en la maifon
de France.Celle de la iarretiere qui eft foubz le nõ
de fainct George/en la maifon Dãgleterre.La Toy
fon dor en celle de Bourgougne.Et en quelle maniere fe donnent fes dignitez /& comme ceulx qui
ne lont merite en font deboutez / dont elles ont
prins naiffance / qui en ont efte les aucteurs / & a
quelle fin les ont inftituez . Pource que es grans
cours telz cheualiers font toufiours hônorez. Dauantaige ie penfoye fi le temps meuft fouffy dire
les facons & meurs / defquelz ont vfe es coars des
princes chreftiens foicta les feruir/ les recepuoir/&
feftoyer/ou fe monftrer es ieuz / tournoys & fpectacles publicques . Mefme ieuffe parle quelque
chofe de la court du grand turc / mais principallement de celle de Sophy Roy de Perfe.Car iay entendu des marchans qui ont demoure longuemêt
en ce pays/que les nobles hômes de pardela font
fort vaillans & vfent de honnefte & gentille couftume & maintien / en côuerfant les vngs auec les
aultres/& en feruant les dames : Et que en toutes
leurs facons ya moult de courtoyfie & beaucoup
de difcretion/tant quant ilz fe rencontrent aux armes que aux ieux & efbatz.Mefmes aux feftes mõ
ftrent grande haultefle & magnanimite grande li-
beralite/gaiette & gentilleffe.Et ie me fuis delecte
defcauoir quelles font les manieres en toutes ces
chofes/efquelles plus il fe monftrent & exercent
et quoy confiftent leurs pompes/leurs facons &
accouftremês dhabitz/& dames/en quoy ilz font
aa iiij

côformez a nous & en quoy diuers/de quelles for=
tes dentretiennement vsent leurs dames/ & auec
quelle modestie elles traictêt & fauorisent a ceulx
qui les seruent par amitie. Mais en verite il nest
heure dentrer en tel propost/principallemêt puis
quil y a aultre chose a dire qui est beaucoup plus a
propost. Certes dict le seigneur Gaspard & cela &
aultres plusieurs choses sont plus a ppost que de
former ceste dame de palays/attendu que les mes=
mes reigles qui sont donnez pour le Courtisan/
seruent aussi a la dame. Et pource elle doibt côme
le Courtisan auoir esgard au temps & lieu/ & ob=
seruer tant que comporte son imbecillite tous les
aultres enseignemens/ dont a este tant parle. Et a
ceste cause peult estre ne sera mal en ce lieu denseiz=
gnêr quelques particularitez de celles qui sont ne=
cessaires au seruice de la personne dung prince.
Lesquelles conuient estre sceuz par le Courtisan/
& auoir grace en les faisant. Ou fault icy parler au
vray de la mode & geste quil fault tenir en lexer=
cisse du corps. Côme il se fault maintenir sur vng
cheual manier les armes/ luicter/& en quoy con=
siste la difficulte de telles opperations. Dict alors
ma dame la Duchesse en riant/ les seigneurs ne se
seruêt point de la personne dung si excellêt Cour=
tisan comme cestuy. Parquoy laissons que messir
Pierre montasyt la cure denseigner telz exercices
du corps forces & dexterites de la personne/quât
le temps luy semblera plus commode. Pource que
a ceste heure le magnificque na a parler daultre
chose que de ceste dame/de laquelle me semble q̃
commâcez ia auoir paour/& pource le voulez faire
yssir de propost. Respond le Phrigien/ il est ost=

tain quil est impertinent a ceste heure de parler de
la dame/principallement quant il reste encores q̃
dire du Courtisan/pour quoy ne se deburoit ainsi
mesler vgne chose auec laultre. Vous estez en grãd
erreur/respond messire Cezar gonzague/pource
que commen̄ alle court/combien quelle soit gran
de ne peult auoir ornement ne splendeur en soy/
esbat ne ioye sans les dames/& nul Courtisan sera
agreable plaisant ou hardy/& ne fera iamais œu
ure excellete de cheuallerie/sil nest esmeu de ceste
practicque/& de lamour/& du plaisir de la dame.
Ainsi le parler du Courtisan est tousiours tresim̄
parfaict/si la dame, interuenant ne luy donne par
tie de quelque grace/auec laquelle le rendra par
faict. & ornera lart du Courtisan/Rit le seigneur
Octouian/& dict. Voy la/ie voy vng peu de ceste
viande qui transporte les hommes. Alors le sei
gneur Magnificque se retournãt vers ma dame la
Duchesse dict. Puis quil vous plaist ainsi ie diray
ce qui me viendra en memoyre/mais auec tresgrãt
doubte de non satiffaire. Et certes moult m̄ oindre
labeur me seroit former vgne dame qui meritast
estre Royne du monde que vgne parfaicte Cour
tisanne. Pource que ne scay de qui emprunter les
xeple delle. Mais dugne Royne ne me fault aller
trop loing. Car seullement me reste ymaginer les
diuines conditions dugne dame que ie congnois
& en laquelle contemplant toutes mes pensees se
deffent a exprimer clerement par parolles ce que
plusieurs voyent a leurs yeulx. Et quant ne pour
roye aultre chose/en la nommant seullement ima
ore satiffaict a mõ obligatiõ. Dict a lors ma dame
la Duchesse. Ne sortes hors des termes seigneur

Magnificque/mais entēdez a lordre qui est dōne/
& formez la dame de palays/par affin que ceste tāt
noble dame ayt qui la puisse dignemēt seruir. En-
suyt la magnificque.

E donc ma dame / affin quil soit
veu que voz commādemens me
peulent induire a esprouuer de
faire aussi ce que ne vouldroye/&
apres lauoir formee a ma poste/
men pouuant plus auoir daultre/
Ie la tiendray comme mienne/a
limitation de Picgmalion. Et pource que le seigneur Gaspard a dict que les mesmes reigles qui
sont donnees pōur le Courtisan / seruent aussi a la
dame. Ie suis de diuerse oppinion. Car combien
que aulcunes qualitez soient communes ; & aussi
necessaires a lhomme comme a la dame / il y en a
toutesfoys aulcunes aultres qui conuiennent plus
a la dame que a lhomme/& aulcunes conuiennent
a lhomme/desquelles la dame doibt estre du tout
estrāge. Ie dis le mesmes des excerciffes du corps/
mais sur tout me semble / que la dame doibt estre
moult dissemblable a lhomme en ses meurs/main
tiēt &c. pource que comme par icelluy conuient estre monstree vgne vtilite solide & ferme/
ainsi a la dame siet bien auoir vgne facon tendre
molle & delicate auec vgne maniere en tout son
mouuement de doulceur feminine / affin que son
aller/son repos/ & son dire la face tousiours apparoir sans aulcune simillitude dhomme. En adioustant donc cest aduertissement aux reigles que ses
seigneurs ont enseigne au Courtisan. Ie pense bie
quentre plusieurs dicelles elle doibt se pouuoir

seruir/& orner de bônes conditions/côme a dict le
seigneur Gaspard . Parquoy iestime que plusieurs
vertus de lesperit sont aussi necessaires a la dame
que a lhomme/mesmemêt la noblesse/la suyte des
affectations estre agreable de nature en toutes ses
opperations/estre de bonnes meurs/ingenieuse &
prudente / non orgueilleuse / non enuyeuse / non
maldisante/non glorieuse/non noysiue & conten=
tieuse/mô lourde & inepte/sachant gaigner & def=
fendre lhôneur de sa dame & maistresse/& de tous
aultres faire bien & agreablement tous les excer=
cisses qui côuiennent a vgne dame . Dauâtaige me
semble bien quen elle la beaulte sera plus necessai=
re/que au Courtisan.Pource qué verite beaucoup
deffault a la dame a qui deffault beaulte.Elle doibt
entores estre plus aduisee & prudête & auoir plus
esgard de ne dôner occasion que delle soit mal par
le/& se gouuerner de telle sorte / q̃ non seullemêt
ne soit maculee de coulpe/mais aussi de souspeçô.
Pource que la dame na point tant de moyês pour
se deffendre de faulses detractions/blasmes & ca=
lumnies/côme a lhomme.Et pource que le Conte
Ludouic a explicque fort par le menu la principal=
le profession du Courtisan/& a voulu que ce soit
celle des armes/il me semble aussi conuenable dire
selon mon iugement/quelle doibt estre celle de la
dame de palays/a laquelle chose quant iauray sa=
tisfaict/ie penseray estre sorty de la plusgrand part
de ma debte/laissant dôc ses vertuz de lesperit qui
luy peuuent estre communes auec le Courtisan/
comme prudence / magnanimite / continence / &
plusieurs aultres mesmement quelles conditions
côuiennêt a toutes dames / comme estre bonne &

discrette scauoir gouuerner les biens de son mary/
sa maison/& ses enffans quāt elle est mariee/& tou
tes les qualitez qui sont requises a vgne bōne mere de famille. Ie dis qua celle qui vit en court me
semble cōuenir sur toute aultre chose vgne certain
ne affabilite plaisante/par laqlle elle saiche genti-
ment entretenir toutes sortes dhommes auec pro
post agreable & honneste/accommode au temps
& lieu & a la qualite du psonnage/auec lequel elle
parlera en sa cōpagnient de doulces facons astrem
pees & modestes/auec telle honnestete quelle ayt
tousiours vgne prompte viuacite desprit a bien
disposer toutes les actiōs/affin quelle ne soit veue
retenir quelque facon trop grossiere/mais quauec
vgne maniere de bonte elle se face tousiours estimer non moins pudicque/prudente & humainne
que plaisante saige & discrette. Et pource luy est
besoing tenir vgne certainne mediocrite difficille
& quasi cōposee de choses contraires/& se rengera
a certains termes & moderations sans les passer
iamais. Ceste dame donc pour se faire estimer bon
ne & bōneste/ne doibt estre tant estrange ne auoir
eu horreur les cōpaignies & deuises/encores vng
petit moins que chastes/que quāt elle se y trouue
subitement se leue & sen aille. Pource que facillement on pourra penser quelle faict semblāt destre
tant austere pour celer de soy chose quelle redoubte quung aultre puisse congnoistre. Certes telles
facons rusticcques sont tousiours odieues/elle ne
doibt aussi pour se monstrer agreable & liberalle
dire parolles deshōnestes/ne vser dune certainne priuaulte intemperee & effrenee/ne de telle contenance quelle face croyre de soy ce qui peult estre

& nest/ mais se trouuant en telle deuise/ elle doibt
escouter auec vgne honte Rougissant en la face.
Mesmement elle doibt fouyr vgne erreur/auquel
iay veu encourir plusieurs dames. Lesquelles diēt
& escoutent voulētiers mal parler des aultres.Car
celles qui monstrent leur desplaire / quant elles
ouyent reciter choses deshonnestes des aultres da
mes/& ne rien croyre de ce qui sen dict / mais estiment quasi vng monstre quungne dame soit impu-
dicque elle sont iuger en reputant ceste faulte tant
enorme quelles ne la commettroient iamais.Mais
celles qui se vont tousiours enquerant de lamour
des aultres / & le reuelēt ainsi par le menu / & auec
si grant feste / il semble quelles en ont enuye / &
quelles desirēt que chascun le saiche/ affin que pareil faict/ ne leur soit impute pour erreur. Et auec
tel espoir elles vsent de certains ris / & certainne
maniere de contenance qui donne tesmoingnage/
q̃ alors elles sentēt grand plaisir.De quoy aduient
que les hommes de qui elle pensent estre voulentiers escoutees/le plus souuēt les ont en maulnaise
oppinion & les desprisent & contempnēt.Et leur
semble quauec telle maniere/ ilz sont inuitez a
passer plus auāt/par quoy souuent procedēt quelque effect qui apporte vng iuste deshonneur a telles dames.Et en fin sont si peu estimees des hommes quilz ne se soulcient de leurs compaignies/ &
se fascnent delles.Mais au cōtraire/ il nest homme
tant effronte/ne tant insolent/ & arrogant / qui ne
porte reuerance a celles qui sont estimees bonnes
& honnestes.Pource que la grauite qui est tēperee
de sauoir & bonte est quasi vng bouclier contre
audace & bestialite de telz psumptueux & auda-

cieux . Pourtant quon voyt qungne parolle/vng
ris/dugne honneste dame | & vng sien acte de be=
niuolence tãt soit il petit est plus prise de chascun
que toutes les demõstrations & caresses de celles.
Lesquelles sans quelque moderation se mõstrent
peu honteuses. Car si elles ne sont impudicques
neautmoins auec leurs ris dissoluz auec leur babil
& audace & maniere eshontee/ elles sont signe de
lestre.Et pource que les parolles ou il nya subgect
dimportance sont vaines/sottes & puerilles | il est
besoing que la dame de Palays ayt congnoissance
de plusieurs choses oultre le iugement de cõgnoi=
stre la qualite de celluy auec qui elle parle/ pour
lentretenir gentiment/ & que en parlãt elle saiche
eslire les choses qui sont plus conuenables a lestat
de celluy/auec lequel elle parle & quelle soit adui=
see de ne dire parolles qui loffensent . Quelle se
garde aussi que en se louant soymesme/ou en trop
parlãt | elle ne luy engendre fascherie.Et quelle ne
mesle auec les deuises ioyeuses & plaisantes cho=
ses haultes & graues/ne encore moins bourdes/&
faceties auec propost de consequence.Finablemẽt
quelle ne monstre sottement & ineptemẽt scauoir
ce quelle scait | mais quauec modestie elle cherche
honnorer celluy qui scait/en fouyant/comme dict
est curiosite & affectatiõ en toutes choses. En ceste
maniere elle sera ornee de bonnes meurs & cou=
stumes/& fera auec bõne grace tous les exercisses
qui sont conuenans a la dame.Et son langaige sera
copieux & plain de prudẽce | hõnestete & de plai=
sir/& ainsi elle sera | non seullement aymee | mais
honnoree de tout le monde | & peult estre digne
destre equiparee a se grant Courtisan/tant es con=

ditions & perfections de lesperit que du corps.
Ayât iusques icy parle le magnificque/il ce teut &
sarresta.Comme ayant mys fin a son dire.Et a lors
dist le seigneur Gaspard vrayement seigneur Ma-
gnificque/vous auez grandement orne ceste dame
& lauez faict dexcellente condition . Neautmoins
il me semble que vous estez assez arreste au gene-
ral/& auez nomme en elle aulcunes chose si grandes que ie croy quil vous desplaira les declarer.Et
les auez plustost desirees que enseignees/comme
ceulx qui desirêt choses impossibles/ & supernatu-
relles.Pourtant ie vouldroye que declarissiez vng
petit mieulx quelz sont les excercisses du corps cô
uenables a la dame de Palays/& côment elle doibt
entretenir toutes sortes dhommes /& quelles sont
tant de choses/desquelles vous dictes luy estre necessaire auoir congnoissance . Et si vous entendez
quelle ayt prudence/magnanimite/continence/&
plusieurs aultres vertuz que vous auez dict/pour
sen ayder seullement au gouuernement de sa mai-
son/ses enfans /& sa famille/pource que voulez q̃
ce soit sa premiere profession . Ou aultremen si entendez quelle sen ayde en son entretien/ & en faisant agreablemêt les excercisses du corps . Ie vous
prie par vostre foy gardez de soubzmettre ces pouures vertuz en office si bas/& si vil quil ne vous en
faille repentir. Commenca a rire le Magnificque/
& dict le seigneur Gaspard/ vous ne pouuez faire/
que ne monstrez vostre maului̇se affection enuers
les dames.Et en verite/il me semble en auoir assez
dict/principallement deuant telz auditeurs.Car ie
ne pense quil soit encores quelcung qui ne con-
gnoisse/que quant aux excercisses du corps/il nest

decent a la dame de porter les armes courir & pɔ̃
nader sur vng cheual/iouer a la paulme/luyꝗer/&
faire plusieurs aultres choses qui appartiennent a
lhomme. Dict alors lunicque Aretin/Les anciens
eurent iadis en vsaige/ que les dames luyꝗoient
auec les hommes/ mais nous auons perdu ceste
coustume auec plusieurs aultres. Subioinꝗ/messi‧
re Cezar gonzague/ & iay veu en mes iours les
dames iouer a la paulme/ magnier les armes/che‧
uaucher vng cheual/ aller a la chasse/& faire quasi
tous les excercisses que pourroit faire vng cheual‧
lier.Respond le Magnificque/puis que ie puis for
mer ceste dame a ma guise/non seullement/ ie ne
veulx quelle vse de ces excercisses virilz ainsi durs
& robustes/ mais ie veulx dauantaige que ceulx
qui sont cõuenables a la dame quelle les face auec
vgne discretiõ & telle facon molle & delicate que
nous auõs dict luy cõuenir.Et pource/Ie ne veulx
quẽ dãsant elle soit veue/vser de mouuemẽs trop
gaillardz / & trop efforcees/ne encores moins eñ
chantant/ ou iouant quelque scedon/ou diminu‧
tion forte & redoublee quelle monstre plus dart
que de doulceur. Mesmement les instrumens de
musicque/desquelz elle vsera selon mon iugemẽt/
ilz doibuent estre conformez & respondans a ceste
intention de doulceur & modesties. Imagines cõ‧
bié seroit chose mal seãt & peu gracieuse de veoir
vgne dame sonner le tabourin/iouer du piffre/ ou
de la trompe/ou daultres semblables instrumens.
Et ce pource que la rudesse & lourd manyemẽt de
telles choses ne se peult cacher & emporter la sou‧
efue doulceur & mansuetude/qui tant orne & des‧
core tous les actes que faict la dame. Pourtãt quãt

elle viendra à dācer/ou vser de quelque muſicque
que ce ſoit/elle ſe doibt induire a ſe laiſſer aulcune
ment prier auec vgne certainne crainĉte qui ſoit
demonſtrante ceſte noble honte & vergongne qui
eſt contraire a imprudence.Elle doibt auſſi accom
moder ſes habitz a ceſte fin & Intention & ſe veſtir
de ſorte quelle ne ſoit veue trop mōdainne ne
trop inconſtante.Mais pource quil eſt licite aux
dames auoir plus de ſoing de leur beaulte quil
neſt aux hommes/& pource auſſi que les beaultez
ſont diuerſes/ceſte dame doibt auoir iugement de
congnoiſtre quelz ſont les habitz qui luy dōnent
& accroyſſent grace & ſont plus propices aux ex
cerciſſes quelle veult faire & ſe ſeruſt diceulx.Et cō
gnoiſſant en ſoy vgne grāde vague & gaye beaul
te elle la doibt ayder de mouuemēs/geſtes/parol
les & habitz qui tendent tous a ceſte gayette/ainſi
comme vgne aultre qui ſe ſent auoir vng maintiē
doulx & graue/elle ſe doibt acōpaigner de geſtes
eſtant de meſmes ſortes pour touſiours accroiſtre
ce qui eſt donne de nature.Pareillement ſelle eſt
vng peu plus graſſe/ou plus maigre/plus blācher
ou brune/que la raiſon ne veult elle ſe doibt ayder
auec ſes habitz/mais en diſſimulant plus quil eſt
poſſible.Et en ſe tenant iolye/cōinĉte & delicate/
elle doibt touſiours monſtrer rien eſtre curieuſe/
ne y mettre quelque peyne/ou diligēce.Et pour
ce que le ſeigneur Gaſpard demande quelles ſont
ces pluſieurs choſes/deſquelles elle doibt auoir
congnoiſſance/& comment elle doibt entretenir/
& ſi les vertuz doibuent ſeruir à ceſt entretien/ie
dis que ie veulx quelle ayt cōgnoiſſance de ce que
ſes ſeigneurs ōt voulu que ſaiche le Courtiſan.

Et quât aux excercisses que nous auôs dict ne luy
estre conuenable/Ie veulx pour le moins quelle en
ayt tel iugement que lon a souuent des choses / &
des arts de quoy on ne vse point . Et ce pour sca=
uoir louer/priser/& estimer ces cheualliers plus &
moins selon leurs merites.Et pour repeter en peu
de parolles ce que ia est dict.Ie veulx que ceste da=
me ayt congnoissance des lettres /de musicque/de
painsture / & quelle saiche dācer/cherir & festoyer
en adioustant auec ceste discrette modestie & ma=
niere de ce faire reputer bonne/ les instructions &
aduertissemens qui ont estez baillez au Courtisan.
Et ainsi elle sera agreable en sa côuersation en son
ris/en ses ieux/ en sô parler/brief en toutes choses.
Et entretien dra commodement toute personne
quelle rencôtrera auec deuises & ioyeusetes a elles
conuenantes.Et combien quil semble que magna
nimite/continence/temperance/force/prudēce /&
les aultres vertuz/ne soient necessaire a lentretien
duquel elle vsera . Ie veulx toutessoys quelle soit
ornee de toutes /non tant pour scauoir entretenir.
Combien quelles y puissent seruir que pour estre
vertueuse / & affin que ces vertuz la rendent telle
quelle merite destre honnoree/&que toutes ces
opperations soient composees de ces vertuz . Ie
mesbahis dict alors en riant le seigneur Gaspard/
que puis que vous donnez & attribuez aux dames
lettres/science/continēce/magnanimite/& tempe=
rance/que ne voulez aussi quelles gouuernent les
villes /quelles facent les loix /& conduisent les ar=
mes/& que les hommes se tiennent en la cuysine à
filler.Respond le magnificque en riāt . Peult estre
que ce ne seroit point mal faict/ puis subioingt.Ne

scauez

fcauez vous point que Platon / lequel en verite
neftoit point fort amy des dames / touteffoys leur
donne la garde des citez / & aux hommes tous les
offices & adminiftrations de la guerre. Ne croyez
vous point que plufieurs dames fe font trouuez /
qui fcauroient auffi bien gouuerner les citez / & les
exercites de genfdarmes / comme euffent faict les
hommes. Mais ie ne leur veulx impofer telz offices / pource que ie forme vgne dame de Palays / nõ
vgne Royne. Ientendz bien que vous vouldriez
tacitement renouueller cefte faulfe calumnie que
propofa hier le feigneur Octouian entre les dames / difant quelles font creatures trefimparfaictes
& non cappables de faire quelque acte vertueux /
& quelles font de petite valeur fans aulcune dignite au regard des hommes. Mais en verite & vous
& luy eftes en grant erreur fi penfes telles chofes.
Dict alors le feigneur Gafpard. Ie ne veulx renouueller les chofes qui font ia dictes / mais vous me
vouldriez volentiers faire dire quelque parolle
qui offenfaft le cueur de fes dames pour me les rẽdre ennemyes. Ainfi comme vous auec voftre flat-
terie voullez gaigner leur grace. Mais fur toutes
aultres elles font tant difcrettes quelles ayment
mieulx la verite / Combien quelle ne foiét du tout
en leur faueur / que louãges faulfes & adulatoires.
Et ne preignent a mal qung aultre dye que les hõmes font de plus grãde dignite / & confeffent que
vous auez recite des grandz miracles / & que vous
auez attribue a la dame de Palays aulcunes impof-
fibilitez ridicules / & dignes de mocquerie / enfemble tant de vertuz que Socrates / Caton / & tous les
Philofophes du mõde ne vous font rien. Et a dire

vray |ie mefmerueille q̃ naues heu honte de paſſer
les termes ſi auant |car il vous debuoit bien ſuffire
de faire ceſte dame de Palays belle & diſcrette hõ
neſte| & affable | & ſaichant entretenir toutes ſor
tes dhõmes ſans encourir infamye |ſoyt en dãſant|
en iouant de muſicque |en riant |en parlant |en ſeſ
batant |brief en faiſant toutes choſes |deſquelles
nous voyons tous les iours vſer en ceſte court.
Mais en luy voulant donner cõgnoiſſance de tou
tes les choſes du mõde |& luy attribuer les vertuz
qui peu ſouuant ont eſte veuz aux hommes |voy-
re & au temps paſſe ceſt vgne choſe que ie ne puis
ſupporter |ne a poyne eſcouter. Que les femmes
ſoient creztures imparfaictes | & par conſequẽt de
moindre dignite que les hommes & non cappa-
bles de vertuz| comme eulx |ie ne le veulx aultre-
ment affermer |pource que la valleur de ces dames
ſouffriroit a me faire manteur. Ie dis bien que les
hommes ſaiges ont laiſſe par eſcript que ſi nature
pouuoit elle produyroit continuellement des hõ
mes |pource quelle ſefforce & entant touſiours fai
re les choſes plus parfaictes |quelle peult. Si que
quant elle produit vgne dame| ceſt deffault ou er-
reur de nature | & oultre ce quelle vouldroit faire.
Et on peult ce veoyr en vng perſonnage qui eſt ne
aueugle | boyteux | ou auecque quelque imparfec-
tion | ou deffaillance de ces membres | les arbres
portẽt pluſieurs fruictz |qui ne meuriſſent iamais.
Ainſi la dame ce peult dire vgne creature produi-
cte a laduenture & par cas| & que ainſi ſoit | voyes
lopperation de lhomme | & de la dame| & dicelle
pregnes coniecture de la perfection de lugne & de
laultre |ce neantmoins attendu q̃ ces imparfectiõs

dés dames viennent par faulte de nature qui les
produit telles. Nous ne debuõs / pource les hayr
ne cesser de les auoir en telle reputation quil est
decent. Mais en les voulant faire estimer plus pars
suictes qͤlles ne font / ce me semble erreur manifes
ste. Le Magnificque attendoit que le seigneur Gas
spard poursuyuist plus oultre / Mais voyãt quil se
taisoit / il dict. Quant a limperfection de la dame : Il
me semble quauez amene vgne tresfroide raison / a
laquelle combien qua ceste heure paraduanture /
ne soit conuenable entrer en ceste subtilite. Ie res
spõd felõ laduis de cestuy qui cõgnoist telles choses / & felõ la verite. Que vgne mefme substance en
toutes choses que vouldres choisir / ne peult en
foy recepuoir quelque peu / ou quelque moins.
Comme vgne pierre ne peult estre plus parfaictes
ment pierre quugne aultre / quant a lessence de la
pierre / Ne vng boys plus parfaictemēt boys qung
aultre boys. Aussi lhomme ne peult estre plus par
faictement homme qung aultre. Et par consequēt
le masle ne sera plus parfaict que la femelle : quant
a la substance formelle / pource que lung & laultre
est comprins soubz lespece de lhomme. Et ce en
quoy ilz font differendz lung de laultre est chose
accidentalle / & non essentielle. Si vous me dictes
donc que lhomme est plus parfaict que la dame /
sinon quant a lessence autmoins / quant a laccidēt.
Ie respondz quil est besoing que telz accidens con
sistēt ou au corps / ou en lame. Si au corps / pource q̃
lhomme est plus robuste / plus agille / & plus dur
au labeur. Ie dis que cest demonstrance de petite
parfection / pource quentre les hommes mesmes /
ceulx qui ont ces qualitez plus que les aultres / ilz

nen ſont touteſſoys plus eſtimez ı & ne ſont plus
excellens en guerre (ou eſt requiſe beaucoup de
force & œuure labourieuſe) Parquoy nen ſont ia
plus priſez. Item ſi telz accidens coſiſtent en laume
Ie dis qua toutes choſes / auſquelles peuuent vacquer les hômes ı qua icelles meſmes peuuêt auſſi
vacquer les dames. Et q̃ ſi on peult paruertir & pe
netrer iégin de lung ı q̃ auſſi peu de laultre. Ayant
icy faict vng peu de pauſe ıle Magnificque y adiou
ſta en riantıne ſcauez vous point que ceſte propoſi
tion ſe tient en philoſophie. Que ceulx qui ont la
chair molle ſont aptes de leſperit & ingenieulx.
Parce il eſt indubitable attãdu que les dames ſont
plus molles de chairneure ıquelles ſont auſſi plus
heureuſes deſpritı& dengin plus ydoinne a choſes ſpeculatiues que les hommes. Puis il pourſuy-
uit encores ımais en laiſſant ceſte diſputeı pource
que vous dictes que ie prens argument de la parfection de lung & de laultre par leurs opperatiõs.
Ie dis que ſi vous conſiderez les effectz de nature
que vous trouueres quelle produict les dames nõ
par cas occidêtalımais quelles ſont accommodees
a vgne fin neceſſaire ıLaquelle combien quelle ne
les face galiardes & habilles de corps ı mais dung
eſperit ſimple & quoy auec pluſieurs aultres qualitez contraires a celles des hommes ı touteffoys
les conditions de lung & de laultre tendêt a vgne
ſeulle fin concernant vgne meſme vtilite. Et ſi ſelõ
ce a cauſe de leur debille foybleſſe ıles dames ſont
moins courageuſes ı Ie dis par ce meſmes quelles
ſont auſſi plus fines. Pourtãt les meres nourriſſent
les enfans ıles peres les inſtruiſent & corrigent ı&
auec leur force & labeur ı il acquierent par mer ı&

par terre/ce que les meres auec leur sedulite & dili
gence gardent en la maison qui nest point moindre louange . En apres si vous consideres les hystoires anticques & modernes . Combien que les
hommes ayêt este chiches a louer les dames/vous
y trouuez que' vertu a autant reside entre les fem-
mes/quentre les hommes. Et dauantaige que aul-
cunnes se sont trouues / qui ont côduict les guer-
res/ & rapporte victoire glorieuse/ qui ont gouuerne les Royaulmes/auec grande prudéce & iustice/
& ont faict tout ce qui peuuent auoir faict les hommes . Quant aux sciences/ne vous recordez vous
point auoir leu de tât qui ont sceu la philosophie/
des aultres qui ont este excellentes en Poesie/des
aultres qui ont traicte & plaide les causes deuant
les iuges/tant en accusant / q deffendât auec grâde
eloquence. Ii seroit long de racôpter leurs œuures
corporelles/& manuelles/& nest besoing den faire tesmoingnage. Donc si quant a la substâce essen-
tielle/lhôme nest point plus parfaict que la dame/
aussi nest il es accidens. Laquelle chose voyant en
ses effectz / sans chercher aultre raison / ie ne puis
penser en quoy consiste ceste sienne parfection. Et
pource que vous dictes / que lintention de nature
est de pduire tousiours les choses plus parfaictes/
& que si elle pouuoit/elle produiroit lhomme / &
q quant elle produit vgne dame que cest plustost
erreur/ou deffault de nature que son intention. Ie
respond que ie nye cela totallement. Et ne scay côm-
ment vous pouuez dire que nature nentêd iamais
produire les dames / sans lesquelles lespece humaine / ne se peult conseruer/de quoy nature est
plus desireuse que de toute aultre chose. Pourtant

par la copulation de la compaignie/de lhomme &
de la femme elle produit les enfans/ lesquelz ren=
dent a leurs parens ia vieulx/les beneffices quilz
ont receu deulx en leur ieunesse / puis par genera=
tion / ilz renouuelient encores daultres enfans/
desquelz ilz attendent recepuoir en vielliesse ce
quilz ont faict en ieunesse a leurs parens . Et par
ainsi nature quasi tournant en vng cercle acquiert
eternite & donne immortalite aux mortelz. Estant
donc la dame aussi necessaire a ceste generatió que
lhomme. Ie ne puis veoir commét lugne soit plus
que laultre faicte par cas dauáture/Il est bien vray
que nature entend tousiours produire les choses
plus parfaictes /& par ce entéd de produire lhom=
me en son espece / mais non plustost lhomme que
la femme. Car si elle produisoit tousiours le masle
elle commettroit vgne imparfection / pource que
cóme du corps & de lame resulte/& est faicte vgne
composition plus noble qui est lhomme/que ne
sont les parties. Ainsi de la cópaignie du masle/ &
de la femelle resulte vgne composition conserua
tiue de lespece humainne/sans laquelle les parties
seroient inutilles /& periroient du tout . Et pource
le masle & la femelle sont tousiours mys ensem=
ble par nature/ & ne peult estre lung sans laultre/
tellement que ne se doibt appeller masle qui na
point de femelle/ selon la diffinition de lung &
de laultre/ & ne se doibt aussi appeller femelle
qui na point de masle. Et pource que iung seul de
monstre son imparfection / les anciés Theologiés
ont attribue lung & laultre a dieu. Pourquoy Or=
pheus dict que Iupiter estoit masle /& femelle.
Et on lit en la saincte escripture que dieu forma

lhomme ceſt adire maſle & femelle a ſa ſemblance.
Et les Pœtes en parlant de dieu ſouuent confon-
dent le ſexe. Alors dict le ſeigneur Gaſpard/ie ne
vouloye que nous entriſſions en ceſte ſubtilite/
pource que ces dames ne lentendent point. Et cōbien que ie vous puiſſe reſpōdre auec bonnes rai-
ſons/touteſſoys elle croyront/ou au moins feront.
ſemblant de croyre que iay tort/& incontinant dō-
neront ſentence a leur guyſe. Touteſſoys puis que
nous y ſommes entrez/ie diray ſeullement que cōme vous dictes eſtre loppiniō des hommes ſaiges
que lhōme eſt cōparaige a la forme / & la femme a
la matiere/que ainſi comme la forme eſt plus parfaicte que la matierea qui elie dōne ſon eſtre/ ainſi
lhomme eſt auſſi plus parfaict que la femme. Et il
me ſouuient auoir aultreſſoys ouy que vng certain
grand Philoſophe dict en ſes Probleſmes / dont
vient que naturellement la dame ayme touſiours
lhōme de qui elle a receu les premiers plaiſirs damours. Et au contraire lhomme hayt la dame qui
ceſt premieremēt conioincte auec luy / & en adiui-
nant la cauſe laſſerme eſtre telle. Pource quen tel
acte la dame recoit parfection de lhomme/ & lhōme recoit imparfection de la dame. Et chaſcun ayme naturellement la choſe qui le rend parfaict / &
hayt celle qui le rend imparfaict. Et oultre ce grād
ſigne de la parfection de lhomme & de limparfe-
ction de la dame/ eſt que vniuerſellement toute
dame deſire eſtre homme par vng certain inſtinct
de nature qui lenſeigne deſirer ſa parfection. Reſpond incontinent le Magnificque Iulien/les pauures ne deſirēt eſtre hommes pour ſe faire plus
parfaictes. Mais pour auoir liberte & euiter ceſte

domination que les hommes se sont attribuez sur
elles de leur propre auctorite . Et la similitude que
vous dōnez de la matiere & de la forme ne se faict
en toute chose | pource que la dame nest ainsi ren-
due parfaicte de par lhomme | Comme la matiere
de la forme . Mais pource que la matiere recoipt
son estre de la forme | & sans elle ne peult consister.
Aincois tant plus de matiere | ont les formes tant
plus ont dimparfectiōs | & separees dauec elle sont
tresparfaictes. Mais la dame ne recoipt son estre de
lhomme | ains comme elle est rendue parfaicte de
luy aussi elle le rend parfaict | dont lugne & lautre
ensemble viennent a engendrer | Laquelle chose
ne peult faire lung de soymesmes. Au surplus quāt
a la cause de lamour perpetuel de la dame enuers
le premier homme auecque qui elle est cōioincte |
& de la hayne de lhomme enuers la premiere da-
me qui luy faict le don de mercy | Ie ne lattribueray
ia ad ce que lattribue vostre Philozophe en ses
problesmes . Mais plustost a la fermete & constāte
stabilite de la dame | & a linstabilite de lhomme | &
non sans cause & raison naturelle . Pource que le
masle estant naturellement chault | prent de ceste
qualite vgne legierete mouuement & instabilite.
Et au contraire | la dame prent de sa frigidite vng
dequoy | vng posément ferme | & vgne impression
plus fichie & arrestee. Alors ladame Emillie se
tournant au seigneur Magnificque | Pour lamour
de dieu dict elle | sortez quelque foys de ceste nos
tre matiere | & formes masle & femelle | & parlez
de sorte q̃ soyez entendu. Pource que nous auons
ouy & tresbien entendu le tort que ont dict de
nous le seigneur Octouiā | & le seigneur Gaspard

ii p. iii

Mais nous nauons peu entédre de quelle maniere
vous eftes deffendu.Pourtant ce me femble fortit
de ce propoft/& laiffer es cueurs de chafcun cefte
mauluaife impreffion que ont donne des nous/
noz ennemys.Ma dame ne nous donnes ce nom/
Refpondit le feigneur Gafpard/Car pluftoft il có
uient au Magnificque/ Lequel en baillant faulfes
louanges aux dames monftre quelles nen ont nul
les vrayes.Subioinct le Magnificque.Ne doubtez
ma dame que ie ne refponde a tout . Mais ie ne
veulx ainfi fans raifon dire villanie aux hommes/
Comme ilz ont faict aux dames . Et fi dauenture il
y auoit quelcú qui redigeaft par efcript ces noftres
adraifonnemés/ Ie ne vouldroye que la ou feroiét
entendues cefte forme & matiere que noz raifons
feuffent veuz fans la refponce que a amene en có
traire/le feigneur Gafpard. Seigneur Magnificú
dict alors le feigneur Gafpard/ Ie ne fçay coment
vous pouuez nyer que lhomme par fa qualite na
turelle ne foit plus parfaict que la dame . Laquelle
eft froide de fa complexion/& lhomme chault/&
par ce beaucoup plus noble.Car le chault eft beau
coup plus parfaict que le froit . Pource quil eft
actif & productif . Et cóme vous fçauez les cieulx/
& plannettes enuoyent feullement fi bas dedans
nous le chault/& non le froit . Lequel nentre ia
mais es œuures de nature.Et pourtant que les da
mes font froides de complexion/ie croy que ceft a
caufe de leur vilité & timidité.Refpond le Magni
ficque/vous voulez encores entrer en cefte fubti
lité/mais vous verrez que a chafcunefoys/ fi vous
en viendrez pis.Et que ainfi foit/efcoutez.Ie vous
confeffe que le chault eft plus parfaict que le froit/

mais ce ne peult auoir lieu es chofes mixtes & cõ-
pofees/Pource que fil eftoit ainfi/le corps qui eft
plus chault feroit le plus parfaict/ce qui eft faulx.
Pource que les corps moderez/& temperes font
les plus parfaictz.Ie vous dis que la dame eft froide de complexion/au regard de lhomme . Lequel
par trop de chault eft plus loing de temperation.
Mais quant a la dame elle eft temperee au moins
plus prochainne de temperation que neft lhõme/
pource quelle a en foy vgne humidite proportiõ-
nee de chaleur naturelle.Laquelle par trop de fei-
cherreffe fe refoult en lhomme/ & fe confomme
pluftoft.Dauantaige elle a vng tel froit quil refifte
& conforte le chault naturel/& le faict plus pchain
de temperation . Et au contraire/lhabondance &
fuperflue chaleur de lhomme reduict & accroift
incontinent le chault naturel/iufque au dernier
degre/lequel par faulte de nourriffemẽt fe refoult.
Et pourtant il aduient fouuent que les hommes
font moins viables que les dames/pource quen la
generation/ilz fe feichent plus que les dames.
Ainfi cefte parfection fe peult encores attribuer
aux dames.Lefquelles viuans plus longuement
que les hommes/ elles fatiffont plus a lintention
de nature. Il ne fault maintenant parler de chaleur
que les cieulx efpãdent dedans nous/pource que
ceft vng equiuocque/quant ad ce dont eft qftion.
Car attendu que le chault eft conferuatif de toutes
les chofes qui font foubz le globe/& maffe de la
Lune foient chauldes/foient froides/il ne peult
eftre contraire au froit.Mais iacoit q̃ la fumidite
qui eft aux dames demõftre quelque imperfectiõ
touteffoys elle procede dune caufe louable.Cefte

afcauoir de la fubtilite & promptitude de leurs
efperitz . Lefquelz reprefentent fubitement les
efpeces a leur entendemét / & pource elles fe trou-
blent / & efmeuuét facilement des chofes extrin-
fecques & exteriores. Vous verrez fouuant daulcuns qui non paouz de mort / ne daultre danger/
neautmoins il ne peuuent eftre dictz hardiz/Pour
ce quilz ne congnoiffent point les perilz / & vont
comme incenfez ou le chemyn les mainne fans y
penfer dauantaige / Et ce procede dugne groffe
lourdeffe defperit . Pourtant quon ne peult dire
quong fot foit vaillant & courageulx/Car la vraye
maghanimite vient dugne propre deliberation/&
determinee volunte de faire ainfi / en eftimát plus
honneur & le debuoir que tous les perilz du monde . Et en ayant vng couraige fi folide/& fi ferme/
que combié que la mort foit manifefte/touteffoys
les fens nen demeurent empefchez ny eftonne :/
mais font leur debuoir de penfer /& de aduifer/cô-
me filz eftoient bien a requoy.Et nous auons veu
& entendu plufieurs grans perfonnaiges eftre de
cefte nature mefmes.Plufieurs dames lefquelles &
au temps paffe / & au temps prefent /ont monftre
vgne grandeur de couraige / & faichen ce monde
des actes dignes de louange infinie / non moins
quont faict les hommes? Alors dict le Phrigien/
Ces actes commancerent quát la premiere femme
enfaillant fift pecher aultruy contre dieu / & laiffa
au genre humain mort/labeurs/douleurs / & toutes les miferes / & calamitez que nous fentons au
iourdhuy en ce monde.Refpond le feigneur Magnificque / puis quil vous plaift entrer en couten
cefte faicte.Ne fomez vous point que cefte erreur

fut meſmement corrige & repare par vgne dame.
Laquelle nous a apporte beaucoup plus grande
vtilite que ceſte la nauoit faict de dommaige, telle
ment que la coulpe qui fut payee auec tel merite,
ſappelle treſheureuſe. Mais ie ne veulx dire combien toutes les creatures ſont inferieures de digni
te a la vierge noſtre Dame / affin de ne meſler les
choſes diuines parmy noz folles deuiſes. Et ie ne
veulx auſſi racompter / combien de dames auec infinie conſtance ſe ſont laiſſees cruellemēt tuer des
tyrans pour le nom de Chriſt / leſquelles en diſpu-
tant par grande ſcience ont confondu tant dydo-
laſtres. Et ſi vous me dictes que ceſtoit miracle, &
la grace du ſanct eſperit. Ie dis que nulle vertu merite plus de louange / que celle qui eſt approuuee
par teſmoingnaige de dieu. Dauantaige vous en
pourres de vous meſmes veoir pluſieurs, deſquelles eſt peu parle / principallement en liſant ſainct
Hyeroſme / qui extolle quelques vgnes de ſon tēps
auec louange tant merueilleuſe quelles pourroiēt
bien ſouffire / & eſtre conferez a tout homme tant
fuſt il ſainct. Penſes en apres / combien il en a eſte
daultres / Deſquelles neſt faicte aulcune mention / pource que les paquretes demourent enfer-
mees ſans quelque orgueil / pource que de chercher reputation de ſainctete deuant le populaire /
Comme font au iourdhuy pluſieurs maulditz
hypocrites. Leſquelz tous forcenez & aueuglez en
faiſant peu de cas de la doctrine de Ieſus Chriſt.
Laquelle veult que quant lhomme ieuſne quil
oignge ſa face / affin quil naparoiſſe ieuſner & commande pareillement que les oriſons / les aulmoſ-
nes & les aultres bonnes œuures ne ſe facent pas

blic/ne es fynagogues / mais en fecret tant que la
main gauche ne fcaiche de la droicte/affermēt quil
neft plus grant bien en ce monde que dōner bon
exemple. Et ainfi auec le col toume & les yeulx
baiffez en femant bruict quilz ne veullent parler
aux femmes /ne menger aultre chofe que des her:
bes crues toutes fouillies / & enfumeez auec leurs
robes defchirees ilz trompent & abufent les fim:
ples. Car ilz ne font puis apres confcience de falfi
fier les teftamentz /mettre mortelle inimitie entre
le mary & la femme/vfer dart magicque/enchante
mens & toute forte de méfchancete. Et puis ilz
alleguent vgne certainne auctorite faicte de leur
tefte que dict. Sinon chaftemēt aut moins Finemēt
& caultement. Et leur femble que par icelle ilz re
medient a tout mal tant foit il grant. Et auec bōne
raifon font acroyre a ceftuy qui neft bien fin /que
dieu pardonne facilement tous les pechez/Com
bien quilz foient griefz & enormes / moyennant
quilz foient fecretz / & quil nen vienne point de
mauluais exemple. Ainfi auec vng voile de fain:
ctete/& auec tel fecret fouuent ilz tourment toutes
leurs penfees a contaminer & corrompre le cueur
chafte de quelque dame/fouuēt a femer hayne en:
tre les freres / a gouuerner les eftatz / en extollant
lung & deprimant laultre/a faire decapiter/empri:
fonner / & bannir les hommes / eftre miniftres &
coadiuteurs de peche/& quafi depofitaires / & re
celeurs de latrecins / monopolles / & exactions ā
font les princes. Les aultres fans nulle hōte fe de:
lectēt dapparoir /cōme malades /palles / & froidz/
auec le peau bien rafe/puis veftus trefbiē trouffent
leurs robes en chemināt pour mōftrer leur chauffe

ſes bien tirees /& la diſpoſition de la perſonne en
faiſant le petit bonadies / les aultres vſent de cer=
tains regardz geſtes / & mouuemens /voyre & en
celebrant la meſſe/par leſquelz ilz preſument eſtre
agreables /& ce faire admirables hômes meſchans
quilz ſont / & vicieulx /eſtranges / & deſtitues /non
ſeullement de toute religion /mais de toutes bon=
nes meurs . Et quant leur vie diſſolue leur eſt re=
prochee /il ne ſe font que rire de ceſtuy qui leur en
parle/& quaſi ſattribuent/& ſe tournent a louâge
les vices & pechez. Alors diſt ma dame la Ducheſ=
ſe. Vous prenez tant de plaiſir a dire mal des freres
que hors tout propoſt /vous auez trouue entree a
leur bailler ceſte touche / mais en bonne foy vous
faiẽtes grand mal de murmurer des religieulx / &
ſans aulcune vtilite /vous charges voſtre conſcien=
ce. Car ſi neſtoient eulx qui prient dieu pour nous
aultres / nous aurions encores beaucoup de plus
grandes tribulations que nous nauôs. Rit alors le
ſeigneur Magnificque /& diſt. Côment auez vous
ma dame ſi bien deuine que ie parloye des freres
ne leur ayant baille ce nom . Mais en verite vous
ne pouuez dire que iaye murmure /car iay parle bïe
appertemẽt. Ie nay blaſme les bons /mais les maul
uais / deſquelz ie nay diſt la milieſme partie de ce
que ien ſcay. Or ne parlez plus des freres / Reſpôd
ma dame la Ducheſſe Emille / car ieſtime grant
peche de vous eſcouter / & affin de ne vous plus
ouyr/ ie me leueray dicy. Ie ſuis contant diſt le Ma
gnificque de nen parler plus /mais retournant aux
louanges des dames/ ie diray que le ſeigneur Gaſ
ſpard ne me trouuera homme ſingulier que iene
fourniſſe au contraire / femme / ou fille de merite

efgal ou fuperieur . Oultre ce q̃ plufieuts ont efte
caufe aux hommes de biens infiniz/& les ont aulcuneffoys retires & corriges de plufieurs erreurs.
Pourtant eftant icelle(comme nous auons demõftre)naturellement cappables de meimes vertuz
que les hómes / & les effectz ayant eftez veuz plus
fouuent en elles/ie ne fcay pourquoy en leur donnant ce qui eft poffible quelles ayant/quelles ont
eu fouuent/& ont toufiours /doibt eftre repute mi
racle. Comme ma reiecte le feigneur Gafpard attãdu quil ya eu toufiours des dames en ce monde/&
encores a/auffi approchant de la dame de Palays
que iay formee Comme des hommes prouchains
du Courtifan/que ont forme ces feigneurs . Dict
alors le feigneur Gafpard/les raifons qui ont lex-
periéce au cõtraire ne me femblét bónes . Et certes
fi ie vous demãdoys qui ont efte ces grãdes dãmes
autãt dignes de louãges q̃ les hómes. Lefq̃lles ont
efte les femmes /ou filles qui leur ont efte caufe de
ãlque bië. Ou q̃lles font celles qui ont corrige̅ leur
faultes. Ie péfe q̃ feriez bië empefche. Vrayem̅ét re-
fpód le Magnificq̃/nulle aultre chofe me pourroit
empefcher fors la multitude . Et fi le téps me fuffi-
foit/Ie vous cõpteroye a ce ppoft/lhyftoire Docta
nia femme de Marc Anthoyne/& feur de Augufte
Cezar/celle de Porcia fille de Cathõ / & femme de
Brutus / celle de Caia Cecilia femme de Tarquin
Prifq̃ /celle de Cornelia/fille de Scipió/& dautres
infinies qui font trefcõgneus. Et nõ feullement/ie
vous reciteroye des noftres de ce pays / mais auffi
des eftrãges. Cõme de Alexandra /femme de Alexandre + Roy des iuifz / Laquelle apres la mort de
fon mary/voyãs le peuple enflambe de fureur/& fa

courir aux armes pour mettre a mort ses deux filz
qui luy estoiët demourez/en vengeäce de la cruelle & dure seruitude soubz laquelle les auoit tousiours tenu leur pere/ fut telle que subitement elle
apaisa leur iuste courroux & desdaing. Et auec
sa Prudence en vng moment elle rendit leurs
cueurs beniuoles enuers ses enfans. Lesquelz leur
pere par iniures & vexatiös infinies les leur auoit
faictz ennemys par plusieurs ans.Respond ma dame Emille/ Dictes au moins comment elle fist.Dict
le Magnificque. Elle voyant ses deux filz en tel
peril/Incontinant elle fist iecter le corps de Alexä-
dre au millieu de la place/puis elle dict aux cytoiës
quelle scauoit bien q̃ leurs cueurs estoient esprins/
de iuste desdaing contre son mary/pource que les
cruelles oppressions / & tyrannies qui leur auoit
faict le meritoyent.Et pourtant comme endemen-
tiers quil viuoit elle auoit tousiours tasche a le
retirer de telle vie vicieuse & pernicieuse/ainsi elle
estoit preste a en faire foy / & les ayder tant quelle
pourroit a le chastier mort.Et pource que le corps
fust prins/& quilz le feissent menger aux chiens/&
quilz le desröpissent/& deschirassent le plus cruel-
lement quilz pourroyent ymaginer.Mais elle leur
prioit quilz eussent compassiö de ses enfans inno-
cens / lesquelz combien quilz ne pouuoyent du
tout estre exemptz de coulpe/ touteffoys cestoit
entant quilz nauoient peu quilz ne feussent con-
sentans des mauluaises œuures de leur pere. Ces
parolles furent de si grande efficace que le fier des-
daing/ia conceu es cueurs de tout le puple/Incon-
tinent fut mitige & conuerty en affection si pyto ia
ble/q̃ non seullemët de commun accord leurent

les deux

les deux enfans pour leur seigneurs . Mais aussi
donnerent sepulture treshonnorable au corps du
deffunct.Le Magnificque fist icy vng petit de paul
se / puis subioinct la femme & la seur de Mythridates mostroit beaucoup moindre paour de m
que Mythridates / & la femme de Adrusbal . N
scaues vous point que Harmonia / fille de Hieron /
Syracusien voulut mourir au feu de son pays.Dict
alors le Phrigien / il est certain / ou il a besoing
dobstination quaulcuneffoys se trouuet aulcunes
dames / qui iamais ne mueroient propoit quoy
quil en puisse aduenir.Comme celle qui ne pouat
plus dire a son mary : poullyeux elle luy faisoit signe des doidz. Commenca a rire le Magnificque /
& dict lobstinatio qui tend a fin vertueuse se doibt
appeller constance . Comme fut celle de Ephisy
noble Romainne / laquelle estat complice dugne
grande coniuration cotre Neron elle fut de si grãs
de constace q persecutee auec les plus griefz tour-
mentz / qui se pouuoient ymaginer / Iamais ne res
uelat aulcun des complices . Et touteffoys en ce
mesme peril plusieurs nobles cheualliers & senat
teurs accuserét par craincte leurs freres / amys / &
les plus cheres & familieres psonnes quilz eussent
en ce   de. Que dites vous de laultre qui senõ
moit Leona / en lhõneur de laquelle les Atheniés
desdierent deuant leur porte de la rocque / vgne
leonnesse darain sans langue pour mostrer sa cons
stante vertu de silence.Pource quelle estant pareil-
ment constante dugne coniuration contre les
tyrans / elle neut paour de la mort de deux grans
psonnaiges ses amys . Et combien quauec infiniz
& cruelz tormentz / elle fust gehennee : Iamais

ne manifesta aulcun des coniurateurs . Dict alors
ma dame Marguerite / il me semble que racomptez
trop briefuemēt ses œuures vertueuses faictes par
les dames / lesqlles si noz ennemys ont bié ouyes /
& leues / ilz monstrent touteffoys ne les scauoir ō
en vouldroient perdre la memoire . Mais si vous
faictes que nous aultres les entendons au moins
nous leur ferons honneur . Respond alors le Magnificque / il me plaist / Pourtāt ie veulx dire dugne
laquelle a faict ce que ie croy que le seigneur Gaspard confessera mesmemēt que peu dhommes le
font / & ie commence . Iadis fut vgne coustume a
Marseille / Laquelle on estime auoir este illec trās-
portee de grece. Et laquelle estoit que publicquemēt se gardoit vng venin tempere dugne herbe
nommee Cogneue / & estoit parmis le prendre a
cestuy qui approuuoit au senat quil se debuoit alle-
ger de ceste vie pour quelque fortune quil sentoit
en soy / ou pour aultre iuste cause / affin ꝗil auoit
souffert trop aduerse fortune / ou gouste de trop
prospere quil ne perseuerast en icelle / ou quelle ne
luy changeast point (Retournant donc sexte Pompee) Icy le Phrigien nattēdant que le Magnificque
passa plus auant / Ce me semble (dist il) le commencement de quelque longue fable . Alors le Magnificque se retourna en riant a ma dame Marguerite
vous voyez (dist il) que le Phrigiē ne me laisse parler . Ie vous vouloys cōpter dugne dame / laquelle
ayant monstre au senat que raisonnablement elle
debuoit mourir toute ioyeuse / & sans craindre elle
prīt en la presence de Sexte Pompee icelluy venin auec si grande constante de couraige / & auec si
prudēt & amyable record des siens / que Pompee

& tous les assistās qui veirēt en vgne dame si grāt
scauoir & grāde asseurāce en ce pas redoubte de la
mort demourerēt pleurās / & cōfuz dugne si grāde
merueille. Alors dict le seigneur Gaspard en riant /
ie me recorde aussi dauoir leu vgne oraison en la
quelle vng pouure mary demāde licēce au senat de
mourir / & prouue en auoir iuste cause / pource quil
ne pouuoit pl⁹ endurer la cōtinuelle fascherie du
crier & riottement de sa femme / & plus tost veulx
boyre ce venin que vous dictes estre garde publiс
quement pour tel effect que souffrir les parolles
de sa femme. Respond le Magnificque combien
de pouures dames auroient iuste cause de demander licence de mourir pour ne pouuoit porter / ie
ne dis les mauluaises parolles / mais les mauluais
traictemēs de leurs marys / ien congnois qui seuf-
frent les peynes en ce monde que lon dict estre en
enfer. Ne croyez vous point(Respond le seigneur
Gaspard)quil ya aussi plusieurs marys qui seuffrēt
telz tormens de leurs femmes que chascune heure
ilz desirent la mort. Dict le Magnificque: Et quel
desplaisir peuuent faire les dames aux marys qui
soit ainsi sans remede / comme est cestuy que font
les marys aux femmes. Lesquelles sinō par amour
aumoins par crainche sont obeissantes a leurs mar-
rys / il est certain (dict le seigneur Gaspard) que
ce peu de bien quelles font a la foys / procede de
crainche / pource quil y en ya peu en ce monde qui
dedens le secret de leur cœur nayent leurs marys
enhayne. Mais au contraire. Respond le Magnificque / Car si vous recordez bien de ce que vous
auez leu / on cōgnoist par toutes les hystoires que
tousiours les femmes ayment leurs marys plus

qlles ne font aymes deulx. Quant veiftes vous / ou
leuftes iamais q̃ vng mary ayt faict enuers la femme vng tel figne damour, cõme celle qui ce nõme
Camma enuers fon mary. Ie ne fcay qui fut cefte la
Refpond le feigneur Gafpard / ne qi figne elle tuit/
Nemoy auffi dict le Phrigiẽ / refpõd le Magnificq.
Efcoutez le / Et vous ma dame Marguerite mettez
peyne de le tenir en memoire. Cefte Camma fut
vgne telle ieune dame ornee de tãt de modeftie &
gẽtilles couftumes / q̃ nõ moins en coquẽ fa beaulte / elle eftoit admirable & fur toutes aultres chofes
elle aymoit fõ mary qui fe nõmoit Sinatte. Aduiẽt
qũg aultre gẽtilhõme qui eftoit beaucoup de plus
gros eftat q̃ Sinatte / & qvaũ tiroit de la ville ou ilz
demouroient fennamoura de cefte ieune dame.
Apres lauoir lõguemẽt tẽtee par toute voye & ma
niere pour la gaigner & tout en vain / fe perfuadãt
que lamour q̃lle portoit a fon mary eftoit la feule
raifon qui empefchoit a fes defirs il fift tuer ceftuy
Sinatte. Ainfi follicitãt cõtinuellemẽt / puis apres
nan peut iamais tirer aultre fruict que ceftuy quil
auoit faict au parauant / voyant neantmoins fon
amour croiftre chafcũ iour de plus en plus. Il deli-
beura la prẽdre pour fa femme / cõbiẽ q̃lle fuft deftat
moult inferieur a luy. Et les parens delle requis de
par Signorige / ainfi fe mouuoit ceftuy eũãt cõmũ
ment a luy perfuader quelle fe contentaft de luy
remonftrant le confentement eftre affez vtile / & le
refus moult perilleux pour elle & pour eubs tous.
Apres q̃lle leur euft aulcunement contredict / fi fem-
blemens elle refpond eftre contente. Ses parens
fdrẽt entẽdre la nouuelle a Signorige / lequel fort
ioyeulx procure & faict diligence que les nopces

foient incontinent celebrez . Eftans donc lung &
laultre venuz follemnellement pour ceft affaire au
temple de diane Camma y faict apporter vng cer
tain breuaige doulx/lequel elle auoit compofe/&
illec deuãt le fimulachre de diane en boit la moy=
tie puis de fa main(pource que ceftoit lufaige de ce
faire es nopces)elle donne le demourant a fon ef=
poux qui le boit tout.Et quant Camma veoit que
fon entreprinfe & pretéte eftoit venue a fin toute
ioyeufe elle fagenoille aux piedz de lymage de dia
ne/& dict.O deeffe qui cõgnois linterieur de mon
cueur/tu mes fbon tefmoingnaige / comme diffis
cillement depuis la mort de mon cher efpoux . Ie
me fuis retenue de me donner la mort/& auec-cõ=
bien de labeur izy fouffere la douleur de demourer
en cefte vie amere/en laquelle ie nay perceu aulcũ
aultre bien ne plaifin fors lefperance de cefte ven=
geance que prefentement ie me trouue auoir ob=
tenue . Pourtant ioyeufe & contante men voys
trouuer la doulce cõpaignie de cefte amie/laquelle
eft en la vie / & en la mort q̃ iay toufiours plus ay=
mee que moymefmes . Et toy mefchant qui a péfe
eftre mon mary / dõne ordre que au lieu dung lict
nuptial te foit aprefte vng fepulchre. Car ie faiz de
toy facrifice a lame de Sinatte / Signorige deuient
tout blefme & eftonne de fes parolles.Et ia fentãt
la vertu du venin qui le parturboit/il cherche plu
fieurs remeddes/mais ilz ne luy vallét riẽ.Et Cam
ma eut la fortune tant fauorable ou aultre chofe
que ce fut que deuant quelle mourut/elle fut ad=
uertye que Signorige eftoit mort / laquelle chofe
par elle entendue trefcontãte fe pofe fur le lict/les
yeulx au ciel / en appellant toufiours le nom de

Sinatte /& diſant.O mon treſdoulx amy puis que
a ceſte heure / iay donne larmes & vengence a ta
mort pour les derniers dons /ie ne voy plus aultre
choſe qui me reſte a faire pour toy /ie men fuy de
ce monde & vie trop cruelle ſans toy / laquelle par
toy ſeul me fut iadis chere / viens moy donc au deſ-
uant / monſeigneur & recuielle auſſi voulentiers
ceſte ame / Comme elle va voulentiers a toy. Et parlant en ceſte maniere auec les bras ouuers / comme
ſi alheure leut voulu embraſſer elle mourut.Or dictes Phrigien quil vous ſemble de ceſte cy / reſpōd
le Phrigien /il me ſemble que voulez faire pleurer
ces dames.Mais poſons quil ſoit vray /ie vous dis
que telles dames ne ſe trouuent plus au monde.
Reſpōd le Magnifioque ſi font ſi /Et quil ſoit vray /
eſcoutez de mes iours.Il y eut vng gētilhomme a
Piſe / lequel auoit nom meſſire Thomas /il ne me
ſouuient de quelle maiſon ou famille / Cōbien que
laye ſouuent ouy recorder a mon pere qui fut ſon
grant amy.Ceſtuy donc meſſire Thomas paſſant
vng iour dedās vng petit baſteau de Piſe en Sicile
pour aulcuns ſes affaires /il fut ſurprins daulcunes
fuſtes des Mores qui luy donnerēt en queue tout
a deſporueu / tellement q̃ ceulx qui gouuernoient
le baſteau / ne ſen doubtorent point . Et combien
que les hommes qui eſtoient auec luy ſe deffen-
diſſont aſſez / touteſſoys pource quilz eſtoient en
moindre nōbre que leurs ennemys / le baſteau &
tous ceulx qui eſtoient dedens demourerent en la
puiſſance des Mores / les vngs fort naurez / & les
aultres par cas dauanture ſans nul mal / entre leſquelz eſtoit ceſtuy meſſire Thomas /lequel ſeſtoit
porte vaillammēt / & eſtoit mort de ſa main le frere

dung des Cappitainnes defdictes fuftes. De laqͦlle
chofe icelluy Cappitainne grandement indigne/
Comme vous pouuez penfer de la perte de fon
frere/Il le voulut pour fon prifonnier/& le battāt/
& affligeāt chafcun iour / il le cōduict en Barbarie/
ou il auoit delibere le tenir Captipf toute fa vie en
grande peyne & mifere/les aultres tous furent par
fin de temps deliurez/& retournerēt en leurs mai
fons/& raporterent a fa femme(qui auoit nom ma
dame Argentine)& a fes enfans/la dure vie & grāt
tourment ou viuoit meffire Thomas/& eftoit en
dangier de viure a iamais fans efperāce/fi dieu mi
raculeufement ne laydoit. De laquelle chofe apres
quelle/& les fiens en furēt aduertis/& eurent tête
aulcune maniere pour le deliurer/& que luy mef
mes eftoit ia refolu de mourir/il aduient qungͤ
ingenieufe pitie efueille tāt lefperit & la hardyeffe
dung fien filz qui fappelloit Paul/quil neut efgard
a aulcune forte de peril & delibere/ou mourir / ou
deliurer fon pere / laqͦlle chofe il faict de forte quil
le conduict fi caultement / & fecrettement quil fut
premier en la ville de Lygome q̄ lon fceut en Bar
barye quil eftoit party de la. Meffire Thomas eftāt
en ladicte ville a feurette efcript a fa femme & luy
faict entendre defa deliurance/ou il eftoit/& com
ment le iour fuyuant/il efperoit de la veoir/la bō
ne & gentille dame furprinfe de fi grande & infpe
ree ioye de deuoir fi toft par la vertu & par la pitie
de fon filz veoir fon mary/lequel elle aymoit tant
& croyet defia fermement ne le debuoir plus ia
mais veoir apres qͦlle eut leu la lettre / elle leua les
yeulx aux ciel /& en appellant le nom de fon mary
elle cheut morte par terre/& iamais pour quelque

remede quon luy fiſt / lame ia partie ne retourna
au corps cruel ſpectacle / certes & ſuffiſant a tempe-
rer les voulentez humainnes / & les retirer de trop
efficacement deſirer les ioyes exceſſiues / & trop
grandes . Dict alors le Phrigien en riant / que ne
iugez vous pluſtoſt quelle mourut de deſplaiſir /
entendant que ſon mary retournoit en la maiſon.
Reſpond le Magnificque / Pource que le ſurplus
de ſa vie / ne ſaccordoit a ce / Ains ie penſe que lame
ne pouuoit plus endurer le ſeiour de veoir meſſire Thomas auec les yeulx du corps / elle labandon
na & tiree de grand deſir / elle voler incontinent
ou en liſant la lettre eſtoit volee de ſa penſee. Dict
le ſeigneur Gaſpard / peult eſtre ꝗ ceſte dame eſtoit
trop amoureuſe / pource que les dames en toutes
choſes ſattachent a lextremite qui eſt mauluais. Et
vous voyez / ꝗ pource ꝗlle eſtoit trop amoureuſe /
elle fiſt mal a ſoymeſmes / a ſon mary / & a ſes enfans / auſquelz fut conuerty en amertune le plaiſir de ceſte perilleuſe deſiree deliurance . Pourtant
vous ne la debuez ia alleguer / pour vgne de ſes da
mes / qui ont eſte cauſe de tant de biens . Reſpond
le Magnificque / ie lallegue pour vgne de celles /
qui donnent teſmoingnaige / quil ſe trouuent des
femmes qui ayment leurs marys. Car quāt a celles
qui ont eſte cauſe de pluſieurs biens en ce monde.
Ie vous en pourrois dire vng nombre infiny / &
vous racompter daulcunes ſi anticques que quaſi
ſemblent fables. Et de celles qui apres les hōmes /
ont eſte inuētrices de telles choſes / quelles en ont
merite eſtre eſtimees deeſſes . Cōme Palas / Ceres /
& les Sibilles / par la bouche / deſquelles dieu ꝫ ſi
ſouuent parle / & reuele au monde les choſes qui

debuoient aduenir . Ie vous diroys auſſi de celles/
qui ont enſeigne de grandz perſonnaiges . Côme
Aſpaſie / & Diotime / laquelle par vng nouueau ſa-
crifice prolongea dix ans a vng temps de peſte /
qui debuoit aduenir a Athenes. Ie pourrois reciter
de Nicoſtrata mere Deuander / laquelle monſtra
premieremét les lettres aux latins . Et auſſi dugne
aultre dame qui fut maiſtreſſe de Pindarus / Pœte
Lyricque / & de Corinne / & de Sapho / qui furent
treſexcellétes en Pœſie. Mais ie ne veulx chercher
les choſes tant loingtainnes / ie vous dis bien en
luiſſant le reſte / que parauanture les dames / ne furent moins cauſe de la grandeur de la ville de Rôme que les hommes. Ce ſeroit beau deſtre entédu /
Dict le ſeigneur Gaſpard / reſpód le Magnificque.
Or eſcoutez le / depuis lexpugnatió de Troye / pluſieurs troyés qui rechapperét de ceſte gráde ruyne
ilz ſen fuyrét les vngs dung coſte / & les aultres de
lauitre / Deſquelz vgne grant part qui furent ba-
tuz & agittez de diuerſes tempeſtes / arriuerent en
Italye en celle côtree / ou le Tybre entre en la mer.
Et deſcenduz en terre pour chercher leurs neceſſi-
tez. Ilz commencerent a viſiter le pays / les dames
qui eſtoient demourees es nauires penſerét entre
elles vng treſutil conſeil / lequel mettroit fin a leur
perilleux & long erreur marin. Et q̃ au lieu de leur
pays quelles auoyent perdu elle en auoient recou
uert vng nouueau . Elles donc toutes enſemble-
ment conſeillees & aduiſees / pendát labſence des
hommes bruſlerent toutes les nauires . Et la premiere qui commenca la beſongne ſappelloit Rôme. Pour lequel faict craingnant lyre des hommes
qui retournoiét elles / leur allerét au deuant / & les

vgnes embrafferēt leurs marys / & les aultres leurs
coufins & parens . Et en les baifant auec figne de
beniuolence elles appaiferent le premier mouue=
ment / puis elles leur manifefterent tout a loyfir / la
caufe de leur aduis fi prudent . Parquoy fi par ne=
ceffite / ou par eftre benignemēt acceptez des pay=
fans / les Troyens furent fi contās de ce quauoient
faict leurs dames / & habiterent auec les latins au
lieu / ou depuis Romme a efte . Et fi de ce proceda
la couftume ancienne entre les Rōmains que les
femmes en rencontrant leurs parens les baifent /
Confideres donc / combien ces dames ayderent a
donner principe & commencement a la ville de
Romme / Dauātaige les Sabines nō point moins
ayde a laugmentation dicelle que firent les Troyē
nes au cōmēcemēt / Car ce ayāt Romulus prouocq̄
la generalle inimitie de tous fes voyfins a caufe
du rauiffemēt de leurs femmes & filles quil auoit
faict / il fut trauaille de guerre de par toutes leurs
bandes forces / & affemblees / Defquelles toutes en
fe portant hōme valeureux / il demefla / & expedia
auec victoire / excepte de celles des Sabins qui fut
trefgrāde / pource que Tytus Tatius Roy des Sa=
bins eftoit homme vaillant & fcauant . Si que ayāt
efte faict vng grand exploict darmes entre les Rō=
mains & Sabins / auec grāt dommaige de lugne &
laultre partie / & fappreftāt vgne nouuelle & cruel=
le bataille les dames Sabines veftuz de noir / leurs
cheueulx efpartz / & defrompus en fe plaignant
fans craincte des efpees qui eftoient ia tirees pour
frapper / elles vindrent au millieu de leurs peres &
leurs marys / leur priant quilz ne voulfiffent hōnir
ne maculer leurs mains du fang de leurs peres &

de leurs gendres . Et filz eftoient mal contens de
telz parātaiges qui tournaffent la poincte de leurs
efpees côtre elles/ pource que le mourir ieur eftoit
beaucoup plus expedient que viure veufues fans
peres & freres. Et dauantaige quilz fe recordaffent
que leurs petiz enfans eftoient nez / de ceulx qui
auoiét tue leurs marvs. Auec telz gemiffemés plu
fieurs delles portoient entre leurs bras leurs pe=
tiz enfans / defquelz aulcuns commencoiét ia a re=
muer ia lāgue / & fembloit quilz voulfiffent parler
& faire feftes a leurs grans peres . Aufquelz lefdi=
ctes dames en leur monftrant iceulx leurs petiz
nepueulx / & en fe plaingnant & gemiffant. Voicy
difoient elles voftre fang / lequel auec fi grande fu=
reur & impetuofite / vous cherches a efpādre auec
voz propres mains / la pitie / & la prudence de fes
dames eut fi grant force en ce cas / que non feulles
mēt entre les deux Roys ennemys fut traicte vgne
amitie & confederation indiffoluble / mais qui fut
chofe plus merueilleufe les Sabins vindrent habi=
ter a Romme & des deux peuples en fut faict vng
feul. Et ainfi fe concorda & acreuft grādement les
forces de Romme / Dont le grant mercy eft deu
aux faiges & magnanimes dames / lefquelles auffi
en furent tant / & fi bien remunerees de Romulus
qui diuifa le peuple en trente bādes & progenies /
aufquelles il impofa le nō des Sabines. Le Magni=
ficque fe repofant icy vng petit / & voyant que le
feigneur Gafpard ne difoit mot . Ne vous femble
il point (dift il) que ces dames furent caufe du bien
aux hommes / & quelles ayderent a la grandeur de
Romme. Refpond le feigneur Gafpard / en verite
elle furent dignes de grande louāge / Mais fi vous

voulez dire auſſi bien les faultes des dames / com=
me leurs bonnes œuures / vous ne aures teu quen
ceſte guerre de Tytus Tatius / vgne dame trahyt
Romme / & enſeigna la voix aux ennemys / pour
occuper le capitolle / dont peu ſen fallut que tous
les Rommains ne furent deſtruictz. Reſpond le
Magnificq vous ne faictes métion q̃ dugne ſeulle
dame mauluaiſe / & ie vous parle dinfinies bónes.
Et oultre celles q̃ iay ia dict / ie vous en pourroye
amener a mó propoſt mille aultres pour exemple
dutilite & prouffit faict a la ville de Róme / par les
dames. Et entre aultres / ie vous diroye pourquoy
iadis fut edifie vng temple a venus armee / & vng
aultre a venus chaulue. Et comme les feſtes des
chamberieres furent ordonnees a Iuno / pource
q̃lles deliurerét Róme des embuſches / & aguetz /
des ennemys. Mais en laiſſant toutes ces choſes /
ce faict Magnanime qui reuella la coniuration de
Catiline / dont Cicero ſe loue tant / na il point eu
origine / principallement dugne vielle femme / las
quelle en ce / ſe pourroit dire auoir eſte cauſe de
tout le bien que Cicero ſe vante auoir faict a la re=
publicque Rómainne. Et ſi le temps me ſuffiſoit /
ie vous monſtreroye paraduanture que les dames
ont ſouuent corrige les hommes de pluſieurs er=
reurs. Mais ie crains que mes arraiſonnemens ne
ſoient deſormais trop lógs & ennuyeulx. Et pour=
ce ayant ſatiſfaict a la charge qui ma eſte dónee de
ces dames / ie penſe de dóner lieu a qui dira choſes
plus dignes que ie ne puis dire. Alors ma dame
Emille / ne defraudes (diſt elle) les dames deurayes
louāges qui leur ſont debues. Et recordez vo⁹ q̃ ſi
le ſeigneur Gaſpard / & dauanture auſſi le ſeigneur

Octouian vous efcoutent auec fafcherie / nous &
tous les aultres feigneurs vous ouyons auec grãd
plaifir. Le Magnificq vouloit finablemēt fe taire/
mais toutes les dames cõmencerent a le prier quil
pourfuyuit. Parquoy il dict en riãt. Affin de ne me
puocquer/le feigneur Gafpard pour mõ ennemy/
dauãtaige quil eft/ie diray briefuement de aulcu-
nes/qui me viēdront en memoire/ en laiffant plufieurs defqilles ie pourrois parler. Puis il iubioinct
Phelippes Demetrie eftant es enuirons de la cite
de Chius & layant affiegee / il manda vng edict a
tous les feruiteurs qui laifferoient cefte cite/ & fe
viendroient rendre a luy/qui leurs promettoit li-
berte/& les femmes de leurs mefmes/dicelluy mã-
demēt fi ignominieulx/le defdaing des dames fut
fi grãt quauec les armes /elles vindrēt a la murail-
le/& combatirent fi fierement/quen peu de temps
elles chafferēt Philippes auec honte & dommaige
ce que nauoiēt peu faire les hommes. Ces mefmes
dames paruenuez en/Lencome auec leurs marys/
peres & freres/qui fen alloient en Exil elle feirent
illec vng acte/non moins louable que ceftuy. Car
les Erithriens qui eftoient leans auec leurs alliez/
& confederez /ilz leuerent/& exciterent guerre/cõ-
tre ceulx de Chius / lefquelz ne pouuans refifter
prindrent pact & compofition de fortir auec leur
pourpoint & chemife / les dames entendans cēt
accord fi vituperable elles en furent grandement
marryes/leur reprochant quen laiffant les armes/
ilz alloient fortir tous nudz entre leurs ennemys.
Et les hõmes leur refpondant quil auoient ia con-
fermé ceft accord/elles leur dirent quelles porte-
roient Lefcu/& la Lance/& quelles deueftiroient

leurs robes /& reſponderoient aux ennemys que
tel eſtoit leur habit.Et ainſi eulx beſongnás par le
côſeil de leurs dames ı ilz recouureret pour la grât
part la honte & vergongne/quiz neuſſent peu du
tout euiter.Ayant auſſi Cyrus en vng faiçt darmes
rompu vng excercite de Perſans & eulx courans a
la fuyte vers la cite/ilz rencontrerent leurs dames
hors de la porte qui leur eſtant ainſi au deuât elles
leur dire.Ou fuyes vous hommes laſches & puſil-
lamines /vous voulez vous de rechef cacher dedés
noz ventres ı dont vous eſtes ſortiz/les hommes
ouyans ces parolles /& aultres ſemblables/& con-
gnoiſſans / combien il eſtoient inferieurs de couraige a leurs dames/ilz ſe vergongnarent de leur
laſchete/& retournerét vers leurs ennemys/ilz cô-
batirét de nouueau/& les rompirent.Le Magnificque ayant parle iuſques icy/il ſarreſta/& ſe retournant a ma dame la Ducheſſe/il dict.Or ma dame
vous me dônerez licence de me taire.Reſpond le
ſeigneur Gaſpard/il vous eſt beſoing de taire puis
que ne ſcauez plus que dire.Dict le Magnificque
en riât vous me picquez de telle ſorte q̃ me meſtez
en dâgier de beſongner toute la nuyt a vous faire
ouyr les louanges des dames/ & entendre de pluſieurs Spartanes qui ont eu cherç la mort glorieuſe de leurs enfâs/& de celles qui les ont deſauouez
ou tuez/quant elles les ont veu vſer de villanie/&
laſchete.Puis comme les dames Sagontines en la
ruyne de leurs pays/prindrent les armes côtre les
gens de Hannibal/dauantaige comme eſtant lex-
cercite des Flamés /& Allemâs ſurmôte de Mari9
leurs femmes /ne pouans obtenir grace de viure
franches a Rôme au ſeruice des vierges veſtalles

elles se tuerent to ... ensemble auec seurs petis
enfans . Et de mille aultres / desquelles toutes les
hystoires sont plainnes . Alors dist le seigneur Gas
ipard / dea seigneur Magnificque dieu scait / côme
ces choses passerét / car ces temps sont si loingtains
de nous / que plusieurs bourdes sen peuuent di
re / puis vous nauez qui les reprouue . Dict le Ma
gnificque si en tout temps voulez mesurer la va
leur des dames auec celle des hommes / vous trou
uerres quelles nont iamais este / & ne sont de pre
sent dung point en vertu inferieures aux hômes .
Parquoy si en laissant celles tant anticques / vous
venez au temps que les Gotz regnerent en Italye
vous trouuerres auoir este entre eulx vgne Royne
nommee Amalasinite qui gouuerna longuement
auec merueilleuse prudence . Puis Theodelida
Royne des Lembars / qui fut de vertu singulliere /
Theodora emperiere de grece . Et en Italye entre
plusieurs aultres fut singulliere dame la Contesse
Mathilda / des louâges de laquelle ie laisseray par
ler au Conte Ludouic / pource quelle fut de sa mai
son . Dict le Conte Ludouic / il appartiét plustost a
vous / Car vous scauez bien quil nest conuenable
que lhomme die ses propres louanges . Subioinct
le Magnificque / combien trouuerres vous de da
mes bien famez au téps passe de ceste noble mai
son de Montfelthre / côbien de la maison de Gon
zague de este / de Pie / Si nous voulons en apres
parler du temps present / il nest besoing chercher
exemples de trop loing / Car nous les auons ceâs.
Mais ie ne me veulx ayder de celles q nous voyôs
en preserce / affin que ne monstrez me côceder par
courtoysie ce quaulcunement ne pouuez nyer . Es

pourtãt affin de ſortir Dytalie/recordez vous que
de noz iours nous auõs veu Anne Royne de france grandiſſiment dame/non moins en vertu quen
eſtat. Que ſi de iuſtice clemence/liberalite & ſainctete de vie/vo⁹ la voulez cõparer aux Roys Char
les i & Loys/deſquelz lung & laultre elle fut fem-
me/vous ne la trouuerres dung point inferiore a
eulx/regardes ma dame Marguerite fille de Lem-
pereur Maximilian/Laquelle auec haulte prudéce
& iuſtice iuſques icy a gouuerne/& gouuerne a tou
tes heures ſon eſtat/ſon train/& ſa maiſon. Mais
laiſſant a part toutes les aultres / dictes moy ſeigneur Gaſpard. Quel Roy/ou q̃l prince a eſte de
noz ioursvoyre & pluſieurs ans au parauãt en chre
ſtiente qui merite eſtre cõpare a la Royne Iſabelle
Deſpaigne/reſpond le ſeigneur Gaſpard / le Roy
Ferrand ſon mary. Soubioinct le Magnificque / ie
ne le nyeray point/puis que la royne le iugea digne deſtre ſon mary tant ie layme & ay en reueran
ce/il ne ſe peult dire quil meriſta deſtre comparai-
ge a elle/combien que ie croy que la reputation
q̃lle eut de luy/luy fuſt douaire/non moindre que
le Royaulme de Caſtille/reſpond le ſeigneur Gaſpard. Ains ie penſe q̃ la Royne yſabelle fut louee
de pluſieurs œuures du Roy Ferrãd/Dict alors le
Magnificque. Si le peuple Deſpaigne / ſi les ſei-
gneurs/Cytoiens & dames/pouures & riches/ne
ſe ſont tous accordez a vouloir mentir en ſes louãges / il nya eu de noz temps au monde plus cler
exemple de vraye bonte/de grandeſſe deſperit/de
prudéce/de religion/dhonneſtete / de courtoyſie/
de liberalite/en ſomme de toute vertu q̃ la Royne
Iſabelle. Et combiẽ que la renõmee de ceſte dame
.en tout

en tout lieu / & toute nation soit tresgrande /
ceulx qui ont vescu auec elle / & ont este presens a
ses actions / ilz afferment tous ceste renommee estre
procedee des vertuz : & bienffaictz delle . Et qui
vouldra considerer ses opperations / congnoistra
facillemēt la verite estre telle. Mais en laissant choses infinies qui en pourroient faire foy / & se pourroient dire si cestoit nostre propost. Chascun scait
que quāt elle vint a regner / elle trouua la plusgrāt
part de Castille occupee des grands. Neautmoins
elle recouura tout si iustemēt / & auec telle maniere
que iceulx mesmes qui furent priuez & destituez /
luy demourerent tresbien affectez & contans de
laisser / ce quilz possedoient. Cest aussi chose tres-
notoyre auec quel esprit & prudence / elle a tousiours deffendu ses Royaulmes contre trespuissans
ennemys. Et mesmement a elle seulle se peult don
ner lhonneur du glorieulx cōquest du Royaume
de Grenade. Car en ceste si lōgue & difficille guerre cōtre ennemys obstinez qui combatoient pour
leurs biens / pour leur vie / pour leur loy / & a leur
aduis / pour lhonneur de dieu / elle monstra tousiours si grande vertu auec conseil / & presence de sa
propre personne que peult estre de noz temps y a
eu peu de prince qui ayent eu la hardyesse / non de
lensuyuir seullement / mais dauoir enuye sur elle.
Oultre tous ceulx qui lont congneue / afferment
auoir este en elle tant de diuine maniere a gouuer
ner quil sembloit quasi que seullemēt sa voulente
suffit / pource que sans nul cōtredit chascun faisoit
ce quil debuoit / tellement qua peyne les hommes
osoient ilz en leurs propres maisons / ou en secret
faire chose quilz pensassent luy donner desplaisir.

d d

Et de ce eſtoit cauſe en grãt partie le merueilleulx
iugement quelle auoit de cognoiſtre & choiſir ſes
ſeruiteurs aptes aux offices /eſquelz elle entendoit
les employer. Et ainſi elle ſceut ſi bien conioindre
la rigueur de Iuſtice auec la doulceur de clemence
& liberalite quil ne fut de ſes iours aulcun homme
de bñ qui ſe plaingnit deſtre trop peu remunere /
ne aulcun mauluais deſtre trop chaſtie / dont proceda vgne grande reuerence du peuple enuers elle
compoſee damour & craincte /laquelle eſt encores
ſi ferme & eſtable es cueurs dung chaſcun quil ſem
ble quilz attandent quelle les regarde du ciel / &
quelle leur doibue donner de laſſus /ou louange /
ou blaſme . Et pource ilz ſe gouuernét encores en
ſes Royaulmes de par ſon nom / & auoir les conſti
tutions & couſtumes par elle ordonnees de ſorte
que combien que ſa vie ſoit rompue & eſtaincte /
touteſſoys ſon auctorite vit & dure encores /côme
vgne roue longuemét agitee par impetuoſite tour
ne encores apres par bonne eſpace /combien que
perſonne ne luy touche /conſiderees oultre plus
ſeigneur Gaſpard que de noz temps tous les hom
mes Deſpaigne qui ont eſte grands & renômez en
toutes choſes que lon vouldra quilz ont eſte faictz
& creez de la Royne Iſabelle . Et de ce Gonſal
Ferrand grand Cappitainne ſe priſoit beaucoup
plus que de toutes ſes victoires & excellentes &
vertueuſes opperatiós /leſquelles & en paix /& en
guerre lont ſi bien rendu acu /& ſi illuſtre que ſi la
renômee neſt treſingrate /elle publiera a touſiours
en ce monde ſes immortalles louanges /& fera foy
que de noſtre eage nous auôs eu peu de Roys ou
grandz princes qui nayent eſtez ſurmontez de luy

en magnanimite scauoir/& toute vertu.Retournãt
donc en Italye/ie dis aussi quil nya deffault de tres
excellētes dames/ car nous auons a Napples deux
singulieres Roynes /& depuis naguerres y est mor
te laultre Royne de Hongrie/ dame aussi excellen
te que vous scauez & suffisante a estre mise au para
gon auec le trespuissant & glorieulx Roy Mathias
Coruinus son mary.Mesmement la Duchesse Isabelle Daragon digne seur du Roy Ferrãd de Nap
ples .Laquelle comme lor au feu/ainsi es grandes
tempestes & aduersitez de fortune elle a mõstre sa
vertu & sa valleur . Si vous venez en Lombardie
ma dame Isabelle Marquise de Mantoue vous viē
dra au deuãt/ aux tresexcellētes vertus de laquelle
se feroit iniure en les recitant si briefuement/cõme
feroit besoing a cestuy qui en vouldroit icy parler/
il me desplaist aussi que nauez tous cõgneu la Du
chesse Beatrice de Millan sa seur.Pource q̃ neustes
iamais a vous plus esmerueiller de lesprit dugne
dame. Et la Duchesse/ Eslyenor Daragõ Duchesse
de Ferrare/mere de ces deulx dames q̃vous ay nõ-
mes fut telle/que ses tresexcellantesvertus faisoiēt
bon tesmoingnaige a tout le monde/que nõ seulle
ment elle estoit digne fille de Roy . Mais quelle
meritoit destre Royne de beaucoup plus grand
estat que nauoient possede ses predecesseurs . Et
pour vous dire dugne aultre/Combiē cõgnoissez
vous dhommes en ce monde qui ayent porte les
oultrageulx/& fiers coups de fortune aussi modes
temēt cõme a faict la Royne Isabelle de Napples?
Laquelle apres la perte de son Royaulme/apres
lexil & mort du Roy Federic son mary/& de ses
deulx enfans.Et apres la prinse du duc de Calabre

fon premier ne / fe môftre encores Royne / & fup=
porte de telles maniere les calamitez de fa mifera=
ble pauurette / quelle donne foy a chafcun q côbiê
qlle ayt mue fa fortune & eftat / elle na touteffoys
point change de conditions & vertuz. Ie laiffe a
nômer aultres infinies dames / & auffi des dames
de bas eftat / comme plufieurs Pifanes / lefquelles
en la deffence de leurs pays contre les Florentins
ont môftre vgne telle hardyeffe de generofite fans
aulcune crainde de mort que euffent peu môftrer
les plus inuincibles courralges qui furêt iamais au
monde. Parquoy aulcunes delles ont efte fort ce=
lebrez de plufieurs nobles Poetes.Ie pourroye di=
re de aulcunes trefexcellentes en literature / en mu
ficque / en painfture / en engraueure / Mais ie ne me
veulx plº reuolter ne rabbatre en telz exêples qui
vous font a tous trefnotoyres / il fuffit que fi vous
penfez en vous mefmes aux dames que vous con=
gnoiffez / il ne vous fera difficille de comprandre
quelles ne font de valleur & merites inferiores a
leurs peres / freres / & marys. Et q plufieurs delles
ont efte caufe de bien aux hommes / & les ont fou=
uêt corriges de plufieurs leurs erreurs.Et fi de pre
fent ne fe trouuent au monde ces grâdes Roynes
qui aillent fubiuguer les pays loingtains / & qui
facent des grans ediffices Pyramides & citez / com
me Thomyris / Royne de Scythie / Arthemyfia /
zenobia / Semyramis / ou Cleopatra / auffi ne fe
trouuêt plus dhommes / comme Cefar / Alexâdre /
Scipion / Luculle / & fes aultres femblables empe=
reurs Romains. Ne dides point ainfi / refpond le
Phrigien en riant / car auiourdhuy plus que iamais
fe trouuent dames comme Cleopatra / ou Semyra=

mis /lefquelles fi elles nont ia fi grands eftaz /force
& richeffe ne leur deffault /pource la bonne vouléte de les enfuyuir autmoins en fe donnãt du plaifir & en fatiffaifant le plus quelles peuuent a leurs
appetiz. Dict le Magnificque /Phrigien vous voulez fortir hors des termes /Mais fil fe trouue aulcu
nes dames femblables a Cleopatra ne deffaillent
auffi infinis hommes femblables a Sardanapalus /
qui eft trop plus mauluais. Ne faictes point fes cõparaifons / dict le feigneur Gafpard / & ne croyes ia
que les hommes foient plus incontinens que les
dames / & encores quant ilz le feroient ce ne feroit
pire. Pource que de lincontinence des dames vien
nent infinis maulx / qui ne viennent de celle des
hommes . Et pourtant comme il fut hier dict / il a
efte prudentement ordonne que a celles eft licite
fans quelque blafme faillir en toutes aultres chof-
fes / affin quelles puiffent mettre toute leur force a
fe maintenir en cefte feulle vertu de Chaftete / fans
laquelle leurs enfans feroient incertains / & ce lien
qui eftrainct & conioinct tout le monde par cõfan
guinite & amour naturel que chafcun a enuers ce
quil a produit refteroit rompu & inutile. Pourtãt
la vie diffolue eft plus dedecente & difconuenant
aux dames que aux hommes / lefquelz ne portent
point neuf moys les enfans dedans leurs corps.
Vrayemẽt refpond le Magnificque. Voz argumẽs
font trefbeaulx / & ne fcay pourquoy ne les mettez
en efcript / Mais dictes moy pour quelle caufe neft
il ordóne que la vie diffolue fo   auffi vituperable
aux hommes quau dames / attandu que filz font
plus vertueulx de nature & de pl⁹ grande valleur /
ilz fe pourroient auffi plus facillement maintenir

en ceſte vertu de cõtinéce . Et les enfans ne ſeroiēt
ne plus ne moins certains / Car combien que les
dames fuſſent laſciues & lubricques / moyennant
que les hommes fuſſent continens /& ne conſen=
tiſſent a la laſciuete des femmes / elles de ſoy meſ=
mes /& ſans aultre ayde ne pourroient iamais en=
gendrer. Mais ſi voulez dire verite vous cõgnoiſ=
ſez encore que nous de noſtre auctorite nous ſom
mes attribuez vgne licēce / par laquelle nous vou=
lons que les meſmes pechez nous ſoiēt treſlegiers
& que plus ſouuãt nous meritent louāges / & quē=
tre les dames / il ne puiſſent eſtre aſſez chaſtiez / ſi=
non auec vgne vituperable mort / ou autmoins
perpetuelle infamie & deſhonneur. A ceſte cauſe
puis que ceſte oppinion eſt inualide & inutile / il
me ſemble pareillement choſe cõuenable de cha=
ſtier griefuement ceulx qui auec manterie donnēt
infamie aux dames / & les blaſment a tort . Et ieſti=
me que tout noble cheuallier eſt tenu de deffen=
dre touſiours auec la poincte de leſpee la verite /
quāt elle eſt oppreſſee / & principallement quāt il
congnoiſt quelque dame eſtre blaſmee & calūniee
de peu de honneſtete. Et moy auſſi reſpõd en riãt
le ſeigneur Gaſpard / iafferme eſtre deu de tout no=
ble cheuallier ce que vous dictes. Mais ieſtime grã
de courtoyſie & gentilleſſe couurir tout erreur / au
quel / ou par fortune / ou par trop damour ſera en=
courue vgne dame. Et ainſi vous voyez que ie tiēs
plus le party des dames / quant la raiſon my com=
porte & adreſſe. ne ne faictes vous meſmes / ie ne
nye point que les hommes nayent prins vng peu
de liberte. Et ce pource quilz ſcauent que par luni=
uerſelle oppinion / la vie diſſolue ne leur apporte

tel deshonneur comme aux dames/lefquelles par
limbecillite de leur fexe font beaucoup plus encli
nes a leur appetis que les hommes . Et fi quelque
foys elles fabfliennent de fatiffaire a leurs defirs
elles le font par vergongne /non pource que leur
voulente ne foit trefprompte.Et pource les hom=
mes leur ont impofe cefte crainéte dinfamie pour
vgne bride qui les retient quafi par force en cefte
vertu/fas laqlle a dire vray elles feroiët peu prifez.
Pource que le monde na point dutilite des dames
finon par la generation des enfans.Mais le pareil
naduient aux hommes / lefquelz gouuernent les
Citez / les Batailles / & font tant daultres chofes
dimportance/lefquelles puis que le voulez ainfi/
ie ne veulx difputer contre les femmes qui les ont
fceu faire/il fuffift quelles ne les font plus.Et quät
il a efte befoing de faire côparaifon de continence
au regard des hommes/il ont auffi bien furmonte
les dames en cefte vertu comme es aultres/combiê
ãne le confentes. Et quant ad ce / ie ne veulx vous
reciter tant dhyftoires / ou fables que vous auez
faiét / ie vous renuoye feullement a la continence
de deux grans feigneurs/ qui eftoiët encores ieu=
nes & a ia viétoyre que ont acouftume de faire peu
fouuent hommes de baffe côdition.Quant a lung
eft lhyftoire de Alexãdre le grand enuers les tref=
belles dames de Darius fon ennemy /& fon vain=
cu/laultre de Scipiõ auquel nayant ã vingt quatre
ans en ayant vaincu en Efpaigne vgne Cite fut
amenee vgne belle & noble ieune dame prinfe en=
tre plufieurs aultres.Mais entendant quelle eftoit
efpoufe dung feigneur du pays /non feullement il
fabftint de tout aéte deshonnefte enuers elle /mais

il la garde immaculee a son mary/luy faisant par
dessus vng riche don. Ie pourroye dire de Xeno=
crates/lequel fut tant continēt / que luy estāt bail=
lee a ses costes vgne belle dame toute nue/& luy
faisant toutes les caresses /& vsant de tous les blan
dissemens quelle scauoit/esquelz elle estoit bonne
maistresse / toutessoys elle neut iamais puissance
de faire quil monstrast vng trespetit signe dimpu=
dicite / iacois quen ce elle despendit toute vgne
nuyt. Et de Pericles qui oyant seullemēt son com=
paignon qui louoit auec trop defficace la beaulte
dung enfant/il le reprint aigremēt. Et de plusieurs
aultres qui ont este trescontinnēs de leur propre
voulente/& nō par honte/& vergongne/ou paour
destre chastiez/qui sont les deulx raisons dōt sont
induictes & tyrees la plus grāt part des dames qui
se maintiennent en ceste vertu/lesquelles pource
meritent assez destre louez. Et qui leur impose faul
semēt & donne blasme de impudicite / il est digne
comme auez dict de tresgrande pugnition. Alors
messire Cesar qui cestoit teu p bōne espace. Penses
dict il/ de q̄lle maniere parle le seigneur Gaspard
au desauantaige des dames/ quant ces choses quil
dict sont leurs ppres louāges. Mais si le seigneur
Magnificque me parmect que ie puisse respondre
en son lieu aulcunes petites choses contre ce quil
a/a mon aduis dict faulsement contre les dames
ce sera profitable pour lung/& pour laultre. Pour
ce quil se reposera vng petit / & apres il pourra
mieulx poursuyuir a dire quelque excellence de la
dame de Palays. Et ie me reputeray a grant grace
auoir occasion de faire auec luy cest office de bon
cheuallier qui est deffendre la verite. Mais ie vous

en prie/refpond le Magnificque. Car il me femble
auoir ia fatiffaid felon mon pouuoir a ce que ie
debuoye/puis ces arraifonnemens font deformais
hors de propoft. Subioinct meffire Cefar/ie ne
veulx parler de lutilite que a le môde des dames/
oultre la procreatiô des enfans. Pource quil a efte
demôftre a fuffifance combien elles font necefai=
res/non feullement a nous dôner leftre/mais auffi
a nous ayder a bien eftre/ & viure. Mais ie dis
Seigneur Gafpard que fi elles font comme vous
dictes plus enclines a leurs appetis que les hom=
mes/ce que vous mefmes confeffez/elles en font
plus dignes de louange/dautant que leur fexe eft
moins fort a refifter aux appetis naturelz. Et fi vo?
dictes quelles le font par vergongne/il me femble
quau lieu dugne feulle vertu vous leur en baillez
deux. Car fi la vergongne peult en elles plus que
lappetit/& par ce elle fabftiennent de chofes mal
faictes/ieftime que cefte vergongne qui neft aultre
chofe que crainde dinfamye/eft vgne vertu bien
rare & poffedee de peu dhômes. Et fi ie pouuoye
fans infiny vitupere dire des hommes côme plu=
fieurs fe font plongez en impudence/qui eft vice
contraire a cefte vertu/ie ne feroye difficulte de cô=
taminer ces fainctes oreilles qui mefcoutét. Et par
ce les hommes vieulx font plus iniurieulx a dieu
& a nature/lefquelz font profeffion/les vngs de
preftrife/les vngs de philofophie/& les aultres
des fainctes loix/& gouuernét la chofe publicque
auec vgne feuerite Catonienne/apparante en leur
face/ qui promet toute lintegrite du monde. Et
toufiours alleguent le fexe feminin eftre trefincon
tinent. Et iamais ne fe doulent plus que de leur

deffault de vigueur naturelle pour pouuoir ſatiſ=
faire a leurs abhominables deſirs / leſquelles leur
reſtent dedẽs le cueur / combien que nature ia les
deuve au corps. Et ſouuent trouuent manieres / ou
les forces ne ſont point neceſſaires / Mais ie ne
veulx dire plus auant . Et me ſuffiſt que vous con=
cedez que les dames ſabſtiennẽt plus de la vie im=
pudicque que les hommes. Et il eſt certain quelles
ne ſont retenues daultre bride q̃ de celle quelles ſe
mettent & impoſent. Et quil ſoit vray la plus grãt
part de celles qui ſont gardees auec garde trop
eſtroicte ou battues de leurs marys / ou de leurs
peres ſont moins pudicques / q̃ celles qui ont tou=
te liberte. Mais le grant frein & bride que ont ge=
nerallemẽt les dames ceſt lamour de vraye vertu /
& le deſir dhonneur duquel pluſieurs que iay con
gneuz en mes iours ſont plus deſtime que de leur
propre vie. Et ſi voulez dire vray chaſcun de nous
a veu ieunes hõmes nobles / diſcretz / ſaiges / vail=
lans & beaulx / auoir deſpendu pluſieurs ans en
aymant ſans iaiſſer derriere aulcune choſe de ſoli=
citation de dons / de prieres / de pleurs / en ſomme
de tout ce qui ſe peult ymaginer & tout en vain.
Et ſi on ne me pouuoit dire que mes qualitez ne
meriterent iamais que ie feuſſe aymei ialllegueroye
teſmoingnaige de moymeſmes / car pluſieurs foys
par limmuable & trop ſeuere hõneſtete dugne da=
meiiay eſte prouchain de la mort. Reſpond le ſei=
gneur Gaſpard . Ne vous eſmerueillez de cela /
pource que les dames qui ſont priez reffuſent touſ
iours de complaire a celluy qui les prie / & celles
qui ne ſont priez / priẽt aultruy. Dict meſſire Ceſar
ie ne congneu iamais ceulx qui ont eſte priez des

dames trop biẽ quil fen trouue plufieurs / lefqlz fe
voyãs auoir pourchaffe en vain & confomme leur
tẽps follemẽt recourent a cefte noble vengeãce &
diẽt auoir eu abondãce de ce que feullemẽt ilz ont
ymagine. Et leur femble q̃ leur mal parler eft trouuer inuẽtiõ & quen faifant leuer parmy le vulgaire
fables vituperables de toute hõnefte dame eft vne
forte & facõ de bõ Courtifan. Mais telz glorieulx
fotz qui fe vantẽt ainfi villainnemẽt de toute hon
nefte dame tant foit elle de hault pris & foit vray
ou nõ / ilz meritẽt deftre chaftiez auec griefz fuppli
ces. Et fi quelque foys tel bien leur eft dõne on ne
peult dire combien ceulx font a louer qui font tel
debuoir q̃ la chofe eft reputee méfonge. Quel peche peult eftre plus grant que par trõperie priuent
vgne valeureufe dame de ce q̃lle eftime pl⁹ q̃ la vie
& nõ pour aultre caufe q̃ pource quelle la deburoit
rẽdre hõnoree & celebree dinfinies louãges. Item
filz dient vray q̃lle peyne peult fuffire a ceftuy qui
eft fi defloyal qquil rẽd a vgne dame pour recõpẽfe
fi grãde ingratitude / Laquelle vaincue de beaulx
femblãs de laxiues fainctes / cõtinuelles prieres / la
mentatiõs / fineffes / tromperies / & pariuremẽs / feft
laiffee induire a trop aymer / puis imprudãmẽt elle
feft donnee en prcye a fi maling efprit. Mais pour
vous refpõdre a cefte grãde cõtinẽce de Alexãdre
& Scipiõ q̃ vous auez alleguee / ie dis q̃ ie ne veulx
nyer q̃ lung & lanltre nayt faict acte digne de grãde louange. Neautmoins affin que ne pouuez dire
que ie vous racompte des fables en vous recitant
ces chofes anticques / ie vous veulx alleguer vgne
dame de noz temps de baffe condiction / laquelle
a monftre plus grande cõtinence q̃ ces deux grãds

Seigneurs.Ie vous dy doncq̄ que iay cōgneu vgne
bel̄le ieune fille|le nom de laquelle ie ne veulx ex-
primer|affin de ne dōner matiere a pluſieurs igno-
rans de mal parler|leſquelz incontinant quilz en-
tēdēt quune dame eſt prinſe damour| ilz en font
mauluaiſe cōception & iugement.Ceſte fille donc
eſtant aymee longuement dung noble & bien cō-
ditionne ieune filz|elle ſe tourne a laymer de tout
ſon cueur|& ſon eſperit | & de ce non ſeullement|
moy a qui elle ſe deſcouurit auſſy hardiment|ie ne
dis comme a ſon frere|mais comme ſi ieuſſe eſte ſa
propre ſeur bien familiere | mais tous ceulx qui la
voyent en la preſence de ſon amy |ilz cōgnoiſſoiēt
ſa paſſion.Elle aymant ainſy feruentement comme
pourroit aymer vng cueur treſamoureux | elle de-
moura deux ans en ceſte cōtinence | que iamais ne
feiſt ſigne au ieune filz de laymer|ſinō ceulx quel-
le ne pouuoit cacher | ne iamais voulut parler a
luy|ne recepuoir de luy lettres |ne preſens |cōbien
quil ne ſe paſſoit iour q̄lle ne fuſtſollicitee de prē-
dre lung ou laultre|& ie ſçay cōbien elle les de-
ſiroit|& les eut voulentiers receuz|car ſi quelque
fois elle pouuoit auoir ſecretement choſe qui vint
de luy|elle la tenoit ſi chere & a ſi grant ioye quil
ſembloit que toute ſa vie|& tout ſon bien en pro-
cedaſt.Et touteſſois en ſi long tēps |iamais ne luy
voulut cōplaire en aultre choſe|ſi nō que le veoir|
& ſe laiſſer eſtre veue | & quelque fois ſe trouuant
aux feſtes publicques |danſer auec luy | cōme auec
les aultres.Et pource que les conditions de lung
& de laultre| eſtoient aſſez conuenantes & appro-
chantes|ilz deſiroient tous deux | quūg ſi grant
amour peut auoir bōne fin|& eſtre mariez enſeble.

Et le mefme defiroient tous les hômes & femmes
de la ville/excepte le pere delle/lequel par vne per
uerfe & eftrange oppinion la vouloit marier a vng
aultre plus riche/& ad ce ne fut aultrement côtres
dict par la pauure fille/que par larmes trefameres.
Eftant aduenu ce malheureux mariage/au grant
dueil & compaffion du peuple/& au defefpoir de
ces deux pauures amantz/ne fouffit pourtant ce
coup de fortune a arracher des cueurs de lung &
de laultre/ceft amour ainfi fondee/ains leur dure
encores par lefpace de trois ans/iacoit quelle le
diffimulaft trefprudêtemêt/& que par toute voye
elle chercha de rôpre les defirs quelle veoit defor=
mais eftre hors defperance. Et en tout ce temps el=
le enfuit toufiours fon obftinee volunte de conti=
nence/& voyant quelle ne pouuoit auoir honne=
ftement celluy quelle adoroit en ce monde/elle
efleut & propofa de ne le vouloir plus. en aultune
maniere/ & defuiure fa couftume de nacepter plus
de luy meffaiges/donsi ne regatdz. Et auec cefte
determinee volunte/la pauurete vaincue de cruel
torment & labeur/eft deuenue toute affoiblie/par
la longue paffion. Au bout de troys ans/elle mou=
rut. Du commencement elle voulut fe reffufer/fes
plaifirs & contentemens tant defires/& en fin elle
ceft reffufee fa propre vie/pluftoft que bleffer hon=
neftete. Et combien quelle auoit affez dexcufes &
moyens pour fe fatiffaire fecretement & fans peril
de defhôneur/ou daulcune aultre chofe perte. Ne=
antmoins elle fabftient de ce quelle defiroit tant/
& dont elle eftoit continuellement preffee & fti=
mulee/par la perfonne a laquelle feulle de ce mon
de elle defiroit complaire. Et ad ce faire ne paour/

ne aultre esgard / ne le mouuoir fors que la seulle
amour de vraye vertu. Que dictes vous dugne aul
tre / laqlle par lespace de six moye couchoit psque
toutes les nuictz / auec vng sien cher amy / neaut=
moins se trouuant en vng iardin abondant de
tous fruictz / inuitee de son propre desir tresardēt /
& des prieres & larmes de celluy qui luy estoit
plus cher que sa propre vie / elle sabstint den gous
ster / & combien quelles fut prinse / & liee toute
nue de lestroicte cheisne des bras quelle aymoit
elle ne se laissa pourtant vaincre / mais elle garda
la fleur dhonnestete entiere / & immaculee ? Vous
semble il seigneur Gaspard que ce soient icy actes
de continence esgalle a celle du Roy Alexandre /
lequel tresardément enamoure / Non des dames
de Darius / mais de celle renommee & grandesse
qui le stimulloit auec les esperons de gloire / a
souffrir labeurs & perilz pour se faire immortel
qui ne desprisoit seullement les aultres choses /
mais sa propre vie pour acquerir nom & bruyt sur
les hommes ? Et nous nous esmerueillons quil sest
abstenu dugne chose / laquelle il ne desiroit gues
res. Car nayant iamais veu ces dames / il est impos
sible qui les aymast si tost / mais peult estre les abs
horroit par despit de Darius son ennemy. Et en
telle maniere tout son acte lascif vers elles eust este
plustost iniure quamour. Et pourtant ce nest grant
chose que Alexandre sabstint de faire iniure a
ces femmes / lequel a vaincu tout le monde / nean
moins par sa magnanimite que par ses excellences
darmes. Quant a la continence de Scipion elle
se peult assez louer / neautmoins se vous consi
derez bien / elle nest a comparaiger a celle de ces

deux dames / pource que meſmement il ſabſtint
dugne choſe non deſiree / eſtant en pays de ſes
ennemys Cappitainne nouuellement venu / au
commancement dugne charge de grande importance / ayant laiſſe a Romme vgne ſi grande ex-
pectation de luy / & ayant dauantaige a rendre
compte a iuges treſſeueres / leſquelz ſouuent pu-
gniſſoient / non ſeullement les grands / mais les
petis erreurs / puis il ſe ſentoit auoir des ennemys entre eulx . Et congnoiſſoit finablement
que ſil eut aultrement faict / attandu que ceſte
dame eſtoit treſnoble & mariee a vng noble Seigneur / il ſe fut excite tant dennemys / quil luy
euſſent grandement prolongee / & peult eſtre du
tout tollue la victoire . Ainſi pour ſes cauſes de
tant dimportance / il ſabſtint dung ligier & per-
nicieulx appetit / monſtrant vgne continence / &
vgne liberalle integrite / Laquelle comme il eſt
eſcript / luy gaigna tous les cueurs du peuple / &
luy vallut vgne ſeconde armee a vaincre par beniuolence les cueurs / leſquelz par force darmes /
peult eſtre euſſent eſte inuincibles . Si que ceſt
acte ſe peult pluſtoſt dire vng beau faict de guerre que pure continence / iacoit encore que la renommee nen ſoit point fort certainne . Pource
que aulcuns hyſtoriens dauctorite affennent Scipion auoir iouyr de ceſte dame en ces delices a-
moureuſes / Mais de ce que ie vous racompte / il
nya point de doubte . Dict le Phrigiē / Vous le deburiez auoir trouue eſcript aux euangilles. Ie lay
veu moymeſmes / reſpōd meſſire Ceſar / & pourtāt
ien ay plus grande certitude q̃ ne pouuez auoir ne
vous ny aultres q̃ Alcibyades ſe leuoit du lict de

Socrates ainsi que font les petis enfans du lict de
leurs peres / car le lict & la nuyt estoient lieu &
temps trop mal commodes pour côtempler ceste
pure beaulte / laquelle on dict q̃ Socrates aymoit
sans aulcun desir deshonneste/principallement en
aymant plus la beaulte de lame que du corps !&
ce es ieunes enfans non es vieulx / combien quilz
feussent plus saiges . Et certes vous ne pouyez ia
trouuer meilleur exemple pour louer la continence des hommes que cestuy de Xenocrates/lequel
ayãt verser tousiours es estudes astruit & oblige
par sa profession qui estoit Philozophe/ laquelle
consiste en bonnes vertuz/& non en parolles seullement /viel & despourueu de toute vigueur natu-
relle/qui en monstrant signe de pouuoir/ne pouuoit rien sabstint dugne femme publicque/laqͬlle
pour ce seul nom/ne luy pouuoit plaire. Ie croys
roye plustost quil eut este continent sil eust monstre q̃lque signe de sentement /& en ce cas eust vse
de continence / Ou quil se fust abstenu de ce que
les vielles personnes desirent plus que la bataille
de venus cest de vin/mais pour approuuer bien sa
continence / il est escript quil estoit plain de vin/
pesant & tout mort yure.Et quelle chose peult on
dire moins conuenir a la continéce dung homme
viel que le trop boyre Et si labstinence des choses
veneriennes merite si grande louange en cest eage
froide & paresseuse/combien en doibt elle meriter
en vgne tendre/ieunesse /comme celle de ces deux
dont iay parle cy deuant/Desquelles lugne impo-
sant loix tresdures a tous ses sezus /non seullement
elle debuoit & reffusoit a ses yeulx leur lumiere.
Mais elle frustroit aussi son cueur des pensees/
lesquelles

lefquelles feulles luy auoient efte fi longuement
trefdoulce viande a la tenir en vie/laultre ardem=
ment en amoureufe fe trouuant fi fouuent feulle
entre les bras dicelluy quelle aymoit trop plus q̃
tout le refte du monde/en combattant contre foy
mefmes & contre celluy qui luy eftoit plus cher
quelles mefmes/elle vaincquit ceft ardẽt defir qui
fouuent a vaincu & vainc tous les iours tant de fi
fcauãs hommes.Ne vous femble il point feigneur
Gafpard que les hyftoires fe deburoient vergon=
gner & auoir honte de faire memoire de Xenocra=
tes en ce cas / & le nommer pour continent . Qui
en pourroit fcauoir la verite/Ioferoye gaiger que
toute la nuict iufques au iour fequent heure de di=
ner / il dormit comme mort & enfepuely dedens
fon vin/ne iamais pour pouffer/pincer/ne aultre
chofe que luy fift cefte femme/il peult ouurir fes
yeulx comme fil euft efte fort chaffieulx icy com=
mancerẽt a rire tous les feigneurs & dames . Et ma
dame Emille dict en riant.Vrayement feigneur Ga
fpard / Si vous penfez vng petit mieulx / ie croys
que trouuerres encore quelque beau exemple de
continence femblable a cefluy . Refpond meffire
Cefar/ne vous femble il point.Ma dame/que ceft
vng bel exemple de continence ceft aultre quil a
allegue de Pericles/Ie mefmeruei lles bien q̃uil ne
feft recorde de la continence & beau dict de celluy
a qui vgne dame demanda trop grant pris pour
vgne nuyt.Et il luy refpõdit quil nachetoit point
fi cher vng repentir.On commenca a rire de tous
couftez/& meffire Cefar feftant aulcunement teu.
Seigneur Gafpard dict il/pardonnez moy fi ie dis
la verite/Pource que ce font en fomme les miracu=

leuſes continences que les hommes eſcripuent de
ſoy meſmes ɪ accuſans les dames pour incontinen=
tes ɪ eſquelles ſe voyant chaſcun iour ſignes infiniz
de continence. Car certes ſi vous conſiderez bien ɪ
il neſt tour ſi imprenable ɪ ne ſi bien deffendue que
ne ſe rende au premier aſſault eſtant aſſiegee & cō=
battue auec la millieſme partie de machinations ɪ
frauldes ɪ & tromperies qui ſe mettent en œuure
pour vaincre le conſtant couraige dugne dame.
Combien de ſeruiteurs eſleuez de leurs maiſtres
par eulx enrichis ɪ & mis en treſgrande eſtimation
en ayant entre leurs mains ɪ leurs fortereſſes & cha=
ſteaulx ɪ dont deppēdoit toute leur vie eſtat & tout
leur bien ſans vergongne deſtre appellez traiſtres
les ont deſlauyaulment baillez & vēdus par aua=
rice a œulx quilz ne debuoient. Dieu vueille q̃ de
noz iours ſoit ſi treſgrande chierte de ſemblable
que nous nayons beaucoup plus grande peyne a
en trouuer quelcũg qui en tel cas ay faiꞇ ce quil
debuoit que nommer œulx qui ont failly . Nen
voyons nous point tant daultres qui trauerſent
les foreſtz ɪ tuans les hōmes ɪ & courent par la mer
ſeullement pour deſrober argent ɪ Cōbien de pre=
latz vendent les choſes de leſgliſe de dieu ɪ Com=
bien de gens de praticque falſifient les teſtamens ɪ
Combien font ilz de pariurēmens ɪ Combien de
faulx teſmoingnaiges ɪ ſeullement pour auoir ar=
gent ɪ Combien de medecins empoiſonnent les
malades pour ſemblable cauſe ɪ Combien en ya il
qui par crainꞇe de la mort font choſes treſdeſhon
neſtes ɪ Et touteſſoys a toutes ces dures & grandes
batailles reſiſtent ſouuent vgne tendre & delicatte
ieuneſſe dugne femme ɪ Car pluſieurs ſe ſont trou=

uees qui ont plustost esleu la mort que perdre hõ=
nesteté . Alors le seigneur Gaspard / ie croy dict il
que semblables ne sont auiourdhuy en ce monde.
Respond messire Cesar / ie ne vous veulx alleguer
maintenant les anticques / ie vous dis bien que
plusieurs se trouueroient & se trouuét / lesquelles
en tel cas ne se soussient de mourir . Et de present
me souuient que quãt Capue fut saccagee des frã=
coys / dont il na si long tẽps que nen pouuez auoir
memoire / Vgne belle ieunc & gentille dame de la
ville estant menee hors de sa maison / ou elle auoit
este prinse dugne bẽde de Gascõs / quãt elle se veit
pchainne de la riuiere qui passe par la ville elle fist
semblãt de voulloir rattacher vgne agraphe / tãt q̃
celluy qui la menoit la laissa vng petit / & inconti=
nent elle se getta dedãs la riuiere. Que diriez vous
dugne fille des chãps / laqlle na pas long tẽps estãt
auec vgne siéne seur / recueillãt les espis parmy les
champs vaincue de soif extresme elle entra dedãs
vgne maison pour boire de leaue. Quãt le maistre
de la maison qui estoit ieune la veit assez belle &
seulle / il la print entre ses bras & p̃mier auec belles
parolles / puis auec menasses / cerche de linduire a
faire son plaisir. Et elle resistant tousiours obstine=
mét / finablemét par battre & efforcer elle fut vain=
cue. Et retournant aux chãps vers sa seur toute de=
scheuelee & pleurãt / iamais pour q̃lque instãce / &
requeste que luy fist sa seur / elle ne luy voulut dire
quel desplaisir elle auoit receu en ceste maison .
Mais retournant au villaige / elle faisoit semblant
quasi de pas en pas de se reposer / & parlant sans
aulcune perturbation / elle donna certainne cõs
missiõ a sa seur / puis paruenue aupres de la riuiere /

elle ſeſloingna de ſa ſeur qui ne ſcauoit q̃lle voul=
loit faire ı & incontinent ſe getta dedans . Sa ſeur
dollente ı & plorant la va ſuyuant le plus quelle
peult au loing du bort de la riuiere qui la portoit
aſſez roydement au cours de leaue . Et a chaſcun
coup que la malheureuſe ſe relleuoit deſſus leaue
ſa ſeur luy gettoit vgne coıde quelle auoit pour
lier les eſpis. Et combiẽ que la corde luy vint plus
dugne fois iuſques aux mains ı pource q̃lle eſtoit
encore prochainne de la riue/la conſtance & deli=
beree de ceſte iouuencelle/touſiours la reffuſoit &
leſloingnoit de ſoy . Et ainſi fuyant tout ſecours
qui luy pouuoit ſauluer la vie/en peu deſpace elle
fut morte. Elle ne fut emue a ce faire pour la no=
bleſſe de ſon ſang/ne pour paour de plus cruelle
mort/ou de deſhonneur/mais ſeullemẽt de doul=
leur dauoir perdu ſa virginite. Or vous pouuez icy
comprendre ı combien daultres dames ſont actes
treſdignes de memoire qui ne ſont ſceuz/puis que
ceſte cy na que trois iours/ainſi le peult on dire a
faict/& donne ſi grant teſmoingnaige de ſa vertu/
& touteſfoys neſt parle delle ı & auſſi on ne ſcayt
ſon nom ı Mais ſi en ce temps ne fut ſuruenue la
mort de leueſque de Mantoue noſtre Ducheſſe &
dame ziodelle eut bien ſceu orner la riue & le lieu
dont elle ſe getta dung beau ſepulchre en memoi=
re de ceſte ame ſi glorieuſe qui meritoit apres la
mort tant plus clere memoire/daultant quelle vi=
uant auoit habite en vng corps plus noble. Icy
meſſire Ceſar fit vng petit de paulſe/puis il ſub=
ioingt. De mes iours ı il eſt aduenu vng ſemblable
cas a Romme/& fut quugne bẽlle & ieune Rom=
mainne eſtant longuement pourſuyuie par vng

amant qui mõ ftroit laymer beaucoup/touteffoys
ne voulut iamais luy cõplaire en vng feul regard/
de forte quil corrõpit vgne fienne chãbreriere par
force dargent/laquelle defirant luy fatiffaire pour
toucher deniers / elle perfuada a fa dame qung
iour qui neftoit fort folempnel/elle alla vifiter/le
glife fainct Sebaftien/& ayant le tout faict entẽdre
a ceft amant/& mõftre ce quil debuoit faire/elle
mena la ieune dame en lugne de ces caues obfcures q̃ ont accouftume de vifiter prefque tous ceulx
qui vont a fainct Sebaftien/& illec le ieune amant
feftoit ia cache fecrettement/lequel fe trouuãt feul
auec celle quil aymoit tant/il commenca par tous
moyens a la prier/& le plus doulcement quil fcauoit quelle voulut auoir cõpaffion de luy/& muer
fes duretez precedẽtes en amour . Mais apres quil
veit toutes fes prieres eftre vainnes/il fe tourne
aux menaffes / & icelles auffi ne luy prouffitãs riẽ/
il commence a la battre . Et eftant finablement en
voye de point obtenir fa pretente finon par force/
combien quen ce luy fut aydant le fecours de la
mauluaife femme qui laymoit/la cõduicte nonobftant elle ne peult iamais faire quelle la peult in-
duire/ne quelle fe voulfift confentir. Ains & par
effectz/combien quelle eut peu de force/& par parolles fe deffendit tant quil luy feuft poffible/ de
forte que partie pour le defdaing quauoit conceu
Lamant fe voyãt/ne pouuoir obtenir ce quil vous
loit/partie pour la paour quil auoit que fes parens
luy feiffent porter peyne/fi dauenture ilz eftoient
aduertyz de cefte chofe/le mefchãt auec laide de la
chambriere eftrangle & fuffocque la pauure ieune
dame et la laiffe & fen fuyt/mettãt peine de neftre

trouue. La chambriere aueuglee de son peche/elle
ne sceut fouyr/& prinse par aulcunes souspeçõs &
indices elle cõfessa toute la chose/parquoy elle en
fut pugnie comme elle meritoit/le corps de la con
stäte & noble dame fut leue de ceste caue auec tres
grand honneur/& porte a Romme en sepulture
auec vgne couronne de laurier en sa teste/& accom
paigne dung nombre infiniz dhommes & de da
mes/entre lesquelz ne fut vng seul qui rapporta
ses yeulx en sa maison sans pleurs & sans larmes.
Et ainsi ceste ame excellête fut vniuersellemêt/nõ
moins plaincte que louee de tout le peuple. Mais
pour vous parler de celles que congnoissez/Ne
vous recordez vous point auoir entêdu que la da
me Felice allant de la Rouere a Sauonne/& dou
tant quaulcunes galeres qui sestoient descouuer
tes feussent la Barque du Pape Alexandre qui la
suyuist/elle sapresta auec ferme deliberation/si da
uanture la coustoient de si pres quelle neust moyê
de fouyr de se getter dedãs la mer/Il nest credible
quelle fist cela par legierete/pource que vous con
gnoissez bien de quel entendement & prudence/
est accompaignee la beaulte de ceste dame/Ie ne
puis aussi taire vng mot de lavertu de ma dame no
stre Duchesse/laquelle ayant vescu quinze ans cõ
me veufue en la compaignie de son mary/nõ seul
lement elle a este constante de nen rien reueller.
Mais estât pressee de ses propres parés a sortir de
ceste viduite/elle a esleu plustost souffrir exil pau
urette & toute sorte dinfelicite q̃ accepter ce quil
semble a chascun estre grand bien & prosperite de
fortune. Et messire Cesar poursuyuant plus oultre
ma dame la Duchesse luy dist. Parlez daultre & ne

trez plus en tel ppoſt/car vous auez aſſez daultres
choſes a dire/Subioinct meſſire Ceſar/ie ſcay bien
que ne me nyerez ceſtuy cy/Seigneur Gaſpard.Ne
vous auſſi Fhrigien/Non reſpód le Phrigié/Mais
vgne ne faict point nóbre . Dict alors meſſire Ce-
ſar/il eſt vray que ſi grandz effectz aduiennent en
peu de dames & celles qui peuuent reſiſter a la bataille damour le font plus par miracle que par na-
ture.Et ſil ſen trouue aulcune vaincue/ie la repute
digne de compaſſion/Car les menees des amans/
lartifice duquel ilz vſent / les las quilz tendent
ſont tant & ſi continuelz que trop gráde nouuelle
feroit ſi la tédre ieuneſſe dune femme les pouuoit
fouyr & ſen exempter.Quel iour/quel lheure paſ-
ſera iamais que la dame bien aſſaillie de ſon amy/
ne ſoit ſollicitee auec diuers preſens/& toutes cho
ſes quil pourra ymaginer conuenantes a ſon plaiſir?En quel temps ſe pourra elle mettre en feneſtre
ou en porte pour eſtre veue quelle ne voye incontinent paſſer/ce pourſuyuant obſtine auec ſilence
de parolles/& les yeulx bien parlans/monſtrát viſaige palle & afflige / iettát innumerables ſouſpirs
auec abondáce de pytoiables larmes. Quát pourra elle partir de ſon logis pour aller a leſgliſe ou
aultre part quil ne luy vienne au deuant & quen
chaſcun bout de rue/il ne ſaffróte auec vgne triſte
paſſion / tellement depaincte ſur ſon viſaige quil
ſemble qua lheure il attende la malheureuſe mort.
Ie me taiſt de tant daccouſtremens / inuentions/
mottez/entreprinſes/feſtes/dáces/ieux/maſques/
iouſtes / tournoyes / leſquelles toutes choſes elle
congnoiſt eſtre faictes pour ſon amour/la nuyt ne
ſe reueillera la dame bien aymee quelle nentende

reueil de muſicque/Ou pour le moins ceſte ame
damnee/getter ſouſpirs/& motz lamétables a len-
uiron des murs de ſa maiſon.Si parauanture veult
parler a lugne de ſes chambrieres elle la trouuera
ia gaignee/& luy aura appareille vng pſent/vgne
lettre/ou rondeau de la part de ſon amy.Et la entrant en propoſt luy fera entendre le deſir de ce
malheureux/côme il neſpargne ſa propre vie pour
la ſeruir/& comme delle ne ſouhaitte choſe qui ne
ſoit honneſte.Et que le plus grant bien quil en
eſpere de recepuoir delle vgne gracieuſe parolle/a
toutes les difficultez ſe trouuent remeddes/clefz
côtre faictes/eſchelles de cordes/breuaiges endor
mans.Et pour laffaire deſguiſer/côme de peu dimportance on luy donne exemple daultres qui ſont
pis/en ſorte que tout ſe faict tant facille quil ne luy
reſte aultre peyne que dire/ie ſuis contente.Et ſi la
pauurete reſiſte pour vng temps/il luy donne tát
de venues/tant de moyens quauec la continuelle
pourſuyte/ilz deſtruiſent tous les obſtacles.Plu-
ſieurs ſont qui ſe voyás ne rié prouffiter par leurs
blandices/il ſe tournent aux menaſſes/& font ſem
blant de les vouloir accuſer & diuulguer enuers
leurs marys pour aultres qlles ne ſont/les aulcuns
appoinctent hardyemét auec les peres le plus ſou
uent gaigne les marys/leſquelz par argent/ou faueur donnent leur filles/ou vendét leurs femmes
contre leur voulunte & reputation/les aultres par
enchantemens & art magicque pourſuyuent les
priuer de la liberte que dieu leur a donnee.De laquelle folie nous auons veu aultreſſoys gráde ex-
perience.Il ſeroit difficille racompter en mil ans
toutes les tromperies que mettent en œuure les

hommes pour induire/les pauures femmes a leur
enuie infinie & voulunte defordonnee . Et oultre
ce que chafcun inuente pour foy/encores fe font
trouuez hommes plains de fi grand loifir que de
compofer liures/efquelz font efcriptes les manie=
res & moyens de decepuoir ce pauure fexe naturel
lement fragille.Ie vous laiffe penfer/fi de telz retz
fe peuuët fauluer ces fimplettes columbes inuitez
de tant doulces viandes/la faulte donc vous fem=
ble elle eft fi grande que vgne dame fe voyant tãt
aymee dung noble & bien nourry ieune homme/
lequel mille foys le iour fe met en peril de la mort
pour fon feruice/ne iamais a aultre penfee que de
luy complaire par vgne cõtinuelle pourfuyte/fin=
duit a laymer & vaincue par telle paffion le contẽ
te de ce plaifir/que vous aultres faiges dictes par
elles eftre naturellement plus defire q̃ de fon amy
pour limbecillite de fon fexe.Trouues vous le pe=
che fi grand fi la pauurete par tant de beaulx fem=
blans eft prinfe quelle ne merite pour le moins le
pardon qui fe donne fouuent aux homicides/lar=
rons/blafphemateurs & traiftres/voulez vous que
ce vice foit tenu tant enorme/que pour vgne qui
en fera entachee tout le fexe generallemẽt en foit
deprife/& vniuerfellement priue de fa deue louã=
ge/fans confiderer que affez on en a trouue dinuin
cibles/ qui aux affaulx Damour ont le cueur de
diament dur/ferme / & conftant / non moins que
les Roches refiftãs a la fureur des vndes marines.
Alhenre le feigneur Gafpard fe deliberoit de re=
fpõdre/mais meffire Cefar voulut encores parler.
Parquoy dict le feigneur Octouian en riant . Pour
lamour de dieu dict il donnez luy gaigne/ Car ie

congnois que le fruict / que pourriez faire ſeroit
petit & acquerriez / non ſeullement toutes ces dames pour ennemyes / mais dauātaiges la plus grāt
partie des hommes . Commença a ſoubrire le ſeigneur Gaſpard / & dict . Mais au contraire les dames ont bonne occaſion de me remercier / pource
que ſi ie neuſſe contredict au ſeignuer Magnificque / & meſſire Ceſar ne ſe ſeroient congneues les
louanges qui leur ont eſte donnez. Les louanges /
dict meſſire Ceſar / que le Magnificque & moy
auons donne aux dames / & encores aſſez daultres eſtoient tant notoire que ne les debuez eſtimer ſuperflues . Qui ne ſcait que ſans elle / on ne
peult auoir contentement / ou ſatiſfaction aulcune
en noſtre vie ? Laquelle ſans elles ſeroit ruſticque /
& ſans doulceur plus aſpre / & plus cruelle que
celle des ſauluaiges beſtes . Qui ne ſcait que les
femmes ſeulles chaſſent de noz cueurs toutes vi-
les & baſſes penſees / le ſouſſy / la miſere / la triſteſſe /
qui aultrement nous tiendrient faſcheuſe compaignie . Et ſi voulons conſiderer la verite / nous
verrons dauantaige que les femmes ne deſuoient
point noz eſperitz de la congnoiſſance des grans
affaires / mais pluſtoſt les eſueiller & ſuſciter a la
guerre / rendans les hommes hardys / & ſans craincte . Et certes il eſt impoſſible que le cueur dicelluy qui quelque foys aura ſentu la flambe damour puiſſe iamais recepuoir villainnye / pource
que qui ayme / deſire ſe faire amiable ſe poſſible
eſt . Craint touſiours que honte / ou vergongne /
ne luy ſuruienne / qui le puiſſe faire eſtimer peu
de celle par qui ſouhaytte aſſez eſtre eſtime / il ne
ſe ſoulcie de hazarder ſa vie / pour ſe monſtrer

digne de lamitie de samye . Et pource qui pourz
roit faire vgne armee de vrays amans / lesquelz
peussent combattre en la presence de leurs maiz
stresse . Ie croy que peu de telles gens defferoient
aysement le demourant du monde · pourueu qua
lopposite ne fut vng aultre excercite damours .
Et croyez / que ce qui dient les anciennes hystoiz
re de Troye / laquelle dix ans soustint la puissanz
ce de grece ne proceda que daulcuns amoureulx /
lesquelz souuent prestz a faire sorties pour comz
battre sarmoient en la presence de leurs dames.
Et le plus souuent estoient aydez delles mesmes.
Et sur le partement recepuoient vng baiser /vgne
parolle / vng signe qui les enflamboit & rendoit
plus que gentilz hommes / auec lesperance quilz
auoient destre veuz de la muraille / par celles /
ausquelles ilz desiroient complaire . Et leur semz
bloit que toute la hardyesse quilz monstroient /
toute lespreuue quilz faisoient / leur rapportist
louange delles / & que ce leur estoit le plus grand
bien & retribution quil en eussent peu auoir en ce
monde . Plusieurs estiment que de la victoire du
Roy Despaigne / Ferrand & Isabelle contre le Roy
de Grenade proceda la principalle cause de laz
mour des dames / lesquelles quant sortoit lexz
cercite Espaignol pour affronter les Ennemys /
accompaignoient la Royne Isabelle / auec touz
tes ses damoiselles / la se trouuerent plusieurs
gentilz hommes & cheuailiers chascun accompaiz
gnant / & entretenant samye iusque au lieu de la
rencontre / puis prenant congie chascun de sa chaz
scune / ilz se gettoient en bataille auec la ferocite

de cueur que leur dōnoit amour & le desir de faire
congnoistre a leurs dames quilz estoient seruies
dhommes valeureulx. Dequelle maniere de faire
lon veit aduenir grande occision/& destruction de
Mores & peu de cheualliers Espaignolz se mettre
en fuyte/tout pour la mercy des gentilles & bien
aymees dames.Pourtant ie ne puis veoir seigneur
Gaspard/dont vous vient ce mauluais iugement
qui vous faict mal estimer des dames.Ne scauez
vous que de tous excercites gracieulx & plaisans
ont attribue la cause aux femmes? veistes vous
oncques dancer/saulter/pour complaire a aultre
qua elles? Est il possible dentendre la doulceur de
musicque sans telle esperance? Qui sadonnera ia=
mais a faire vers/ballades/rondeaulx/pour expri=
mer les affections/desquelles sont causes les da=
mes? De combien dexcellens liures serions nous
priuez en langaige grec & latin/si les femmes eus
sent este des Poetes peu estimez? Finablement ne
seroit si grand perte si messire Francisque Petrar=
eque/lequel escript tant diuinemēt ses amours en
nostre vulgaire Italien eut applicque son esprit/
seullemēt es choses latines/comme il auroit infal=
liblemēt faict si lamour de ma dame Laure ne leut
desuoye de toute aultre entreprinse. Ie ne vous
nommeray point les bons espritz qui se trouuent
maintenant en ce mōde.Ie me tairay de ceulx qui
sont cy presens/lesquelz chascū iour nous laissent
les gracieulx fruictz de leurs entendemēs. Et croy
touteffoys quilz nont aultre subgectz que de la
beaulte & vertu de ces dames.Ne voyez vous que
Salomon voulant escripre mysticquement choses
haultes & diuines pour les couurir dūg gracieulx

voile faingt vng ardant & affectionne Dyalogue
dung amoureulx auec famye/luy femblât ne pou=
uoir trouuer ca bas entre nous fimilitude aulcune
plus conuenable / & plus côforme aux chofes di=
uines que lamour quon porte aux femmes. Et par
ce moyen feul nous voulut donner vng peu do=
deur de la diuinite quil congnoiffoit par fciences/
& graces de dieu/plus que nul aultre . Parquoy il
ne failloit Seigneur Gafpard difputer de cecy/&
gafter tant de parolles/ou empefcher auec voz cô=
tredifantes replicques ies aultres louanges & par=
fectiôs de la dame de Palays / lefquelles nous euf=
fions veritablement recitez.Refpond le feigneur
Gafpard/ ie croy quil ne fe peult rien dire dauan=
taige.Touteffoys fil vous femble / que le Magni=
ficque ne les ayt fuffifamment louez/ la faulte ne
viêt point de luy/Mais pluftoft de dieu qui a faict
quaultres vertus ne fe trouuent en ce monde que
celles qui leur a dônez . Dict ma dame la Ducheffe
en riant/Encores ay ie efperance q le Magnificque
en adiouftera quelques aultres/le Magnificque re=
fpond. Certes ma dame/il me femble lauoir louee
a fuffifance/& quant a moy/ie me contente de telle
courtifannie/& fi fes feigneurs ne la veulêt ainfy
faicte / me la laiffent. La fe taifent chafcû/dict mef=
fire Federic/Seigneur Magnificque pour vous fti=
muler a dire aultre chofe/ie veulx faire vgne demã=
de fur larticle dôt aues parle/de la principalle pro=
feffion de noftre dame de palais / & eft telle . Ceft
que ie defire entendre parfaictement / comme elle
fe doibt maintenir & gouuerner en vgne particu=
larite qui eft dimportance/car combien que les ex=
cellentes conditions que luy auez attribue cy con=

tiennent incluſiuemēt leſpriti ſcauoir/ſugement/
adreſſe/modeſtie / dexterite/& tāt daultres vertus
par leſquelles elles doibt entretenir toute hon=
neſte perſonne en tous ppoſt/ieſtime touteſſoys q̃
plus q̃ nul aultre choſes luy ſoit neceſſaire ſcauoir
ce qui appartiēt pour biē parler damour. Pource q̃
tout noble hōme vſe pour ayſemēt acq̃rir la grace
des dames/des excercices accouſtremēs / & belles
couſtumes quauōs parcy deuant nōmez.Si fault il
dauantaige pour tel effect quil mettēt en œuure la
parolle/& nō ſeullemēt quāt il eſt cōſtruict de paſ=
ſion.Mais encores ſouuēt pour faire honneur a la
dame quil entretiēt/luy ſemblāt que par demon=
ſtrance de layiner / il donne teſmoingnaige qui la
trouue digne/& que ſa beaulte / & ſes merites ſont
telz quilz efforcēt toutes pſonnes a la ſeruir.Pour=
tāt/ie vouldroye ſcauoir cōme en tel propoſt ceſte
dame ſe doibt gouuerner diſcrettemēt/& comme
elle doibt reſpondre a qui layme vrayement / & ce
quelle doibt dire/a qui en faict ſemblant/& ſi elle
doibt ptinēmēt reſpōdre/ou obſtinemēt reſſuſer.
Il fauldroit dict le Magnificq̃ les apprendre a cō=
gnoiſtre ceulx qui faignēt daymer/& ceulx qui ay=
mēt ſans ſimulatiō.Apres de les recepuoir ou reſſu
ſer/ie croy q̃lles ne ſent fierōt en choſe de ce mōde
q̃ē leur bōne voulēte.Dict meſſire Federic.Enſei
gnez luy dōc a cōgnoiſtre q̃lz ſignes ſont plus cer=
tains/& ſurs a diſcerner lamour faulx du vray / &
deq̃l teſmoingnaige/elle ſe doibt cōtenter pour ſe
tenir aſſuree de lamitie quō luy a mōſtree. Reſpōd
le Magnificq̃ en ſ̃āt/ie ne ſcay/pource q̃ les hōmes
du iourdhuy ſont tāt cault/& malicieulx/qui vſēt
dinfinies demōſtratiōs fauloes /& pleurent le plus

souuēt quāt ilz ont voulēte de rire.Pourtant il les
fauldroit enuoyer en lisle ferme des loyaulx amou
reulx.Mais affin q̃ ceste miēne dame,de laquelle il
me viēt pticulliere ꝓtectiō /cōme de ma ꝓpre crea=
ture ne tūbe en lerreur & incōueniēt /auq̃l viennēt
cōmunement les aultres. Ie luy cōseilleroye de ne
croire facilement quelle soit aymee / & quelle ne
face cōme daulcunes,desquelles nō seullement ne
faignēt de nentēdre point le couuert ꝓpost quō
leur tient damour /mais sur la premiere parolle ac=
ceptēt toute louāge /ou la refusent dune maniere
qui dict mieux /demourez & maymez / q̃ vous me
faschez /ou retirez vous.Pourtant le moyen que ie
luy conseille sur ses amoureuses pour suites /sera ne
croire iamais q̃ qui parle damour / layme pourtāt.
Et sy le gentil homme est,cōme il sen trouue auda
cieux & ꝑsumptueux /elle luy dōnera celle respōce
quil cōgnoistra clairemēt le desplaisir q̃lle recoit.
Mais sil est discret /& vse de termes modestes /& de
parolles couuertes damour & de doulceur /auec la
grace q̃ pourroit auoir le Courtisā / faict & cree par
ces messieurs.La dame fera semblāt(selle me croit)
de nō lentendre /& tirera ses parolles a diuerses si=
gnifiāces /cherchāt tousiours modestemēt auec les
sperit & prudēce quanos dict luy estre bien seant,
sortir de tel propost. Mais si les arraisōnnemens
sont telz quelle ne puisse faindre de non lentēn=
dre / elle prendra tout en mocquerie,monstrant de
congnoistre que ce quon luy dict est plustost pour
honnorer / que pource quainsy soit / & extenuant
& abaissans ses merites / elle tendra a la cour=
toisie du gentilhomme / ce que luy mesmes luy
donnera. Et par ceste experience / se fera estimer

diſcrette | & ſe trouuerra exẽpte de toute trõperie.
Et voila mon aduis quant au gouuernement de la
dame de Palays es propoſt & deuiſes quon luy
tiẽdra damour. A lheure meſſire Federic dict | Sei-
gneur Magnificque vous parlez de ceſte choſe | cõ-
me ſil fut neceſſaire que tous ceulx qui font mention damour auec les dames dient menſonges &
cerchaſſent de les decepuoir | laquelle oppinion ſe
trouuãt vraye | ieſtimeroye telz enſeignemẽs bõs |
Mais ſi ce bon cheuallier entretiẽt ſamye & layme
vrayemẽt | & le pauure malheureulx ſent la paſſion
dõt tant de cueurs ſont affligez | ne cõſiderez vous
la peyne | la calamite | la mort | ou vous le mettez | ne
luy voulant croyre la verite | ne choſe quil die a ce
propoſt? Dont ſes larmes | ſes ſeruices | tant daultre
ſignes auront ilz aulcune puiſſance? Gardez ſeigneur Magnificq̃ q̃ oultre la couſtumiere cruaulte
que naturellement ont les dames | vous leur enſei-
gnez encores vgne complexion plus cruelle. Re-
ſpond le Magnificque | ie nay point parle de qui
ayme | mais de celluy qui entretient femmes da-
mour | auquel entretien la plus neceſſaire choſe q̃
ie y voye ceſt q̃ iamais propoſt | ne luy faille | Mais
au vrays amys cõme leur cueur eſt ardent & chault
ainſi leur langue eſt froide | auec parler rompu &
plain de ſilence. Pourtant ce ne ſeroit point failly
qui diroit celluy qui parle aſſez peu aymer | toutes-
foys en cela | ie ne voys point grande aſſeurance
pour la diuerſite des couſtumes dung chaſcun.
Aultre choſe dire ne pourroye | ſinon que la dame
ſe tienne ſur ſes gardes | ayant ſouuẽt en ſa memoi-
re quauec trop moins de danger peuuent les hom
mes mõſtrer ſigne de aymer que les femmes . Dict
le ſeigneur

le seigneur Gaspard. Ne voulez seigneur Magnificque que ceste vostre excelléte dame ayme côme
les aultres/au moins quât elle côgnoistra certaine-
nement estre aymee/considere que si le Courtisan nest ayme/il nest creable quil continüe en son
amour. Et ainsi elle seroit priuee de plusieurs gra-
ces/principallement de la seruitude & reuerence/
de laquelle tous les aultres adorent les vertus de
leurs amyes. De cela respôd le Magnificque/ie ne
la veulx côseiller & dis q̃ laymer/côme il seutêt cô
munemêt mappartiêt q̃ aux femmes non mariees.
Pource que de cest amour qui ne tend point a fin
de mariage/il est force q̃ la dame en ayt tousiours
le remors/quon a des choses illicites/& quelle se
mette en dangier de maculer sa bonne renommee
qui luy est trop grande importâce. Respôd messire.
Federic. Ceste vostre oppiniô. Seigneur Magnificque me semble trop austere/& croy q̃ lauez aprinse de lung de ces prescheurs/qui deffendent aux
femmes daymer les seculiers pour en auoir meilleure part. Certesvo' imposez trop dures loix aux
mariez/pource quil sen trouuera assez/ausquelles
leurs marys portêt merueilleuse hayne sans cause/
& sans quil soiêt offensez delles griefuemêt. Vgne
foys par amour quilz portêt aux aultres femmes/
laultre foys en leur faisant tout le desplaisir/dont
ilz se peuuêt aduiser/aulcunes sont par leurs paréz
mariez par force a vieillars/malades/verolez/mal
plaisans qui les font viure en continuelle misere.
Et si a telles il fut licite de faire diuorce & se sepa-
rer de ceulx auec lesqlz elles sont mal conioinctes/
peraduenture ne leur seroit licite ne supportable/
daymer aultres q̃ leurs maris/mais puis q̃ par

leur maligne constellation /ou par la diuersite des
coplexions /ou par quelque aultre accident il ad=
uient que dedans le lict qui deust estre le seiour de
cocorde & damour / la mauldicte furie infernalle
espart la semece de son venin / leql bien tost apres
produict les despitz /les sospecons /les poignantes
espines de hayne qui tourmetet ces pauures ames
lyees cruellemet de la chayne indissoluble iusques
a la mort.Pourquoy ne voulez vo⁹ que a dame tel
lement martyrisee soit licite trouuer aulcun recon=
fort /& quelle ne donne a aultre ce que non seulle=
ment son mary desprise & contepne / mais ce quil
crainct & abhorrist.Ie croy bien que celles qui ont
leurs maris mettables /& qui sont aymees deulx ne
doibuent faire aulcune iniure a mariage. Mais les
aultres naymas point ceulx qui bie les aymet font
grat tort a elles mesmes /ains elles font tort a elles
mesmes aymas aultres q leurs marys /respod le Ma
gnificque.Toutessoys pource q le non aymer nest
point en nostre puissance / si infortune aduenoit
a nostre dame de Palays /tel q la hayne de son ma=
ry /ou lamytie dung aultre linduisent a aymer/ Ie
veulx qua son amy ne cocede chose aulcune que le
sprit /& que iamais ne luy face certainne demostra
ce damour/ne par geste ne par aultre moye qui luy
puisse doner asseurace.Alheure messire Robert de
Barry /quant a moy dict il Seigneur Magnificque /
ie appelle de vostre sentence / & pense que iauray
bonne copaignie /mais puis quilvous plaist desei=
gner telle rusticite aulx mariez / voulles vous q les
filles soiet encores ainsi cruelles & decourtoises /&
qlles ne coplaisent en aulcune chose a leurs amys.
Si madame de Palays:respod le Magnificque ne
stoit mariee /& quelle doibue aymer /ieveulx quelle

en ayme vng auec lequel elle fe puiffe marier/& ne
reputeray erreur quelle luy face figne damour. Et
pour conduite/ie luy veulx enfeigner vgne reigle
generalle en peu de parolles / affin quauec peu de
peyne elle la garde en fa memoire. Ceft quelle face
toutes les demôftrâces damour a qui bien layme
excepte celles qui pourroiêt induire a lamy vgne
efperâce dauoir iouiffance de chofe moins q̃ hon=
nefte. Et pour ce faire/il luy fault prendre garde/
pource quen tel. erreur tumbêt infinies damoifel=
les/lefquelles ordinairemêt nulle aultre chofe def=
firent plus affectueufemêt q̃ deftre belles. Et pour
ce que auoir grât nôbre de feruiteurs leur femble
fuffifant tefmoingnaige de beaulte/ilz mettêt tou
te leur peyne den acquerir le plus quilz peuuêt. Et
fe faifans/ilz facouftumêt a faire geftes & tenir con=
tenances immodeftes & laiffans a part la honte &
vergongne vfent de certains regards follaftres &
parolles legieres/& dartifices plains dimprudêce/
eftimâs par la eftre regardez ouyes & biê aymees.
Ce qui eft faulx/pource q̃ le femblât/& la demonf=
ftrâce daymer quon leur faict prouient & prent fa
nayffance dung appetit acquis par loppinion de
leur legierete & nô damour. Parquoy ie veulx que
ma dame de Palays ne reffemble point a celles qui
par leur côtinâce lubricque foffrent liberallement
a qui les defire/mais par merites & vertueufe con=
ftume auec fa venufte & graue/faffe enuye a qui la
regarde de luy dôner lamour vraye q̃ merite toute
chofe aymable/gardât toufiours la reputatiô qui
ofte lefperâce du plaifir de hôneftete. Celluy donc
qui fera raifonablêt ayme de telle dame fe debura
côtenter plus dung regard affectiône delle que de

lentiere iouyſſance dung aultre. Et a telle dame Ie
ne luy ſouhaicteray rien dauātaige / ſinon q̃lle ſoit
aymee dũg Courtiſā tel q̃ celluy qui a eſte faict de
ces ſeigneurs / & q̃lle pareillement layme affin q̃
lung & laultre ayent leur totalle parſectiō. Ayant
iuſques icy parle le Magnificque / il mettoit fin a
ſon propos quāt le ſeigneur Gaſpard riant a ceſte
heure dict il ne vous fault plaindre / que le Magni=
ficque ne vous ayt painct vgne treſexcellēte da=
me de Palays. Et ſi des maintenant ſe trouuoit la
ſemblable / ie la iugeroye eſgalle au Courtiſan. Re
ſpōd. ma dame Emille / ie moblige la trouuer auſſi
toſt & autāt de foys q̃ fourniriez dũg bon Cour=
tiſan. Vrayemēt dict meſſire Robert il ne ſe peult
nyer que la dame fournie du Magnificque ne ſoit
treſparfaicte / neautmoins en ſes dernieres condi=
tions appartenantes a lamour / il me ſemble quelle
eſt trop auſtere / voulant ſur tout quauec parolles /
geſtes & manieres / elle oſte leſpérāce a ſon amy / &
quelle le nourriſſe en deſeſpoir / veu que les deſirs
humains cōme chaſcun ſcait ne ſeſtendent quaux
choſes / deſquelles ont peult eſperer. Et cōbiē que
ſe ſoient trouuees aulcunes dames ſuperbes pour
leur beaulte ou aultre valeur / leſquelles au p̃mier
p̃poſt damour on faict reſponce rude / affin q̃ leurs
amys ne penſaſſent / ou eſperaſſent aulcunemēt ia=
mais riē delles. Touteſſoys auec les regards & bōs
accueuls ſe mōſtrent gracieuſes en ſorte que la ru=
deſſe de la parolle ſex ruſe dugne doulce cōtenāce.
Mais ſi noſtre dame de court nous faict deſperer
par parolles / geſtes / lettres / & ſignes du plaiſir que
nous deſirōs. Ie ſuis dauis q̃ le Courtiſan ſil eſt hō
me ſaige ne laymera iamais / & ainſi elle aura ceſte

imparfectiõ de se trouuer sans amy. A l'heure le sei=
gneur Magnificque/ie ne veulx dict il q̃ ma Cour
tisanne/leue l'esperãce de toutes choses/mais seul=
lemẽt des deshonnestes/lesquelles si le Courtisan
est discret & courtoys tel q̃ l'õt figure ces seigneurs
non seullemẽt ne les esperera/mais ne les desirera
aulcunemẽt. Pource q̃ si la beaulte/le scauoir/la mo
destie & tãt daultres cõditiõs vertueuses quayons
dõnez a telle dame sont cause de lamour du Cour=
tisan vers elle/necessairemẽt la fin de ceste amitie
sera vertueuse/& si la noblesse la valeur/en lettres
en armes/en musicque si la gẽtillesse/le estre en pa
rolles & conuersations plainnes de graces sont les
moyẽs par lesquelz les Courtisans acquierẽt lami=
tie dugne dame/il sera de besoing q̃ la fin de leur
amitie soit de la qualite mesme q̃ estoiẽt les moyẽs
par lesquelz on y paruiẽt. Dauãtaige tout ainsi que
au mõde se trouuẽt diuerses manieres de beaulte
semblablemẽt nous voyõs diuers desirs dhõmes.
Parquoy il aduient q̃ plusieurs voyãs vgne dame
graue laq̃lle allãt ou s'arrestãt/parlãt ou se taisant/
iouãt/ou faisant aultre chose/tẽpere tellement ses
manieres de faire q̃lle induict les hõmes a la reue=
rer a s'esprouuẽter/& noser la seruir. Et plustost hors
desperãce aymẽt les vagues & attrayãtes/tãt deli=
cattes & tẽdres en leurs parolles & faictz/q̃ par leur
seul regard monstrẽt certainne passiõ lãguissante
q̃ pmet facillemẽt se pouuoir cõuertir en amour.
Aulcuns asseurez en trop petie aymẽt les liberalles
de leurs yeulx de leurs parolles & de leurs gestes/
lesq̃lles fõt ce qui leur viẽt pmieremẽt en fantaisie
auec vgne certainne simplesse qui ne peult cacher
leur pẽsee. Encores sen trouue il daultres magna=

mes & genereulx/lefquelz pefans vertu côfifter es
chofes difficiles /& q la victoire eft plus doulce &
agreable de vaincre ce qui eft inexpugnable ayfe-
mét fe mettêt & fapplicqnt a aymer la beaulte des
dames /lefquelles en parolles /en regards /& geftes
môftrêt plus auftere feuerite q les aultres. Et penfent par fi haulte entreprinfe dôner tefmoingnaige q leur valleur peult forcer vng obftine couraige
& induire a aymer les voulumtez rudes & rebelles
côtre amour. Pourtât ceulx tât côfiãs en eulx mefmes /pource quilz fe tiennent fûrs de ne fe laiffer
decepuoir aymét encores vouluntiers certainnes
femmes /lefquelles par fineffe & artifice couurent
de leur beaulte grande aftuce. Ou aulcunes aultres
qui ont auec beau femblant vgne maniere defdai-
gneufe de peu de parolles /& peu de ris auec vng
côtempnemêt & defpris de toutes chofes quelles
voyêt ou efcoutêt. En apres il fen trouuêt daultres
q ne daignêt aymer /finô celles qui en leur côtenã-
ce /en leurs parolles /Finablement en toutes leurs
actiôs ont toute la gétileffe / toutes les bônes couftumes /tout le fcauoir /& toutes les graces vniemêt
affemblez côme vgne feulle fleur côpofee de toute
lex cellêce du môde /en forte q fi la dame de Palzys
a cherté de amytiez puenãtes de mauluaife efperãce fi ne demourera elle fans amy. Pource quil fen
trouuera affez efmeu de fes merites / & de la côfiãce
de leur valleur qui fe congnoiftront dignes deftre
amyez /& fauorifez delle / meffire Robert vouloit a
ce ppos côtredire /mais la ducheffe luy dôna le tort
& côferma la raifon du feigneur Magnificq /& dict
en cefte maniere. Nous nauôs caufe de nous plaindre du Magnificque /pource qué verite /eftime la

dame de Palays par luy figuree pour eſtre miſe au
paragō/& a cōparaiſon du Courtiſan encores auec
ꝗlque auātaige/pource quil luy enſeigne daymer
ce que ſes ſeigneurs/nō point apris au Courtiſan.
Alheure lunicque Aretin / il eſtoit neceſſaire diſt
il & cōuenāt déſeigner les dames daymer/pource
quil ſen trouue peu qui biē le ſcaichēt/pource que
quaſi toutes accōpaignēt leur beaulte dingratitu
de & cruaulte vers ceulx qui plus fidellement les
ſeruēt/& qui par nobleſſe/gētilleſſe & vertu meri
tēt recōpēſe de leur amour. Et puis ſouuēteſſoys ſe
laiſſent prendre a hōme ignorans /vile/& de baſſe
cōditiō/leſquelz non ſeullemēt/ne les aymēt/mais
les hayēt grādemēt. Ainſi pour euiter telz erreurs
enormes/& inſupportables/ceſt treſbien faict de
leur mōſtrer lelection quil doibuent faire de ceulx
qui meritēt eſtre aymez/& puis de leur apprēdre a
les aymer/leꝗl enſeignement neſt point neceſſaire
aux hōmes/pource quilz le ſcauent trop bien faire
deulx meſmes . Et en cela/ie pourroye dōner vray
teſmoingnaige. Car laymer ne me fut iamais enſei
gner /ſinō de la diuine beaulte & hōnorable cou
ſtume digne dame/laꝗlle il na pas eſte en ma puiſ
ſance de me garder de ladorer qui eſt biē loing da
uoir eu pour mapprendre a laymer p̄cepteurs / ou
artifices/& croy. ꝗ la meſme cōplexion entreuient a
tō ceulx qui veritablemēt aymēt. Pourtāt ie trou
ueroye pl⁹ cōuenāt déſeigner au Courtiſan de ce
faire aymer ꝗ daymer les aultres. Alheure ma da
me Emille. Or dōc parlez en Seigneur vnicꝗ / leꝗl
reſpōd / il me ſemble ꝗ la raiſon vouldroit par biē
ſeruir & cōplaire aux dames / ꝗ principallemēt on
acquiſt leur grace. Mais la choſe de laꝗlle ilz ſe tiē

tient seruies/& celles ou ilz prénent plaisir. Ie croy
qil la fauldroit appréndre delles mesmes / pource
q souuét elle desirét choses tát estráges: ql nest hó
mes quil les peult ymaginer / & aulcunesfoys elles
mesmes ne scauét quelle desirét. Pourtát seroit bié
faict q vous ma dame qui estes femme qui par rai
son debuez scauoir ce qui plaist aux dames: prenez
ceste peyne pour faire tát dutilite en ce móde. A
lors ma dame Emille dict/la cógnoissance q iay de
vo° veoir vniuersellemét agreable aux dames me
faict péser q vo° scauez les moyés / par lesquelz on
acquiert leur grace / Pourtát vous ferez vostre de
buoir de nous léseigner. Ma dame respód lunicq.
Ie ne veulx dóner meilleur áduertissemét ne plus
vtile a vng amy q de mettre ordre q n'y t'auctori
se sur la dame / de laquelle il pourchasse la grace.
Pource q qlque bóne códictió q le mó dé çã trou
ue en moy/& en ma loyalle amitie/si n'ay ie eu ia
mais tát de force a me faire aymer cóme vous a me
faire hayr. Respód alors ma dame Emille seigneur
vnicq. Dieu me garde de penser seullemát de faire
chose p laqlle feusses haye / pource q ne seroye mó
debuoir / & seroye estimee de peu de iugemét me
forcát de faire limpossible. Mais puis q me cóstrai
gnez en ceste maniere de parler de ce qui plaist aux
dames ien diray ce quil men semble / puis sil vous
plaist dónnez en la coulpe a vous mesmes. Iestime
dóc q pour estre ayme/il fault aymer/& estre amia
ble/& q ses deulx choses suffisent pour acquerir la
mour des dames. Maintenát pour respódre ád ce
dót m'acusez ie dis q chascun scait & voyt q vous
estes tresamiable. Mais q vous aymes ainsi fidelle
mét cóme vo° estes. Ie suis en doubte/& les aul
tres nen sónt gueres asseurez. Pource q la grace vo

stre trop amyable/a este cause q̄stes aymee de plu
sieurs dames.Et les grandz fleuues deuisez en di
uers pays deuiennēt cōme vous sçauez petiz ruis
seaulx.Amours pareillement diuise en plus dung
obiect a peu de force . Mais ceste voftre cōtinuelle
lamétatiō ceste maniere voftre daccuser les dames
quauez seruies dingratitude/qui nest vray sembla
ble attādu voz merites est vgne coustume de con
frairie/le secret est de cacher les cōtétemés & plai
sirs quauez en amour pour asseurer les dames qui
vous aymēt & qui se sont laissez prendre de neftre
point publiez.Et par ainsi leur faictes entēdre que
lamitie q̄ mōftrez ouuertemēt aux aultres est faulse pour couurir la vraye q̄ vous leur portez.Pour-
tant si les dames a qui maintenāt faictes semblant
daymer ne vo⁹ croyēt aussi toft cōme vo⁹ les vou-
lez.Cela aduiēt/pource q̄ voftre trahysō en amour
cōmēce a eftre descouuerte/nō pas pource q̄ ie vo⁹
face hayr .Alheure le seigneur Vnicque/ie ne me
veulx aultrement essayer de cōfuter voz parolles/
pource q̄ la cōpaignie dōne foy a voz mésonges/&
desormais ce mest quasi chose fatale & naturelle de
neftre creu/en disant verite.Dictes hardyemēt sei
gneur Vnicq̄ Respōd ma dame Emillie q̄ vo⁹ nays
mez pas ainsi cōme voulez quō vo⁹ croye.Pource
q̄ si vo⁹ aymez de telle sorte to⁹ voz desirs seroiēt
de cōplaire a la dame aymee/& de vouloir la chose
mesme quelle veult/pource q̄ cest la loy damour.
Mais ceste plaincte q̄ faictes cōtre elle denote quel
que trōperie/cōme iay dict/ou vrayemēt tesmoins
gnaige q̄ voulez ce q̄ elle ne veult pas : Cest tout le
cōtraire dict le seigneur Vnicq̄ . Car ie veulx bié ce
q̄ elle veult,qui est grāt indice de mō amour.Mais ie
me lamēte q̄ elle ne veult ce q̄ ie veulx/qui est signe

q́lle ne m'ayme pas seló la loy mesmes qu'auez alle-
guee.Respód ma dame Emille/celluy qui cómëce
a aymer doit pareillemët cómëcer a cóplaire & sac-
cómoder totallemët a la voulunte de la chose ay-
mee/& par elle gouuerner fo.   uloir & faire que
ses ppos & desi.s luy seruët ꝶ obeyssent/& que le
corps & lame ne pësent iamais aultre chose que se
transformer sil estoit possible en ce quil ayme . Et
quil repute tel seruaige pour grãde felicite/& te dy
qu'ainsi font ceulx qui bië aymët.Ie confesse dićt le
seigneur Vnicq́ q̃ ma bonne aduãture seroit si vng
mesme vouloir gouuernoit la siéne & miëne ame
Il est en vous de le faire/Respód ma dame Emille.
Alors messire Bernard interrópit le ppos . Certes
dićt il qui aymët vrayemët toutes ses pësees tëdët
a seruir & cóplaire a la dame aymee / mais pource q̃
q́lque foys aduiët q̃ la seruitude amoureuse est mal
cógneue.Ie croy q̃ oultre laymer & bien seruir soit
necessaire q́lque aultre demóstration tãt euidëte q̃
la dame ne peult faindre de në auoir cógnoissãce.
Touteffoys q̃ ce soit auec telle discretió qu'ó y puis
se psumer hóneste reuerëce. Et pource vo⁹ ma dame qui auez commëce a dire cóme lame de lamant
doibt estre obeyssante a lamye enseignez nous .sil
vo⁹ plaist ce secret/leq́l me semble de tresgrãde im-
portãce/Rit messire Cesar & dićt. Si lamy est tant
modeste quil ayt vergógne de luy dire/si luy escris
pue son intëtio.a/Mais sil est tãt secret/dićt ma dame Emille/il luy est besoing auãt q̃ de le faire entë-
dre a samye estre bië sur de nó loffenser. Dićt alors
le seigneur Gaspard que toutes les dames prënent
plaisir destre priez damour bië quil ayët intëtió de
nyer ce quó leur demãde.Respód le Magnificque
Iuliã vo⁹ estes trópe grãdemët/& ne cóseilleroye

mais le Courtisan duser de telz termes sil nestoit
bié certain de nauoir reffus.Mais q̃lle chose doibt
il faire,dict le seigneur Gaspard/respõd le Magni-
fiĉq̃.Si veult escripre ou parler il le doibt faire tant
discrettemét/& tãt caultemét q̃ les p̃mieres parolles tétét lesprit & descouurét sa volúte si secrette-
mét quil ayent encores moyé de se retirer & faing-
dre q̃ les ppos tenus & escriptz tédent a aultre fin
sil aduenoit q̃ la dame le voulut reffuser.Affin q̃ ce
pédãt il iouysse des caresses & gracieusetez q̃ cõmu
nemét les femmes dõnét liberallemét a œulx qui
leur porte seullement amytie/puis subitement les
reffussent quãt elles voyét q̃lles sont receues cõme
par demõstratió de leur amour . De la viét q̃ ceulx
qui sont trop p̃cipitãs & aduãtureux souuét le per
dét par p̃sumptió & furieuse obstinatió/& nõ sans
cause.Pource qua toute noble dame semblera touf
iours destre peu estimee de celluy qui sans aulcun
respect la prie damour auãt q̃ lauoir seruie . Pourtãt si le bõ Courtisan me croyt dõnera cõgnoissan-
ce de son amour plustost par signes q̃ par parolles.
Car certes laffection se descouure mieulx par vng
sonspir par vng respect/ou par vgne crainĉe q̃ par
mille parolles . Et fault sur tout q̃ loeil soit fidelle
messaigier qui porte lébassade au cueur/pource q̃
souuét auec plusgrãde efficace/ilz mõstrét la passio
qui est la dedãs q̃ ne faict la ppre lãgue/lettres/ou
aultre enuoys/De sorte q̃ non seullemét il descou-
utent les pensees , Mais souuét allument lamour
au cueur de la personne aymee.Pource q̃ les vifz &
ardétz espritz qui sortét par les yeulx pour engendrer aupres du cueur , & entrans dedãs les yeulx
ou ilz sont gettez & adressez cõme le traict de la sa-
gette au blãc naturellemét,ilz penettrét & descen

dẽt iusques au cueur cõme a leur ꝓpre demeure.Et
la ilz se cõfõdẽt & meslẽt parmy les aultres esp̃tiz
& challeurs ꞁ & auec ceste subtile nature de sang
qui ont auec eulx eschauffent & trãsmuent le sang
ꝓchain du cueur ou ilz sont entrez ꞁ & le font sem
blable a eulx & apte a recepuoir limpression du li
maige & figure quilz ont porte auec eulx.Parquoy
en ꝓcedãt petit a petit ꞁ & retournãs lesdictz messai
giers par les yeulx iusques au cueurs & reportans
viandes & nourrissemẽt aux femmes ꞁ de beaulte &
de grace ꞁ auec le vẽt ꞁ & souffle de desir ilz allumẽt
vng feu si ardãt ꞁ q̃ iamais ne cesse de cõsumer ꞁ pour
ce que tousiours luy apportent matiere desperãce
pour se nourrir.Et pource on peult bien dire q̃ les
yeulx font la guy de damour ꞁ principallement s̃ilz
sont doulx & gracieulx ꞁ ayans vng brun cler &
doulx ꞁ ou aultrement s̃ilz sont assez ꞁ esueillez &
riãs aussi agreables & penetratifz ꞁ en regardãt cõ
me aulcũs ꞁ esq̃lz seb̃le qui les voyes qui dõnẽt pas
saige aux esp̃tiz sont si ꝓfũdez ꞁ q̃ par elles on voyt
iusques au cueur.Que les yeulx donc se tiẽnẽt ca
chez ꞁ comme les espies faisant le guet en la guerre.
Car la forme du corps qui est belle & biẽ cõposee
attraict a soy ce qui de loing la regarde ꞁ tãt q̃ sem
blemẽt le faict approcher ꞁ & soubdainemẽt quil
est ꝓchain ꞁ les yeulx luy tirẽt en lemprisonnemẽt cõ
me vrays enchãteurs ꞁ speciallemẽt quãt de droicte
ligne ꞁ ilz ennoyẽt leurs dars ꞁ & leurs rayons vers
les yeulx de la chose aymee ꞁ alheure q̃ iceulx sont
le mesme de leur coste ꞁ pource q̃ les esp̃tiz se recõ
trẽt ꞁ & en ceste doulce recõtre lung prẽt la qualite
& nature de laultre ꞁ cõme on voyt ꞁ q̃ung q̃il mala
de sil regarde en vng aultre sain ꞁ il luy donne son
mal.Ainsi me semble il q̃ nostre Courtisan peult

en cefte maniere declairer la grãt part de fõ amour
a fa dame.Mais fi lœil neft gouuerner artificielle
mẽt il defcouure les amoureulx defirs le pluffou
uẽt a qui moins vauldroit/pource q̃ par luy quafi
vifiblemẽt reluift lardẽte paffiõ . Laq̃lle voulãt la
my mõftrer feullemẽt a famye la monftre a qui be
foing feroit de la cacher.Pourtant qui na perdu le
frein de raifon fe gouuerne fubtillemẽt/obferue le
temps & lieu/& quãt il fault fabftient de regarder/
pource q̃ trop fafcheufe eft lamour publicq̃ refpõd
le Conte Ludouic.Aulcuneffoys prouffite la con
gnoiffance q̃ chafcũ a de noftre amour/pource qué
tel cas les hõmes fouuẽt eftimẽt q̃ telle affectiõ ne
tend a la fin q̃ les amys cõmunemẽt defirẽt/Voyãs
q̃ peu de foing/& de fouffy lon prẽt a le couurir/&
q̃ lon ne faict cas fi lon le fcait/ou non.Par ainfi en
ne le difant trũe le nyãt lthõme facquiert vgne liber
te de pouuoir publicquement parler & demourer
auec famye fans foufpeçon.Ce qui naduiẽt point
a ceulx qui font meftier deftre fecretz/pource quil
femble q̃ letr efperance foit voifine de recõpenfe/
laquelle ne vouldroyent venir en cõgnoiffance de
perfonne . Encores ay ie veu naiftre merueilleufe
affection au cueur dugne dame vers vng acquit.
Parauãt nauoit iamais parle/pour entẽdre feulle
ment que loppinion de plufieurs eftoit/quilz fen
treaymoiẽt/&croy q̃ la caufe de telle folie fut/pour
ç̃ q̃ le iugemẽt quõ en faifoit luy fembla fuffifant
tefmoingnaige quil eftoit digne de fon amour. Et
luy fembloit q̃ la renõmee luy porta les embaffa
des de la part de fon amy trop plus vrayes/& plus
dignes deftre creuz/q̃ nauoit peu faire luy mefmes
par lettres/ou parolles/ou aultre pfonne pour luy,
Pourtãt fe bruyt de ville/ou de court mon feulle

mēt ne nye point. Mais souuentffoys ayde grādes
mēt. Respōd le Magnificq les amours/desquelz la
renōmee est messaigiere sont asser perilleux de fai
re q̄ lhōme soit mōstre au doyt. Pourtant quil a en
t. eprins ce malheureux chemyn soit aduise de biē
& caultement dissimuler son faict & den monstrer
moins quil né porte & de dissimuler les desirs/la
ialousie/la fascherie & tous ses plaisirs. Et de rire
souuēt auec la bouche quāt le cueur pleure & mon
strer destre pdigue de la chose qui tiēt treschiere/
mais cela est tant difficille a faire quil me sembl.
quasi impossible/pourtāt si nostre Courtisan veult
vser de mon conseil/il tiendra son amitie secrette. Alheure messire Bernard il fault dōc/dict il que
vous luy enseignez/& me semble q̄ la chose seroit
de grāde importāce/pource q̄ sās les signes quaul-
cunessoys lon faict couuertemēt la psonne aymee
lira au visaige/aux yeulx/& a la cōtenance ce que
lamy a dedās le cueur. A ce propos ay aultressoys
ouy entre deulx amans vng long ppos damour/
duquel les assistens ne pouuriēt entendre aulcune
particullarite ne scauoir que ce fust damour. Et ce
par la discretiō & aduertāce de celluy qui parloit/
pource que sans faire demonstrāce aulcune dauoir
desplaisir destre escoute disoit secrettemēt les seul-
les parolles qui estoient dimportance/& parloit
hault de toutes aultres choses qui se pourroient
accōmoder a diuers ppos. Alheure messire Federic dict/le parler ainsi par le menu de telle secrette
aduertence seroit penible. Pource ie vouldroye
plustost q̄ lon parlast vng peu cōme se doibt main
tenir lamāt en la grace de sa dame. Respōd le Ma
gnificque/ie croy que les moyens qui ont puissan
ce dacquerir ont pareille force pour maintenir/&

tout confifte a complaire a lamye fans loffenfer ia=
mais. Pourtant il feroit difficille en donner feure
reigle/pource que par infinis moyés/qui neft biě
difcret/faict erreurs & faultes qui femblent peti=
tes/neautmoins la dame en eft griefuemēt offen=
fee/& cela vient pluftoft a ceulx qui font fubiectz
a paffion que aux aultres/comme a ceulx qui ont
grande commodite de parler a la Dame quil ay=
ment/lefquelz toufiours fe lamentent/& plain=
gnent fi accerbement/& veullent fouuent chofes
tant impoffibles que pour telle importunite des
mys deuiennent fafcheux/les aultres frapez de ia=
loufie fe laiffent tellement transporter de douleur
que fans regard dient mal de ceulx quilz fouf pe=
connent/fans coulpe deulx ne de la dame/& ne
veullent quil tournent les yeulx par la ou ilz fe=
ront. Et fouuent auec telle ialoufe maniere/non
feullement offenfent leurs amyes/mais font caufe
quelles fi induifent a aymer les aultres. Pource
que la craincte que monftre auoir vng amy que fa
dame ne le laiffe pour vng aultre/demonftre quil
fe congnoift inferieur de merites & de valeur. Et
par telle oppinion la dame fe mett a laymer & fap=
percoit que le mal quõ luy en dict/eft pour le met=
tre hors de fa grace/& combien quil foit vray elle
nen croit rien/& len ayme dauantaige. Alheure
dict meffire Cefar en riant. Ie confeffe que ie ne
fuis point affez faige pour me pouuoir abftenir de
dire mal dung mien riual fi vous ne menfeignez
aultre meilleur moyen de le ruiner. Refpond le
Magnificque. On dict en vng commun prouerbe
que quant lennemy eft en leaue iufque a la fainctu
re on luy doibt offrir la main: & lefauluer de peril.

Mais quāt on luy voyt iusqs au méton/il luy fault
mettre le pied sur la teste & le submerger le plustost
q̄ lon peult. Aussi on trouue des amys qui font le
pareil enuers leurs cōcurseurs/car iusqs a ce quilz
ayét moyē biē seur pour les destruire vont dissimu
lās/& se mōstrét plus amys q̄ ennemys. Puis si loc
casiō souffre telz quilz cōgnoissét certainnemét les
pouuoir p̄cepiter & ruyner en diét tous les maulx
du mōde soit a tort soit a droict/& en cela ny espar
gnét mésonges/tromperies/ne meschācetez quon
scaiche ymaginer. Mais pource quil ne me plaist
point q̄ nostre Courtisan vsent aulcunemét de trō
perie.Ie vouldroye quil mist hors de grace son ri
tual par force damour/& de seruice/se mōstrāt alors
pl⁹ vertueulx/scauāt/discret/& modeste enuers el
le.Ie le vouldroye voulūtiers aduertir de se garder
sur tout de ne tūber en incōuenient/ou ien ay veu
venir aulcuns.Lesqlz en parlāt/ou escripuāt vsent
tāt de parolle du Polyphile/& sont tāt fondez sur
la subtilite de rhetoricque que les femmes qui les
escoutét ont deffiāce delles mesmes/& se tiennent
pour ignorātes/& ny a heure de tel propos qui ne
leur dure mil aris/les aultres se vantét sans cōside
ratiō/les aultes le plussouuent/se voulās louer/se
biasmét/& diffamét. Cōme aulcuns qui font pro
fessiō damoureulx/& dient en p̄sence de leurs da
mes.Ie nay iamais trouue femme qui mayma/mais
les pauures mal aduisez ne sappercoyuent q̄ celles
qui les escoutét/soubdainnemét font iugemét que
tel malheut ne peult venir daultre chose/sinon
pource quilz ne meritent destre aymez/& les esti
mét tāt peult qtilz ne les aymeroiét/pour tout lor
du mōde.Car il semble q̄ si elles laymoiét quelles
                                                    seroient

feroiét pis q̃ toutes les aultres /ilz se trouue écores
aulcũs amoureux tãt ignorãs q̃ pour cõciter hayne a leur riual en p̃sёce de leurs amyes diёt le tel eſt
plus heureux hõme du mõde.Car combiё quil ne
ſoit beau ne diſcret /& quil ne ſcaiche faire ou dire
riё plus qung aultre /Touteſſoys toutes les dames
laymёt & courёt apres. Et ainſi mõſtrãt de luy por
ter enuye/il font croire q̃ le riual de q̃lque laict /ou
mal gracieux quil ſoit /a en ſoy vgne ſecrette choſe
par laq̃lle ſe doibt inciter lamour de tãt de dames /
par ainſi celles qui eſcouterõt tel ppos aurõt ceſte
creãce & leur viёdra enuye de laymer.Ievous pro-
metz dict le cõte Ludouic vng bõ courtiſan nuſera
iamais diuёtiõ tãt groſſiere pour acq̃rir grace auec
les dames.Reſpõd meſſire ceſar/Il me ſouuiёt dũg
gёtil hõme biё eſtime qui ne fiſt gueres mieulx/&
le nõmeroye ſi ce neſtoit qui fiſt deſhõneur aux hõ
mes.Reſpond la Ducheſſe dictes au moins ce quil
fiſt.Reſpõd meſſire Ceſar luy eſtãt ayme dugne dã
me/requis de la part delle de venir ſecrettemёt en
la ville ou elle ſe tenoit quãt il eut veue & demoure auecelle autãt q̃lle & le tёps le cõporterёt /ſe de-
partãt auec larmes & ſouſpirs pour teſmoingnage
d e lextreſme douleur qui ſentoit de tel partemёt /
luy ſupplia q̃lle euſt cõtinuelle ſouuuenãce de luy
& puis luy dict q̃lle fiſt tout defrayer a lhoſtellerie /
car pource q̃lle lauoit mãde/il luy ſebloit raiſonna
ble q̃lle payaſt ſa deſpenſe.Alors toutes les dames
cõmãcerёt a rire /en diſãt quil neſtoit point digne
deſtre appeller gёtilhõme /& pluſieurs eurёt hõte
de ſa vergongne /laq̃lle luy meſmes euſt ſentue /ſil
euſt eu tãt dёtёdemёt /q̃ pouuoir cõgnoiſtre vgne
telle ſiёne faulte /Le ſeigneur Gaſpard ſe retournãt

a messire Cesar dict quil valoit mieulx nauoir poît
côpte ceste hystoire pour lhôneur des dames / q̄ se
garder de le nômer pour lhôneur des hômes sauluer. Car vous pouuez ymaginer dict il le bô iuge=
mêt q̄ auoit ceste dame aymât ceste beste tât irraisô
nable. Et si la verite estoit côptee vous trouueres q̄
entre plusieurs qui la seruoient elle auoit esleu &
choisy ce vray & bô champiô pour le pl⁹ discret &
habille hôme / laissant derriere & defauorisât ceulx
qui ne leussent daigner prêdre pour paige. Le Côpte Ludouic / dict en riât. Parauâture q̄ ce bô gêtil
hôme estoit discret en aultre chose. Mais quil pe=
choit sottement en lhostellerie ; & souuêt aduiêt q̄
les hommes par trop damour font de grâdes so-
tises. Et si voulez dire le vray. Il nya psonne en ce=
ste côpaignie qui en sa vie nê ayt faict plus dugne.
Respôd messire Cesar. Par vr̄e foy ne descouurôs
point noz faultes / il les fault descouurir / respond
le seigneur Gaspard pour les scauoir corriger / puis
dict au magnificq̄. Maintenât q̄ le Courtisan scait
gaigner / & maintenir la grace de samye / & loster a
ceulx qui la poursuyuêt / il reste lêseigner a tenir ses
amours secrettes. Alors messire Bernard ; & to⁹ les
aultres cômâcerent de nouueau a limportuner. Le
Magnificque en riât ; Vous voules dict il me têter /
car vo⁹ estes trop grâs maistres en amour / touteffoys ; si desirez en scauoit dauâtaige ; allez a lescolle
Douide ; & côme dict me ssire Bernard doyie espe=
rer q̄ ses pceptes valêt en amour / puis quil côseille
& dict estre bô q̄ lhôme en la psence de samye fai=
gne destre yure. Voyez q̄lle belle maniere de acq̄ri=
grace ; & allegue pour vgne belle côtenâce ; & pour
bô moyê de faire entêdre a vgne dame a table quô

layme de mettre le doit dedens le vin / & descri
pre sur vgne assiette. Respōd le Magnificq en riāt.
En ce temps la nestoit point vice. Et pourtant dict
messire Bernard q̄ ne desplaisoient aux hōmes du
temps passe choses tāt deshōnestes / nous debuōs
croyte q̄ leur maniere de faire / & de seruir les dames nestoit point si gētille que la nostre / si fault il
toutesfoys acheuer nostre ꝓpos / & no⁹ apprēdre a
tenir lamour secrette. Alois le Magnificque / il me
semble dict il q̄ pour tenir lamour secrette / il fault
fouyr les causes qui le publiēt / lesq̄lles sont en grāt
nōbre. Mais la principalle est de vouloir estre trop
secret / & ne se fier en aulcune ꝑsonne / pource que
chascun autāt desire faire cōgnoistre sa passiō a samye / & estāt seul luy est force faire plus de demon
strāces / & pl⁹ dapparāces q̄ sil estoit ayde & secou-
ru dung amoureux & fidelle amy / pource que les
demōstrāces q̄ celluy qui ayme faict luy mesme dō
ne plus grāde suspectiō que silz les faisoit faire par
vng aultre / pource q̄ les esperitz humains sont na-
turellemēt curieulx de scauoir / & aussi tost quung
tiers cōméce a ce doubter / il y met telle diligēce q̄
la verite luy est cōgneue / & sil en a cōgnoissance / il
prēt plaisir a le publier / ce qui naduiēt point dung
amy / lequel oultre la faueur / le cōseil / & layde quil
dōne a son cōpaignō / souuēt remedye aux faultes
q̄ faict lamoureux aueugle / tousiours ꝓcure que le
cas soit secret / & pouruoyt a plusieurs choses / aus
q̄lles laultre ne peult pouruoir / & dauantaige lon
trouue grāt cōfort / en disant ces passiōs a vng cordial amy / & croyt grādement le plaisir / quant il est
souuēt redit & cōmunicque. Alors dict le seigneur
Gaspard vgne aultre chose publiēt noz amours / &

laqlle refpõd le Magnificque.Dict le feigneur Gafpard la vainne ambition conioincte auec folie &
cruaulte des dames/lefquelles cõme vous mefmes
auez dict/peurẽt dauoir grãt nõbre damoureux/&
vouldroient fil eftoit poffible q̃ tous brulaffent &
deuinffent cẽdres/& depuis leur mort retournaf-
fent en vie/mourir vgne aultre foys.Et biẽ qui les
aymẽt/touteffoys elles fe refiouyffẽt en leurs tour
més.Pource quil eftimẽt q̃ la douleur/laffliction le
defir de la mort foit vray tefmoignaige de lamour
quõ leur porte/& qui ont puiffãce par leur beaulte
faire les hõmes miferables/ou bien heureux/& eft
en elles pouuoir de leur dõner mort ou vie.cõme
il leur plaift/& de cefte feulle viãde fe repeffent en
leur vainnegloire/& en fõt tãt friãdes/q̃ affin q̃lles
ne ayent iamais faulte/elles ne cõtentent/ne defe-
fperent iamais aulcuns de leurs amans.Mais pour
les entretenir cõtinuellemẽt entre fafcherie & de-
fir/vfent dugne certainne maiefte imperieufe mef-
lee de menaffe/& defperãce/& veulẽt que vgne de
leurs parolles/vng regard/vng figne/leurs amys
prennent pour grãde felicite/pour ce faire reputer
pudicq̃s & chaftes/nõ feullement des amoureux/
mais encores de tous les aultres/generallement
dõnent ordre que leur maniere de faire cruelle/&
de courtoyfie foit publiee/affin que chafcun penfe
que filz traictent mal ceulx qui font dignes de bõ
traictement/que trop plus mal traicteroient les
indignes.Et fouuent auec tel bon credit penfent
eftre feures par tel artiffice de leur ifamie/laquelle
ilz cõmettent/fe trouuãs toutes les nuidz auec vi-
les perfonnes/& a grãt peyne cõgneues delles/en
fortes que pour iouyr de la calamite/& cõtinuelle

infortune de quelque noble cheuallier q̃lles mef=
mes aymēt fe reffufent le plaifir/lequel eiles pour=
roient recepuoir auec bonne & hōnefte excufe/&
font caufe que le pauure amāt par vraye difpofitiō
fefforce dufer des moyens/par lefquelz fe publye/
& defcouure lamytie que lon deburoit tenir fecret
te/auec toute induftrie/il en y a daultres/lefquel=
les faifans croyre a plufieurs quelles les ayment/
nourriffent entre eulx ialoufie/en faifant careffes/
& faueur a lung en p̃fence de laultre. Et quāt elles
voyent que celluy quelles aymēt le plus ia fe con=
fie/& faffure deftre ayme par les demōftrãcès quō
luy a faictes fouuent auec parolles doubteufes/&
defpiãtz fimulees/l̃e fufpendent/& luy alterent le
cueur/mōftrãs de nefen foufſyer/& de ce vouloir
dōner totallemēt a vng aultre/voyla dōt viennent
les haynes/inimitiez infiniz/fcandalles/& ruines
manifeftes/pource quil eft force monftrer lextref=
me paffion que lhōme fent en tel cas/cōbien q̃ a la
dame/il nen vienne blafme & infamye/les aultres
non cōtétes de ce feul tourmēt de ialoufie/apres q̃
leur amy a faict toutes les preuues damour/& de
fidelle feruitude/& lont receu auec quelque figne
de correfpōdãte bien veuillance fans propos/&
quant moins on lefpere cōmancent a fe reffroidir/
& font femblãt de croyre que laffectiō de leur amy
diminue/& faignent plufieurs fufpections de non
eftre aymees mōftrãs ce vouloir alliener de luy par
lequel inconuenient/le malheureux par force non
fainte eft contrainct retourner au cōmancemēt/&
faire les apparences telles q̃ faict vng nouueau fer=
uiteur en ce promenant le long du iour deuant fa
porte/en lacompaignant de fa maifon iufque a lef=

gliſe en tous lieux ou elle va/ſans tourner ſamais
ſœil en aultre part/& voyre le malheureux retours
ner aux pleurs/aux ſouſpirs/a la mauluaiſe chere/
& ſi dauäture peult a elle parler/aux ſermens /aux
blaſphemes/& au deſeſpoir/& a toutes les fureurs
auſquelles les amans ſont conduictz par ces cruel
les beſtes qui ont plus gråt ſoif de ſang que les ty-
gres. Telles douloureuſes demöſtråces ſont trop
vainnes / & cögneue ſouuët plus des aultres que
de celles qui en ſont cauſe/& en peu de têps ſont
publiees/en maniere quil ne ſe peult faire vng pas
ne vng ſigne quil ne ſoit cögneu de mille pſones.
Il aduiët apres que long têps deuant deſtre parue
gneuz au plaiſir damour/il en ſont meſcreuz/& ius
gez de tout le monde. Pourtåt elles voyans leurs
amys ia voyſins de la mort vaincus de la cruaulte
& malice/ de quoy elles meſmes vſent enuers eulx
deliberët obſtinemët de ſe retirer. Alheure cömä-
cent a leur monſtrer amytie /& leur faire plaiſir/& a
ſe donnët affin q̃ deſfaillët ceſt ardët deſir le fruict
damour leur ſoit moins agreable/ & lobligation
plus petite pour faire tout le contraire de leur des
buoir. Et voyant telle amour notoire tous les
effectz ſont apparens quelles cuydët en proceder/
& par ainſi demeurët deſhonnorees. Et lamy ſe
treuue auoir perdu le temps/& ſa peyne/& abreige
ſa vie en malheur/ſans fruict/ou recompence pour
auoir eu ſon deſir/non pas alheure quil luy auoit
eſte agreable / & quil lauoit faict heureux. Mais
quåt le priſoit peu ou riē/pource q̃ ſö cueur eſtoit
ia mortifie de paſſion/& tant priue de ſentement
quil ne pouuoit gouſter delices au contentement
quon luy offrit. Alors le ſeigneur Octouian en ñã

vous dict il/aues efte lõguemẽt en paix/& me fem
bloit vo⁹ veoir retiret de dire mal des dames/puis
les auez fi bien touchees quil femble quayes attẽ
du/& reprins voftre force/comme ceulx qui ce ti=
rent en arriere/pour donner plus grant choc/&
certes vous auez tort/& deuffiez deformais eftre
appaife. La dame Emille fe retournãt a la Ducheffe
voyla dict elle ma dame comme noz aduerfaires
commancent a fe rompre & contrarier lung laul=
tre. Ne me donnes ce nom/Refpond le feigneur
Octouiã/pource que ne fuis voftre ennemy/& ma
biẽ defpleu cefte contention/non pource quil me
fafcha de veoir la victoire en faueur des dames.
Mais pource que le feigneur Gafpard a entrepris
de vous calumnier plus quil ne debuoit/& le fei=
gneur Magnificque & meffire Cefar de vo⁹ louer
peult eftre vng peu plus quil neft deu. Oultre que
par la prolixite de fes atraifonnemẽs/nous auons
petdu a entendre plufieurs aultres belles chofes
qui reftẽt a dire du Courtifan. Voyla dict la dame
Emille on voyt finablement que vous eftes noftre
ennemy/& pource vous a defpleu le ppos paffe/
& vouldriez que ne fe fuft formee cefte tant excel=
lente dame de Palays/non pource q̃ vous euffiez
aultre chofe a dire du Courtifan/pource q̃ fes fei=
gneurs en ont ia dict tant quilz en fcauen/& croy
que vous ny aultres ny pourroit plus rien adiou=
fter/Mais pour lenuye que vous auez a lhonneur
des dames. Il eft certain. Refpõd le feigneur Octo=
uian que oultre ce qui eft dict du Courtifan/ie luy
defire plufieurs aultres chofes/touteffoys puis q̃
chafcun fe contente quil foit tel/ie men contente
auffi. Et ne le vouldrois muer en aulcune chofe/fi

nõ en le faisant vng peu plus amy des dames/que
nest le seigneur Gaspard/mais peult estre non tãt
que aulcuns de ses aultres seigneurs. Alors dict
ma dame la Duchesse/il est besoing q̃ nous voyõs
si vostre engin est si grand quil puisse dõner plus
grande parfection au Courtisan que nont donne
ces seigneurs/pourtant dictes en ce quauez delibe
re/aultrement nous iugerons que ne luy scauriez
rien adiouster dauantaige que ce qui est dict/mais
que vous auez voulu detracter des louanges/de
la dame de Palays/vous semblant q̃lle est esgalle
au Courtisan/lequel vous vouldriez estre estime
beaucoup plus parfaict que cestuy que ont forme
ces seigneurs. Rit le seigneur Octouian & dict/les
louanges & blasmes donnez aux dames oultre le
deu ont tant remply les oreilles/& les cueurs de
ceulx qui les ont escoutes/quelles nont laisse lieu
poûr y pouuoir entrer aultre chose/Dauantaige
lheure me semble bien tarde. Dict ma dame la Du
chesse/En attendant donc iusques a demain nous
aurons plus de temps/& les louanges/& blasmes
que vous dictes auoir este dõnez aux dames trop
excessiuement de lugne & laultre/pour entre tant
de propos pourrõt sortir hors des esperitz de ces
seigneurs/de sorte quil serõt puis apres cappables
de la verite que vous dites. Parlant ainsi ma da
me la duchesse elle se leua debout/& courtoysemẽt
donnant conge a chascun elle se retira en son cabi
net & chãbre secrette. Et chascun sen alla dormir.

Fin du tiers liure.

Le quart Liure

du Courtisan/du Conte Baltazar
de Castillon. Reduyct de
langue Ytalicque en
Francoys.

IL LIBRO DEL CORTEGIANO
DEL CONTE BALDESAR
CASTIGLIONE.

Le Quart liure du Courtisan du Côte Balthasar de Castillon a messire Alphonce Arioste.

Stant delibere, & ayant la plume a la main pour vouloir descripre & mettre en memoire les propos qui furét tenus le quatrieme soir, apres ceulx qui ont este racôptes es liures precedens, ie sens entre plusieurs discours, vng amer pensement qui me bat le cueur, & me faict souuenir des miseres humaines, & de noz faulces esperances, & comment fortune bien souuent au millieu du cours, & par foys aupres de la fin, rompt & dissipe noz fresles, & vaines entreprinses, & les abisme aulcuneffoys auant quelles puissent veoir le port de bien loing. Sur quoy me tourne ame noire que nô guieres apres que ces deuis furent passez, mort importune priua nostre maison de troys gentilz hommes tresrares, lors quilz florissoient les plus en eage prospere, & en esperance dhonneur. Dont le premier fut le seigneur Gaspard Paluoysin, lequel ayant este combattu par vgne malladie aigue & reduict plus dugne foys a lextremite. Combien quil eust le couraige de si grâde vigueur quil tint quelque temps les esperitz dedés son corps, en despit de la mort. Touteffoys il acheua son cours naturel en la ven-

detir quasi de son eage/qui fut vne tresgrãde per-
té/non seullement a nostre maison/& a ies amys/
& parés/mais au pays/& a toute la Lõbardie. Peu
de temps apres mourut messire Cesar Gonzague/
lequel a tous ceulx qui auoient congnoissance de
luy/laissa vng regret amer & douloureux de sa
mort/pour autant que produisant nature si peu
souuent/comme elle faict de telz hommes/il sembloit conuenable quelle ne deubt point nous pri-
ser si tost de cestuy cy/Car lon peult certainnemẽt
dire que messire Cesar nous fust oste sur le point
quil commancoit a donner plusgrande esperance
de luy/& estre en lextime que meritoient ses bonnes qualitez/Car desia il auoit faict bon tesmoingnaige de sa valeur par plusieurs vertueux exploictz. Et oultre la clarte de la noblesse de son li-
gnaige/il reluysoit aussi par aornemens darmes/&
de lettres/& de toutes louables conditions/telle-
ment que pour la bonte de son esperit/Lhomme
faite de son couraige & excellence de son scauoir/
il nestoit chose si grande que lon ne peut esperer
de luy. Il ne tarda gueres que messire Robert de
Barne mourut aussi qui fut cause dung grant desplaisir a toute la maison/Car il sembloit raisonnable qung chascun eust regret de la mort dung tel
ieune homme bien conditionne/gracieux/& qui
sauoit gueres de pareilz en beaulte de visaige/&
disposition de la personne/& si estoit de complexion aultant forte & vigoureuse que lon eust peu
souhaister. Si doncques ceulx cy eussent vescu.
Ie pense quilz feussent paruenuz a tel degre quil
eussent peu monstrer signe euident a chascun qui
les eust cõgneuz/Combien la court Durbin estoit

digne de louange / & commēt equippee de nobles
cheualliers / ce que a plus pres les aultres ont faict /
lesquelz y ont este nourriz. Car en verite du che=
ual de Troye ne sortit point tant de seigneurs &
Cappitainnes / cōme il est sorty dhōmes singuliers
en vertu de ceste maison / & qui par chascū eussent
este souuerainnement estimez. Car cōme vous sca=
uez messire Federic Fregose fut faict archeuesque
de salerne / Le conte Ludouic euesque de Bayeulx.
Le seigneur Octouian duc de Gênes / messire Ber=
nard bibienne Cardinal de saincte Marie in por=
ticu / messire pierre Bembe secretaire du Pape Leō /
le seigneur Magnificque paruint a la Duché de
Nemours / & a celle grandeur / ou il se trouue de
present. Le seigneur Frācisque Marie de la rouere
prefect de Romme fut aussi faict duc Durbin. Cō=
bien que lon peult attribuer beaucoup plusgrāde
louange a la maison ou il fut nourry de ce quil en
soit sorty vng seigneur si rare & excellent en tou=
tes qualitez de vertuz / comme lon veoit mainte=
nant que de ce quil soit paruenu a estre duc Dur=
bin. Et croy que la noble compaignie ou en conti=
nuelle frequentation il a tousiours veu & ouy tāt
de bonnes choses & louables en ait este cause en
grande partie. Dont il me semble que en ceste in=
fluence procedant / ou dauenture / ou de la faueur
des estoilles qui si longuement a concede de tres=
bons seigneurs a Vrbin dure encores & produit
les mesmes effectz qlle souloit. Parquoy lon peult
esperer que la bonne fortune doibue encores tant
fauoriser les presentes oeuures vertueuses que la
felicite de la maison / & de lestat mon seullemēt ne
soit pour faillir / mais plustost pour augmenter de

iour en iour/& en congnoist lon desia plusieurs signes euidens /entre lesquelz iestime que le principal soit nous auoir este baillee du ciel vgne telle
dame côme ma dame Elienora de Gonzague Duchesse nouuelle. Car si iamais scauoir grace/beaul-
te/esperit/clemêce/doulceur/& toutes conditions
gentilles furent conioinctes en vng seul corps /
elles sont en elle si tresunies quil en resulte vgne
chaisne qui orne & côpose vng chascun/sien mouuement de toutes lesdictes conditions ensemble.
Or suyuons a tant le propos de nostre Courtisan
en esperance quapres nous ne doibuent faillir de
ceulx qui prennent exemples nobles & honnorables de la court presente Durbin / côme nous faisons maintenant de la passee. Il semble doncques
ainsi que souloit racompter le seigneur Gaspard
Palaoysin que le iour ensuyuant apres les propos
contenuz au liure precedant/le seigneur Octouiã
ne fut guere veu/Dont plusieurs iugerent quil fut
retire pour pouuoir sans empeschemêt bien penser ace quil auoit a dire. Parquoy sestant reduicte
la côpaignie deuers ma dame la Duchesse a lheure
acoustumee/il fallut faire chercher en diligence le
seigneur Octouian/lequel pourtãt ne vint pas du
gne bonne piece en maniere que plusieurs gentilz
hommes & damoiselles de la court commancerêt
a dancer & a vacquer a aultre passe temps/faisant
côpte que pour ce soir la lon ne parleroit plus du
Courtisan/& desia il estoient tous embesongnez
les vngs en vgne chose/les aultres en vgne aultre
quant le seigneur Octouian arriua quasi sans que
plus on lattendist/lequel voyant que messire Cesar Gonzague/& le seigneur Gaspard dancoient

Apres auoir faict la reueréce a ma dame la Duchefie
fe print a dire en riāt. Ie mattēdoye encores ce foyr
ouyr le feigneur Gafpard dire quelque mal des dā
ces. Mais puis que ie voy quil dance auec vgne/ie
péfe quil ayt faict paix auec toutes/& fuis bien aife
que le proces/ou pour mieulx dire le propos du
Courtifan fe foit ainfi acheue. Acheue neft il pas/
refpōdit ma dame la Duchefie/car ie ne fuis point
fi ennemye des hōmes/Cōme vous eftes des fem
mes. Au moyē de quoy/ie ne veulx pas q̃ le Cour
tifan foit chiffre de lhonneur qui luy eft deu & des
accouftremés q̃ vous mefmes luy promiftes hier.
Et fur ce ordonna que apres que cefte dance feroit
acheuee/chafcun fe mift a feoir a la mode accouftu
mee/Ce qui fut faict. Dont eftāt chafcū grādemēt
entētif/le feigneur Octouiā fe print a dire. Ma da
me puis que defirez auoir plufieurs aultres bōnes
qualitez au Courtifan baptife pour promefie que
ie les aye a dire. Ie fuis contant de parler/non pas
en oppinion de dire tout ce que lon en pourroit
dire/Mais feullemēt tant qui fuffife pour ofter de
voftre fantaifie ce qui me fut au foir impute. Ceft
afcauoir que iaye pluftoft ainfi parle pour detra
cter aux louāges de la dame de Palays en voulant
faire accroyre faulcement que lon puifie attribuer
daultres excelléces au Courtifan & par telle finefie
le faire fuperieur. Que pource quil foit ainfi/A ce
fte caufe/& auffi pour macommoder a lheure qui
eft plus tarde quil neft de couftume quant on com
mance a deuifer/ie feray bref. Et en continuant le
ppos des feigneurs qui fontïicy lequel iapprouue
& conferme en tout. Ie dis que des chofes q̃ nous
appellons bonnes/il y en a aulcunes qui fimple

ment & par elles mesmes sont tousiours bonnes.
Comme temperãce/force/santé/ & toutes les vertuz qui engendrent tranfquilite es entendemés/il
y en a daultres qui pour diuerses cõsiderations/ &
pour la fin ou elles sadressent sont bõnes. Comme
les loix/la liberallite/les richesses/ & aultres sem-
blables/ iestime doncques q̃ le parfaict Courtisan
de sorte q̃ lõt descript le Cõte Ludouic/ & messire
Federic a la verite puisse estre bõne chose & digne
de louange/ mais non pas simplement ne par soy
mesmes. Ains par consideration de la fin a quoy il
peult estre adresse. Car veritablemẽt si le Courtisan
pour estre noble/ de bõne grace/plaisant & experi
mẽte en tant dexercices ne pduisoit aultre fruict
q̃ estre tel pour soy mesmes. Ie ne cuyderoys point
que pour acquerir ceste parfection de courtisannie
vng homme deust raisonnablement y mettre tant
de soing/ & de peyne quil est necessaire faire a celluy qui la veult obtenir. Mais plustost diroys que
plusieurs des cõditions qui luy ont este attribuees
cõme dancer/festoyer/ hâter/ & iouer/feussent les
gieretez/ & vanitez/ & plustost digne de blasme en
vng hõme de condition q̃ de louãges. Car ces mi-
gnotises/motz/diuises/ & aultres telles choses qui
appartiennẽt a entretiennement de dames/ & da-
mours/encores q̃ parauãture il semble le cõtraire a
plusieurs/ souuẽt ne font aultre chose q̃ effeminer
les couraiges/corrompre la ieunesse/ & la reduyre
a vie treslubricque/ dont naissent apres ses effectz
q̃ la nation Italyenne est reduycte en opprobre/ &
nen trouue lon q̃ biẽ peu qui osent/ie ne di ay pas
aler a la mort/mais êtrer en vng peril/ & certes ilya
infinies aultres choses qui engedrercient beaucoup

plus grande vtilite en temps de paix & de guerre
fi lon ny mettoit foing & induftrie que cefte telle
courtifannie par foy feulle . Mais fi les opperatiõs
de Courtifan font adreffees a celle bõne fin quelle
doibuët & que ientens / il me femble bien quelles
ne foient point dommageufes ou friuolles / mais
trefutilles / & dignes dinfinies louãges. La fin dõ:
cques du parfaict Courtifan de laquelle iufques
icy na point efte parle. Ieftime que fe foit gaigne:
par le moyē des cõditiõs q̃ luy ont efte attribuees
par les feigneurs qui font icy / tellement la beniuo
lence & inclination du Prince quil fert quil puif:
fe luy dire / & toufiours luy die la verite de toutes
les chofes quil conuient quil fcaiche / fans crainche
ou dangier de luy defplaire. Et fil congnoift la fan
tafie dicelluy inclinee a faire chofe non conuena
ble quil ofe luy contredire . Et par gētille maniere
fayder de la grace quil a acquife par ces bõnes qua
litez pour lofter de toute vicieufe intētion / & lin:
duire au chemyn de vertuz / & fi le Courtifan a en
foy la bõnte que les feigneurs qui font icy luy ont
donnee accompaignee de promptitude defperit:
de gracieufete / & prudence / & congnoiffance de
lettres / & de tant daultres chofes / il fcaura a tous
propos faire dextrement veoir a fon prince / com:
bien dhonneur & de proffit redonde tant a luy /
q̃ a ces fubiectz / de la iuftice / liberalite / magnani:
mite / doulceur / & de tant daultres vertuz qui font
conuenables au bon prince / & au rebours / cõbien
de honte & de doumaige procede des vices a icel
les contraires / pourtant ieftime que fi comme la
muficque / les pālfetemps / les jeux / & aultres con:
ditions plaifantes font quafi la fleur. Pareillement

induire ou ayder fon Prince au bien & lexempter
du mal / eſt le vray fruiĉt de la Courtifannie . Et
pource que la louange de bien faire confiſte principallement en deulx chofes / defquelles lugne eſt
choifir vng but ou tend noſtre intention / qui veritablemēt foit bon / laultre ſcauoir trouuer moyēs
opportuns & conuenables pour fe cōduire au but
prefuppoſe. Il eſt certain que le vouloir de celluy
qui penfe de faire que fon prince ne foit par aulcun feduiĉt / ny efcoute les flateurs / ny les mefdi-
fans & menteurs / & congnoiſſe le bien & le mal / &
a lung portẽ amour / & a laultre hayne tend a vgne
tres bōne fin . Il me femble auſſi que les cōditions
baillees au Courtifan par les feigneurs qui ſont
icy puiſſent eſtre bon moyen pour y pouruecir. Et
ce pour autant que de plufieurs faultes que nous
voyons auiourdhuy en plufieurs de noz princes /
les plus grandes ſont lignorance / & la perfuafion
quilz ont deulx mefmes. Et la racine de ces deulx
maulx ne vient dailleurs que de menterie qui eſt
vng vice a bon droiĉt hayneux a dieu & aux hommes / & plus nuifible aux princes que a aulcuns
aultres / car ilz ont cherte plus que de toute aultre
chofe de ce / dont il feroit befoing quilz euſſent
plus grande abondance que de tout le demeurāt.
Ceſtafcauoir des gens qui leur dient la verite / &
leur confeillent leur bien . Car ceulx qui leur portent hayne ne ſont point incitez par amour a faire
ceſt office / mais ſont bien ayfes quilz viuent repro
chablement / & que iamais ne fe corrigent / auec ce
ilz ne les ofent blafmer publicquemēt pour crainĉte quilz ont dē eſtre pugnis . Au regard des amys /
il en ya peu qui ayēt franc acces vers eulx / & ceulx

la portent respect a les reprendre de leurs faultes/
en celle liberte quilz reprengnent les particuliers/
& fouuent pour acquerir grace & faueur. Ilz nentendent a riens que a propofer chofe qui plaife/&
qui donne recreacion a leur efperit/encores quelles foient defhôneftes & mauluaifes/en facon que
de amys / ilz deuiennent flateurs . Et pour tirer
proffit de celle eftroicte priuaulte/ilz parlent & ex
ploictent toufiours en côplaifant/& pour la plus
part fe faict le chemyn auecques menfonges/lef-
quelles en lentendement du Prince engendrent
ignorâce/non feullement des chofes exterieures/
mais auffi de luy mefmes / ce que lon peult dire la
plus grande & la plus enorme menterie de toutes les aultres/ car lentendement ignorant mefcô
te foy mefmes / & ment au dedans a foy mefmes/
dont il aduient que les Seigneurs oultre que iamais ilz nentendent la verite daulcunes chofes/
enyures de celle permiffion licencieufe que la feigneurie porte auec foy/& de labondance des delices / abifmes en leurs plaifirs / tant fe mefcon-
tent/& ont fi fort lentendemement corroumpu/
fe voyât toufiours obeyz/& quafi adorez en fi grâ
de louange/& reuerence fans iamais ouyr contra-
diction/non que par reprehéfion de cefte ignorâ-
ce ilz puiffent auoir vgne extreme perfuafiô deulx
mefmes/ tellement que apres ilz ne recoyuêt plus
le confeil ne aduis daultruy . Et pource quilz cuydent que fcauoir regner foit vgne chofe treffacille.
Et que pour y paruenir/il ne foit befoing daultre
fcience que de la force/ ilz tournent leurs fantai-
fies/& tous leurs penfemens a entretenir la puiffance quilz ont / ymaginant que la vraye felicite

foit de pouuoit ce q̃ lon veult. Au moyē de quoy
il y en a aulcuns qui ont en hayne la raifon / & la
iuftice/leur eftant aduis que ce foit vgne certainne
bride /& vng moyen qui les puiffe reduyre en fer-
uitude / & leur diminuer ce bien / & fati'faction
quilz ont de regner filz la vouloient garder & que
leur Seigneurie ne feroit point parfaicte ny entie-
re/ filz eftoient contrainctz obeyr au debuoir &
a honneftete / car ilz penfent que qui obeift ne
foit point vrayement Seigneur. Et pourtant en
fuyuant ces commancemens & fe laiffant tranf-
porter par la perfuafion quilz ont deulx mefmes / ilz deuiennent arrogans / & cuydent acquerir auctorite entre les hommes / & eftre quafi tenus comme dieulx pour faire vng vifaige auftere / & auoir des conditions eftranges / des robes
pōpeufes/des accouftremens/ dor & de pierreries.
Et pour iamais ne fe laiffer veoir en public. Et felon mon aduis que ceulx cy font comme les Col-
loffes qui furent faictz lannee paffee a Romme/ le
iour de la fefte de la place de Agon / qui par dehors monftroient femblances de grans hommes /
& de cheuaulx triumphans / & au dedans eftoient
plains deftouppes /& de drapeaulx /mais les princes de telles forte font dautant pires que les Col-
loffes qui fe fouftiennent droictz par leur mefme
pefante grauite / mais eulx pource quilz font dedans mal contrepefez/ & mis fans mefure fur baffes inegalles / ilz fe ruynent eulx mefmes de leur
propre pefanteur/& dugne faulte tumbent en infi-
nies/ car leur ignorance acōpaignee de celle faulfe
oppinion de ne pouuoir faillir / & que la puiffance quilz ont procede de leur fcauoir / les induict a

occuper eftat audacieufemét filz peuuét par voyes
iuftes ou iuiuftes / mais filz defliberoiét de fcauoir
& de faire ce quilz doibuent / il tiendroient auffi
royde pour nón regner comme ilz tiennent royde
pour regner / car il congnoiftroient combien il eft
enorme & pernicieux q̃ les fubiectz qui doibuent
eftre gouuernes foient plus faiges que les princes
qui doibuent gouuerner. Regardez que lignorãce
de la muficque / de dancer / & cheuaucher ne nuit a
perfonne / touteffoys qui neft muficien fans hon=
te ne ofent chanter deuãt les aultres / ne dãcer qui
ne le fcait faire / ny cheuaulcher qui ne fe fcait tenit
a cheual / mais de ne fcauoir gouuerner fes fubiectz
viennent tant de maulx / deftructions / mors / bruf=
lemens & ruynes / q̃ lon peult dire que ceft la plus
mortelle peftillence qui fe treuue fur la terre. Et
neautmoins aulcuns princes trefignorás de gou=
uernemét / non point de honte de fe mettre a gou=
uerner / ie ne dis pas en la prefence de quatre ou de
fix hommes / mais a la veue de tout le monde / car
leur degre eft fi hault conftitue que les yeulx de
chafcun regardét vers eulx. Et pourtãt leurs faul=
tes pour petites quelles foient font toufiours no=
tees / comme lon efcript que Symon eftoit blafme
quil aymoit le vin / Scipió a dormir / Luculle pour
les bancquetz / mais pleuft a dieu que les princes
de noftre temps accompaignaffent leurs imparfe=
ctions de tant de vertus qui faifoiét les anticques /
lefquelz fi bien ilz failloient en quelque chofe ilz
ne fuyoient pas pourtant les confeilz / & enfeigne=
mens de ceulx qui leur fembloient fuffifans a cor=
riger leurs faultes / mais bien tafchoient a grande
inftance de cóposer leur vie foubz la norme dhó=

mes ſinguliers|comme Epaminonda:|Delyſias|
Pythagoricques|Ageſilaus|de zenephon|Scipiõ
de Panetius|& aultres infinis | mais ſil venoit de
uant quelque vng de noz princes vng ſeuere Phi-
loſophe|ou qui q̃ ſe ſoit qui leur voulut monſtrer
ouuertemẽt|& ſãs artifice la benigne face de vraye
vertu|& leur enſeigner bõnes cõditions|& quelle
doibt eſtre la vie dung bon prince. Ie ſuis certain quilz auroient en horreur au premier rencon-
tre comme vng aſpic | ou vrayement ſe mocque-
roient comme de choſes impartinetes.Ie dis doncques que puis que les princes ſont auiourdhuy
ſi corrumpuz par les mauluaiſes couſtumes|& par
lignorãce & faulſe perſuaſiõ quilz ont deulx meſ-
mes|& quil eſt ſi treſdifficille leur dõner cõgnoiſ-
ſance de la verite |& les induire a vertu & que les
hommes cherchẽt dentrer en leur grace par men-
ſonge & flaterie | & par entremiſes ſi vicieuſes | le
Courtiſan par le moyen des gẽtilles qualitez que
luy ont donne|l Conte Ludouic & meſſire Fede-
ric peult facillement & doibt procurer dacquerir
la beniuolence de ſon prince|& tellement aſſriam-
der le couraige dicelluy quil gaigne vng accés ferme & ſeur de luy parler de toutes choſes ſans eſtre
ennuyeulx|& ſil eſt tel cõme il a eſte | dict il naura
pas grand peyne a y paruenir.Et par ainſi pourra
touſiours auec dexterite luy decouurir la verite
de toutes choſes|& dauantaige luy inſtiller bonte
a lentendement peu a peu|& luy enſeigner conti-
nence|force|iuſtice|temperance | luy faiſant taſter
de la grant doulceur qui eſt couuerte ſoubz celle
petite amertume.Laquelle dentree ſe preſente a
ceulx qui reſiſtẽt aux vites qui touſiours ſont dõ-

mageables /desplaisans & accompaignez de repro-
ches & blasmes toutainsi comme les vertus sont
proffitables /ioyeuses /& pleines des louanges /& a
icelles les reueiller a lexemple des Cappitainnes
renommez /& daultres hómes excellens /ausquelz
les anticques auoient de coustume de faire dresser
statues de bróze & de mabre /& quelque foys dorı
& les colloquer es lieux publicques /tant pour lhó
neur de ceulx pour qui elles estoient dressees que
pour inciter les aultres a sefforcer par vgne honne
ste enuie de paruenir a semblable gloire . A ceste
maniere il le pourra conduire par la voye austere
de vertu /en le tapissant quasi de rameaulx fueillez
& vmbreux /& en la semant de fleurs plaisantes /
pour entremesler lennuy du chemin penible a cel
luy qui a la vigueur foible /tátost de musicque / tá-
tost darmes & cheuaulx /aulcuneffois de vers & rı-
mes /tantost de propos damours / & tenir son espe
rit occupe en plaisir honneste /par tous les moyens
que ont dict les seigneurs qui sont icy /luy donnát
neaultmoins impression cóme iay dict de quelque
vertueuse códition parmy les aleschemens dessus
dictz /& le trópant auec vgne tróperie salutaire / &
ainsi que font les medecins aduisez / lesquelz souuent quant ilz veullent donner aux petitz enfans
malades & trop delicatz medecines de saueur /ame
re /ilz enuironnent le bort du vaisseau de quelque
doulce liqueur. Quát dócques le Courtisan mettra
en œuure pour tel effect ceste couuerture de plaisir
en tous temps & lieux /& en tous exercites / il paruiendra a son but /& meritera beaucoup plus gran
de louange & guerdon que par nulle aultre bóne
œuure quil pourroit faire au móde /car il nest aul-

eun bien qui ayde si vniuersellemét comme le bon
Prince/ne mal qui nuyse si vniuersellement cóme
le mauluais Prince / parquoy il nest aussi peine si
horrible & cruelle qui fust suffisate pugnitió pour
les meschans Courtisans qui se seruent des facons
plaisantes & gentilles / & des bonnes conditions
a mauluaise fin.Et par le moyen dicelles cherchét
la grace de leurs princes /pour les corrópre & de=
stranger de la voye de vertu/& les induire a vices/
car de telle maniere de gens lon peult dire quilz
infecissent de mortel venin / non vng vasseau ou
vng hôme seul ayt a boire/mais la publicque fon=
taine dont il fault que tout le peuple vse . Atant se
taisoit le seigneur Gaspard.Il ne me semble point
seigneur Octouian dict il que ceste bonte de cou=
rage/continance/& aultres vertus que vous vou=
lez que le Courtisan môstre a son seigneur se puis=
sent apprendre/mais pense quelles soiént dónees
par nature & de dieu aux hommes qui les ont . Et
quil soit ainsi voyez quil nest hôme au móde si mes
chant/ne de si mauluaise sorte/ne si intéperant/&
iaiuste qui confessast destre tel si lon len interro=
guoit / mais plustost chascun pour mauluais quil
soit prèd plaisir destre repute iuste/cótinét/& bó/
ce quil naduiédroit point si ces vertus se pouuoiét
apprendre/car ce nest point de honte ne scauoir ce
en quoy lon na point mis destude/& semble repro
che nauoir point ce/dót par nature nous debuons
estre parez/par quoy chascun sefforce de cacher les
deffaulx naturelz/tant du corps que de lentende=
mét/ce que lon voyt es aueugles/boyteux/tortus/
& aultres impotens/ou contrefaidz/car combien
que ces imparfedións se peussent imputer a nature/

Touteffoys il defplaiſt a chaſcun les ſentir en ſoy/
car il ſemble que par teſmoingnaige de nature
meſmes l'homme ayt ce deffault quaſi pour vne
marque & ſigne de ſa malice. Dauantaige la fable
que lon racompte des Epymetheus cóferme mon
oppinion / lequel ſi mal diſtribuoit les dons de
nature aux hommes /quil les laiſſa beaucoup plus
indigens de toutes choſes q̃ les aultres animaulx/
dont Prometheus deſroba a Minerue/& a Vulcan
celle artificielle ſapience par ou les hommes trou
uent a viure. Mais ilz nauoient pas pourtant la ſa
geſſe ciuille de ſe cógreger enſemble par les citez/
& ſcauoir morallement viure pour eſtre demoures
en la fortereſſe de Iuppiter gardee par les ſouldans
treſaduiſez/qui tant eſpouuentoient Prometheus
quil ne ſe oſoit aprocher deux /dont Iuppiter ayāt
compaſſion de la miſere des hommes/leſquelz nõ
pouurās eſtre vnis par faulte de vertu ciuille eſtoient deuorez par les beſtes ſauluaiges /enuoya Mer
cure en terre y porter iuſtice & honte/affin que ces
deulx choſes ornaſſent les citez/ & allaſſent enſem
ble les Citoyens. Et voulut quelles leur feuſſes dõ
nees non comme les aultres ſciences / ou vng ſca
uant & ſuffiſant pour pluſieurs ignorans / comme
en medecine/mais quelles fuſſent en chaſcun em-
prainctes. Et ordonna vne loy que tous ceulx qui
ſeroient ſans iuſtice & honte/fuſſent exterminez &
mis a mort comme peſtilens aux citez. Voyla doncques ſeigneur Octouian / comme ſes deux vertus
ſont de dieu octroyees aux hommes /& ne ſapiré-
nent point/mais ſont naturelles. Lors le ſeigneur
Octouian quaſi en riant. Vous voulez doncques
diſt il/ſeigneur Gaſpard que les hommes ſoyent
ſi malheureux

si malheureux/& de si peruers iugemēt quilz ayēt
par industrie trouue sciéce pour faire trāiquilz les
esperitz des bestes sauluaiges:ours/loups:lyons/
& par la puissent enseigner a vng oyseau vacabōde
a voller au plaisir de lhôme & toume: des forestz/
& de sa liberte naturelle volūtairement aux letz/
& a la seruitude . Et que par la mesme industrie: ilz
ne puissent ou ne veullent trouuer science par ou
ilz aydent a eulx mesmes/& auecques soing & dili
gence facent leura couraige meilleur. Cela a mon
aduis feroit comme si les medecins estudioient en
extreme labeur dauoir seullemēt la science de gue
rir le mal des ongles:& la rache des petitz enfans/
& laissoiēt la cure des sieures/de la pleuresie:& des
aultres griefues malladies. Ce que chascun peult
considerer combien il seroit hors de raison. Iesti
me donc que les vertus morales ne soient point
en nous totallement par nature/car nulle chose se
peult iamais accoustumer a ce qui luy est naturelle
ment contraire/comme on voyt dugne pierre:La
quelle si bien on la gettoit dix mille foys contre
mont: iamais ne se accoustumeroit a y aller delle
mesmes/par quoy si les vertus nous estoient aussi
naturelles/cōme est la pesanteur a la pierre:iamais
nous ne nous accoustumerions au vices/& moins
sont les vices ensemble naturelz car si lestoient: ia
mais nous ne pourriós estre vertueux. Et ce feroit
trop grande iniquite & folie pugnir les hommes
des deffaulx qui procedent de nature sans nostre
coulpe. Et commettroient les loix ceste erreur/les
quelles ne pughissent pas les malfaicteurs pour
les faultes passees. Car lon ne peult faire q̄ ce qui
est faict ne soit faict: mais elles ont regard a ladues

Bb

nit affin que ceulx qui ont failly / ne faillent plus /
ou que par mauluais exemple / ilz ne donnēt cause
aux aultres de faillir / & par ainsi elles estiment que
les vertus se puissent apprendre / ce qui est veritab
ble car nous sommes nez a les recepuoir / & pareil
lement les vices . Et pourtant lhabitude se faict en
nous de lung & de laultre par laccoustumance / en
façon que nous mettons en œuure premieremēt
les vertus / ou les vices / & apres sommes vertueux /
ou vicieux / mais aux choses qui nous sont dōnees
par nature lon congnoist le contraire . Car nous
auons premieremēt la puissance de ce faire / & puis
nous faisons comme es sentemens / ou premiere
ment nous pouuons veoir / ouyr / toucher / & puis
nous voyons / oyons / touchous . Combiē que en
cores plusieurs de ses opperations sadoubent a la
discipline / dont les bons Pedagogues / non seule
lement enseignēt les lettres aux enfans / mais aussi
bōnes & honnestes contenances a manger / boy
re / parler / cheminer / auerques certains gestes accō
modez . Parquoy est aussi biē necessaire auoir mai
stre pour apprendre les vertus comme les aultres
sciences / lequel suscite & resueille en nous par doc
trine & bons aduertissemens les vertus morales /
dont nous auons la semence enclose & ensepuelie
en ame / & les cultyue comme bon laboureur / &
leur ouure la voye en ostant dalentour de nous les
espines & listraye des appetiz / qui souuent encom
brent & suffocquēt tant noz esperitz / quilz ne lais
sent point florir ny produite les biens eneux fructi
que lon debueroit desirer / que seuls naisquissent es
cueurs humains . Or en ceste maniere est naturel a
chascun de nous iustice & honte / que vous dictes

auoir este enuoyee en terre par Iuppiter a tous les
hommes / mais aussi comme vng corps sans yeulx
pour robuste quil soit sil se meult vers quelque ae
dresse / il fault bien souuent. Pareillement la racia
ne de ses vertus potéciellement engédree en noz
esperitz / si elle nest engédree par discipline elle se
resoult bien souuent en riés / car si elle se doibt rea
duire en acte & a sa parfaicte habitude elle ne se cō
tente point cōme iay dict de la nature seulle / mais
a besoing de lartificielle accoustumance / & de la
raison qui purifie & esclarcisse lame / en luy ostant
le tenebreux voille dignorāce. De laquelle quasi
toutes les faultes des hommes procedent / car si le
bien & le mal estoient bien cōgneuz & vrtendum
chascun tousiours eslirōt le bien & fuiroyt le mal
parquoy la vertu se peult quasi dire vgne prudena
ce & vng scauoir, eslire le bien & le vice, vgnorāce
prudence / & vgne ignorance. Laquelle induict a
seulement iuger. Car les hommes iamais ne eslis
sent le mal / en oppinion que ce soit mal / mais se
decoipuent par vgne certaine semblance de biē
Le seigneur Gaspard respondit a lheure. Il y en a
pourtant plusieurs qui congnoissent clerement que
ilz font mal / & touteffoys le font. Et ce pour autāt
quilz estiment plus le plaisir present q ilz sentent
que la pugnition quilz doubtēt qui leur en doibt
aduenir. Comme les larrōs, les homicides, & aula
res telles manieres de gens. Le seigneur Octouiā
rephiqua. Le vray plaisir est tousiours bon / & la
vraye doulceur maluaise. Parquoy ceulx si se mes
content / en prenant le faulx plaisir pour le vray / &
la vraye douleur pour la faulse / dont souuēt pour
les faulx plaisirs ilz encourent es vrays desplaisirs.

Or la science qui enseigne a discerner la verite du
faulx se peult aoprendre/& la vertu par ou nous
ellisons ce qui est veritablement bon/& nõ ce quil
semble estre faulsemēt/se peult appeller vraye sciē-
ce & plus seruiable a la vie humainne que nul aultre. Car elle oste lignorance/dont comme iay dict
maulx procedent. Alheure messire pierre Bembe/
Ie ne scay (dict il) comment le seigneur Gaspard
vous doibue consentir/que tous maulx procedēt
de ignorance. Et quil ny en ayt plusieurs/lesquelz
en pechant scauent veritablement que ilz pechēt/
& ne se trompent point au vray plaisir/ne aussi a la
vraye douleur. Car il est certain que ceulx qui sont
incontinens/iugent par raison & droictement/&
scauent que ce a quoy ilz sont incitez par les cupiditez contre le debuoir est mal. Et pourtant il y re-
sistent/& mettēt la raison en barbe/a lappetit dont
procede le combat du plaisir & de la douleur côtre
le iugement/tant quen la fin la raison vaincue par
lappetit qui est trop puissant se delaisse aller/côme
vng nauire qui se deffend vgne espace de temps
contre les tormentes de la mer/mais a la fin quant
elle est batue par orages de ventz trop impetueux
apres que les ancres & cordages en sont rompus/
elle se laisse transporter a la discretion de fortune/
sans sayder du tymon & gouuernail/ou sans aulcune ayde de la bussolle pour se saluer. Donques
les incontinens commettent les faultes auec vng
certain remort/Doubteulx/& quasi en despit
deulx. Ce quilz ne feroient point silz ne scauoient
que ce quilz font est mal faict/mais sans resistance
de raison totallement abandonnez suyueroient
lappetit. Et alheure ilz seroient non incontinens/

mais intéperans /ce qui est beaucoup pis /parquoy
lon dict que lincontinence est vng vice diminutif /
a cause de ce quelle a en soy partie de raison. Et pa=
reillemét la côtinéce est vertu imparfaicte /pource
quelle a en soy partie daffectió . Au moyé de quoy
il me semble q̃ só ne peult dire q̃ les faultes q̃ font
les incótinens pcedét dignorãce / ou qui se decois
puent /& quilz ne pechent scaichãt veritablement
quilz pechét. Le seigneur Octouiã respõdit /En ve
rité messire Pierre vostre argumét est bon /Toutes
foys selõ mõ aduis /Il est plus apparét q̃ veritable /
Car combien q̃ les incontinens pechent auecques
celle doubte /& que en leur entendement la raison
debatte contre lappetit /& qui leur semble que ce
qui est mal soit mal. Ce nonobstant ilz nent ont
point congnoissance parfaicte /ny ne le scauét pas
si entierement comme il seroit besoing . Et pour
tant il y en a en eulx plustost vgne debille oppi=
nion de cela que certainne science /dont ilz cõsen
tent que la raison soit vaincue par laffection /mais
silz en auoient quelque vraye sciéce /ilz ny a point
de doubte quilz ne se mettroient point a pecher.
Car tousiours la chose par ou lappetit surmonte /
la raison est ignorance . Ne iamais la vraye science
peult estre vaincue par laffection /Laquelle proce
de du corps & non de lesperit. Et si elle est bien re=
gie & gouuernee par la raison elle deuient vertu
si extrementement /elle deuient vice /mais la raison a si
grande force que tousiours elle se faict obeyr au
sentement / & penettre par merueilleuses faczons /
& voyes /pourueu que lignorance noccupe ce que
icelle raison deburoit auoir /de sorte que combien
que les esperitz /& les nerfz & les os nayent point

en eulx de raison. Touteffoys quant ce mouuemét
de couraige naist en nous quil semble que la pen=
see donne lesperon & secoue la bride aux esperitz.
Tous les membres sappreftent / les piedz a courir /
les mains a prédre / & a faire ce que le cueur pense.
Et congnoist lon encores cecy euidemmét en plu=
sieurs. Lesquelz mangeuffent par foys fans en riés
feauoir quelques viádes quilz ont a contre cueur.
Mais si bien desguifee que elle femble treffauou=
reufe a leur gouft. Puis apres quant ilz viennent a
fcauoir ce que seftoit / non feullemét ilz nont mar=
riffon & faicherie en leur couraige / Mais tellemét
ilz accordent le corps auecques le iugement de la
penfee / que par force ilz vomiffent celle viande.
Le feigneur Octouiá fuyuoit encores fon propos.
Mais le Magnificque Iuliá luy rompit la parolle /
& dict feigneur Octouiá. Si iay bien entédu vous
auez dict / que la continéce eft vertu imparfaicte /
pource quelle a en foy partie daffection. Et il me
femble puis que il y a debat en noftre entendemét
entre la raifon / & lappetit. La vertu qui combat / &
donne la victoire a la raifon fe doibt eftimer plus
parfaicte que celle qui vainct fans auoir cupidite /
ne aulcune affection qui luy refifte / Car il femble
que vng tel couraige ne fabftienne point de mal
faire par vertu / mais refte de ce y mettre / pource
quil nen a point de voulente. A lheure le feigneur
Octouiá lequel dict il eftimeriez vous Cappitai=
ne de plus grant valeur / ou celluy qui en combat=
tant fe met euidemment en dangier / & touteffoys
il vainct les ennemys. Ou celluy qui par fa vertu /
& fcauoir leur ofte les forces / tellement quil les
reduict a termes quilz ne peuuét cóbattre / & ainfi

les vainct sans bataille & dägier. Celluy dict le Ma
gnificque Iulian qui vainct en plus grãde seurete
sans point de doubte est plus a louer/pourueu q̃
ceste victoire si certainne ne procede de linsuffi=
sance des ennemys. Le seigneur Octouian respor=
dit. Vous auez bien iuge. Et pourtant ie vous dis
que la continence se peult comparer a vng Cappi=
tainne qui cõbat vertueusemẽt/& cõbien que les
ennemys soient fors & puissans/touteffoys il les
vainct/non pas pourtant sans grande difficulte &
dangier. Mais la temperãce exemple de toute per=
turbatiõ est semblable au Cappitainne qui vainct
& triumphe sans resistence/& apres auoir/nõ seu=
lemẽt appaise en la pensee ou elle se trouue/Mais
entieremẽt estainct le feu des cupidites/cõme vng
bon Prince en guerre ciuille extermine les sedi=
cieux ennemys intrinsecques/& dõne le septre &
la seigneurie entierement a la raison. Pareillement,
ceste vertu sans faire force a lentendemẽt/mais luy
instillant par voyes paisibles vgne vehemente per
suasion qui lincline a lhõnestete. le rend trãsquille
& plain de repos esgal en toutes choses & biẽ me=
sure & compose de tous coustez dugne certainne
cõcorde en soy mesmes/qui laccoustre de trãsquil=
lite si paisible q̃ iamais il ne se trouble/& demeure
entierement obeyssant a la raison & prõpt de trou
uerses mouuemẽs au vouloir delle/& le suyure p
toutou elle vouldra sans cõtredict ou repugnãce/
comme vng tendre aignelet qui court sarreste &
tousiours va apres sa mere/& seulement ainsi q̃lle
se meult. Ceste vertu doncques est tresparfaicte/&
cõuient principallement aux princes/Car delle
en naissent plusieurs aultres. Lors messire Cesar

Gonzague. Ie ne fcay dict il quelles vertus côuena
bles a vng Prince puiffent naiftre de cefte tempe-
rance/puis quelle eft celle qui ofte les affectiôs des
couraigas comme vous dictes. Ce qui paraduanture côuiédroit a quelque beau pere/ou Hermite.
Mais a vng Prince magnanime liberal/& vaillant
aux armes/ie ne fcay comme il côuiendroit nauoir
iamais quelque chofe q̃ lon luy fift/ne courroux/
ne hayne/ne bienueillance/ne defpit/ne cupidite/
ne aulcune affection / & comme il pourroit auoir
fans cela auctorite entre le peuple/ou les gens de
guerre. Le feigneur Octouian refpôdit/ie nay pas
dict que temperance totallement ofte/& arrache
des cueurs humains les affectiôs / & fi ne feroit pas
bon de le faire. Car il y a auffi q̃lques bonnes pars
aux affections/& ce qui eft en elle paruers / & repu-
gnant a honneftete eft caufe de nous reduire a lo-
beyffance de raifon. Pourtant il neft pas conuenable pour ofter les perturbations arracher du tout
les affections. Car fe feroit comme fi pour euiter
yureffe lon faifoit vng edict que nul euft a boyre
vin. Ou pource que par foys en courant lhomme
tumbe lon deffendit a tout le môde le courir. Regardez que ceulx qui doubtent les cheuaulx/ne
leur deffendent pas le courir / ne le faulter/mais
veullét quilz le facét a temps / ce foubz lobeyffan-
ce du cheuaucheur. Les affections doncques mo-
difiees par temperance font fauorables a vertu cô
me ire qui ayde force/hayne/côtre les mal viuans
ayde iuftice/& pareillemét les aultres vertus font
aydees par les affections/lefquelles fi du tout elles
eftoient oftees laifferoient la raifon treffoible/ &
languiffante de forte q̃lle pourroit peu exploicter.

Comme vng maistre de nauire habandonne de
vétz en vgne grant calme. Parquoy ne vous esmer
ueillez point messire Cesar si iay dict que de tem=
perance naissent plusieurs aultres vertuz. Car quãt
vng couraige est accorde en ceste armonye si res
coipt apres facillemét par moyé de raison la vraye
force qui le faict sans peur & asseure en tous dan=
giers / & quasi le mect au dessus des passions hu=
mainnes. Et pareillement iustice vierge incorrum=
pue amye de moderation / & du bien / Royne de
toutes aultres vertuz. Car elle enseigne a faire ce
q̃ lon doibt faire / & a euiter ce q̃ lon doibt euiter/
& pourtãt elle est tresparfaicte / Car par elle se font
les œuures des aultres vertuz / & sert a celluy qui la
possede tant pour luy comme pour les aultres. Sãs
laquelle cõme lon dict / Iuppiter mesmes ne pours
roit pas bien gouuerner son royaulme. La magna=
nimite vient aussi apres des susdictes / & les faict
toutes plus grãdes / mais elle ne peult estre seulle/
Car qui na point daultres vertuz / ne peult estre
magnanime. Consequemment Prudéce est guyde
dicelle qui consiste en vng certain iugemét de bié
eslire. Et a telle heureuse chaisne sont encores atta=
chees / liberalite / magnificéce / Cupidite dhóneur/
doulceur / gracieusete / affabilite/ & plusieurs aul=
tres quil nest pas temps maintenant de dire. Mais
si nostre Courtisan faict ce que nous auons dict / il
les trouuerra toutes a lentendement de son Prin=
ce / & tous les iours on verra naistre tant de plai=
santes fleurs & fruictz / quilz ny en a pas si grande
quantite en tous les delicieulx iardins du monde.
Et sentira vng tresgrand contátément en luy mes=
mes / Se souuenant luy auoir donner / non pas ce

que donnent les folz qui est or/ou arget/vaisselle/
robbes/& telles choses/desquelles celluy qui les
donne a grande cherte/& celluy qui les recoipt
grande habondance. Mais celle vertu qui entre
les choses humainnes est paraduature la plus gra-
de/& la plus rare. Cestassauoir la maniere & facon
de gouuerner de regner comme lon doibt.Ce que
seullement suffiroit pour faire les hommes bien
heureulx/& ramener vgne aultre foys au monde
celle eage dor/que lon escript auoir este iadis quat
Saturne regnoit.Aiant icy faict.Le seigneur Octo=
uian vng peu de paulse comme pour se reppser.
Le seigneur Gaspard va dire.Seigneur Octouian
quelle Seignorie estimez vous plus heureuse/&
plus suffisante a ramener au monde celle eage dor
dont vous auez faict mention.Ou le regne dung
si bon Prince ou le gouuernement dugne bonne
republicque.Le seigneur Octouian respondit.Ie
prefereroye tousiours le regne du bon Prince/Car
cest vgne seigneurie plus selon nature/& sil est li=
cite comparer les petites choses aux infinies plus
semblables a celle de dieu/lequel vng & seul gou=
uerne luniuersel.Mais laissons cela & venos plus
bas regarder que en ce que lon faict par science
humainne.Comme les armes/les grandes naui=
res/les ediffices/& aultres semblables choses.Le
tout se rapporte a vng seul qui gouuerne selon sa
fantaisie.Pareillement en nostre corps tous les
membres se trauaillent/& semploient a la vou=
lente du cueur.Dauantaige il semble conuena=
ble que les peuples soient aussi bien gouuernez
par vng Prince comme plusieurs animaulx a qui
nature enseigne obeyssance/comme chose tresla=

lutaire . Voyla les cerfz / les grues / & beaucoup
daultres oyfeaulx quant ilz font paffaige . Il or=
donnent tousiours vng Prince quilz fuyuent / &
luy obeyffent. Et les mouches a miel quafi par di=
fcours de raifon / & en fi grande reuerence ho =
norent leur Roy que les plus obeyffans peuples
du monde ne fcauroiết plus faire. Et pourtất tou=
tecy eft vng trefgrant figne que le regne des Prin=
ces eft plus felon nature que leftat des republi=
eques . Lors meffire Pierre Bembe . Et il me fem=
ble dict il / puis que dieu nous a donne liberte
pour fouuerain dom /il neft point raifonnable
quelle nous foit oftee / ne que vng homme en
foit participant plus que vng aultre . Ce qui ad=
uient foubz le regne des Princes qui pour la plus
part treuuết leurs fubiectz en feraitude trefeftroi=
cte / Mais en leftat de republicques bien ordon=
nees lon garde neaumoins cefte liberte . Oultre
quil aduient plus fouuết es iugemens & delibera
tions que laduis dung feul foit faulx que celluy de
plufieurs / Car la perturbatiő/ou par courroux/ou
par defpit /ou par couuoytife entre plus facillemết
au couraige dung feul q dugne multitude / laquelle
quafi comme vgne grãde quãtite deaue eft moins
fubiecte a corrupti] vgne petite. Ie dis encores
que lexemple des   naux/ne me femble point fe
rãcontrer. Car les cerfz / & les grues / & les aultres
nordőnết pas touf urs vng mefmes / pour le fuy
ure & obeyr. Ains ãgết & diuerfifiết en baillất
cefte preheminẽce/tantoft a vng / tãtoft a vng aul=
tre/& en telle maniere ce vient a eftre plus toft for=
me du republicq q de regne. Et la peult lőrappel
ler liberte vraye & efgalle . Ou ceulx qui par foy

commandent viennent a obeyr a leur ranc. Aussi
lexemple des mouches a miel ne me semble point
pareil / Car leur Roy nest pas de leur mesme espece. Dont qui vouldroit donner aux hommes vng
vrayement digne Seigneur il fauldroit le trouuer
dugne aultre espece / & de nature plus excellente
que lhumaine / si les hommes auoient raisonnablement a leur obeyr comme les troupeaulx qui
obeyssent non a vng animal leur semblable / mais
a vng pasteur qui est homme & dugne espece plus
digne q̃ la leur. Pour ces raisons iestime Seigneur
Octouiã que le gouuernemẽt dugne republicque
soit plus desirable que celluy dung Roy. Alheure
le seigneur Octouiã cõtre voftre oppinion messire
Pierre / Ie veulx seullemẽt alleguer vgne raison qui
est / que des façons de bien gouuerner les peuples
on en trouue seullemẽt troys sortes / Lugne est re
gne / laultre gouuernemẽt de gens de bien / que les
anticques appelloient Optimates / laultre admini
stration populaire. Et la transgression & vice contraire pour dire ainsi ou chascun de ses gouuernemens tumbe silz se gastent & corrumpẽt / Est quãt
le reigne deuient tyrannie. Et quant le gouuernement des gens de biẽ se chãge / & reduict es mains
de peu qui sont puissans / & non pas bons / & quãt
ladministratiõ populaire est occupee par le menu
peuple qui en confundant lordre permect le gouuernement du tout a la voulente de la multitude.
De ces troys mauluais gouuernemẽs / Il est certain
que la tyrãnie est le pire de tous / comme lon pour
roit prouuer par plusieurs raisons. Il sensuyt donc
que des troys bons le reigne soit le meilleur / car il
est cõtraire au pire. Et cõme vous sçauez les effectz

des caufes contraires / font auffi contraires entre
eulx. Or quât a ce que vous auez diĉt de la liberte.
Ie refpôd que la vraye liberte ne fe doibt pas dire
viure ainfi que lhomme vouldroit mais viure fuyuant l bonnes loix. Et obeyr neft point moins
naturei vtille & neceffaire que commander / & y a
aulcunes des chofes qui font nees / & ainfi diftri-
buees & ordonnees par nature a commâder côme
daultres a obeyr. Vray eft quil y a deux facons de
feignorifer / lugne eft imperieufe & violente / comme celle des maiftres fur les fefz & efclaues / & de
cefte maniere lame commande au corps / laultre eft
plus doulce & paifible / & fuyuant icelle la raifon
commâde a lappetit. Or eft lugne & laultre de ces
deux facons proffitable / Car le corps eft par nature ne ydoine a obeyr a lame / & pareillement
lappetit a la raifon. Il y a auffi plufieurs hommes /
dont les opperations faddonnent feullement en-
droiĉt lufaige du corps. Et de ceulx cy aux vertueux ya autant de difference comme de lame au
corps. Touteffoys pource quilz font animaulx ra-
donnaulx / ilz participent en tant de la raifon com
me ilz la côgnoiffent feullement / mais ilz nen ont
poffeffion ne iouiffance. Parquoy les gens de cefte
maniere font naturellement ferfz / & lobeir leur eft
meilleur & plus vtille que le commander. Le feigneur Gafpard diĉt a lheure / & a ceulx qui font di
fcretz & vertueux & nô point ferfz par nature / En
quelle forte doibt lon commander. Le feigneur
Oĉtauian refpondit. En ce paifible cômandement
Royal & ciuil & a telles gens eft bien faiĉt quelque
foys donner ladminiftration des charges dont ilz
font cappables / affin quilz puiffent commander &

gouuerner ceulx qui sont moins saiges que eulx,
en facon pourtant que tout le commandement des
pende du souuerain Prince. Et pource q̃ vous auez
dict, quil est plus facille que la pensee dung seul se
corrũpe que celle de plusieurs / ie dis quil est aussi
plus facille en trouuer vng bon & saige quant il est
de noble lignee incline aux vertuz par son natu
rel instinct, & par la fameuse memoire de ses pre
decesseurs / & apprins en bonnes meurs. Et sil nest
dung aultre espece plus q̃ humainne come vous
auez dict du Roy des mouches a miel / estant ayde
par les endoctrineriens / nourriture & science du
Courtisan que les seigneurs qui sont icy ont for
me si prudet & bon, il sera tresiuste continet attrem
pe / constant & saige / plain de liberallite / de magni
ficence / de deuotion / de clemence / & pour abreger
sera tresglorieulx / & ayme des hommes & de dieu.
Par la grace duquel il acquerra celle vertu Heroi
cque qui le fera surpasser les termes dhumanite /
tellement quon le pourra plustost dire demy dieu
que homme mortel. Car dieu est protecteur des
hommes qui le veullent ensuyure, non a monstrer
grant puissance, & se faire adorer par les hommes /
mais de ceulx qui oultre la puissance efforcent de
se faire a luy semblables par bonte & sagesse / par
ou ilz veullent & scaichent bien faire / & estre ses
ministres en distribuant les biens & dons quilz
ont receuz de luy au salut des hommes mortelz.
Parquoy si comme au ciel, le Soleil & la Lune, &
les aultres estoilles monstrent au monde / quasi
comme en vng mironer vne certaine semblan
ce de dieu. Aussi en terre les bons Princes sont
ymaiges beaucoup plus semblables a dieu / quant

Ilz layment, & ont en reuerêce, & monstrêt a leurs
subiectz la resplandissante lumiere de sa iustice, ac⸗
compaignee dûgne vmbre de la raison & intelli⸗
gence diuine, qui les faict participans dhonne⸗
stete, Equite, iustice, & de sa bonte. Et diuinies
aultres graces & biens que ie ne scay nommer,
Representans au monde beaucoup plus cler tes⸗
moingnaige de diuinite que ne faict la lumiere
du soleil, ou le continuel mouuement du ciel,
auec les diuers cours des estoilles. Par ainsi les
peuples sont mis de la part de dieu soubz la gar⸗
de des Princes, Lesquelz pour ceste raison en
doibuent auoir dilligente sollicitude pour leur
en rendre bon compte, comme bons viccaires a
leurs seigneurs, & les aymer, & estimer propre⸗
ment le bien & mal que leur aduient, & sur tout
pourchasser leur felicite. Et pourtant le Prince
non seullement doibt estre bon, mais aussi fai⸗
re bons les aultres. Comme la reigle dont vsent
les architectes, qui non seullement en soy est
droicte & iuste. Mais aussi dresse, & faict iustes
toutes les choses, ou elle est appliquee. Et le
plus grand signe quon puisse auoir que le Prin⸗
ce soit bon, est quant les subiectz son bons, Car
la vie du Prince est la dresse, & loy des subiectz.
Et est force que de ses bonnes conditions tous
les aultres dependent. Et nest point conuenar⸗
ble a vng qui est ignorant denseigner, ne a vng
qui est desordonne dordonner, ne a celluy qui
tumbe de releuer aultruy. Parquoy si le Prin⸗
ce veult bien faire ses offices. Il est besoing quil
y mette tout soing, & dilligence pour les sca⸗
uoir, & apres quil ferme au dedâs de luy mesmes,

& obferue immuablement en toutes chofes la loy de raifon nõ efcripte en papier/ou en metail. Mais grauee en fon entendement / affin quelle luy foit toufiouts nõ familliere /mais intrinfecque / & qlle viue auecques luy comme partie de luy mefmes/ affin que iour & nuyct en chafcũ temps & lieu elle lamonefte/& parle a luy au dedans du cueur/oftãt les perturbations que fentent les couraiges intern perez / lefquelz pour eftre oppreffez dung cofte/ quafi du tranfparfont fommeil dignorance /& de laultre du trauail quil recoipuent de leurs paruers & aueuglez defirs font tourmentez de fureur fans repos / comme ceulx qui dorment quelque foys ont deftrãges & horribles vifiõs. Puis fi plus grã de puiffance fadioinct au mauluais vouloir /plus grande molefte fi adioinct auffi . Et quãt le Prince peult ce que veult /alheure le dangier eft grãd quil ne veuille ce quil ne doibt . Au moyen de quoy ceftoit biẽ dict a Bias q̃ les charges mõftrent quelz font les hommes / Car comme les vaiffeaulx pen: dant quilz font vuʒ des fi biẽ ilz ont quelque fen: te /on ne le peult pas bien congnoiftre / mais fi de: dans on mect de la liqueur/ilz monftrẽt foubdain nemẽt de quel cofte eſ le vice. Semblablemẽt les couraiges corrumpuʒ & gaftez a tard defcouurent leurs faultes /finon quant ilz femplifſent dauctoʒ rite/Car a lheure ilz ne font pas fuffifans pour furʒ porter le pefant fais de la puiffance . Et pourtant ilz fe laiffent aller & verfent de tous couftez/ les cupiditez /larrogance/ la colere/linfollence / Et les cõditiõs tyrannicques quilz ont au dedans. Dont fans confideration ilz perfecutent les bons /& les faiges / & exaulcent les mauluais / ny comportent

que par

que par les citez / y ait des amitiez compaignies/
ny intelligence entre les Citoyens /mais nourriſſent & entretiennēt des eſpies /accuſateurs/meur-
triers / affin quilz eſpouuentent & facent deuenir
les hômes puſillanimes.Et ſement diſcordes pour
les tenir deſtruitz & foibles . Deſquelles facons
ſenſuyuēt apres infinis dommaiges/ & ruynes aux
miſerables ſubiectz / & aux meſmes tyrans biē ſouuent cruelle mort/ou au moins cõtinuelle paour.
Car les bons Princes ont craincte /non pas pour
eulx/mais pour ceulx a qui ilz commandent /& les
tyrans craingnent ceulx meſmes a qui ilz comman
dent.Parquoy ilz craingnent dautāt plus /& dautant ont plus dennemys qui ilz cõmandent a plus
grant nombre de gens /& ſont plus puiſſans.Com
bien cuydez vous que ſe eſpouuentaſt & fut en
doubte Clearphe le tyrāt de Põthe toute les foys
que il ſortoit en place/ou alloit au theatre/ou en
quelque bancquet/ou aultre lieu publicque / Car
comme il eſt eſcript/il couchoit enferme dedens
vng coffre.Ou Ariſtodemus darges /qui a ſoymeſmes de ſon lict auoit faict vgne priſon.Car en ſon
Palays il auoit vgne petite chambrette pendue en
lair & ſi haulte q̃ il eſtoit beſoing y monter a vgne
eſchelle.Et la couchoit auecques vgne ſienne con
cubine / de qui la mere la nuyt emportoit leſchel-
le/& au matin la remettoit . A celle vie doncques
doibt eſtre totallemēt cõtraire celle du bon Prince qui doibt eſtre franche/libere & aſſeuree.Et autant chere aux ſubiectz que la leur propre.Et tellement ordonnee quelle ſoit participante de la viē
actiue & contemplatiue autant quil eſt cõuenable
pour ie bien du peuple . Alheure le ſeigneur Gaſ-

spard . Et laquelle de ces deux vices (dict il) vous
semble il seigneur Octouian estre plus apparte=
nant au Prince. Le seigneur Octouian respondit
en soubz riant. Vous pensez a laduenture que ie
cuyde estre celluy excellent Courtisan qui doibt
scauoir tant de choses /& sen seruir a celle bonne
fin que iay dicte /mais souuienne vous que les sei=
gneurs qui sont icy lôt forme auecques plusieurs
conditions /qui ne sont pas a moy / au moyen de
quoy mettôs peyne de les trouuer premieremêt /
car ie me remectz a luy de cecy /& de toutes les aul
tres choses qui appartiennent a vng bon Prince.
Le seigneur Gaspard replicqua. Ie pense que si les
côditions au Courtisan attribuees aulcunes vous
deffaillent / ce sont plustost la musicque /scauoir dã
cer /& les aultres de peu dimportance / que celles
qui appartiennent a linstruction du Prince / & a
ceste fin de courtisannie. Le seigneur Octouian re
spôdit / Toutes celles qui aydent a gaigner la gra=
ce de leur Prince ne sont point de peu dimportã=
ce / ce qui est necessaire côme nous auons dict auãt
que le Courtisan saduenture a luy vouloir ensei=
gner vertu que ie pense vous auoir monstre com=
me elle se peult apprendre /& quelle ayde autant
que nuyt lignorance dont naissent tous pechez /&
mesmement la faulse persuasion que lhomme prêt
de soy mesmes / par quoy me semble en auoir dict
a suffisance /& paraduenture plus q̃ ie nauoys pro=
mis. Lors ma dame la Duchesse. Nous serons (dict
elle) plus tenus a vostre courtoysie quãt la satisfa
ction passera la promesse . Pourtant ne vous en=
nuyez point de dire vostre aduis sur la demande
du seigneur Gaspard. Et par vostre foy dictes nous

auffi.tout ce que vous enfeignerez a voftre Prince/
fil auoit befoing dendoctrinement/ & faictes compte dauoir acquis pareillement fa grace/de forte
quil vous foit licite luy dire franchement ce quil
vous vient a la fantaifie. Le feigneur Octouian fe
mect a foubzrire/ & dict.Si iauoye la grace de quel
que Prince que ie congnois/ & q̃ ie luy diffe mon
aduis franchement/ie doubte que ie la perdroye
bien toft. Oultre que pour luy enfeigner/il fauldroit que premierement ie apprinffe / touteffoys
puis quil vous plaift que ie refponde encores a la
demande du feigneur Gafpard. Ie ne dis quil me
femble que les Princes doibuent entédre a lugne
& a laultre des deux vies.Mais plus neautmoins
a la contemplatiue/pource que elle eft en eulx de-
uifee en deux partie / dont lugne confifte a congnoiftre le bien/ & en faire iugemét/ laultre a droictement commander auecques les facons conuenables endroict les chofes raifonnables / & celles
dont ilz ont auctorite de les commander a ceulx
qui raifonnablement y doibuent obeyr es lieux &
temps accommodes . Et de cecy parloit le duc Federic quant il difoit.Que qui fcait commander eft
toufiours obey.Et cómander eft toufiours le principal office des Princes/lefquelz doibuent neautmoins toufiours veoir a l'œil / & eftre prefens aux
executiós felon le temps & le befoing.Et par foys
encores eulx mefmes mettre la main a la befon-
gne . Et tout cecy participe de laction/mais la fin
de la vie actiue doibt eftre la contemplatiue/com-
me de la guerre/ la paix/ le repos des trauaulx.Par
quoy eft auffi office de bon Prince tellement inftituer fes fubjectz/ & auecques telles loys & condi

Cc ij

tions que ilz puiffent viure en repos & en paix
fans dâgier en honneur /& louablement iouyr de
la fin de leurs actions qui doibt eftre le repos . Ce
que ie dis pour autant que il ceft trouue fouuent
plufieurs republicques & Princes / qui durant la
guerre ont efte trefflorifſans & grans /& font allez
en ruyne incontinent que ilz ont eu paix /& ont
perdu leur grandeur & reluyſance / côme le fer qui
neft point mis en œuure.Et cela neft venu daultre
chofe que pour non auoir bône inſtitution de viure en temps de paix /ne fcauoir iouyr du bien de
repos.Et ne eft pas licite deftre toufiours en guerre fans tafcher de paruenir a fin de paix.Combien
que aulcuns Princes cuydans que leur intention
doibue eftre principallemêt de dominer fur leurs
voyfins . Et pourtant ilz nourriffent & accouftu-
mêt leurs fubiectz a vgne belliqueuſe fierte de ra-
pines /dhomicides /& de telles chofes.Et les guer-
donnent pour les prouocquer / & lappelle vertu.
Dôt iadis y eut vgne couftume entre les Scytes q̃
celluy qui ne auoit tue vng fien ennemy ne pouuoit boyre aux bâcquetz publicques a la taffe que
lon pourtoit a lentour des compaignons.En aultre lieux eftoit en vfance dreffer a lentour du fepul
chre autant defguilles que celluy qui eftoit enfepuely auoit tue dennemys.Et toutes ces chofes /&
aultres femblab!es ce faifoient pour faire les hom
mes belliqueux /feullement pour dominer fur les
aultres ce qui eftoit quafi impoffible /non pouuât
eftre lentreprinfe menee a fin iufques a ce que tout
le môde euft efte fubiugue /& peu raifonnable felon la loy de nature / iaquelle ne veult point que
en aultruy nous plaife ce qui a nous mefmes nous

desplaist . A ceste cause les Princes doibuent faire
leurs subiectz belliqueux/non pas pour couuoy=
tise de dominer/mais pour pouuoir deffendre tāt
eulx que leurs mesmes subiectz de ceulx qui voul=
droient les reduire en seruitude/ou leur faire iniu
re en aulcun endroict/ou pour chasser les tyrans/
& bien gouuerner les peuples qui seroiēt mal trai=
ctez / ou pour reduyre en seruitude ceulx qui se=
roiēt de telle nature quilz meritassent destre faictz
serfz/en intention de bien les gouuerner/& leur
donner transquillite/paix/& repos . Et a ceste fin
doibuent les loix estre adressees/& toutes les or=
donnances de la iustice/en pugnissant les maul=
uais/non par hayne/mais affin quilz ne soiēt maul
uais/& quilz nempeschent la trāsquillite des bōs/
car a la verite cest chose enorme & digne de blas=
me que en la guerre/qui de soy est mauluaise/les
hommes se monstrent vaillans/& saiges/& en la
paix & repos qui est bonne ilz se monstrent igno=
rans/ & de si petite valeur quilz ne scaichent iouyt
du bien.Si comme doncques en la guerre les peu=
ples doibuent mettre leur intention aux vertus
vtiles & necessaires pour en auoir la fin qui est la
paix/pareillement en la paix pour aussi en auoir la
fin / qui est transquillite/ilz doibuent saddonner
aux vertus honnestes qui sont la fin des vtilles.Et
en ceste maniere les subiectz serōt bōs /& le Prince
aura beaucoup plus de quoy louer & guerdonner
q̄ matiere de chastier/ & la seigneurie sera tresheu=
reuse tant pour les subiectz que pour le Prince/nō
pas impérieuse comme du maistre a lesclaue/mais
doulce & paisible cōme du pere a bon filz.Alheu=
re le seigneur Gaspard.Ie scauroye vouiētiers(dict

A)qui sont ses vertus vtilles & necessaires a la guer
re /& qui sont les honnestes en la paix. Le seigneur
Octouian respondit . Elles sont toutes bonnes &
aydables/ car elles tendêt a bonne fin /Touteffoys
en la guerre est principallement recômandee celle
vraye force qui faict le couraige exêpt de passions/
en facon que non seullemêt ilz ne craingnêt point
les perilz mais dauantaige ne sen soulcient point.
Pareillement constance & patience endurâte auec
eques vng ferme couraige sans perturbation côtre
les coups de fortune. Et conuient aussi auoir en la
guerre & tousiours toutes les vertus qui tendent
a honnestete /cône iustice/ continence/temperâce/
mais beaucoup plus en la paix & repos / car souuêt
les hommes constituez en prosperitez & repos/
quant ilz ont le vent a gre deuiennent iniustes/in
temperans /& se laissent corrumpre par les plaisirs
dont ceulx qui sont en tel estat ont tresgrand be
soing de ses vertus/ car le repos induict trop facil
lement mauluaises conditions es entendemens
humains. Au moyê de quoy lon disoit ancienne
ment en prouerbe que lon ne doibt point bailler
de repos aux serfz. Et cuyde lon que les Pyragmi
des degipte furent faictes pour tenir le peuple
en excercite/ car il est tresutile a chascun estre accou
stume a endurer peyne & trauail. Il y a encores plu
sieurs aultres vertus /toutes aydantes /mais suffise
pour ceste heure en auoir dit iusques icy / car si ie
scauoye enseigner a mon Prince & linstituer en tel
le/& si vertueuse nourriture/comme nous lauons
pourriectee en le faisant sans plus /ie pêseroye assez
biê estre paruenu a la fin du bô Courtisan. Alheu
re le seigneur Gaspard. Seigneur Octouian (dict il)

Pource que vous auez grandement loue la bonne
nourriture/& monstre quasi de croyre que cest la
principalle cause de faire lhomme vertueux & bõ
Ie vouldroys scauoir si linstitution que ie Courtisan a a faire en son prince/doibt estre commencee
par la coustumance/& quasi par la frequentation
quotidienne qui la chemyne a bien faire sans quil
y preingne garde. Ou si lon luy doibt bailler com
mancement en luy monstrãt par raison la qualite
du bien & du mal/en luy faisant congnoistre auãt
quil se mette en chemyn quelle est la bonne voye/
& quõ doibt suyure/& quelle est la mauluaise que
lon doibt fuyr/& pour abreger si en son couraige
lon doibt premierement introduire & fonder les
vertus par raison & intelligéce/ou plustost par ac
coustumance. Le seigneur Octouiã respõdit. Vous
me tyrez en vng ppos trop long/touteffoys affin
quil ne semble que ie faille non voulant respõdre
a voz demandes. Ie dis q ainsi que lame & le corp s
sont en nous deux choses/pareillement lame est
aussi deuisee en deux parties/desquelles lugne en
soy a la raison/laultre lappetit. Or si comme en la
generation le corps precede lame. Semblablemét
la partie irraisonnable precede la raisonnable/ce
que lon voyt clerement en petitz enfans/ou quasi
aussi tost quilz sont nez lon voyt yre & concupis
scence/mais apres par traict de temps la raison aps
paroist/parquoy lon doibt premieremét prendre
soing du corps que de lame/& consequemmét de
lappetit premier que de la raison/mais q le soing
quon prent du corps se preingne pour cause de las
me/& le soing quon prent de lappetit se preingne
pour seruir a la raison/car ainsi que la vertu intel-

                                        Cc iiij

lectiue se faict parfaicte par doctrine/pareillement
la vertu moralle se faict parfaicte par laccoustumã
ce/par ainsi lon doibt faire lendoctrinement aux
Princes. Premieremēt par accoustumãce/laquelle
peult gouuerner les appetitz qui ne sont point
encores cappables de raison / & par bon vsaige les
adresser au bien/en apres les establir/auecques in
telligence/ Laquelle combien que plus tard elle
monstre sa lumiere/neautmoins elle donne moyē
dauoir fruition plus parfaicte des vertus a celluy
qui a le couraige bien institue par bonnes meurs/
ou selon mon aduis le tout consiste. Le seigneur
Gaspard dit/ Auant que vous passiez plus oultre.
Ie vouldroys scauoir quel soing on doibt auoir du
corps/car vous auez dit quon doibt premieremēt
auoir soing du corps que de lame. Demandez en
respondit le seigneur Octouian en riant/a ceulx la
qui le nourrissent bien & qui sont gros & frais/car
se moyen comme vous voyez nest pas trop bien
pésé/& toutessoys si pourroit lon largemēt parler
de ceste matiere cõme du temps cõuenable pour se
marier/affin ꝗ les enfans ne soiēt trop pchains/ou
trop eslógnez de leage paternelle / de excercite de
la nourriture/aussi tost quilz sont nez/& au demou
rant de leage pour les faire bien dispoz/sains &
gaillardz. Le seigneur Gaspard respondit. Ce que
plairoit plus aux femmes pour faire les enfans
beaulx & bien dispoz seroit a mon aduis celle com
munite que dicelle veult Platon en sa republicque
& en celle mesme facon. Lors ma dame Emille en
riant/il nest pas contenu aux articles(dict elle)que
vous retournez a dire mal des femmes. Ie pense
(respondit le seigneur Gaspad)leur donner grand

louäge/en difant quelles defirēt que vgne couftu=
me foit introduitte & aprouuee par vng fi grand
perfonnaige. Meffire Cefar Gōzague dict en riät.
Regardons entre les enfeignement du feigneur
Octouian/ie ne fcay fil les a encores tous dis fi ce=
ftui cy pourroit auoir lieu/& fil feroit bon que le
Prince en fift vgne loy.Ceulx que iay dict(refpon
dit le feigneur Octouian)encores quilz foient peu
aladuēcture pourroiēt fuffire pour faire vng Prince
bon/comme peuuent eftre ceulx dont lon vfe au
iourdhuy . Combien que qui vouldroit veoir la
chofe plus par le menu auroit encores beaucoup
plus a dire . Ma dame la Duchefle continua / Puis
quil ne nous coufte aultre chofe que parolles /de=
clairez nous par voftre foy tout ce qui vous viens
droit en penfee pour debuoir eftre enfeigne a vo=
ftre Prince . Le feigneur Octouian refpondit.Ma
dame/ie luy enfeigneroye beaucoup dautres chof=
fes / mais que ie les fceufle.Et entre aultres/que il
choifift vng grāt nombre de gentilz hommes en=
tre fes fubiectz de plus nobles/& plus faiges auec
iefquelz il cōfultaft toutes matieres/& leur dōnaft
auctorite & franche parmiffion quilz luy puiffent
dire leur aduis de tout fans crainche ne refpit /&
quil vfaft enuers eulx de telle contenāce quilz fa=
perceuffent tous quil vouluft fcauoir la verite de
toutes chofes / & quil euft en hayne toutes men=
fonges.Et oultre ce cōfeil des nobles. Ie luy cōfeil
leroye quil en choifift daultres entre le Peuple
de moindre auctorite/dont il fift vng confeil po=
pulaire/quil communiquaft auec le confeil des no
bles/les occurrences de la cité appartenans au pu=
blic & au particulier . Et en telle maniere que lon

fist dung Prince comme vng chief:tät des nobles
comme de populaire/comme des membres vng
corps seul vny ensemble/dont le gouuernement
nasquist principallemet du Prince & neautmoins
participast aussi des aultres:& par ce moyen cest
estat auroit forme de trois bons gouuernemens.
Cestanauoir du royaulme/des gens de bien/ & du
peuple.En apres ie luy monstreroys que des pen=
semens qui appartiennét aux princes le plus im=
portant est celluy de la iustice/pour conseruation
de laquelle lon doibt eslire pour officiers les sai=
ges & hommes approuuez/& de qui la prudence
soyt vraye prudéce/accópaignee de bonte/car aul=
trement ce nest pas prudence/mais finesse.Et quät
ceste prudence fault/tousious lart & subtilite des
aduocatz nest aultre chose que ruyne & calamite
des loix & des iuges/& dict ló imputer la coulpe
de toutes leurs faultes/a ceulx qui les ont mis en
office.Ie diroye comme de iustice/aussi despéd la
deuotió enuers dieu/a laquelle tous sont obligez:
& mesmement les princes/qui doibuét aymer sur
toutes choses & adresser toutes leurs actions a luy
comme a la vraye fin.Et comme disoit zenophon/
lhónorer & aymer tousiours/mais beaucoup plus
quät ilz sont en prosperite/pour apres auoir plus
raisonnablement confiance de luy demander gra=
ce/quät ilz sont en quelque aduersite/car il est im=
possible de gouuerner bié soymesmes ny aultruy/
sans layde de dieu/qui aux bons quelque fois en=
uoye la bonne fortune par sa ministre/qui les re=
lieue de griefz dangiers/quelque fois leur enuoye
la mauluaise/pour ne les laisser endormir en pro=
sperite/tant quil se oublient de luy/ou de la pru=

dence humainne qui souuent corrige la mauluaise
fortune comme le bon ioueur/les mauluais coupz
de dez en menant sagement les tables . Ie noubli-
roye aussi de conseiller quil fut veritablement de-
uot/& non supersticieux/ny adonne aux vanitez
denchantemens & deuinations/car en adioustant
a prudence humainne reuerence de dieu & vraye
deuotion/il auroit dauantaige bonne fortune en
dieu pour son protecteur qui tousiours luy accroi-
stroit prosperite en paix /& en guerre . En apres ie
diroys comment il deust aymer sa partie/& ses sub
iectz en les tenāt non en tresgrāde seruitude pour
ne leur deuenir hayneux /de quoy naissent les sedi
tions & conspirations /& mille aultres maulx / ny
aussi en trop grande liberte pour ne venir en mes-
prisance dont pcede la vie disterminee/ & dissolue
des subiectz / les pillieries /les larrecins /les meur-
tres sans aulcune crainte des loix /& bien souuent
la totalle ruyne des Citez/ & des royaulmes. Dauā
taige commēt il deust aymer ses prochains de degre en degre/en gardāt entre tous / touchans certainnes choses vgne pareille equalite / comme en
iustice / en liberte / & touschant aulcunes aultres
vgne raisonnable inequalite / cōme a estre liberal
a remunerer & distribuer les hōneurs /& dignitez
selon les inequalitez des merites /lesqlz touscours
dolbuent non surpasser/les remunerations /mais
par icelles estre surpassez /& que en celle sorte /non
seullement il seroit ayme /mais quasi adore par ses
subiectz / & ne fauldroit point q̄ pour le garder de
sa vie /il se reposast sur les estrangiers /car ses subiectz pour le prousfit deulx mesmes la luy garde-
rotent auec la leur propre/& obeyroient chascun

voluntiers aux loix quant il le y verroiét luy mef
mes obeyffant /& quil feroit quafi gardien /& exe
cuteur incorruptible dicelle / & en telle maniere
quant a cecy donneroit fi ferme impreffion de foy
que fil aduenoit par foys y côtreuenir en quelque
chofe tout le monde congnoiftroit que fela fe fe
roit en bonne fin /& porteroit lon tout tel refpect
& reuerêce a fon vouloir que aux mefmes loix . Et
par ce moyen feroient les couraiges des Citadins/
tellement attrempez que les bons ne tafcheroient
point auoir plus que le befoing/& les mauluais
ne le pourroient/ car plufieurs foys les richeffes/
exceffiues font caufe de grâde ruyne/ comme en la
pauure Italye/ qui a efte & ne ceffe deftre expofee
en proye aux eftrangiers/ tant a caufe du mauluais
gouuernemét que pour les grâdes richeffes / dont
elle eft pleine/ parquoy feroit bon que la plufgrâ
de partie des Citadins fuffent ne fort riches / ne
fort pauures/ car les trop riches deuiennent fouué
teffoys arrogans & temeraires/ les pauures raual=
lez /& malicieulx/ mais les moyens ne font point
daguetz aux aultres & viuent en feurete de neftre
point aguetez . Et quant les moyens font en plus
grant nombre ilz font auffi les plus puiffans/ dont
aduient ĝ les pauures /ne les riches ne peuuét ma
chiner contre le Prince/ ou contre les aultres /ne
faire des feditiôs/ dont pour euiter ce mal eft chofe
treffalutaire main tenir vniuerfellement la medio=
crite . Et par ainfi/ ie diroye quil deuft vfer de fes
remedes/ & de beaucoup daultres qui font oppor
tuns affin ĝ en la penfee des fubiectz ne acquiftens
uye des chofes nouuelles /& de changemét deftat/
ce que pour le plus fouuét ilz font/ ou par couuoy=

tife de gaigner/ou par ambition dhonneur quilz
efperét/ou par crainꞔe de dōmaige/ou de honte/
& telz remumens font engédrez en leur couraiges
quelque foys par hayne & defdaing, qui les defefpere pour les Iniures & oultrages qui leur font
faiꞔz par auarice / orgueil / & par cruaulte/& par
les defordōnez appetitz de leurs fuperieurs/quel-
que foys par la mefprifance qui fe y fourre pour la
negligence/lafchete & petite valeur des Princes/
aufquelles deulx faultes lon doibt obuier en acꝗ-
rant lamour & lauꞔorite des fubieꞔz/ce que lon
faiꞔ en aduancant & honnorant les bons & en
pouruoyant faigement/ & quelque foys feuremét
que les mauluais & fediciculx ne deuiennét puif-
fans ce qui eft plus facille a empefcher auant quilz
fe foient deuenuz ꝗ de leur ofter leurs forces apres
quilz les ont acquifes/& diroye que pour obuier
que les fubieꞔz ne tombent en fes erreurs/il ny a
point de meilleure voye que les garder de mauluaifes accouftumances / mefmement de celles qui
fe mettent en vfaige peu a peu/car fe font peftilen-
ces fecrettes qui corrumpent les citez auant que
lon fen puiffe apparceuoir/finon que y remedier
auecques ces moyens. Ie cōfeilleroye que le Prince tafchaft de conferuer fes fubieꞔz en eftat paifible / & leur departir les biens de lefperit/ & du
corps & de la fortune. Affauoir ceulx du corps/
& de la fortune pour excercer ceulx de lefperit/
lefquelz font dautant plus vtiles quilz font plus
grans & exceffifz/ce qui naduient pas de ceulx du
corps ny de la fortune. Si doncques les fubieꞔz
eftoient bons/vaillans & bien adreffez a la fin de
felicite/le Prince feroit trefgrant feigneur/car celle

feigneurie eft vraye & grande / foubz laquellè les fubiectz font tous bien gouuernez & bien commā des. A lheure le feigneur Gafpard. Ie pēfe (dict il) q̄ le feigneur feroit petit de qui les fubiectz fuffent tous bons / car en tous lieux le nombre des bons eft le moindre. Le feigneur Octouiā refpondit. Si quelque circe enchanterefle muoyt en beftes fauuaiges tous les fubiectz du Roy de Frāce / ne vous fembleroit il quil fuft petit feigneur / fi bien il feigneurifoit fur tant de milliers de animaulx. Et au cōtraire / fi les troupeaux qui vont paiffant feullement au long des montaignes dicy a lentour deuenoient hommes faiges / & vaillans cheualiers / ne eftimeriez vous pas que les pafteurs qui les gouuerueroyent & qui en auroiēt lobeiffance feuffent de pafteurs deuenus grans feigneurs. Voyez par la que non la multitude des fubiectz / mais la valleur faict grans les princes. Ma dame la Ducheffe / ma dame Emille / & tous les aultres auoient efte vgne bonne efpaffe trefentētifz au propos du feigneur Octouian / lequel ayant fur ce point faict vng peu de paufe / cōme fil auoit acheue fon deuis. Meffire Cefar Gonfague va dire. En verite feigneur Octouian lon ne peut dire q̄ voz enfeignemēs ne foiēt bons & proufitables / touteffois ie cuideroye fi auec iceulx vous formiez voftre prince / meriteriez plus toft deftre apelle bō maiftre defcolle que bon Courtifan / & luy bon gouuerneur que bō Prince. Ie ne dis pas que le foing des feigneurs ne doibue eftre que les fubiectz ne foiēt bien gouuernez par iuftice & bonnes couftumes. Ce nonobftant il me femble quil leur fuffift eflire bons miniftres / pour mettre ces chofes a execution / & que leur vray of-

fice eft apres beaucoup plus grant / parquoy si ie
me sentoye eftre celluy excellent Courtifan / que
les seigneurs qui sont icy ont forme /& auoir la gra
ce de mon prince . Il eft certain que ie ne lindui-
roye iamais a aulcune chofe vitieufe : mais pour
acquerir celle bonne fin que vous dictes / & que ie
conforme debuoir eftre le fruict des labeurs /. &
action du Courtifan / ie tafcheroye de luy imprimer en la fantaifie vgne certaine grandeur /accom
paignee de magnificence royalle /& de promptitu
de defperit /& de vaillance inuaincue aux armes /
qui le feift aymer & tenir en reuerence de chafcun /
tellement que pour raifon de ce principallement
il fuft clair & renomme par tout le monde . Ie diroye encores quil deuft accompaigner auecques
la grádeur /vgne doulceur familiere auecques des
bonnairete amiable / & de bonne facon / de faire
chere aulx fubiectz & aux eftrangiers / difcretemét
plus ou moins / felon les merites de chafcun / en
gardant neautmoins toufiours la maiefte conuenable a fon eftat & degre /que ne luy laiffaft diminuer en aulcune partie fon auctorite / pour eftre
trop communicatif / & moins luy concitaft hayne
pour vfer de trop auftere feuerite / quil deuft eftre
treffliberal & magnificque / de donner a chafcum
fans referuation : car dieu (comme lon dict) eft
treforier des princes liberaulx / tant des ban-
quetz fumptueux / feftes / ieux / efbatemens publicques / auoir grant nombre de cheuaulx excellens tant pour lufaige de la guerre / que pour
le plaifir de la paix / oifeaulx / chiens / & toutes aultres chofes qui appartiennent au paffes
temps des grans Seigneurs / & du peuple /

côme en nostre temps nous auons veu faire mon=
seigneur Frãcoys de Gonzague/Marquis de Mã=
toue/lequel en ses matieres semble plustost Roy
Dytalie que seigneur dugne Cite. Ie tascheroye
aussi de linduire de faire de grans ediffices/tant
pour en auoir honneur durant le temps de sa vie
que pour laisser memoire de luy/& a sa Posterite/
comme fit le duc Federic en faisant ce Palays/&
maintenant faict Pape Iulle en lesglise sainct Pier=
re de Romme/& en lallee/qui va du Palays au iar=
din de Beluedere/& plusieurs aultres ediffices/cõ=
me aussi faisoiët les anticques Rõmains/dont lon
voyt tant de marques a Rõme/a Naples/a Pussol/
a Baye/a Cintanesche/a Port/& encores hors Dy=
talie/& tant daultres lieulx quelles font grant tes=
moingnaige de la valeur des esperitz diuins de
alors. En ceste maniere fist aussi Alexãdre le grãt/
lequel non content de la renommee quil auoit a
bon droict acquise en domptant le mõde par ar=
mes/fonda Alexandrie en Egypte/en Inde/Buces=
falie / & aultres Citez en aultres pays. Et pensa de
reduyre en forme dhomme le mont Athos/& en
la main gauche/luy ediffier vgne tresample Cite/
en la droicte vgne grande couppe ou toutes les ri=
uieres qui descendent de cestuy mont se receuille=
roient / & de la tumberoient en la mer / qui estoit
vgne pensee veritablemêt haulte & digne de Ale=
xandre le grãt. Ce font les choses Seigneur Octo=
uian que iestime estre conuenables a vng noble &
vray Prince/& qui le feroient tresglorieulx en la
paix/ & en la guerre/& non prendre garde a tant
de menus fatras/& auoir respect seullement de cõ=
battre pour dõminer/& vaincre ceulx qui meritêt
deftre

deftre dominez/ou pour faire vtilitez aux subiectz/
ou pour oster le gouuernemēt a ceulx qui gouuer=
nent mal. Car si les Rōmains/Alexandre/Hanni=
bal/& les aultres eussent eu ses consideratiōs/ilz
ne fussent point paruenus au comble de la gloire
quilz ont eue. A cela respondit le seigneur Octo=
uian. Ceulx qui neurent pas ses considerations
eussent mieulx faict si les eussent eues. Combien
que si vous y regardez/vous trouuerez que plu=
sieurs les eurent/& mesmement les premiers anti=
ques/comme Theseus/& Hercules. Et ne cuydez
point que Procustes & Scyron/& Cacus/Diome=
des/Antheus & Geyron feussent aultres que tyrās
cruelz & dampnables/contre lesquelz ces magna=
nimes demy dieux auoiēt perpetuelle & mortelle
guerre/dont pour auoir deliure le monde de mon=
stres intollerables/car lon ne doibt point aultre=
ment appeller les tyrans/temples & sacrifices fu=
rent faictz a Hercules/& hōneurs diuins attribuez.
Car le bien faict dexterminer les tyrās est si prouffi
table au mōde que celluy qui le faict merite guer=
don beaucoup plus que tout ce qui est cōuenable
en vng homme mortel. Et de ceulx que vous auez
nommez/ne vous semble il que Alexādre par ses
victoires prouffitast aux vaincus quant il institua
les nations barbares & estrangeres/quil surmonta
de tant de bonnes conditions/quil les fist hom=
mes de bestes sauluaiges/ni fōnda tant de belles
citez en pays mal habitez/ en introduisant le viure
moral. Et quasi en cōioingnāt Lasie & Europe par
le lien damitie/ & des sainctes loix/ En facon que
les vaincus par luy furent plus heureulx que les
aultres. Pource que aux vngs il monstra les maria=

D d

ges /aux aultres lagriculture/ a daultres la religiõ/
a daultres non tuer/ mais nourrir leurs peres ia
vieilz/a daultres se garder deulx mesler auecques
leurs meres/&mille aultres choses que lon pour:
roit dire pour tesmoingnaige du prouffit que por
terent ses victoires au monde. Mais laissons les
anticques/& parlõs de nostre temps. Quelle plus
noble/ & plus glorieuse entreprinse/ & plus
prouffitable pourroit estre/ que si les Chrestiens
tournoient leurs forces a subiuguer les infidelles.
Ne vous sembleroit il que ceste guerre si lyssue en
estoit prospere/ & quelle fut cause de reduyre la
faulse secte de Mahommet a la lumiere de verite
chrestienne/tant de milliers dhommes fust pour
prouffiter/ tant aux vaincus/ comme aux vain:
cqueurs.Et comme iadis Themistocles estant de:
chasse de son pays & recueilly du Roy de Perse
auecques grans caresses/honneurs/& infinis & ri:
ches dons/dict aux siens. Mes amys nous estions
destruictz si nous neussions estez destruictz.Ainsi
pourroient bien alheure dire a bon droict le sem:
blable aussi les Turcs/& les Maures/car en leur
perte seroit leur salut. Or iespere que nous verrõs
encores celle felicite si dieu nous parmect de viure
tant que monseigneur Dangouslaime paruienne
a la couronne de France/lequel monstre ceste grã:
de esperance de luy que disoit quatre iours ya le
Magnificque Iulian.Et a celle Dãgleterre/Le sei:
gneur domp Henry Prince de Galles qui mainte:
nant croist soubz son vertueux pere en toutes sor:
tes de vertus/comme vng tendre ramiceau soubz
lumbre dung arbre excellent/ & charge de fruictz
pour le renouueller beaucoup plus beau/& plus

fertille quant le temps en sera venu . Car comme
nostre Castillon escript de ce coste la /& promect
de dire plus amplemēt a son retour /il semble que
nature en ce ieune Prince ayt voulu faire experien
ce delle mesmes /en mettāt en vng seul corps tant
dexcelléces quelles suffiroiēt pour en decorer infi
nis.Messire Bernard Bybiāne /dict a lheure.Dōp
Charles Prince despaigne promect aussi tresgrāde
esperāce de soy /iequel cōbien quil ne soit encores
arriue au dixiesme an de son eage /demonstre ia si
grād esperit /& tāt de certains signes de bonte / de
prudēce /de moderatiō /de magnanimite /& de tou
tes vertus /q̄ si lépire de chrestiéte viēt /comme lon
estime en ses mains /lon peult croyre quil doibue
obscurcir le nom de plusieurs anciés empereurs /&
attaindre par renōmee aux pl⁹ fameux qui iamais
ayent este au mōde.Le seigneur Octouiā tyra oul=
tre.Ie croy donc q̄ ces Princes si diuins ayent este
enuoyez de par dieu au monde /& par luy faictz pa
reilz es ieunesses deage /puissāce darmes / & destat /
beaulte /& disposition du corps /affin quilz soient
aussi cōcordās en ce bō vouloir.Et si enuie ou emu
latiō aulcune par entre eulx doibt iamais sourdre.
Ce sera seullemēt a vouloir chascū estre le p̄mier /&
plus feruent en couraige /en vgne si gracieuse ems
prinse.Mais laissons ce ppos /& retournōs au nos=
tre.Ie dis dōcq̄s messire Cesar q̄ les choses q̄ vous
voulez q̄ le Prince face sont tresgrandes &dignes
de grāt louāges /mais vo⁹ debuez entēdre q̄ sil ne
scait ce q̄ iay dit quil le fault scauoir /& sil na lespe
rit ferme en celle maniere / & zdresse au chemyn
de vertu /a peyne scaura estre magnanime /liberal /
iuste /couraigeux /prudēt / ou auoir aulcune aultre

qualite de celles qui luy appartiennent/ny pour
aultre chose / ie vouldrois quil fust tel que pour
scauoir excercer ses conditions/car si comme ceulx
qui edifient ne sont pas tous bons architectes/
pareillement ceulx qui donnent ne sont pas tous
liberaux/ par ce que vertu ne nuyt iamais a person
ne/& il y en a plusieurs qui desrobent pour dõner/
& par ce moyen ilz sont liberaulx des biens daultruy. Aulcuns donnet a ceulx a qui ilz ne doibuet
pas/& laissent en misere & calamite ceulx a qui ilz
sont tenus & obligez. Aultres donnent auec vgne
certainne mauluaise grace/& quasi auecques vng
despit/tellement que lon congnoist quilz le font
par force. Il y en a daultres que non seullement ne
sont point secretz/ mais appellēt des tesmoings/
& quasi font crier a son de trõpe leurs liberalitez.
Aultres follement espuysent tout en vng coup la
fortune de liberalite/ de sorte que lon nen peult
plus vser/au moyē de quoy est besoing de scauoir
en cecy/comme en aultres choses/& se gouuerner
auecques celle prudence qui est compaigne necessaire a toutes les vertus/lesquelles pource quelles
consistent en mediocrite/ sont prochainnes aux
deux extremitez/qui sont vices ou tumbēt facillement celluy qui nest garni de scauoir. Car si cõme
il est difficille trouuer le point du centre en vng
rond/qui est le meilleur/pareillement est difficille
trouuer le point de la vertu assise au millieu des
deux extremitez vicieuses/dõt lugne gist en trop/
laultre au peu. A quoy nous sommes inclinez tantost a lung/tãtost a laultre/ce q̃ lon cõgnoist par le
plaisir & desplaisir qui en no⁹ se sent. Car au moyē
de lung nous faisons ce q̃ nous ne debuõs point.

Et au moyē de laultre nous laiſſons de faire ce que
nous debuerions. Combien que le plaiſir eſt beau
coup plus dangereux pour autāt que noſtre iuge=
ment ſe laiſſe par la ayſement corrompre. Mais
pour ce que ceſt choſe difficille congnoiſtre com=
bien lhomme eſt eſlongne du cētre de vertu nous
debuons nous retirer peu a peu de nous meſmes
vers la part cōtraire de lextremite, a laquelle nous
cōgnoiſſons eſtre inclinez/comme font ceulx qui
dreſſent les boys tortus/car en ceſte façó no⁹ nous
approcherons a vertu qui cóſiſte ainſi que iay diĉt
au point de mediocrite/dont il aduient que nous
faillōs par beaucoup de maniere/& par vgne ſeul=
le faiſons noſtre cffice & debuoir/comme les ar=
chiers qui par vgne ſeulle voye donnent en la bro
che/& par pluſieurs faillēt le blanc. Au moyen de
quoy ſouuēteſſoys vng Prince pour vouloir eſtre
humain & affable faiĉt des choſes infinies hors de
lhonneſtete/& ſe raualle tant quil en eſt deſpriſe/
quelque aultre pour garder grauite & maieſte aue=
cque auĉtorite cōuenable deuiēt intollerable & re=
chine/lung pour eſtre tenu eloquent ſe fourre en
mille eſtrāges manieres & longues traynees de pa
rolles affeĉtees/en eſcoutant ſoymeſmes tant que
les aultres de faſcherie ne le peuuent eſcouter/tels
lemēt meſſire Ceſar que vous ne deuez point ap=
peller menu fatras nulles des choſes pour petites
quelle ſoit par ou le Prince puiſſe amēder en quel=
que endroiĉt/& ne pēſez pas que ieſtime que vous
blaſmes mes enſeignemēs / en diſant que par eulx
ſe formeroit pluſtoſt vng bó gouuerneur que vng
bon Prince/car aladuanture que lon ne pourroit
donner pluſgrāde louange/ne plus conuenable a

　　　　　　　　　　　　　　　　Dd iiij

vng Prince q̃ lappeller bon gouuerneur/par quoy
fi ceftoit ma charge de linftituer/ie vouldroye quil
euft foing de gouuerner/nõ feullement les chofes
ia dictes / mais de celles qui font beaucoup plus
moindres /& quil entendift toutes les particularitez appartenãtes a fes fubiectz le plus quil luy feroit poffible/& que iamais il ne fe repofaft tant fur
vng fien miniftre quil lafchaft la bride totallemẽt
a luy feul a la difcretion de tout le gouuernement/
car il neft nul quil foir fi trefydoine a toutes cho-
fes.Et beaucoup plus de dommaige procede de la
legiere creance des feigneurs que de leur incredu-
lite/ qui non feullemẽt par foys ne point/mais biẽ
fouuent ayde beaucoup . Touteffoys le bon iugement du Prince eft en cela neceffaire pour cõgnoiftre quil merite de eftre creu/ou non.Ie vouldroye
quil euft foing dentendre les actions/& eftre corre
cteur de fes miniftres/de ofter & abreger les proces dentre fes fubiectz/de faire paix entre eulx/ &
les allier enfemble par mariages/ & parentelles / &
faire q̃ la cite fuft toute vnie/& cõcordante en ami-
tie/cõme vgne maifon de Prince peuplee/nõ pauure trãfquille pleine de bons artifans/de fauorifer
les marchãs /& leur ayder. Auffi dargent eftre libe
ral /& honnorable a recueillir les eftrãgiers /& enuers les religieux de moderer les fuperfluitez/car
fouuẽt pour les faultes q̃ lon cõmet en telles chofes /cõbien queiles femblent petites /les citez font
en ruynes.Pourtãt il eft raifonnable que le Prince
mette borne aux trop fumptueux ediffices des par
ticuliers / aux bãcquetz/aux douaires exceffifz des
femmes /auz bobances/aux pompes /aux ioyaulx/
& habillemens/qui ne font aultre chofe que figne

euidens de la folie de celles qui les portent / car
oultre que fouuent pour lambition & enuie quel:
les ont lugne contre laultre/elles diſſipent les fa=
cultez & fubftances de leurs marys / quelque foys
pour vgne petite bague / ou quelque aultre fem=
blable fatrouiellerie / elles vendent leur honneur
a qui le veult achepter. Alheure meſſire Bernard
Bybiãne en riant. Seigneur Octouian (dict il)vous
entres en la partie du feigneur Gaſpard / & du Phri
gian. Le feigneur Octouian reſpondit auſſi en riãt.
Le procès eſt acheue / & ie ne le veulx reprendre /
parquoy ie ne parleray plus des femmes / mais re=
tourneray a mon Prince. Le Phrigian reſpondit /
Vous le pouuez bien deſormais laiſſer / & vous cõ=
tenter quil foit tel / comme vous lauez forme / car
fans point de doubte / il feroit plus ayſe de trou=
uer vgne femme auec les conditions que le fei=
gneur Magnificque a dictes / que vng Prince auec
les cõditions que vous luy auez baillees / quil me
faict doubter quil eſt cõme la republicque de Pla=
ton & que nous ne foyons pour en veoir iamais
vng tel / ſinon par aduanture au ciel. Le feigneur
Octouian reſpondit. Les choſes poſſibles encores
quelles foient difficilles / lon peult neautmoins
eſperer quelle ayent eſte / car. cõbien que les cieulx
foient ſi riches a produire des Princes excellens /
que a peyne lon en voyt vng en pluſieurs ſiecles /
ſi pourroit ceſte bonne fortune aduenir au mon=
de en noſtre temps. Le Conte Ludouic dict a lheu=
re / Ien fuis en aſſez bonne eſperance / car oultre
les troys grans que nous auons nõmez / dont lon
peult eſperer ce qui a eſte dict conuenir au ſouue=
rain degre du parfaict Prince. Lon trouue encores

au iourdhuy en Italye aulcūs enfans de seigneurs/
lesquelz combien quilz ne soient pour auoir si grā
de puissance/aladuenture quilz y supplieront par
vertu/& celluy qui entre tous se monstre de meil=
leure apparence/& qui de soy promect esperance
plus grāde que nul des aultres me semble que cest
le seigneur Federic Gonzague filz aysne du mar=
quis de Mantoue/& nepueu de ma dame la Du=
chesse qui la est/car oultre la gētillesse de cōdition
& la discretion quil monstre en eage si tēdre/ceulx
qui le gouuernēt disent des choses merueilleuses
de luy.Estre de bon esperit/conuoyteux dhōneur/
magnanime/courtoys/liberal/amy de iustice/de
sorte q̄ lon ne peult attendre sinon tresbonne fin
dung si bon commancemēt.Lors le Phrigian.Cest
assez(dict il)nous prierons dieu de veoir ceste vo=
stre esperance accomplie.La se tournāt le seigneur
Octouian vers ma dame la Duchesse en maniere
dauoir acheue son deuis.Voila ma dame dict il ce
que ie puis dire de la fin du Courtisan/ou si ie nay
en tout satisfaict/il me suffira antmoins auoir mon
stre quon luy pourroit encores donner quelque
parfection oultre ce que les seigneurs qui sont icy
en ont dict/lesquelz iestime auoir obmis cecy/&
tout ce que ie pourrois dire/non pas quilz ne le
sceussent mieulx que moy/mais pour eulx deschar
ger de peyne/pourautāt ie laisseray quilz voysent
cōtinuant sil leur reste quelque aultre chose a dire.
Alheure ma dame la Duchesse dict oultre quil est
si tard quil sera bien tost heure de faire fin pour ce
soir.Il ne me semble point q̄ nous debuiōs mesler
aultre deuis auec cestuy cy/ou vous auez recueilly
tāt de belles & diuerses choses que en ce q̄ touche

la fin de la courtisannie/lon peult dire que vous
estes non seullement le parfaict Courtisan q̃ nous
cherchions & suffisant pour bien instituer voste
Prince /mais si fortune vous est propice vous de=
uez encore estre tresbõ Prince / qui seroit vng tres=
grant prouffit en voste pays. Le seigneur Octouiã
se mist a soubzrire & dict . Paraduenture ma dame
si iestoye en tel degre quil maduiendroit ce qui est
accoustume daduenir a plusieurs aultres qui sca=
uent mieulx dire que exploicter . Icy cestoit renou
uelle vng peu de caquet entre toute la compaignie
confusement auec aulcunes contraditions /toutes
neautmoins a la louange de ce dont on auoit par=
le. Apres que lon eu dict/quil nestoit pas encores
heure de se aller coucher / Le magnificque Iulian
en soubzriant va dire. Ma dame ie suis tant enne=
my des tromperies quil mest force de cõtredire au
seigneur Octouian/lequel pour auoir cõspire ainsi
que ie doubte secrettement auecques le seigneur
Gaspard contre les femmes est encouru en deux
erreurs a mon aduis tresgrans/dont lung est que
pour preferer ce Courtisan a la femme de Palays/
& luy faire exceder les limites ou il peult attain=
dre/il la aussi prefere au Prince ce qui est tresdescõ
uenable/laultre quil a propose vgne telle fin quil
est tousiours difficille/& plussouuent impossible
quil y paruiéne/& quant bien il y paruiendroit/il
nese doibt point nommer pour Courtisan. Ie nen
tendz point(dist ma dame Emille)comment il est
si mal ayse ou impossible que le Courtisan paruié=
ne a celle sienne fin / mais comment le seigneur
Octouian la prefere au Prince. Ne luy accordez pas
cela(respõdit le seigneur Octouiã)car ie nay point

prefere le Courtifan au Prince. Et touchant la fin de la courtifannie / ie ne cuyde point eftre encouru en aulcun erreur. Le Magnificque Iulien refpondit / vous ne pouuez dire feigneur Octouian que toufiours la caufe pour laquelle leffect eft tel quil eft me foit plus telle que ne neft celluy effect / par quoy eft befoing que le Courtifan par linftitution duquel le Prince doibt eftre de fi grand excellence foit plus excellent que le Prince. Et en cefte maniere / il fera auffi de plus grande dignite que le mefme Prince / ce qui eft trefdefconuenable / au regard de la fin de courtifannie. Ce que vous auez dict peult enfuyure quant leage du Prince eft peu differente de celle du Courtifan : mais non pourtant fans difficulte : car ou il y a peu de difference de eage / il eft raifonnable que il y ait auffi peu de difference de fcauoir / mais fi le Prince eft vieil / & le Courtifan ieune / il eft conuenable que le Prince vieil fache plus que le ieune Courtifan. Et fi cela ne aduient toufiours / il aduient quelque foys / & a lheure la fin que vous auez attribuee au Courtifan / eft impoffible. Daultre part fi le Prince eft ieune & le Courtifan vieil / malayfement le Courtifan peult gaigner la fantafie du Prince / auecques les conditions que vous luy auez attribuees / car a dire vray manier les armes & les aultres exercices de la perfonne appartiennent aulx ieunes gens / & ne font pas fortables aulx vieillards / & la muficque / les dances / les feftes & ieulx & les amours en celle eage font chofes dignes de mocquerie. Et me femble que a vng inftituteur de la vie & conditions du Prince qui doibt eftre perfonne fi graue / & dauctorite meure par temps &

experience /& ſil eſtoit poſſible / bon philoſophe /
bon cappitaine /& quaſi ſcauoir toutes choſes /el=
les ſoyent treſdeſconuenables . Pourtant ieſtime
q̃ celluy qui inſtitue le Prince ne ſe doibt point
appeller Courtiſan : mais quil merite beaucoup
plus grand .& honorable nom / & quoy ſeigneur
Octouian pardonnes moy / ſi iay deſcouuert ceſte
voſtre fallace /car il me ſemble eſtre tenu de le fai=
re / auſſi pour lhonneur de ma femme /que vous
vouldriez eſtre moindre en dignite que ce voſtre
Courtiſan /& ie ne le veulx pas comporter. Le ſei=
gneur Octouian ſe miſt a rire & dict / Seigneur Ma
gnificque / ce ſeroit plus de louange a la femme de
Palais lexaulcer tant quelle fuſt pareille au Cour=
tiſan /que tant abaiſſer le Courtiſan quil ſoit pareil
a la femme de Palais / car il ne ſeroit point defen=
du a la femme /inſtituer auſſi ſa dame / & auecques
elle tendre a ceſte fin de courtiſannie que iay dicte
conuenir au Courtiſan auecques ſon Prince. Mais
vous taſchez plus de blaſmer le Courtiſan que de
louer la femme de Palais /dont il me ſera auſſi loy=
ſible de tenir la raiſon du Courtiſan. Pour don=
cques reſpondre a voz obiections ie ditz / que ie
nay pas dict que linſtitution du Courtiſan doy=
bue eſtre la ſeulle cauſe pourquoy le Prince ſoit
tel : Car ſil neſtoit incline par nature & ydoi=
ne a le pouuoir eſtre / Toute la peine & entre =
priſe du Courtiſan ſeroit vaine & perdue / tout
ainſi que chaſcun bon laboureur ſe trauailleroit
en vain en ce mettant a cultiuer & ſemer de bon
bled / en la riue ſterille de la mer / Car telle ſte=
rillite en ce lieu la eſt naturelle : Mais quant
a la bonne ſemence gectee en terrouer fertille /

auec lattrempance de lair & pluye conuenables a
la faifon lon adioufte auffi la diligence du labeur
humain ı lon y voyt toufiours fruictz trefhabon-
dans naiftre largement . Et fi neft pas a dire que le
feul laboureur en foit caufe / comblen que fans luy
peu ou riens prouffiteroiët toutes aultres chofes.
Par ainfi il y a plufieurs Princes qui feroient bons
fi leurs efperitz eftoient bien cultiuez . Et ie parle
de œulx cy / & non des aultres qui font comme le
pays mauluais & fterille . Et par nature fi treffort
eflongnez de bonnes conditions que il ny a difcipline aulcune fuffifante pour induyre leur couraige au droict chemyn. Et pource que ainfi que nous
auons dict . Telles fe font en nous les habitudes
quelz font noz exploictz. Et que vertu confifte en
exploicter. Il neft pas impoffible ne merueille que
le Courtifan adreffe le Prince a plufieurs vertus.
Comme iuftice ı liberalite / & magnanimite / les exploicts ı defquelz ilz peult mettre facilement en
vfaige pour fa grandeur / & en faire habitude . Ce
que ne peult faire le Courtifan pour non auoir
moyen de les exploicter / & en ceft eftat le Prince
induit a vertu par le Courtifan ı peult deuenir plus
vertueux que le Courtifan . Oultre que vous debuez fcauoir que laffilouere qui point ne couppe
faict neautmoins le fer trenfchant & agu . Dont il
me femble que encores que le Courtifan inftitue
le Prince / ce neft pas a dire pourtant quil foit de
plus grande dignite que le Prince. Or que la fin de
cefte courtifannie foit difficille & quelque foys im
poffible ı & que neautmoins quant le Courtifan y
paruient il ne fe doibt point nommer pour Cour
tifan ı ains merite plus grant nom . Ie dis que ie ne

nye point ceſte difficulte . Car il neſt point moins
difficille de trouuer vng ſi excellēt Courtiſan que
paruenir a vgne telle fin . Bien me ſemble il que la
difficulte neſt point encores en ce cas q̃ vous auez
allegue. Car ſi le Courtiſan eſt ſi ieune quil ne ſcaiche ce qui a eſte dict quil doibt ſcauoir/il neſt pas
a propos den parler/car il neſt point ce Courtiſan
que nous preſuppoſons . Et neſt pas poſſible que
celluy qui a tant de choſes a ſcauoir ſoit fort ieune.
Et ſi touteſſoys il aduiēt que le Prince ſoit ſi bon
& ſaige de luy meſmes quil nait point de beſoing
des aduertiſſemens ne conſeil daultruy / combien
que cela eſt ſi treſdifficille comme chaſcun ſcait . Il
ſuffira au Courtiſan deſtre tel que ſi le Prince en
auoit beſoing il le puiſſe faire vertueux / & pourra
ſatiſſaire apres affectuellement a celle aultre partie
de ne laiſſer point labuſer/ & de faire q̃ touſiours il
ſcaiche la verite de toutes choſes / & de ſe mettre au
deuant des flateurs / & des meſdiſans / & de tous
ceulx qui vouldroient machiner de corrumpre le
couraige de ſon maiſtre par deſhôneſtes blaiſons.
Et en ceſte maniere il paruiendra a ſon intention
en grande partie/encores quil ne la mette totallemēt en oeuure/ce que raiſon neuouldra point quõ
luy impute a faulte quant il reſtera de le faire pour
ſi bonne cauſe/car ſi vng excellent medecin ſe trou
uoit en quelque lieu/ou tout le môde fuſt ſain lon
ne debutoit pourtant dire quil failliſt a ſon intention ſi bien il ne gueriſſoit point de malades. Parquoy ſi comme la ſante des hommes doibt eſtre
lintention du medecin/pareillement lintētion du
Courtiſan doibt eſtre la vertu de ſon Prince / & a
lūg/& a laultre ſuffiſt dauoir ceſte fin intrinſecque

& puiffance puis quil pcede du fubiect, ne la produyre point exterieurement en acte ou cefte fin
eft adreffee: Mais fi le Courtifan eftoit fi vieil quil
ne luy fuft pas bien feyant exercer la muficque,
les feftoyemens / les ieulx / les armes & les aultres
prouelles de la perfonne / fi ne peult lon pourtãt
encores dire quil luy foit impoffible entrer par cel
le voye, en la grace de fon Prince / car fi bien leage
ofte lexploict defdictes chofes elle nen ofte pas
lintelligence / & les auoir exploictees en ieuneffe, luy en faict auoir daultãt plus parfaict iugemẽt
& daultant plus parfectemẽt les fcauoir enfeigner
a fon Prince que les ans & lexperience portẽt auec
eulx plus grande cõgnoiffance de toutes chofes:
& en cefte forte le Courtifan vieil encores quil ne
exerce les conditions qui luy ont efte attribuees /
il paruiendra neautmoins a fon intention de bien
inftituer le Prince, & fi vous ne le voulez appeller
Courtifan ie nemen foucie point / car nature na
pas mis tel limite aulx dignitez humaines que lon
ne puiffe monter de iugne a laultre, au moyen de
quoy les fouldars fimples deuiennẽt fouuẽt Cappitaines / les hommes priuez Roys / les preftres Pa
pes / & les difciples maiftres : & en cefte maniere
enfemble auec la dignite ilz acquierent auffi le nõ.
Et a laduẽture lon pourroit dire que de venir in-
ftitueur du Prince fuft la fin du Courtifan / combien que ie ne fcay nul qui aye refufer ce nom de
parfaict Courtifan / lequel felon mon aduis eft digne de trefgrande louange, & me femble que Homere tout ainfi quil forma deulx hommes tref-
excellens pour exemple de la vie humaine / lung

eulx exploictz qui fut Achiles / laultre aulx paf=
fions & tollerence qui fut Vlixes / pareillement il
voulut auffi former vng parfaict Courtifan / qui fut
Phenix / lequel apres auoir compte fes amours &
plufieurs aultres chofes de fa ieuneffe. Il dict auoir
efte enuoye a Achiles par Peleus fon pere pour
luy tenir compaignie & luy enfeigner a dire & a
faire qui neft aultre chofe que ia fin q̃ nous auons
affignee a noftre Courtifan / & ne cuyde point que
Ariftote ne Platon euffent defdaigne le nom du
parfaict Courtifan : Car lon voyt clerement quil
firent les oeuures de courtifannie / & tendoient a
cefte fin lung auecques Alexandre le grand / laul=
tre auecques les Roys de Cecylle. Et pource que
ceft office de bon Courtifan congnoiftre la na=
ture du Prince / & fes inclinations. Et apres fe=
lon les befoingz & les opportunitez auec dex=
terite entrer en fa grace / ainfi que nous auons
dict par les voyes qui baillent lentree feure. Et
confequemment linduyre a vertu. Ariftote con=
gneut fi bien la nature de Alexandre / & auec dex=
terite fi bien fi accommoda quil fut ayme de luy
& honore plus que pere / dont entre plufieurs
fignes que Alexandre luy monftra de fa bien
vueillance / il voulut que Stagire ville de fa nati=
uite qui ia eftoit deftruicte fut reediffiee. Et Ari=
ftote oultre quil ladreffa a celle fin trefglorieu=
fe / qui fut vouloir faire / que le monde fuft com=
me vng feul pays vniuerfel / & tous les hom=
mes comme vng feul peuple / qui vefquift en
amitie & concorde en foy / vng feul gouuerne=
ment & vngne feulle loy / qui efclairaft a tous

communement comme la clarte du foleil. Il le forma es fciences naturelles/& es vertus de lefperit/
tellement qui le fift treffaige/trefuaillant/trefcon-
tinent/& vray Philofophe moral/non feulement
en parolles/mais en effectz/car lon ne peult ymaginer plus noble Philofophie que induire a viure
ciuillement les nations tant affarouchees/comme
font celles qui habitēt Bactra & Caucafe/Linde/la
Scytie/& leur enfeigner a faire mariages/a labou-
rer/& hōnorer les peres/fabftenir de rapines/& de
homicides/& daultres mauluaifes cōditions/edif-
fier tant de nobles citez en pays loingtains/de forte que par celles loix infinis hommes furent re-
duictz de la vie fauluaige a lhumainne. Defquelles
chofes Ariftote fut aucteur en Alexandre/vfant
enuers luy des moyens de bon Courtifan/ce que
ne fceut pas faire Califtenes/combiē que Ariftote
le luy euft mōftre. Car pour vouloit eftre pur Phi-
lofophe/& fi trefhauftere miniftre de la nue verite
fans y mefler de la courtifannie/il perdit la vie/&
ne feruit de riens/ains donna infamie a Alexādre.
Par mefmes moyens de courtifannie Platon forma Dyon le fyracufien/& depuis ayāt trouue De-
nis le tyrant/comme vng liure tout plein des faul-
tes/& de erreurs/& qui pluftoft a befoing dugne
rature vniuerfelle que de aulcun changement/ou
correction/non eftant poffible de luy ofter la tain-
cture/de tyrannie/dont il eftoit par fi long temps
machure/ie ne voulut point y emploier les moyēs
de courtifannie/luy eftant aduis quilz ne feroient
point de fruict/ce q̄ doibt auffi faire noftre Cour-
tifan/fi dauāture il fe trouue au feruice dung Prince de fi mauluaife nature quil foit enuielly en vi-
ces/comme

ces comme les ethicques en leur maladie. Car en
ce cas il se doibt oster de ceste seruitude pour na=
uoir sa part du blasme des mauluaises oeuures de
son maistre: & pour ne sentir celle fascherie qui sen
tend tous les bons qui seruent aulx mauluais. Se=
stant icy arreste le seigneur Octouian / le seigneur
Gaspard se print a dire. Ie ne ma tendoys pas que
nostre Courtisan eust tant dhôneur: mais puis que
Aristote & Platon sont ses compaignons / ie pen=
se que nul iamais plus se doibue desdaigner de ce
nom: touteffoys ie ne scay pas bien si ie doibs croi
re que Aristote & Platon iamais dansassent ou fus=
sent musiciens en leur vie ou feissent aultres ex=
ploictz de cheualerie. Le seigneur Octouian respô=
dit. Il nest pas quasi licite de imaginer q̃ cest deulx
esperitz diuins ne sceussent toutes choses. Et pour
tant lon peult croyre quilz exploictoient ce qui ap
partient a courtisannie : car la ou il vient a propos
ilz en escripuent de telle maniere que les mesmes
ouuriers des choses escriptes par eulx congnois=
sent quilz les entendoient iusques aulx nouuelles
& aulx plus parfondes racines. Donc nest point a
dire que au Courtisan ou instituteur de Prince cô=
me vous le vouldriez appeller qui tend a celle bô=
ne fin que nous auôs dicte: ne côuiennent toutes
les conditions qui luy ont este attribuees par les
seigneurs qui sont icy encores / quil fust treseuere
philosophe, & de religieuse & saincte vie : car elles
ne sont point repugnantes: a bonte / a dissention /
a scauoir / a valleur / en toutes eages / temps & li u.
A lheure le seigneur Gaspard. Il me souuient (dict
il) q̃ hier au soyr les seigneurs qui sont icy en par=
lant des conditions du Courtisan voulurent quil

Ee

fust amoureulx/ & pource que en resumant ce qui
a este dict iusques a ceste heure/ lon pourroit tirer
vgne conclusion que le Courtisan leql par sa valleur & auctorite doibt induyre le Prince a vertu/
fault quasi necessairement quil soit vieulx : car nõ
gueres souuent le scauoir vient deuant le temps/
mesmement es choses qui sappregnent par experience. Ie ne scay comment sil est pourueu deage/
il luy soit conuenable destre amoureulx/ attendu
que comme il a este dict ce soyr/ lamour es vieilles
gens nest pas bien sortable/& les choses qui font
es ieunes gés delices/courtoisies & proprietez tãt
aggreables aulx dames/font a eulx follies & im-
pertinances mocquables/& ceulx qui en vsent engendrent la hayne des dames/ & la mocquerie des
aultres / parquoy si cestuy vostre Aristote vieulx
Courtisan estoit amoureulx/ & quil fist les choses
que font ieunes gés amoureulx côme daulcuns q̃
nous auons veuz en nostre temps / ie doubte quil
soublieroit denseigner a son Prince / & pourroit
estre q̃ les petitz enfans courroyent apres luy / & q̃
dames ne prendroyent gueres daultres plaisir que
de sen mocquer. A lheure le seigneur Octouian/
puis(dict il)que toutes les conditions qui ont este
attribuees au Courtisan/ luy cõuiennent combien
quil soit vieulx/il ne me semble point q̃ noº le de-
uions priuer de la feliciter daymer. Mais plustost
dict le seigneur Gaspard /luy oster la passion daymer qui est vgne perfection dauantaige / & le faire
viure heureusement hors de misere & de calamite.
Ne vous souuiët il seigneur Gaspard / dict messire
Pierre bembe q̃ le seigneur Octouian encores quil
soit mal expert en amours / monstra neautmoins

laultre foir en fon ieu de fcauoir quil eft des amou
reulx'qui tiennent pour doulceurs les defpitz/les
courroux/les guerres/& les tourmens quilz recoy
uent des dames quilz feruent.Et pource demanda
quõ luy enfeignaft la caufe de cefte doulceur.Pour
tãt fi noftre Courtifã/pofe quil fuft vieulx fefprou
uoit des amours qui font doulces fans amertume/
il ne fentiroit aulcune mifere ou calamite ı & fil
eftoit faige cõme nous prefuppofons ıil ne fabufe
roit point en pefant q̃ tout ce quil cõuiẽt aulx ieu
nes gẽs luy fuft bien feant/ains en aymãt paraduẽ
ture quil aymeroit dugne forte q̃ non feullement
il nen rapporteroit aulcũ blafme ı mais grãde louã
ge & fouueraine felicite fans meflange daulcune
fafcherie ı ce q̃ peu fouuent ou quafi iamais aduiẽt
aulx ieunes gens ı & par ce moyen il ne laifferoit
point denfeigner a fon Prince/& il ne feroit chofe
par ou il meritaft que les petitz enfans couruffent
apres luy. Lors ma dame la Ducheffe. Ie fuis bien
ayfe diĉt elle meffire Pierre ı que vous nauez eu
gueres de peine ce foir a deuifer/pource que main
tenant nous vous impoferons en plus grande
feurete la charge de parler & denfeigner au Cour
tifan cefte amour fi heureufe ı qui na en foy blaf
me ne defplaifir aulcun ı car a laduenture ce fera
vgne des plus importantes & vtilles conditions
qui iufques icy luy ayent efte attribuees. A cefte
caufe diĉtes par voftre foy ce que vous en fcauez.
Meffire Pierre diĉt en foubzriant.Ie ne vouldroys
point ma dame pour mon dire que aulx vieilles
gens foit licite daymer/fuft occafion de me faire
tenir pour vieulx des damoyfelles qui font icy/
pourtant ne laiffez pas de donner cefte charge

a vng aultre. Ma dame la ducheffe refpôdit. Vous
ne deuez pas hayr deftre repute vieulx du fcauoir
quant bien vous feriez ieune deagei parquoy tires
oultre & ne vous excufez plus. En verite ma dame
dift meffire Pierre. Si iauoye a parler de cefte matie
re il me fauldroit aller en demander confeil a lher=
mite de Lauynel. A lheure ma dame Emille quafi
troubleei Meffire Pierre dict elle / il ny a hôme en
la côpaignie qui foit plus defobeiffant que vousi
dor⁻ il fera bon que ma dame la ducheffe vous en
donne qlque pugnition. Ne vous courroucez pas
pour lamour de dieu ma dame côtre moyi dict mef
fire Pierre en foubzriant / car ie diray tout ce que
vous vouldrez. Or dictes doncques(refpondit ma
dame Emille). Lors meffire Pierre fe eftant vgne
efpace teu / & apres vng peu racouftre côme pour
parler dugne chofe de confequencei va dire en ce
fte maniere. Meffeigneurs pour demôftrer que les
vieilles gens peuuent non feullemcnt aymer fans
blafme / mais quelque foys plus eureufement que
les ieunes / il me fera neceffaire faire vng petit di=
fcours pour declairer quelle chofe eft amour & en=
quoy concifte la felicite q peuuent auoir les amou
reulxiparquoy ie vous prie mefcouter ententiue=
menti car iefpere vous faire veoyr quil ny a icy hô=
me a qui il foyt defconuenable deftre amoureulxi
encores quil euft quinze ou vingt ans plus quele
feigneur Morel. Apres que lon eut fur ce point
rift qlque efpace meffire Pierre pourfuiuiti Donc=
ques ie dys que felon ce que les fages anciens ont
diffiny. Amour neft aultre chofe q vng certain de=
fir dauoir fruition de beaultei & pource que le de=
fir nappete finon que les chofes congneues / il eft

toufiours befoing q̃ la congnoiſſance procede du
defir/lequel de ſa nature veult le bien / mais il eſt
de ſoy aueugle & ne le congnoiſt pas/pourtant na
ture a ainſi ordonne que a chaſcune vertu cõgnoiſ
ſante/ſoit cõioinctevngne vertu appetiue. Et pour
ce que a noſtre ame y a troys moyens de congnoi
ſtre / ceſtaſſauoir par le ſentement / par la raiſon/&
par lentendement/ du ſentemẽt naiſt lappetit qui
nous eſt cõmun auecques les beſtes brutes / de la
raiſon naiſt lelection qui eſt propre a lhõme/de lẽ
tendement par ou lhõme peult cõmuniquer auec
ques les anges/naiſt la voulẽte. Si cõme doncques
le ſentement ne congnoiſt ſinon choſes ſenſibles/
lappetit ſeullement deſire le demeſmes / & ſi cõme
lentendemẽt neſt tourne a aultres que a la cõtem
plation des choſes intelligibles/la voulẽte ſe nou
riſt ſeullement des biens ſpirituelz. Lhomme par
nature raiſonnable / cõſtitue comme au millieu de
ſes deulx extremes peult par ſon eſlection/en ſen
clinant au ſentement ou ſeſleuant a lentendement
ſe reger aulx deſirs/tãtoſt de lugne/tãtoſt de lau
tre partie. Par ſes moyens dõcques lon peult deſi
rer/la beaulte/lumiuerſel nom de laquelle cõuient
a toutes choſes/ou naturelles/ou artificielles/Qui
ſõt cõpoſees auecques bonne proportion/& deu
attrempement/en tant que leur nature le cõporte/
mais a parler de la beaulte que nous attendõs/qui
eſt celle ſeullement qui appert es corps /& meſme
mẽt es viſaiges humains / & meult ceſt ardãt deſir
que nous appellons amour. Nous diſons que ceſt
vgne influence de la bonte diuine/laq̃lle inſtitue
ce cõbien quelle ſeſpande ſur toutes choſes crees
comme la lumiere du ſoleil/ Touteſſoys quant elle

trouue vng vifaige bien mefure & bien compofe
auecques vgne certaine aggreable côcordance de
couleurs diftinctes / & aydees du iour & de lumbre
& dugne diftance ordonnee par traictz de lignes
terminez / elle fe fonde la / & fe monftre merueil=
leufement belle / & pare le fubiect ou elle reluyft /
lenlumine dugne grace & fplendeur merueilleu=
fe. Ainfi que faict vng rays de foleil batant en vng
beau vaiffeau dor bien polly / & diuerfitie de pier=
res precieufes dont elle attire gracieufement a foy
les yeulx humains / & en penetrant par eulx fe
imprime en lame quelle meult / & delecte toute
par vgne doulceur nouuelle / & en lefchauffant
par elle fe faict defirer. Par ainfi eftant lame efprife
du defir dauoir fruition de cefte beaulte / comme
de chofe bonne / fi elle fe laiffe guyder par le iu=
gement du fentement / elle tumbe en trefgriefz
erreurs / & iuge que le corps ou fe veoit la beaul=
te / foit la caufe principalle dicelle / au moyen de
quoy pour en auoir fruytion / elle eftime eftre
neceffaire fe vnyr le plus interieurement quelle
peult a ce corps / ce qui eft faulx. De la eft que ceulx
qui penfent en poffedant le corps auoir fruy=
tion de la beaulte fabufent / & font meuz non de
vraye congnoiffance par election de raifon / mais
de faulce oppinion par lappetit du fentement /
dont le plaifir qui en enfuyt eft auffi neceffaire=
ment faulx & menfongier / & pourtant en deux
maulx lung / encourent tous les amans qui accom
plilfent leurs defirs non honneftes & voulentez
auecques les femmes quilz aymét car incontinét
quilz font arriuez a la fin defiree / ou que non feul=
lement ilz fentent ennuy & fafcherie / mais auffi

prennent hayne contre la chose aymee / quasi
comme se repentant lappetit de son erreur / & re=
congnoissant le mescompte a luy faict / par le
faulx iugement du sentement par ou il a creu
que le mal soit bien / ou quil demeurent au mes=
mes desirs & cupiditez comme ceulx qui ne sont
point veritablemét arriuez au but qui cherchoiét/
& combien que par laueuglee oppinion a laquel=
le ilz se sont ennyurez / il leur soit aduis que ilz
sentent plaisir en celluy instant comme font quel=
que foys les malades qui songent boyre en quel=
que claire fontaine / touteffoys ilz ne se conten=
tent point ny sappaisens : & pource que de pos=
seder le bien desire / tousiours nest repos & satis=
faction en lesprit du possesseur. Si cela estoit la
vraye & bonne fin de leur desir / en la possedant
ilz resteroient appaisez & satissaictz / ce quilz ne
font point / ains estans abusez par la similitude /
ilz retournent incontinent a leur effrene desir / &
auec le mesme tourment quilz sentoient au par=
auant / se retreuuent a la furieuse & tresardente
soif / de ce quilz esperoient en vain posseder par=
faictement. Par ainsi les amoureulx qui sont telz
ayment tresmalheureusement / pourtant ou quilz
ne paruiennent iamais a leurs desirs / ce qui est tres
grand malheur / ou silz y paruiennent ilz se trou=
uent estre paruenuz a leur malle aduenture / en fi=
nissant leurs miseres / par aultres plus grandes mi=
seres / car dauantaige au cómancement & meillieu
de ceste amour lõ ne sceut iamais aultre chose que
peines / tourmés / douleurs / háhans / & trauaulx / en
facon q̃ estre pasle & deffect en larmes cõtinuelles

& foufpirs / eftre melencolicque / & toufiours
fe taire ou fe plaindre & foubzhaiter la mort. Et
pour abreger eftre pire que trefmalheureulx /font
les conditions que lon dict conuenit aulx amou=
reulx.Doncques la caufe de cefte calamite es en=
tendemens humains /eft principallement le fente=
ment qui eft trefpuiffant au ieune eage / car la vi=
gueur de la chair & du fang luy donne en celle fai=
fon autant de force quelle en diminue . A raifon
donc facillement elle induyct raifon a fuyure lap=
petit / laquelle fe trouuant noyee en la terrienne
prifon / & priuee de la contemplation fpirituelle
pour eftre applicquee au miniftre de gouuerner
le corps / ne peult delle mefmes entendre la veri=
te / au moyen de quoy pour auoir congnoiffance
des chofes /il eft befoing quelle voyfe mendiant
le confentement des fentemens / & pourtant elles
les croyt & fe incline a eulx / & par eulx fe laiffe
guyder /mefmement quant ilz ont tant de vigueur
que quafi ilz luy font force / &pource quilz font
faulx & deceptifz ilz empliffent derreurs & faul=
ces oppinions / dont il aduient que quafi tou=
iours les ieunes gens font enueloppez en ceft
amour fenfuelle totallement rebelle de raifon / &
par ce moyen ilz fe font indignez dauoir fruition
des graces & biens / que amour defpart a fes vrays
fubiectz / & ne fentent aultres plaifirs en amours
que ceulx la mefmes que fentent les beftes brutes:
Mais bien des peines beaucoup plus griefues.
Ce prefuppofe qui eft trefveritable /ie dis q le con=
traire aduiet /a ceulx qui font en leage plus meure:
car fi lors que lame neft pas tant oppreffee du fays
corporel /& que la challeur naturelle comence a fe

attiedir/ilz ſe eſprouuent de la beaulte/& vers elle
tourne leur deſir guide par raiſonnable election/
ilz ne reſtẽt point abuſez / Ains poſſedẽt la beaulte parfaictement . Et pourtant de la poſſeder leur
vient touſious bien . Car la beaulte eſt bonne/&
par conſequent vraye amour dicelle eſt treſbonne/
treſſaincte / & touſiours produyt bons effectz. es
ames/de ceulx qui par le frain de raiſon corrigent
la lubricite du ſentement.Ce que les vielles gens
peuuent faire beaucoup plus facillement que les
ieunes . Par ainſi neſt pas hors de raiſon dire que
les vielles gens puiſſent auſſi aymer ſans blaſine/
& plus heureuſement que les ieunes.En prenant
touteſuoyes le nom de vieulx/mon pour decrepit
ne quant les organes du corps ſont ſi debilles que
lame par icelles ne peult exploicter ſes vertus/
Mais quãt en nous/le ſcauoit demeure en ſa vraye
vigueur . Entores ne taire ie point cecy / Ceſt que
ieſtime que combien que lamour ſenſuelle en toute eage ſoit mauuaiſe.Ce nonobſtant elle merite
excuſation es ieunes gens / & paraduanture en
quelque façon eſt licite/car ſi bien elle leur donne
peyne/dangiers/trauaulx/& les malheuretez qui
ont eſte dictes/pluſieurs neautmoins y en a qui
pour acquerir la grace des femmes quilz ayment
font des choſes vertueuſes/& combien quelles ne
ſoient adreſſees a bonne fin/touteſſoys elle ſont
en ſoy bonnes/& par ce moyen de beaucoup da-
mer ilz tirent vng peu de doulceur/& a la parfin
recongnoiſſent leur erreur par les aduerſitez quilz
ſuppottent ſi comme doncques ieſtime que les
ieunes gens qui forcent les appetitz/& aymẽt par
raiſon ſoient diuins/pareillement ie excuſe ceulx

qui se laissent vaincre par amour sensuelle / a la
quelle si fort ilz sont enclinez par humaine imbecillite pourueu quilz monstrent en cela gentillesse / courtoysie & valeur. Et les aultres nobles coditions que les seigneurs qui sont icy ont dictes /
& quilz labandonnent du tout quant ilz ne sont
pas en ieunesse sellongnant de ce desir sensuel / come du pl9 bas degre par ou lo peult moter a vraye
amour / mais si encores apres quilz sont vieilz / ilz
regardet en froit cueur le feu des appetitz / & soub-
mettent raison forte a debile / seullement ilz meritent destre nombrez auecque perpetuelle infamie entre les animaulx irrationnaulx / pour autat
que les pensemens & contenances de lamour sensuelle sont trop desconuenables de leage meure.
Icy fist messire Pierre Bembe vng peu de paulse /
quasi comme pour se reposer / & chascun se tenant
quoy / Le seigneur Morel de Tortonne va dire. Et
sil se trouuoit vng vieil homme plus dispost / &
gaillard / & de meilleur visaige que ne sont plusieurs ieunes / pourquoy ne vouldriez vous quil
luy feust licite aymer de celle amour que ayment
les ieunes gens. Ma dame la Duchesse se print a
dire. Dea si lamour des ieunes gens est si malheureuse / pourquoy voulez vous seigneur Morel que
les vieulx ayment en celle malheurete / mais si
vous estiez vieulx comme ceulx cy disent / vous
ne procureriez pas ainsi le ma9 des vieilles gens.
Le seigneur Morel respondit. Il me semble que
cest messire Pierre Bembe qui procure le mal des
vieilles gens / en voulant quilz ayment dugne certainne facon que quant a moy ie nentendz point /
& me semble que ce soit vng songe posseder ceste

beaulte que il loue si fort sans le corps . Croyez
vous seigneur Morel (dict alheure le Conte Lu‐
douic) que la beaulte soit tousiours aussi bonne/
comme dict messire Pierre Bembe.Non pas moy/
Respondit le seigneur Morel Mais bien me sou‐
uient il auoir veu plusieurs belles femmes tres‐
mauluaises/cruelles:& despiteuses:& semble quil
aduienne quasi tousiours ainsi/car la beaulte les
faict oultrecuydees/& loultrecuydāce cruelles. Le
Conte Ludouic dict en riant. Paraduanture quel‐
les vous semblent cruelles: pourautant quelles ne
vous complaisent pas de ce que vous vouldriez/
mais faicte vous enseigner a messire Pierre Bembe
en quelle facon les vieilles gens doibuent desirer
la beaulte/& de quoy on doibt requerir les fem‐
mes:& de quelles choses se contenter/& en vous
gardant de sortir des termes quil y prescripra/
vous verrez quelles ne seront :ny oultrecuydees/
ne cruelles:& si vous complairont de ce que vous
vouldrez . Alheure sembla que le seigneur Morel
se troubla vng peu:lequel dict. Ie ne veulx point
scauoir ce qui ne me touche en riens ꞁ mais vous.
Faictes vous enseigner cōme les ieunes hommes
pirement disposez:& moins gaillardz q̃ les vieulx
doibuent desirer celle beaulte . La messire Federic
pour appaiser ledict seigneur Morel/& pour diuer
tir le propos:ne laissa pas respondre le Conte Lu‐
douic/mais en luy rōpāt sa parolle:se print a dire.
Paraluāture que le seigneur Morel na pas tort du
tout de dire q̃ la beaulte nest pas tousiours bōne/
pource que souuētessoys les beaultez des femmes
sont cause que maulx infinis aduiennent au mon‐
de/inimitiez/ guerres/maulx/ & destructions. De

quoy la ruyne de Troye peult faire bon tefmoing
gnaige/& les belles femmes pour la plufpart font
oultrecuydees/& cruelles/ou ainfi quil a efte dict
lubricques/mais cela ne fembleroit point faulte
au feigneur Morel.Il eft auffi plufieurs mefchans
hommes qui ont grace de beau vifaige/& femble
que nature les ayt faict telz/affin quilz foient plus
idoynes a decepuoir/& que ce gracieux rencontre
foit comme le paft cache foubz lhain.Lors meffire
Pierre Bembe.Ne croyez point dict il que la beaul
te ne foit toufiours bonne.Sur ce le Conte Ludouic pour retourner au premier propos fe fourra
parmy & dict.Pois quil ne chault au feigneur Morel de fcauoir ce qui luy eft de fi grande importace/
enfeignez le moy/& mapprenez comet les vieilles
gens acquierent cefte felicite damour/car ie ne me
foulcieray point de me faire tenir pour vieil/pour
neu quil me ferue.Meffire Pierre fe print a rire/&
dict.Ie veulx premierement ofter de lentendemet
de fes feigneurs leur erreur/& apres ie vous fatiffe
ray/& en recomancet va dire.Auffi mes feigneurs/
ie ne vouldroye point q en difant mal de la beaulte qui eft facree/il y euft aulcun de nous/qui come
prophane ou facrilege encouruft en ire de dieu.
Pourtant & affin que le feigneur Morel/& meffire
Federic foient aduertis/& ne perdent la veue/co-
me fift Stefurus qui eft peyne trefconuenable a
ceulx qui defprifent la beaulte.Ie dis que la beaulte vient & prent naiffance de dieu/& eft comme
vng cerne ne peult eftre fans centre/& pourtant
comme vng cerne ne peult eftre fans cetre/beaulte
ne peult eftre fans bonte/a cefte caufe peu fouuent
aduient que vgne maultaife ame habite en vng

beau corps.Parquoy la beaulte exterieure est vray
ligne de la bonte interieure/& est ceste grace im=
primee au corps plus ou moins quasi pour vng
caractere de lame / par le quel elle est exterieure=
ment congneue/comme les arbres / ou la beaulte
des fleurs faict tefmoingnaige de la bonte des
fruictz/& cela mefmes entreuiet es corps /comme
lon voyt que les Phifionomiftes fouuet cognoif=
fent au vifaiges les conditions/& quelque foys les
penfemens des hommes /& qui plus eft es beftes /
auffi lon comprent a la regardure la qualite du cou
raige / qui au corps repute foymefmes le mieulx
quil peult . Confiderez comment lon congnoift
cleremet a la face dung lyon/dung cheual /dugne
aigle lire/ la fierte / la terribilite/& es aigneaulx/
& colombes vgne pure & fimple innocence/la ma
lice & cautelle es regnards /& aux loups /& fembla
blement quafi de tous les aultres animaulx . Par
ainfi les laidz pour la plus part font auffi maaluais
& les beaulx font auffi bons /& peult on dire que
la beaulte eft la face gracieufe/plaifante/aggreable/
& defiderable du bien/& que laydeur eft la face
obfcure faifcheufe/defplaifante /& trifte du mal.Et
fi vous confiderez toutes chofes/vous trouuerez
que toufiours celles qui font bonnes & vtiles ont
auffi grace de beaulte.Voyez leftat de cefte grande
machine du monde/Laquelle a efte de dieu forgee
pour le falut de chafcune chofe cree / le ciel rond
aorne de tant de clarte diuines/& au centre de la
terre enuirônee des elemés/& foubftenuue par fa
mefme pefanteur/le foleil qui en enuironnât tout
enlumine/& au printemps fapproche au plus bas
figne / & apres monte peu a peu.A laultre partie

la Lune qui de luy prent fa lumiere / felon quelle
fen approche: ou fen eflongne / & les aultres cinq
eftoiles qui diuerfement font ce mefmes cours /
ces chofes entre elles font de fi grât force par la cô
nexion dung ordre fi neceffairemêt compofe que
en les changeant / voyre vng petit point: elles ne
pourroient demourer enfemble / & le môde ruyne
roit. Elles ont auffi tant de beaulte & de grace: que
les entendemens humains: ne peuuent ymaginer
chofe plus belle. Penfez maintenant a la figure de
lhomme qui fe. peult dire le petit monde / auquel
lon voyt chafcune partie du corps eftre neceffaire
ment compofee par art / & non dauanture / & puis
eftre toute la forme enfemble trefbelle / tellement
que a peyne lon pourroit iuger quel de tous les
membres dône plus de vtillite / ou de grace au vi
faige humain / & au refte du corps / côme les yeulx /
le nez / la bouche / les oreilles / les bras / la poictrine /
& pareillement les aultres parties . Lon peult dire
le femblable de tous les animaulx . Voyez le pen
naige es oyfeaulx / les feuilles es rameaulx / les ar
bres qui leur font donnez par nature pour confer
mer leur eftre / & toutesffoys auecques cela / il les
faict merueilleufement beau veoir. Laiffez nature /
& venez aux artiffices . Queffe qui eft fi neceffaire
aux nauires que la prouele cofte larbre / les voyl
les / le thymon / les racines / les ancres / & le cordai
ge. Toutes ces chofes neautmoins font fi belles a
veoir / quil femble a celluy qui les regarde quelles
foient trouuees autât pour le plaifir / comme pour
lutillfte. Les coulompnes / & poultres foubftien
nent les haultes loges / & Palays / ce nonobftant
elles ne font point moins plaifantes aux yeulx de

ceulx qui les regardẽt que prouffitables aux edıfı
ces . Quant premiereme nt les hommes comman=
cerent a ediffıer ı ilz mıfrent aux temples ı & aux
maıfons ıle comble du meıllıeuınon pas en inten=
tion que les edıfıces euſſent plus de graces ımaıs
affın que les eaulx peuſſent plus facıllemẽt feſcoul
ler dugne part & daultreı& touteſſoys a lutillite
fut foubdainnement conioincte la beaulteıtelle=
ment que quı fabricqueroit vgne efglıfe foubz le
cıel de la regıon ıou ıl ne chet greſle ne pluye ı il nẽ
femblerort point q̃ fans le comble elle peut auorr
dignıteıou beaulte aulcune . Par ainfı lon donne
beaucoup de louange au monde.Et tant plus aux
aultres chofes que lon dıctıil eſt beauıon loue le
cıel ı en difant quil eſt beau ı la terre belle ı la mer
belleıles riuieres bellesıles pays beaulxıles foreſtz
belles ı les arbresıles iardinsıles cıtez belles ı les
efglıfes ı les maıfons ı les armeesı& pour abregeı
ceſte gracieuſeı& facree beaulte donne vng fouueı
raın aornement a chafcune chofe ı & peult lon dı=
re que lebonı& le beau font en quelque facon
vgne mefme chofe . Et principallement es corps
humains de la beaulte ı defquelz ieſtime que la
la plus prochainne caufe foit la beaulte de lameıla
quelle ainfi comme participãte de la vraye beaulte
diuine illuſtreı& faict beau ce quelle toucheı& fpe
ciallement fi le corpsıou elle habite neſt de fi vile
matiere quelle ne luy puiſſe imprimer fa qualiteı
parquoy la beaulte eſt le vray trophee de la victoi=
re de lame . Quant auecques la vertu diuine elle
maiſtrife la nature materielle ı & auecques fa clar=
te furmonte les tenebres du corps . Ce neſt don=
eques pas a dire que la beaulte du corps face les da

mes oultrecuyders ou quelles encores quil semble ainsi au seigneur Morel ny auecques ce doibt
lõ imputer aux vi   dames les inimitiez mors
destructions dont   cause les appetitz immo-
derez des hommes . Ie ne veulx pas nyer quil ne
soit possible trouuer au monde de belles femmes
impudicques / mais si nest pas a dire que la beaulte
les incline a lubricite / ains les en retire /& les induit a la voye de conditions vertueuses par la cõ-
nexion que beaulte a auecques la bõte / mais quelque foys la mauluaise nourriture / les continuelles
sollicitatiõs des amoureulx / les dons / la paurete /
lesperance / les tromperies / la craincte /& mille aultres occasions vaincquét aussi la cõstance des belles & bonnes femmes /& pour ces causes ou semblables / les beaulx hommes peuuét aussi deuenir
meschans. Alheure messire Cesar. Sil est vray (dict
il)ce que allegua hier le seigneur Gaspard . Il ny a
point de doubte que les belles ne soiét tousiours
plus chastes que les laydes. Et que allegoyge / dict
le seigneur Gaspard. Messire Cesar respondit . Sil
men souuiét vous dictes que les femmes qui sont
priees tousiours refusent de satiffaire a ceulx qui
les prient /& celles qui ne sont point priees / vouluntiers prient aultruy. Il est certain que les belles
sont tousiours plus priees /& sollicitees daymer
que les laydes. Les belles doncques tousiours refusent /& par consequent sont plus chastes que les
laydes / lesquelles pour non estre priees priét aultruy . Messire Pierre Bembe se print a rire /& dict.
Lon ne scauroit respondre a cest argument /& en
poursuyuant / il entreuient dict il souuent / que si
comme les aultres noz sentemens sabusent / aussi
faict la

faict la veue/& iuge vng visaige pour beau qui a la
verite nest point beau. Et pource que es yeulx/
& en tout le regard daulcunes femmes lon voyt
quelque foys paincte vgne certainne lubricite a-
uec attraictz deshonnestes/plusieurs a qui ces côte-
nances plaisent pour autāt quelles leur promettēt.
facillite de paruenir a ce quilz desirēt/appellēt cela
beaulte:mais a la verite cest vgne impudēce fardee
indigne dauoir si sainct & hōnorable nom.Messi-
re Pierre Bembe se taisoit a tāt/mais les seigneurs
qui la estoient le pressoient de parler encores de
ceste amour:& de la facon de veritablement auoir
fruition de la beaulte;dont a la parfin il va dire.Il
me semble auoir assez cleremēt demóstre que plus
heureusement peuuent aymer les vieulx que les
ieunes:qui fut ma deliberation/parquoy ne mest
point conuenable dentrer plus auāt.Le Cont:Lu-
douic respondit.Vous auez mieulx expose linfeli-
cite des ieunes gens que la felicite des vieulx:aus-
quelz iusques icy vous n'auez point enseigne quel
chemyn ilz doibuent suyure en ceste leur amour/
mais seullemēt auez dict quilz se laissent guyder a
raison.Et plusieurs reputent impossible q amour
demeure auecques raison.Sur ce/se taschoit encores messire Pierre Bembe de mettre fin au propos:
mais madame la Duchesse le pria quil tirast oultre
& il recōmēca en ceste maniere.Trop malheureuse
seroit nature humainne si nostre ame:ou facilles
ment peult naistre cest ardāt desir estoit contrains
de se nourrir seullemēt de ce que luy est cōmun
auecques les bestes:& ne le pouuoir trouuer a celle
aultre noble partie qui luy est propre/parquoy
puis quil vous plaist ainsi/ie ne veulx refuser de

F f

deuiſer de ce noble ſubiect/mais pource que ie me
congnois indigne de parler des treſſainctz myſteres damours/ie le prie quil me maine la pēſee/& la
langue/tellement que ie puiſſe monſtrer a ceſt excellent Courtiſan a aymer hors de la couſtume du
prophane populaire/& ſi comme des mō enfance
ie luy ay deduyt toute ma vie. Pareillement ſoient
mes parolles maintenant conformees a ceſte inten
tion/& a ſa louange. Auſſi ie dis que puis que nature humainne eſt ſi incliiiee en ieuneſſe au ſente-
ment/lon peult permettre au Courtiſan daymer
ſenſuellement pendant quil eſt ieune/mais apres
ſi en leage plus meure il ſeſprent encores de ceſt
amoureux deſir/il doibt bien eſtre aduiſe de ſe gar
der dabuſer ſoymeſmes/ſe laiſſant induyte aux calamitez qui meritent es ieunes gens plus de compaſſion que de blaſme/& au cōtraire aux vieillards
plus de blaſme que de cōpaſſion/ par quoy quant
quelque gracieux regard dugne belle dame luy eſt
preſente accōpaignie de gētilles cōditions & bon
nes contenances/tellement que comme expert en
amours / il congnoiſt que ſa complexion eſt conforme auecques celle de la dame. Incontinēt quil
ſapercoit q̄ ſes yeulx rauiſſent celle ymage en lap-
portāt au cueur/& que lame cōmance a prēdre plai
ſir a la contēpler & ſentir en ſoy celle influēce qui
la commeut & reſchauffe peu a peu/& que les vifz
eſperitz qui eſtincellent dehors par les yeulx inceſſamment adioingnent nouuel entretenement
au feu/il doibt ſur le commancemēt pouruecir de
prompt remede & reſueiller la raiſon & dicelle gar
nir le donion de ſon cueur/& tellement fermer les
paſſaiges aux ſentemens/& aux appetitz quilz ne

puissent entrer/ ne par force / ne par emblee/ par
ainsi si la flamme sestainct le peril sestainct aussi/
mais si elle perseuere/ou croist/le Courtisan doibt
alheure quil se sent prins se desliberer totallement
de fuyr toute lardeur damour vulgaire/& ainsi entrer a la diuine voye amoureuse suyuant la guyde
de raison / & au premier lieu considerer que le
corps ou celle beaulte reluist nest pas la fontain-
ne/dont elle sourt / aincois que la beaulte qui est
chose incorporelle / & comme nous auons dict/
vng rays diuin pert beaucoup de sa dignite:pour
se trouuer conioinct a vng si vile/& corruptible
subiect / car elle est dautant plus parfaicte que
moins elle participe de luy / & quant elle sen est
du tout separee : elle est tresparfaicte & que si com
me lon ne peult ouyr auecques le palais / ne sentir auecques les oreilles / aussi lon ne peult en aucune maniere / auec latouchement auoir fruition
de la beaulte : ne satisfaire au desir quelle suscite
en noz couraiges / ains auecques le sentement /
dont icelle beaulte est vray obiect / qui est la vertu visiue . Il fault doncques quil se retire de la-
ueugle iugement du sentement / & quil iouysse
auecques les yeulx de la splendeur / grace / estin-
celles / amoureuses / rys / contenances / & de tous
les aultres plaisans aornemens de la beaulte /
mesmement auecques louye de la doulceur de la
voix / de la melodie / des parolles / de larmonie/
de la musicque / si la dame quil ayme est musi-
cienne /& par ce moyen / il paistra lame de tres
doulce viande par la voye de ses deux sentemens:
qui ne tiennent gueres du corporel / & sont ministres de raison sans passer auecques le desir /suy/

uant vers le corps en aulcun appetit moins que
honneftete.En apres qui ferue / complaife & honnore en toute reuerence famye / & la tienne chere
plus que foymefmes:& prefere tous les plaifirs /&
commoditez delles aux fiens propres:& ayme en
elle non moins la beaulte de lefperit que celle du
corps.Et pourtāt ayt foing de ne la laiffer encourir
en aulcun erreur:ains tafche par admōneftemés /&
bōs cōfeils / toufiours linduyre a moderatiō / a tē-
perance la vraye hōneftete.Et face que elle nayt das
mais lieu / finon pēfees nettes / & eftrāgees de toute laydeur de vice / & en femāt ainfi vertu au iardin
de ce bel efperit / il recueillera auffi fruict de trefbel
les conditions / & les fauourera auecques merueilleulx plaifirs / & cela fera le vray engendrer & em-
praindre beaulte en beaulte. Ce que par aulcūs eft
dict la fin damour. En cefte maniere fera noftre
Courtifan trefagreable a famye. Et elle fe mōftrera
toufiours enuers luy obeyffante / doulce / affable / &
autant defireufe de luy complaire: comme deftre
par luy aymee / & les voluntez de lugne / & de laultre feront trefhonneftes / & concordātes / dont par
confequent ilz feront trefheureux. Sur ce point le
feigneur Morel.En effect (dict) il engēdrer beaulte
en beaulte feroit engendrer vng beau filz en vgne
belle femme:& me fembleroit beaucoup plus euis-
dent figne que elle aymaft fon mary en luy com-
plaifant de cefte forte / que de celle affabilite que
vous dictes. Meffire Pierre fe print a foubrire / &
dict. Il ne fault point fortir des termes feigneur
Morel / ay vgne femme ne monftre point petit figne damour quant a laymant elle dōne fa beaulte
qui eft chofe fi precieufe / & par les voyes qui bail-

fent acces a lame/ceftaffauoir la veue: & louye/luy
enuoye les regards de fes yeulx/lymage du vifai=
ge / la voix / les parolles qui penetrent dedans le
tueur de lamant / & luy font tefmoingnage de fon
amour. Le feigneur Morel dict les regards : & les
parolles peuuēt eftre biē fouuēt faulx tefmoings.
Parquoy celluy qui na meilleures ertes damour/
felon mon iugement eft mal affeure. Et vrayement
ie mattēdoye que vous feiffiez cefte voftre femme
vng peu plus courtoyfe & liberalle vers le Courti
fan que na faict le feigneur Magnificque la fienne/
mais il me femble que vous eftes tous deux au
rencdes iuges qui pour fembler fages donnent la
fentence contre ceulx de leur party. Meffire pierre
dict. Bien veulx que cefte femme foit beaucoup
plus courtoyfe a mon Courtifan non ieune q̃ neft
celle du feigneur Magnificque au ieune / & a bon=
ne caufe pour autant que le mien ne defire finon
chofes honneftes / & par ce moyen la femme les
peult toutes bailler fans blafme/mais la femme dũ
feigneur Magnificque qui neft pas fi affeuree de la
moderation du ieune Courtifan luy doibt bailler
feullement les hōneftes /& luy refufer les defhon=
neftes /parquoy eft plus eureulx le mien a qui lon
baille ce quil demāde que laultre a qui lon en bail
le partie/ & luy en refufe lon partie / & affin que
vous congnoiffiez encores mieulx que lamour rai
fonnable eft plus heureufe que la fenfuelle. Ie dis
quil ya des mefmes chofes qui fe doibuent quel=
que foys refufer a la fenfuelle/& bailler a la raifon=
nable/car elle font en lugne defhonneftes & hon=
neftes en laultre/au moyē de quoy la femme pour
complaire a fon bon amy oultre & par deffus ã

                                        Ff iiij

communication des ris plaifans / deuis priuez &
fecretz:auecques luy inuocquer & iouer/luy toucher la main:elles peult encores venir raifonnable
ment : & fans blafme iufques au baifer/ce que par
les reigles du feigneur Magnificque neft pas licite
en lamour fenfuelle / car pour eftre le baifer vng
affemblement du corps & de lame/il y auroit dangier que lamour fenfuelle ne fe inclinaft plus a la
partie du corps que a celle de lame/mais lamat raifonnable congnoift /que combien que la bouche
foit vgne partie du corps/ce nonobftant lon donne par elle yffue aux parolles qui font touchemes
de lame / & a celle interieure alhayne qui fapelle
auffi lame. Et pourtant il prent plaifir de vnir fa
bouche par le baifer auecques celle de la femme
quil ayme/no pour fefmouuoir a defir aulcun def-
honnefte / mais pource quil ne fent que ce lien eft
vgne maniere douurir lentree aux ames/lefquelles
atirees par le defir lugne laultre fe transfondent/
auffi mutuellement lugne au corps de laultre/& fe
meflent tellement enfemble quil femble que chafcun deulx ayt deux ames / & que vgne feulle ainfi
des deulx compofee guyde & regiffe quafi deux
corps/au moye de quoy le baifer fe peult dire plus
toft affemblemet dame que de corps/car il a en elle
tant de force quil lattire a foy/& quafi la fepare du
corps.A cefte caufe tous chaftes amoureux defiret
le baifer come affemblemet dame/dont le diuinement amoureux Platon dict q en baifant lame luy
vint aux leures pour fortir du corps. Et pource q
par le baifer lon peult denoter lame fe feparer des
chofes fenfibles:& totallemet fe vnir aux intelligi
bles Salomo dict en fon diuin liure des caticqs.le

defire q̃ mõ amy me baife du baifer de fa bouche/
pour demõftrer auoir defir que fon ame foit rauye
pour lamour diuine a la cõtéplation de la beaulte
celefte/en telle facon q̃ en fe vniffant intrinfecque
ment/a elle/elle atourne le corps. Chafcun eftoit
trefentétif au propos de meffire Pierre/lequel ayãt
faict vng peu de paufe / & voyãt que les aultres ne
parloiẽt point va dire. Puis que vous mauez faict
commancer de monftrer lamour heureufe a noftre Courtifan non ieune. Ie le veulx cõduyre vng
peu plus auãt/car farrefter fur ce paffaige feroit cho
fe fort dãgereufe/attédu: ainfi que plufieurs foys a
efte dict que lame eft trefencline aux fentemens/&
pofe que la raifon auec les difcours eflife bien &
congnoiffe la beaulte ne proceder point du corps/
& que a cefte caufe elle mette frain aux defirs /non
honneftes/touteffoys la contempler toufiours en
ce corps fouuent paruertit le vray iugement / &
quant aultre mal nen aduiendroit/leftre abfent de
la chofe aymee porte grant compaffion auec foy/
par ce que linfluence de celle beaulte/quãt elle eft
prefente donne merueilleufe delectation a lamãt/
& en luy refchauffant le cueur refueille / & amoliff
aulcunes vertus endormies & congelees en lame/
lefq̃lles nourries par lamoureufe challeur fe diffun
dẽt & vont pullulãt en tour le cueur/& enuoient
dehors par les yeulx les efperitz qui font vapeurs
trefdeliees/faictes de la plus pure & plus claire par
tie du fãg qui recoipuẽt lymage de la beaulte/& la
formẽt auec mille diuers accouftremés dõt lame fe
delecte & auec vgne certainne merueille febahift/
& eft neautmoins biẽ ayfe quafi eftõnee fe on af-
femble auec le plaifir celle crainate & reuerẽce q̃ lõ

F f iiij

accouftume de porter aux chofes facrees / & luy
femble deftre en fon paradis / Lamãt dõcques qui
confidere la beaulte feullement du corps pert ce
bien / & cefte felicite incontinent que la dame qui
layme en fabfentant laiffe les yeulx dicelluy fans
leur fplendeur / & confequemment lame aurifiee
de fon bien / car eftãt la beaulte eflongnee / linfluẽ
ce amoureufe ne refchauffe plus le cueur / comme
elle faifoit quant elle eftoit prefente / au moyen
de quoy les conduictz deuiennent arides & fectz /
& neautmoins la fouuenance de la beaulte meult
vng peu les vertus de lame / tellement quelles tafchent de dilater les efperitz / lefquelz trouuans les
voyes bouchees / non point diffue / & neautmoins
tafchent de fortir / dont eftant ainfi enfermez auecques les efguillons ilz poingnent lame / & luy dõ
nent trefgriefue paffion / comme aux petis enfans /
quant des genciues tendres les dentz commãcent
a naiftre. Et de la procedẽt les larmes / les foufpirs /
les peynes / & les tourmens des amãs / pource que
lame toufiours faffilge & trauaille / & quafi deuiẽt
furieufe iufques a ce que celle chiere beaulte fe
mect au deuãt vne aultre foys / & alheure elle fap-
paife incontinent & reprent alayne. Et mettant en
elle toute fon entente fe nourrift de trefdoulces
viandes / ny iamais vouldroit fe partir dung fpe-
ctacle fi aggreable. Or pour fe exempter du tourment de cefte abfence / & iouyr de la beaulte fans
paffion / il eft befoing que le Courtifan auecque
layde de raifon rapelle du tout le defir du corps a
la beaulte feulle / & qui la contemple le plus quil
peult en elle mefmes fimple & pure / & au dedans
de lymagination la forme abftraicte de toute ma-

tiere / & ainfi la face amye & chere a fon ame / & la
en iouyffe / & laye auecques luy iour & enuyct en
tout temps & lieu fans doubte de iamais la perdre
fe ramenant toufiours a memoire quele corps eft
chofe trefdifferente de la beaulte / & non feullemēt
ne luy accroift point fa perfection / mais la luy dé
minue. En cefte maniere fera noftre Courtifan
non ieune hors de toutes les amertumes / & cala
mitez : q̃ quafi toufiours fentent les ieunes gens /
comme ialoufies / foufpecons / defpitz / dourgoulx /
defefpoirs / & certainnes fureurs pleines de raige
par ou fouuent / ilz font induictz a fi grant erreur
que aulcuns / non feullement batent les femmes
quilz ayment / Mais oftent la vie a eulx mefmes.
Ne fera point diniure au mary / pere freres / ou pa
rens de la femme aymee / ne luy dōnera point din
famie / ne fera point contrainct de refraindre quel
que foys a fi grant peine fes yeulx / & fa langue /
pour ne defcouurir fes defirs a aultruy / ne de fouf
frir les paffions / les departemens / & les abfences /
car toufiours il portera fon precieulx trefor enclos
en fon cueur. Et dauantaige par vertu de lymagina
tion fe fermera dedans en foymefmes cefte beaul
te beaucoup plus belle que elle ne fera en effect /
Mais entre fes biens lamant en trouuera encores
vng aultre beaucoup pᵖ grãt fil fe veult feruir de
cefte amour / comme de vng degre pour monter
en vng aultre beaucoup plᵗ hault / ou fil paruiēdra
fil va confiderant a part luy leftroict lien / que ceft
demourer toufiours en peche a cōtépler la beaulte
de vng feul corps / dont pour fortir dung coffin fi
referre / il adiouftera peu a peu a fon penfemēt tant
dēbeliffimens que en accumulãt toutes les beaul

tez/enfemble il fera vng cófeil vniuerfel/& reduy=
ra la multitude defdictes beaultez a lunite de celle
feulle qui generallement feifpéd fur nature humai=
ne/& par ainfi contemplera nõ plus la beaulte par
ticuliere dune féme/mais celle vniuerfelle qui to⁹
les corps embellift. Dont eftant efbloy par cefte
lumiere plus gráde ne luy chauldra plus de la moi
dre/& en bruflant en flambe plus excellante neftis
mera gueres ce que au parauant il auoit tant eftime
ce degre damour/combien quil foit fort noble /&
tel que peu de gens y arriue fi ne peult lon pour=
tant encores lappeller parfaict. Car pour eftre lima
ginaction puiffance organicque & nauoir cógnoiff
fance finon par les cómancemens qui luy font fug
genz par les fentemens/elle neft pas du tout purs
gee des tenebres maternelles/parquoy cõbien qls
le confidere la beaute vniuerfelle abftraicte en foy
feulle/fi ne la difcerne elle pas bié cleremét ne fans
quelque ambiguite/pour la conuenáce que les fan
tofmes ont auec le corps/au moyen de quoy ceulx
qui paruiennent a cefte amour font comme tédres
oyfeaulx qui commácent a fe veftir de plumes / car
cóbien q auecques leurs foibles aefles ilz fe mettét
vng peu a voller/touteffoys ilz nofent grandemét
fefloigner du nid/ne fe permettre aux vét & ou ciel
ouuert. Quát donccqs noftre Courtifan fefa venu a
ce paffage/cõbien quil fe puiffe dire affez heureux
amát a cóparaifon de ceulx qui font noiez en la mi
fere de lamour fenfuelle/Ie ne veulx pourtant quil
fe cõtéte. Mais quil paffe hardiemét pl⁹ oultre al=
lát par la haulte voye apres la guide qui le cõduift
a lunite de vraye felicite. Et ainfi en lieu de fortir
de foymefmes auecqs le péfemét cõme eft befoing

q̃ face celluy qui veult cõsiderer la beaulte corpo-
relle quil se retourne en soymesmes pour cõtépler
celle qui se voyt auec les yeulx de lapésee qui alors
cõmãcét a estre esguz & cler voyãs quant ceulx du
corps perdét la fleur de leur puissance pourtant lame estrangee des vices / purgee par les estudes de
vraye Philosophie accoustumee en la vie spirituel-
le / & exercitee es choses de lĕtédemĕt / en se retournãt a la contĕplation de sa ppre substãce cõme res-
ueillee dung tresparfond sommeil ouure les yeulx
q̃ tous ont / mais q̃ peu de gĕs mettĕt en oeuure / &
voyoit on soymesmes vng rais de la lumiere / qui
est la vraye ymage de la beaulte angelicque a elle
cõmuniquee / dont apres elle cõmunique au corps
vgne debile vmbre / parquoy estant deuenu aueugle quãt aux choses terriennes elle se faict trescler
voyant quant aux celestes / & quelque fois quant
les vertus motiues du corps se treuuent abstraicte
par contemplation continuelle ou liez par le som
meil lors quelle nest point par elle empeschee elle
sent vne certaine caschee odeur de la vraye beaulte
ãgeliq̃ / & rauie en la splĕdeur de celle clerte cõmĕ-
ce a sespãdre & allumer & si trescouuoiteusemĕt la
suyt q̃ quasi elle deuiĕt yure & hors de soymesmes
par desir de se vnir auecq̃ elle luy semblant auoir
trouue les traces de dieu / en la cõtĕplatiõ du quel
elle desire de se reposer / cõe en sa bien & heureuse
fin / parquoy bruslãt en cest tresheureuse flãbe elle
seslieue a sa plus noble partie q̃ est lĕtédemĕt & la
sans estre pl⁹ encõbree de lobscure nuyct des choses terriénes voit la beaulte diuine / mais pourtant
elle ne iouist pas encores parfaictement / car elle la
contĕple seullemĕt en son particulier entendemĕt

qui ne peult eftre capable de limmeſurable beaulte
vniuerſelleıdõt amours nõ bien cõtéte de ce bene
fice dõne encores a lame plus grande felicite / car ſi
comme de la beaulte particuliere dung corps /il la
guide a la beaulte vniuerſelle de tous les corps pa
reillemẽt au dernier degre de parfection /il a guide
de lentẽdemẽt particulier a lentẽdemẽt vniuerſel
de lame expriſe du treſſainct feu de vray amour di
uineıvolle pour ſe vnir auec nature angeliq̃. Et nõ
ſeullement du tout abandonnent le ſentementı
mais na plus beſoing de diſcours de raiſon / car
eſtant tranſforme en aage elle entend toutes les
choſes intelligibles & ſans vouelles ou nuee aul
cune voit lãple mer de la pure beaulte diuine & en
ſoy la recoit & iouiſt de la felicite ſuꝑme q̃ eſt incõ
prehẽſible par les ſentemés.Si dõcq̃s les beaultez
q̃ no⁹ voyõs tous les iours auecq̃s ſes yeulx tene
breux & corruptibles corps ıleſquelles pourtãt ne
ſont aultres choſes q̃ ſonges ı& vmbres treſpetites
de beaulte no⁹ ſemblẽt ſi belles ı& gracieuſes q̃lles
allumẽt ſouuẽt ꝛ nous vng feu treſardãtı& auecq̃s
delectatiõ ſi grãde q̃ nous reputõs nulle felicite ſe
pouuoir equiparer a celle q̃ no⁹ ſentõs q̃lque foyꝛ
par vng ſeul regard qui nous viẽt de la chere veue
dugne fẽmeıq̃lle heureuſe merueilleıq̃l biẽ fortu
ne eſbahiſſemẽt pẽſons no⁹ q̃ ce ſoyt celluy qui oc
cupe les ames qui ꝑ aruiẽnẽt a la viſiõ de la beaulte
diuine / q̃lle doulce flameı quel aggreable embraſe
mẽt debuõs no⁹ croyre q̃ ſoit celluy qui naiſt de la
fõtainne ſuꝑmeı& vraye beaulteı laq̃lle eſt cõmẽce
mẽt de toute aultre beaulte qui iamais ne croiſt ou
diminue touſiours belle ı& par ſoymeſmes treſſim
ple tãt en vgne ꝑtie q̃ en laultre ſeblable ſeullemẽt
a ſoymeſmes

a soymesmes & de nulle aultre participāt/mais tel
lement belle que toutes les aultres choses belles
sont belles /pource quelle participent de sa beaulte /par elle ceste cy est celle beaulte indistincte de
la souueraine bonte /qui par clarte appelle & tire a
soy toutes choses /& non seullemēt il dōne lenten
dement aulx intellectuelles / aulx raisonnables la
raison /le sentemēt & appetit de viure aulx sensuel
les /mais encores cōmunicque aulx plātes & aulx
pierres cōme vng vestige de soymesmes /le mouue
ment & linstinct naturel de leurs proprietez ı par
ainsi ceste amour est daultant plus grande & plus
heureuse que toutes les aultres /que la cause qui la
meue est plus excellente. Et pourtant si comme le
feu materiel affine lor/pareillemēt ce tressainct feu
es ames destruict & cōsumme ce qui est de mortel ı
& viuifie & faict belle la partie celeste /qui au para-
uāt estoit en elle mortifere & ensepuelie par le sen
temēt /cest le feu auquel les poetes escripuent Her
cules /sestre brusle sur la cyme du mont Oetha / &
par tel embrasement estre demoure immortel ı &
diuin apres sa mort. Cest lardāt buysson de moy-
se /les lāgues myparties de feu ı lenflambe chariot
de Helie / lequel reboute grace & felicite es ames
de ceulx qui sont digne de le veoir /quāt en partāt
de ceste basseute terrestre /il sen volle vers le ciel:
adressons doncques tous les pensemés & forces
de nostre ame vers ceste tressaincte clart- qui nous
monstre le chemin cōduysant au ciel ı & apres elle
en nous despouillant des affections /dōt au descē-
dre nous nous estions vestuz par leschelle qui tiēt
au plus bas degre lūbre de beaulte sensuelle / mō-
tons au hault repaire ou habite la celeste amyable

& vraye beaulte qui demeure caschee es secretz in=
trinsecques de dieu / affin q̃ les yeulx prophanes
ne la puissent veoir /& la nous trouuerons fin tres=
heureuse a noz desirs / vrays repos aulx trauaulx/
remede certain aulx miseres/ medecine tressalutai=
re aulx malades / port tresseur contre les troubles
fortunaulx de la tẽpestueuse mer de ceste vie. Qui
sera doncques celluy/ o tressaincte amour qui di=
gnement te puisse louer / tu tresbelle / tresbonne/
tressaige / deriues de Lunyon de la beaulte/ bonte
& sapience diuine &en elle demeure / & a elle &
par elle / retourne comme en vng cercle. Tu es le
tresdoulx lien du monde / moyen entre les choses
celestes & les terriennes/ qui par begnin attrempe=
ment inclines les vertus superieures au gouuerne=
nement des inferieures / & en retournant les pen=
sees des hommes mortelz a leur commancement
les coioinctz/ auecques luy /tu par cõcorde vainctz
les elemens/ meuz nature a produyre ce qui naist
pour la succession de la vye / tu rassembles les cho
ses separees /aulx imparfaictes donnes parfection/
aulx dissemblables similitude/ aulx ennemys ami
tie /a la terre les fruictz/ a la mer tranfquilite / & au
ciel la clarte vitalle / tu es pere des vrays plaisirs
des graces /de paix/de doulceur de bienueillance /
ennuy de rusticque fierte & inutilite/ & pour abre
ger commancement & fin de tout bien. Et pource
q̃ tu prens plaisir de habiter en la fleur des beaulx
corps /des belles ames & quelque foys de la te mõ
strer vng peu aulx yeulx & aulx pensees de ceulx
qui sont dignes de te veoir / ie cuyde que mainte=
nant icy entre nous soit ta demeure. Pourtant sei=
gneur daigne toy de ouyr noz prieres / infonde

toy mesmes en noz cueurs / & auecques la splédeur
de ton tressainct feu noz tenebres illumine / & cô
me guyde loyalle môstre nous le vray chemin / en
la beaulte aueuglee corrige la faulcete des sente=
mens / & apres noz longues vanitez donne nous
le vray & ferme bien. Fais nous sentir les odeurs
spirituelles qui viuifient les vertus de lentende=
ment / & ouyr larmonye celeste tellemét accordee
que plus de lieu nayt en noz aulcune discorde / de
passion / enyure nous a la fontaine inespuisee de cô
tentemét qui tousiours delecte / & iamais ne soul=
le / & a ceulx qui boyuent de ces viues & claires
eaues / donne goust de vraye beatitude / purge noz
yeulx de caligineuse ignorance auecques les rays
de la clarte / affin que plus ilz nestiment mortelle
beaulte / & quilz congnoissent que les choses quil
leur sembloit veoir au parauant ne soit point / & q
celles quilz ne veoyent point / sont veritablemét.
Acopte noz ames qui a toy se presentent en sacri
fices / brusle en la viue flamme qui consomme tou
te laydeur materielle / affin que du tout estant sepa
ree du corps / elles se vnissent par vng perpetuel
& tresdoulx lien auecques la beaulte diuine / & q
estans estrágez de nous mesmes nous puissons cô
me vrays amans nous transformer en la chose ay=
mee. Et en nous esleuant de terre estre receuz aulx
conuis des anges / ou refectionez de viáde ambro
siánne / & de liqueur nectaree immortelle / nous
mourions a la fin de tresheureuse & viable mort /
comme iadis moururent les anciens peres / les
ames desquelles tu rauis du corps par la tresar=
dante vertu de contemplation / & les conioingnis
auecque dieu. Ayant messire Peirre Bembe parle

iufques icy en fi grande vehemence quil fembloit
quafi rauy & hors de foy/il farrefta coy & imobile/
tenât les yeulx vers les cieulx côme efbahy/quant
ma dame Emille/laqlle enfemble auecqs les aultres auoit efte toufiours treſententiue a efcouter le
deuis / le print par le ply de la robe/ & le fecouant
vng peu luy dift. Prenez garde meſſire Pierre que
auec ces penfemés voſtre ame ne fe fepare auſſi du
corps.(Ma dame refpondit meſſire Pierre). Ce ne
feroit pas le premier miracle que amours aye faiſt
en mô endroiſt. Lors ma dame la Ducheſſe & to'
les aultres cômancerent de nouueau a faire inftâce
a meſſire Pierre quil fuyuift le propos/& a chafcun
fembloit quafi fentir a fon couraige/vgne certaine
eftincelle de celle amour diuine qui les poignift/
& defiroient tous den entendre plus auant / mais
meſſire Pierre pour rôpre la broche va dire.Meſſei
gneurs iay diſt ce que la facree fureur amoureufe
ma mis au deuât a limpourueue/ maintenât il fem
ble que ne afpire plus / ie ne vous fcauroie q̃ dire/
& penfe que amours ne vueille point q̃ fes fecretz
foient plus auant defcouuers/ne que le Courtifan
paſſe le degre quil a pleu a amours que ie luy mon
ftre/parquoy neſt a la dueture plus licite de parler
de cefte matiere.En verite diſt ma dame la Duchef
fe/Si le Courtifâ nô ieune eft tel quil puiſſe fuyure
le chemin que vous luy auez monftre/il debueura
raifonnablement fe contenter de fi grande felicite
fans auoir enuye au ieune. A lheure meſſire Cefar
gonfaigue.La voye diſt il qui conduiſt a cefte felicite / me femble fi royde que ie cuyde que a grant
peine on y puiſſe aller.Et le feigneur Gafpard ad-
ioufta/ie croy que y aller foſt difficille aulx home

mes / mais aulx femmes impoſſible . Ma dame
Emille ſe myt a rire & dict. Seigneur Gaſpard ſi
vous retournez ſi ſouuēt a nous faire iniure /ie vo°
promeēz que plus il ne vous ſera pardonne. Le
ſeigneur Gaſpard reſpondit . Lon ne vous faict
point diniure en diſant que les ames des femmes
ne ſont pas ſi purgees des paſſions / comme celles
des hōmes /ny accouſtumez en contēplation ainſi
que meſſire Pierre a dict eſtre neceſſaire a celles
qui ont a gouſter lamour diuine / dont lon ne liſt
point que aulcune femme ayt eu ceſte grace : mais
bien pluſieurs hommes /comme Platon /Socrates /
& Platin /& pluſieurs aultres / & tāt de noz ſainctz
peres /cōme ſainct Francoys /a qui vng ardāt eſperit amoureulx imprima le treſſacre ceel des cinq
playes / ny aultre choſe q̃ vertu damour peut ra-
uir ſainct Paul lapoſtre en la viſiō des ſecrectz /deſ
quoy neſt a lhomme loyſible parler /ny monſtrer a
ſainct Eſtiēne les cieulx ouuers. A ce point le Magnificque Iulien reſpōdit. Les femmes ne ſerōt de
riēs en cela ſurmōtees par les hōmes : car Socrates
meſmes cōfeſſa tous les myſteres amoureulx quil
ſauoit luy auoir eſte reuelez par vne femme qui
fut Diothima /dont nous auons parle. Et lāge qui
auec le feu damour fiſt les playes a ſainct Frācoys /
fiſt encores en noſtre temps aulcunes femmes diſ
gnes du meſme caractere. Il vous doibt donc ſou-
uenir auſſi que a ſaincte Marie Magdelaine furent
remis pluſieurs pechez /pource quelle ayma beaucoup /& a laduenture que auec non moindre grace
que ſainct Paul /elle fut pluſieurs foys rauye de lamour angelicque iuſques au tiers ciel / & de tant
daultres leſquelles comme plus amplement / hier

ie racompteray pour lamour du nom de Iesus christ
nont eu cure de la vie ne crainct les tourmens, ny
aulcune maniere de mort, pour horrible & cruelle
quelle feust, & si nestoient point come veult mes
sire Pierre que soit le Courtisan vieilles, mais ten
dres filletes, & delicates, & en louage ou il dict que
lon doibt comporter aulx homes lamour sensuels
le. Le seigneur Gaspard commancoit a se preparer
pour respondre, mais ma dame la Duchesse. De ce
(dict elle) soit iuge messire Pierre Bembo, q̃ lon
sarreste a sa sentence, si les femmes sont aussi capa
bles de lamour divine comme les hommes, mais
pource que la plaidoye pourroit estre trop long
il sera bon le differer iusques a demain.
Mais bien ce soir dist messire Cesar gonsaigue. Et
comment ce soir (dict ma dame la Duchesse) Mes
sire Cesar respondit. Pource que desia il est iour &
leur monstra la clarte qui commancoit desia a entrer
par les fantes des fenestres. A lheure chascũ se le
ua tout esmerueille pource quil ne sembloit point
que les deuis eussent plus dure que la coustume,
mais pour auoir este commance plus tard, & pour
le grand & plaisir dõt ilz estoient pleins, ilz auoient
demeure la nuict entiere, tellement quelle ne sestoit
point apperceue du cours des heures, & ny auoit
aulcun q̃ en ses yeulx sentist pesanteur de som
meil, ce qui quasi tousiours aduient quant lheure
accoustumee de dormir se passe a veiller. Comme
doncques, lon eust ouuertes les fenestres du coste
du Palays, qui regarde vers la haulte cyme du mõt
de Catri, ilz veirent en Orient ia estre nee vne
tresbelle estoille iournalle de couleur de rose, &
toutes les estoilles disparues, excepte la doulce

gouuernante de Venus, qui tient les confins du
iour & de la nuyct, dont sembloit quil soufflast vne
souefue alayne, laqlle emplissoit layr de fraicheur
poignante. Commencoit a resueiller les doulx ac-
cords des plaisans oyselletz entre les touches mur-
murantes des boys prochains. Sur quoy ayant
la compaignie prins reuerément congie de ma dame la Duchesse, chascun sachemina vers son logis
sans clarte de torches, leur suffisant celle du iour.
Et ainsi quilz estoient pour sortir de la chambre, le
seigneur Prefect se tourna deuers ma dame la Duchesse. Et luy dict ma dame. Pour decider le proces
dentre le seigneur Gaspard & le seigneur Magnificque, Nous viendrons ce soir auecques leur
de meilleure heure que ne feismes hier. Ma dame
Emilie respondit, Par conuenant que si le seigneur Gaspard veult accuser les dames & leur donner côme est sa coustume, qlque faulce calumpnie
il donnera caucion detter a droict. Car ie le tiens
pour suspect fuytif.

Fin du quatriesme & dernier Liure
du Courtisan du Conte Bal-
thasar de Castillon, trans-
late Dytalien en
Francoys.